大旗出版
BANNER PUBLISHING

大旗出版
BANNER PUBLISHING

為始皇平反：秦始皇焚書時留有完整備份／從雲夢秦簡看秦國的國有制經濟／一個英國人眼中的秦朝後宮的淫亂真相／曹操到底玩弄了多少個美女？／唐朝「房市」也曾崩盤，朝廷沒有救市／千年名畫竟然是「特務」的情報／席捲歐亞大陸的狂飆：蒙古西征／明成祖為什麼要捕捉天下尼姑？／殘忍到極點：揭密朱元璋陪葬妃子的死法／中國古代飛天夢：明朝萬戶被稱為「世界航太第一人」／北京如何成為明朝的政治中心／瘋狂屠四川：張獻忠的血腥記錄／大才子紀曉嵐因何成了「縱欲狂」？／解密《投名狀》：「刺馬案」始末全記錄／停滯的帝國：清朝ＧＤＰ占世界總額1/3／一邊借款一邊抓人：一九一○年清朝拯救股市始末發人深思：明清兩場對日戰爭為何一勝一負／回眸「闖關東」：追溯中國歷史上的人口大遷移／秦始皇為何因一句謊言就修建了萬里長城／歷史謎團：赤壁之戰的四大懸疑／為什麼曹操墓與兒媳墓相連／楊貴妃下落之謎／「南海一號」南宋沉船之謎／康熙為什麼３０多年不葬祖母孝莊皇太后？／光緒當年不肯入洞房之謎百年疑案解密：光緒死於砒霜中毒／究竟是誰埋葬了北洋水師？／宋慶齡為何不與孫中山合葬？／中國近代史上最愛國的反動軍閥／魯迅兄弟的「七年之癢」／袁世凱稱帝前的煙幕彈／孫中山為何要讓位給袁世凱？／李白：一生摧眉折腰事權貴／真實黃飛鴻：武功到底有多高／李鴻章：夾縫中的悲情英雄／宋徽宗的另類解讀／淳于髡：怎樣給領導者提意見／《滿江紅》遭質疑：是岳飛的傑作嗎／？妲己：千古第一惡女？／「另類」奇才：東方朔那些事兒／「護國」名妓賽金花的波瀾人生／金聖歎：從「問題學生」到「問題人士」／玄奘弟子辯機與李世民女兒的地下情／新好男人：唐中宗李顯／探密女皇「後宮」：武則天男寵知多少／名妓李師師的「二奶」風月政治學／換妻如換衣：劉備私生活秘史／夏姬秘史：一個傾倒眾生的人間尤物／隋煬帝死後，老婆的「戰俘生活」／太平公主的喪夫之痛／李白與楊貴妃到底是啥關係／美女宰相「上官婉兒」石榴裙下的極致風流古時男人們在青樓裡都在幹些什麼？／李白是「倒插門」嗎？／兩鳳擁一龍：影響中國歷史的「一夜情」／康有為晚年的異國黃昏戀／黃金榮、杜月笙：曾為女明星明爭暗鬥／曹雪芹祖父竟然是康熙的密探／諸葛亮是如何「借」來東風的？／千年謎案：趙匡胤被謀殺真相／誰藏了中國的流失國寶？／《尼布楚條約》是如何簽訂的？／吳三桂緣何令兒媳痛苦一生／梁武帝四十年不近女色的真相／「毀滅人欲」的明朝為何盛行色情文學？／諸葛亮甘願娶醜妻是否另有所圖？／「將相和」的真相

歷史不忍細讀 全集

編者序——揭開歷史謎團·還原歷史真相

歷史，history，源於拉丁文loropld，本意是通過對目擊者的證詞進行調查，以瞭解事實的真相。所以歷史學從一開始，就不僅僅是去收集證詞，而是通過探索，尋求真理。

古希臘時代，一位名叫戴奧尼西的歷史學家給歷史學下了非常準確的定義：「歷史是一種以事實為訓的哲學。」歷史在發展，人們隨著新的改造世界活動，自己的認識能力也不斷地提高。歷史學家的職責不但是對歷史真相孜孜不倦的追尋，而且是對歷史不斷地作出新的解釋。

閱讀歷史，我們常常會讀出幾分含混和閃爍，這也許正是史學家們的難言之隱，因而有些史事是被誤讀的，而那幾分的含混和閃爍中，隱藏著的往往正是真實的細節和生動的故事。

中國央視《百家講壇》節目的成功，催生了一股讀史風潮，這股讀史風潮席捲書市。而針對當時影視、文學作品戲說歷史成風的現狀，某書局推出「正說」系列，解密歷史真相，從此開始一股全民「讀史熱」，掀起了一波又一波的高潮。《百家論壇》作為一本應運而生，面向歷史愛好者，在通俗解讀的基礎上，正說歷史，「揭歷史謎團，還歷史真相」，使人們能在輕鬆的閱讀中解讀歷史。

應廣大讀者的要求，我們以「破解謎團、還原真相」為主要內容，將知識性、考證性、故事性、趣味性作為遴選文章的取向，將《百家論壇》部分文章整理、歸類、輯結成書出版，便於閱讀、收藏和研究。希望這本書能幫助您瞭解燦爛中華的文史傳承，引領您走入歷史與文化的更深處。

培根的名言：「歷史使人明智」，司馬遷說研究歷史可以「別嫌疑，明是非，定猶豫」，「補敝起廢」，正是這樣，當你在現實中遇到什麼事情沒辦法下決斷時，可以去翻翻歷史書，或許會有類似例子可供借鑑。

本書所收文章正說歷史，有些是作者的調查、考證和探索，有些是歷史事件知情者、親歷者的回憶，注重通俗化與可讀性，主要以大眾為讀者對象。閱讀這本書，讀者會產生猶如穿越時光隧道，走進一個熟悉而又陌生國度的新奇、驚異和刺激感。

第四篇　個人隱私

第五篇 真相還原……371

第一篇
事件追蹤

青史上留一筆的美名與惡名，後世皆諸多批評；兩千多年來的各種歷史問題，或許都需我們重新研究、探討。

為始皇平反：秦始皇焚書時留有完整備份

曹昇

天下讀書人都知道「焚書坑儒」，這是秦始皇統一六國後為統治思想文化而採取的兩項重大措施，而後世多持惡評。魯迅以其來與希特勒焚書相比，博爾赫斯用它和建造長城來對秦始皇大發議論。這次事件是一個轉捩點，此後秦朝的社會矛盾日益顯現，不穩定因素開始增多；對秦始皇而言，這次事件後，他由一個比較開明的君主開始變為專制暴君。那麼有關此事的種種細節和實際後果是什麼呢？對於這件事秦始皇有什麼苦衷嗎？

焚書令

針對淳于越封建諸侯的提議，李斯上書嬴政作答。書曰：

五帝不相複，三代不相襲，各以治，非其相反，時變異也。今陛下創大業，建萬世之功，固非愚儒所知。且淳于越所言，乃三代之事，何足法哉？異時諸侯並爭，厚招遊學。今天下已定，法令出一，百姓當家則力農工，士則學習法令辟禁。今諸生不師今而學古，以非當世，惑亂黔首。丞相臣斯昧死言：古者天下散亂，莫之能一，是以諸侯並作，語皆道古以害今，飾虛言以亂實，人善其所私學，以非上之所建立。今皇帝並有天下，別黑白而定一尊。私學而相與非法教，人聞令下，則各以其學議之，入則心非，出則巷議，誇主以為名，異取以為高，率群下以造謗。如此弗禁，則主勢降乎上，黨與成乎下。禁之便。

至於如何禁止，書中再道：

臣請史官非秦記皆燒之。非博士官所職，天下敢有藏詩、書、百家語者，悉詣守、尉雜燒之。有敢偶語詩書者棄市。以古非今者族。吏見知不舉者與同罪。令下三十日不燒，黥為城旦。所不去者，醫藥卜筮種樹之書。若欲有學者，以吏為師。

書上嬴政，嬴政批道，可。意思就是，我看行。

這便是歷史上著名的秦火焚書了。對於此舉，後世多持惡評。然而在附和過往那些罵聲之前，我們有必要詳細了解關於焚書的種種細節和實際後果。誇人要誇到癢處，罵人則要罵到痛處。知己知彼，方能百罵不殆。倘一聞焚書二字，也不深究，便即拍案而起，破口大罵，作激憤聲討狀，竊以為不免「操」之過急。

首先，從李斯的視角看去，焚書有它的邏輯必然性。在李斯的上書中，對淳于越請求分封之事，只用了「三代之事，何足法哉」八個字，便已駁斥一盡。隨即將淳于越之流定性為「不師今而學古，以非當世，惑亂黔首」。而像淳于越這樣的人，所在多有，「人聞令下，則各以其學議之，入則心非，出則巷議」。人之所學，則是源於書本，因此禁書乃至焚書便是斬草除根的應有之義了。

古人竹簡刀筆，著書匪易。不比今日，每年都有數十萬種著作出版，借用叔本華的話來說，還都是些「內容豐富、見解獨到而且全是少不得」的著作。這也就決定帝國焚書的品種不可能太多，大致為：

一、史官非秦記者，即六國之史記，以其多譏諷於秦。

二、詩書、百家語。尤其詩書，乃是淳于越之流以古非今的武器倉庫。燒之等於繳械，看爾等還怎麼援引過去。

需要特加注意的是，從李斯的上書可知，當時帝國所有的書籍，包括明令燒毀的在內，在政府中都留有完整的備份。朱熹也云：秦焚書也只是教天下焚之，他朝廷依舊留得；如說「非秦記及博士所掌者，盡焚之」，則六經之類，他依舊留得，但天下人無有。

焚書辯

對帝國的這一舉措，清人劉大魁的解釋是：「其所以若此者，將以愚民，而固不欲以自愚也」。在我看來，帝國將這些禁書善加備份收藏，並不以悉數銷毀為快，除去不欲自愚外，也應存有一種責任心和長遠考慮。好比我們都知道，天花病毒曾經肆虐了幾個世紀，奪去了數千萬人的生命，給人類帶來巨大而深重的災難。儘管如此，人類卻也沒有將天花病毒澈底銷毀，讓它永遠消失於地球，而是分別在莫斯科和亞特蘭大的兩個實驗室裡保存了少量樣本，以備研究，或應對任何人力無法預測的不時之需。

至於民間，如果私藏禁書，抗拒不交，後果又會如何？答曰：「令下三十日不燒，黥為城旦。」也就是說，將接受黥面和戍邊築長城的處罰。在今天看來，這樣的後果無疑是嚴重的，但在刑罰嚴酷的秦國，這卻算得上是輕罰了，並不嚴厲。而且這樣的處罰還是在藏書被官府發現的前提之下，如果未被發現，自然也就不用追究。

由此可見，在當時的禁令中，焚書並非第一要務。「夜半橋邊呼孺子，人間猶有未燒書。」李斯和嬴政自然也明白得很，焚書哪能焚得盡！焚書只是一種手段而已。且看：

有敢偶語詩書者，棄市。以古非今者，族。

我們會很奇怪地發現，偶語詩書的罪罰，居然遠比私藏詩書的罪罰還重。私藏詩書不過黥為城旦，偶語詩書卻要棄市掉腦袋。再加上罪罰更重的「以古非今者，族」這一條，可以判斷，禁令的最大目的是禁止民眾議論當今政治，其次是禁止民眾討論古代政治。歸結為一句話：「禁止議論政治」。庶人不議，然後天下有道，這大概就是禁令背後的邏輯依據吧！

焚書自然是不對的，不好的。對帝國而言，言論窒息、萬馬齊瘖才是最恐怖的。防民之口，甚於防川。自古以來，防川有兩種方法：一是封堵，鯀便是採用此一方法，結果洪水越發肆虐，自己則被帝堯派祝融殺於羽郊；二是疏導，鯀的兒子大禹，則是採用此一方法，最終治水成功。

為帝國之久遠計，理應保持一定程度上的言論自由，從而有疏導之效，收善治之功。以我所見，當以北宋朱弁《續骫骳說》中士氣一條，倡此論最為精妙，節錄於下：

> 一身之盛衰在於元氣，天下之盛衰在乎士氣。元氣壯則膚革充盈，士氣伸則朝廷安強。故善養生者使元氣不耗，善治國者使士氣不沮。欲元氣不耗，則必調飲食以助之，而咽喉者，所以納授飲食也。欲士氣不沮，則必防壅蔽以達之，而言路者，所以開導壅蔽也。近取諸身，遠取諸物，遠近雖殊，治道無二。

再回到焚書，其對古籍造成的損失究竟有多嚴重？時至今日，已經很難做出確切判斷。《史記・六國年表》云：「詩書所以複見者，多藏人家。」王充《論衡・書解篇》云：「秦雖無道，不燔諸子，諸子尺書文篇具在。」這兩條記載表明，至少在漢代，古籍中的精華部分：詩書諸子，都還完整地倖存了下來。

另一方面，由於所有的古籍都在宮廷留有備份，只要秦國不滅，可想而知，這些古籍便將一直完好地留存下去。然而諸多古籍湮滅無蹤，後世永不得復見，這就要特別感謝我們的項羽先生。

眾所周知，項羽先生不愛讀書，生性暴戾，伊攻入咸陽之後，首先是屠城，然後搜刮金錢婦女，臨去再是一把大火，燒秦宮室，火三月不滅。帝國的珍貴藏書，就此付之一炬。可憐唐、虞、三代之法制，古先聖人之微言，最終只化為若干焦耳的熱量而已。

所以，劉大魁作《焚書辨》，毫不客氣地指出：「書之焚，非李斯之罪，實項羽之罪也。」

單就秦國焚書而言，其所引起的實際損失，可能也並沒有像想像的那樣嚴重。《漢書・藝文志》所載六百七十七種著作，其中約有五百二十四種，即有百分之七十七現在已不復存在。這個事實說明，漢以後的幾個世紀，特別在印刷術流行前，文獻損壞所造成的總損失，也許甚至大於秦代的焚書。因此可以想像，即使沒有焚書之事發生，流傳下來的周代殘簡也不可能大大多於現在實際存在的數量。

歷代焚書簡史

關於焚書，李斯並非始作俑者。前此，孟子有云：「諸侯惡周禮害己，而皆去其典籍。」《韓非子》也云：「商君教孝公燔詩、書而明法令。」

到了後世，焚書更是屢見不鮮。

隋人牛弘作《上表請開獻書之路》，歷數書之五厄（不知何故，漏卻項羽）：

秦皇馭宇，下焚書之令。此則書之一厄也。王莽之末，長安兵起，宮室圖書，並從焚燼。此則書之二厄也。孝獻移都，吏民擾亂，圖書嫌帛，皆取為帷囊。所收而西，載七十餘乘，屬西京大亂，一時燔蕩。此則書之三厄也。劉、石憑陵，京華覆滅，朝章國典，從而失墜。此則書之四厄也。周師入郢，蕭繹收文德之書，及公私典籍，重本七萬餘卷，悉焚之於外城，所存十才一二。此則書之五厄也。

明人胡應麟著《少室山房筆叢》，在牛弘所論五厄之外，再增補五厄，列為「十厄」：

隋開皇之盛極矣，未幾皆燼於廣陵；唐開元之盛極矣，俄頃悉灰於安史；肅代二宗洊加鳩集，黃巢之亂複致蕩然；宋世圖史一盛於慶曆，再盛於宣和，而金人之禍成矣；三盛於淳熙，四盛於嘉定，而元季之師至矣。然則書自六朝之後，複有五厄。

到了滿清，大興文字獄，倒楣的便不僅是書，更包括了著書者和藏書者。因觸犯忌諱，生者淩遲梟斃，誅滅三族，死者剖棺戮屍，挫骨揚灰，如此案例已是不勝枚舉。倉頡造字而鬼神哭，莫非鬼神早有先見，知有滿清之劫，故而預為號慟乎？

文字獄之興起，正值所謂的康乾盛世，持續近百年，時間之長，禍害之烈，株連之多，處罰之慘，力度之大，實屬空前。

僅一七七二年至一七八八年的乾隆文字獄，所列的兩千三百二十種禁書和其他三百四十五種部分取締書中，只有四百七十六種倖存，不到所列數的百分之十八，而這還是發生在印刷術已普及的情況之下。

滿清在焚書、禁書之餘，卻也修書，即《四庫全書》。然而這其中又有貓膩。說起來，他們用的也是春秋筆法，寓褒貶於字裡行間。但他們褒的都是誰呢？不僅他們自己，連過去的契丹、女真、蒙古、遼、金、元等，也一併褒贊在內。八竿子都打不著的關係，他們何必做這份人情？原因很簡單，他們有一個最大的共同點，那就是對華夏而言是異族，是侵略者。

在編纂過程中，對那些反映民族矛盾、民族壓迫和漢民族戰鬥精神的作品，則是儘量摒棄和抽毀，對於不能不收錄的名家名作，則大肆篡改。比如，岳飛《滿江紅》的名句：「壯志饑餐胡虜肉，笑談渴飲匈奴血」，經過刪改之後，變成了「壯志饑餐飛食肉，笑談欲灑盈腔血」。

對此，魯迅先生曾評價道：「單看雍正、乾隆兩朝的對於中國人著作的手段，就足夠令人驚心動魄。全毀、抽毀、剜去之類也且不說，最陰險的是刪改了古書的內容。乾隆朝的纂修《四庫全書》，是許多人頌為一代之盛業的，但他們不但搗亂了古書的格式，還修改了古人的文章；不但藏之內廷，還頒之文風較盛之處，使天下士子閱讀，永不會覺得我們中國的作者裡面，也曾經有過很有些骨氣的人。」於是有嘆：「清人纂修《四庫全書》而古書亡。」

相對於原始的火燒而言，這豈不是更高層次上的焚書嗎？

如契訶夫所言，別人的罪孽，並不會使你變成一個聖人。儘管幹過焚書之事的遠非李斯一人，但這並不足以成為給李斯開脫的藉口。李斯的焚書，開了皇權政府赤裸裸地扼殺民眾思想的先河，不僅在當時釀下了嚴重後果，也對後世產生了深刻的心理影響。

坑儒的由來

說到焚書，人們馬上就會聯想到坑儒。坑儒發生在焚書的次年，即嬴政三十五年（西元前二一二年），其由來是這樣的：

且說六年之前，嬴政狂熱地迷上了仙人和不死神藥，四處籠絡和招攬術士，酬以重金，資助他們為自己去尋訪仙人和不死神藥。前後幾次尋訪，都以失敗告終。嬴政並不氣餒，資助的規模和力度反而越發加大。

於是乎，在術士的小圈子內，交口傳遞著這樣的消息：此處皇帝傻，錢多，速來。一時間，滿世界的術士雲集咸陽。嬴政倒也是多多益善，來者不拒，只要術士提出一個主意，馬上就能圈到一筆龐大的經費。嬴政心中清楚，這四方奔來的術士，大半都是南郭先生，可是沒關係，他不在乎這些錢。路漫漫其修遠兮，吾將廣種而薄收。

然而，一晃眼六年時間過去了，連仙人和不死神藥的影子也沒見著。術士們不免心虛起來，事已至此，不管好賴，總得給嬴政一個交代。術士們也不傻，自然不會老實承認，世上本沒有仙人和不死神藥，因為我們術士多了，所以就有了。他們可不想砸了自己的飯碗，他們還想繼續從事這份無本萬利的職業，於是行起緩兵之計，將失敗的責任推到嬴政身上。

術士盧生向嬴政彙報道，臣等之所以屢次求仙人和不死神藥而不得，是因為有惡鬼從中作祟。陛下應該忘記皇帝的身分，將自己打扮成普通人，以避開惡鬼。避開了惡鬼，則真人自至。陛下也不能處理國事，不能接觸朝中大臣，否則就不能恬淡，為真人不喜。陛下所居之宮，亦不可讓任何人得知。陛下做到了這些，就一定可以得到不死之藥。

盧生這一番堂皇的理論，未嘗不是一種自脫之術。讓嬴政放棄權力，遠離國事，與世隔絕起來，這個要求未免高得有些離譜。按盧生的想法，最好就是嬴政知難而退，不願配合，然後求仙這事就這麼自然而然地淡忘掉。無奈嬴政已是走火入魔，真信了盧生的話。為了成仙不死，這點代價算得了什麼！

嬴政誠意十足。他首先放棄了「朕」這一皇帝的專用自稱，改而自稱真人。又按照盧生的建議，將咸陽兩百里之內的宮觀，以復道和甬道相連，每個宮觀之內，皆充以帷帳鐘鼓美人，以亂人視聽。行蹤所到之處，膽敢洩漏者，死罪。

帝國的政務處理，照舊在咸陽宮內進行，只是嬴政不再出席。群臣奏事，則對著空空的皇帝寶座，彷彿是在對著藍幕表演，煞是考驗他們的演技。

某日，嬴政駕幸梁山宮，從山上見丞相李斯車騎甚眾，心中大為不快。有中人悄悄轉告李斯，李斯於是輕車簡從。嬴政知道後大怒，道：「此中人泄吾語。」尋找洩密者，無人應承。於是詔捕當時所有在身邊的人，一律殺之。從此之後，再無外人得知嬴政的行蹤。

嬴政此舉，雖未必是衝著李斯去的，卻也讓李斯的面子上很不好看。而在那些術士們看來，嬴政為了成仙，連丞相李斯，他最親密的戰友都不惜翻臉，可見其對成仙的認真和執著。

嬴政越執迷不悔，給術士的壓力就越大。如果一旦嬴政意識到自己被騙，則他將要展開怎樣的報復！要知道，嬴政可不是《皇帝的新衣》裡面那個笨蛋皇帝，他是絕不會吃啞巴虧的。

那些先知先覺的術士，開始惶惶不可終日。這次是蒙混過關了，但下次呢？再這麼欺騙下去，遲早要出事，而且一出必是大事。富貴誠可貴，性命價更高，三十六計，走為上策。

所坑實為術士

最早開溜的術士是侯生和盧生。荒謬的是，臨走之前，兩人還煞有其事地來了一場技術性探討，得出嬴政求仙必然不能成功的結論。而這段談話，也不可思議地被史冊記載了下來：

侯生和盧生相與謀曰：「始皇為人，天性剛戾自用，起諸侯，併天下，意得欲從，以為自古莫及己。專任獄吏，獄吏得親幸。博士雖七十人，特備員弗用。丞相諸大臣皆受成事，倚辨於上。上樂以刑殺為威，天下畏罪持祿，莫敢盡忠。上不聞過而日驕，下懾伏謾欺以取容。秦法，不得兼方，不驗，輒賜死。然候星氣者至三百人，皆良士，畏忌諱諛，不敢端言其過。天下之事無小大皆決於上。每日批復表箋奏請，重達一百二十斤，不滿不休息。貪於權勢至如此，未可為求仙藥。」

且說侯生和盧生二人亡命而去，嬴政的憤怒是可想而知：別人逃跑也就罷了，偏偏是你們兩個！要知道，我豢養的術士雖多，卻獨獨對你二人最寄厚望。凡你們所求，無不應允，凡你們所欲，無不得到。我何曾虧欠過你們？我何曾讓你們做難？試問，我還需要做些什麼，才能讓你們更加滿意？可是沒用，你們還是要逃！你們當我是什麼，一個可以愚弄在股掌之間的冤大頭嗎？

說起來，侯生和盧生這兩人也確實不地道，光顧著自己逃命，卻渾然不顧那些還留在咸陽的同行們的死活。果不其然，他們剛逃走沒幾天，一場災難就開始降臨在他們的同行身上。

嬴政一聲令下，還沒來得及逃離咸陽的術士們被悉數緝拿歸案，關押一處，先由御史宣讀詔書。詔書曰：

吾前收天下書不中用者盡去之。悉召文學方術士甚眾，欲以興太平，方士欲練以求奇藥。然而，韓眾入海求仙，一去再無音訊。徐市等費以巨萬計，終不得藥。盧生等吾尊賜之甚厚，冀望極深，數年來卻毫無所獻，徒奸利相告日聞，欺吾仁厚而不忍責罰也。今盧生等不思圖報，乃亡命而去，又複誹謗於我，以重吾不德。諸生在咸陽者，吾使人廉問，或為妖言以亂黔首。

詔書宣讀完畢，接著就是要老實交代問題了。嚴刑拷打之下，諸生為求自免，互相揭發，乃至不惜編造，牽引誣告。審理下來，得犯禁者四百六十餘人，皆坑於咸陽，使天下知之，以為警戒。

此一事件，後世往往和焚書並列，合稱為焚書坑儒。但究其原委，所謂坑儒，本只是對良莠不齊的術士隊伍的一次清理整頓而已。這被活埋的四百六十餘人，乃是候星氣、煉丹藥的術士，並非儒生。司馬遷在《史記・儒林列傳》中也有明言：「及至秦之季世，焚詩書，坑術士。」可見，根本就與儒生無關。

那麼坑術士又是在何時開始被誤傳為坑儒的呢？

坑儒考

首先提出坑儒的，是在東晉年間。梅頤獻《古文尚書》，附有孔安國所作的《尚書序》，其中有云：「及秦始皇滅先代典籍，焚書坑儒，天下學士，逃難解散。我先人用藏其家書於屋壁。」這時坑術士第一次被變性為坑儒。後隨著《古文尚書》被定為官書，坑儒的說法於是沿襲下來，遂成定論。

對於梅頤所獻的《古文尚書》及孔安國所作《尚書序》，前人多有辨疑，到了清代，其偽書的身分已成蓋棺定論。偽造者雖千差萬別，心態卻完全一致，那就是莫不希望以假當真，成功蒙蔽世人。譬如，造假書畫的人，在造假完畢之後，總會不辭辛苦，再偽造出名家的印章和題跋，以標榜名家品鑑，流傳有緒。《古文尚書》的偽造者雖已不能得知，但其心態卻也同樣如此，所以才會多偽造出《尚書序》來，並假託在孔安國名下，以形其真。

偽造者將坑術士改為坑儒，其實也只是為了引出下句「我先人用藏其家書於屋壁」，從而表示《古文尚書》其來有自。考其最初用意，大概也只是欲售其偽，並無心向嬴政潑髒水。後世卻據此將坑儒判為鐵案，想必是大大出乎其意料之外的了。

作為掌握了主流話語權的儒者，他們也無意糾正這一錯誤。一方面，他們高唱復古師古之調，另一方面，他們卻又深諳一切歷史都是當代史的道理，只要歷史有利於當下，則其真偽又有什麼要緊的呢？從理智上，他們也許懷疑坑儒是否確有，但從利益和感情上，他們卻寧願相信坑儒是為必有。

坑術士變成了坑儒，對他們無疑是有利的。這樣一來，嬴政就成為一個負面典型，可以被他們經常拿來念叨。念叨的目的，不外乎給當時的帝王聽。你看，嬴政就因為坑了儒生，帝國迅速土崩瓦解不說，還落下了千古罵名。所以陛下英明，不用微臣再多提醒……

坑術士變成了坑儒，也可以滿足他們的感情需求。這倒不是說他們患有「被害妄想症」，而是他們作為一個群體，要維持自己的團結和信仰，除了聖賢經典之外，同樣需要一些殉道者，一些聖徒。而話語權在握，自然可以為本群體追認烈士，即使這些烈士並不存在，那也可以通過修改史料創造出來。有了這些殉道者的存在，他們這一儒家群體也就添加了無限的榮耀和光輝。

儒者將坑術士攬到自己頭上，心安理得地將自己打扮成受害者，並從中得到了莫大的安慰。如果你說坑的其實不是他們，他們必是與你急，你幹麻不坑我們儒生，瞧不起我們還是怎樣？

然而在當時嬴政的心目中，儒生的地位的確遠不如術士高。儒生只會以古非今，而術士卻可以讓他成仙不死，兩者的重要性自然不可同日而語。以儒生當時的地位，也根本不可能引起嬴政如此大動肝火，痛下殺手。

當然自漢以來，儒家的地位迅速提高。時至今日，「儒」依然作為一個褒義詞而存在。比如說儒商，雖實際是商，卻也得把儒擺在商前面，以便附庸風雅。然而儒商這詞，其實和後現代這類詞一樣，純屬胡言亂語，不知所云。儒商不兩立，要麼就儒，要麼就商，焉能兼得？

從雲夢秦簡看秦國的國有制經濟

楊師群

在一般人的印象中，中國封建時代的經濟是地主土地私有制經濟。然而從雲夢秦簡看，秦國的經濟並不是人們所想的那樣……

按雲夢秦簡及其有關史料，深入剖析秦國的經濟基礎，我們發現其國有制經濟占據了主導地位，而不是傳統理論所說的主要是地主制經濟。這樣商鞅變法後秦國的社會性質與所謂地主階級幾乎沒有任何關係。因此商鞅變法乃至春秋戰國之際社會變革中的一系列重大歷史問題，都需要我們重新研究探討。

土地國有制

商鞅變法實行「明尊卑爵秩等級，各以差次名田宅，臣妾衣服以家次」的政策，說明秦國貴族官僚的田宅數量應與其爵秩等級相符，官爵一旦失去，田宅也就不能保留。所以「乃封甘羅以為上卿，複以始甘茂田宅賜之」。甘羅為故丞相甘茂之孫，如田宅為私有，何須朝廷複賜之，可見甘茂被讒害出奔外國，其田宅遂為國家收回。張金光指出：「商鞅實行的田制改革，其實質就是土地國有化。」並非私有化。

秦簡《徭律》說：禁苑「其近田恐獸及馬牛出食稼者，縣嗇夫材興有田其旁者，無貴賤，以田少多出人，以垣繕之，不得為徭」。秦既按官爵等級分配田宅，而農民則予授田，那麼「有田其旁者」中既有「貴賤」之分，自然也就有「田少多」之別了。許多人將此條律文作為秦存在私有土地的證據，其論證是不嚴謹的。

《商君書・境內》規定：軍士「能得甲首一者，賞爵一級，益田一頃，益宅九畝，除庶子一人，乃得人兵官之吏」。益田一頃，乃授田之數。就是說有軍功的士卒，可得加倍授田，並派給無爵平民「庶子」一人前去助耕。這樣的軍功田，肯定也要「身死田收」。

《秦律雜抄》規定：「戰死事不出，論其後。」只有父親為國戰死，兒子才能承受其父的軍功爵田。如果「又後察不死，奪後爵，除伍人；不死者歸，以為隸臣」。可見子承父爵是被嚴格控制的，對違反者的懲罰係極其嚴厲，甚至要降為奴隸。這一規定也說明父親的軍功爵田，不是兒子可以隨便世襲，依然是國有土地。

秦簡中沒有一條允許土地買賣和世襲的律文，就可以說明國家不承認土地私有制。《封診式》中有一案例，查封了某里士伍甲的家產，其中包括「室、妻、子、臣妾、衣器、畜產」，其後一一詳記，細緻到「牡犬一」之類私產，然而其中就是沒有土地一項，即是最好的證明。所以將軍王翦不可能用買賣的辦法去獲取土地，而只能乘征戰前夕向秦王請求賜予土地，並「請田宅以為子孫業」。即要求允許被賜土地世襲的特權，卻還是被秦王婉言拒絕。

秦統一前後，經常大批強制遷徙豪富和民眾，如「始皇二十六年，徙天下豪富於咸陽十二萬戶」。此類記載絕非個別現象，更可以有力地證明，秦國沒有土地私有制的概念，國家可以任意遷徙人民。否則就很難設想，國家可以如此頻繁且大規模地遷徙豪富與民眾。

商鞅變法的「制轅田」措施，實際上已有國家授田的性質。而秦國普遍實行授田制，可以從秦簡中窺見一斑。《田律》規定：「入頃芻、稾，以其受田之數，無豤不豤，頃入芻三石，稾二石。」《法律答問》說：「部佐匿諸民田，諸民弗知，當論不當？部佐為匿田，且何為？已租諸民，弗言，為匿田；未租，不論為匿田。」在當時國家對土地租稅合一的情況下，所謂「租諸民」，亦應即是授田予民，而收取租賦之意。其「部佐」，乃鄉部之佐，漢代稱「鄉佐」。《續漢書・百官志》云：「又有鄉佐，屬鄉，主民，收賦稅。」即當時所謂「斗食之秩」的鄉村小吏。

國家讓如此基層的小吏掌管土地的租授權，便可清楚說明授田制的普遍程度。而授田制的普遍實行，又無可爭辯地證實了國家土地所有制的支配地位。袁林說：「戰國，特別是商鞅變法之後秦國的基本田制為授田制，此制一直延續到秦始皇統一六國之後。」

《田律》規定：莊稼生長後下了及時雨，和穀物抽穗，縣裡負責農業的官吏應及時向朝廷書面報告受雨、抽穗的土地面積，及已開墾而還沒有耕種的土地頃數。如遇旱災、暴風雨、澇災、蝗蟲，及其他自然災害也都要詳細向朝廷書面報告。前述禁苑周圍要求縣令安排人力修繕圍牆，以防牛馬出來糟蹋莊稼等等。這些都說明如果不是國家土地所有制占支配地位，朝廷就不會對基層官吏做出這樣細緻的農業管理方面的法律約束。

秦不但將大部分土地授給農民耕種，同時還有相當部分土地由國家奴隸直接耕種。《倉律》規定：「隸臣田者，以二月月稟二石半石，至九月盡而止其半石。」二月至九月正值農忙季節，故每人口糧增加半石。《倉律》還詳細規定了每畝地種籽的使用量，以防止主管倉庫的官吏侵吞種糧，也防止奴隸浪費或食用種糧，說明奴隸直接耕種國家土地的情況也絕不在少數。

據《廄苑律》可以看到，國家還有著許多面積廣大的直屬牧場：太廄、中廄、宮廄等。飼養著大批公家的牛馬，其中包含著相當數量的耕牛。「以四月、七月、十月、正月膚田牛。」進行耕牛評比，成績優秀的有獎賞，成績低劣的要處罰，甚至用牛耕田，牛的腰圍減瘦了，每減瘦一寸要笞打主事者十下。國家為什麼如此重視保護耕牛，其答案只有一個：因為有大片的國家土地需要這些牛去耕種，如果耕牛減少或體質減弱，都會直接影響國家的農業收成。

同時，國家還有專門人員「牧公馬牛」，游牧於若干縣或更大的地區之間。《廄苑律》要求：「將牧公馬牛，馬牛死者，亟謁死所縣，縣亟診而入之。」即游牧到哪裡，有牛馬死亡，便應及時向所在縣呈報，再由縣加以核驗後上繳。這種國家管理的游牧生產方式，如在有許多私有土地的地區是不可能進行的，只有在基本上屬於國家土地所有制的條件下，才能進行生產。

另外，專供統治者游獵玩賞的國有苑囿園池，也占有後人難以想像的廣大國土。《徭律》說：「縣所葆禁苑之傅山，遠山，其土惡不能雨，夏有壞者，勿稍補繕，至秋無雨時而以徭為之。」這種包含著遠近山嶺的禁苑，要興徭役予以修繕，可見其面積之廣大。而秦始皇更是大築園池。「引渭水為長池，東西二百里，南北三十里。」又複「廣其宮，規模三百餘裡，離宮別館，彌山跨谷……表南山之巔以為闕，絡樊川以為池」。所營造的渭南上林苑，所占面積已相當可觀，而秦始皇「嘗議欲大苑囿，東至函谷關，西至雍、陳倉」。

如果秦推行或承認土地私有制，那麼上述的離宮別館、苑囿園池就很難修築了，而秦始皇那種擴大苑囿的想法，更成為癡人說夢。換句話說，只有在土地國有制的基礎上，上述之事才是現實和可能的。

《田律》還規定：春天二月，不准到山林中砍伐木材，不准堵塞水道。不到夏季，不准燒草作為肥料，不准採取剛發芽的植物，或捉取幼獸、鳥卵和幼鳥……不准毒殺魚鱉，不准設置捕捉鳥獸的陷阱和網罟。只有到七月份才解除禁令。國家有資格管得如此之寬，清楚地說明，所有山澤、河川、林木、叢草及野生動物都屬國家所有，否則這些條令就毫無意義了。

總之，整部秦簡中非但沒有承認土地私有制的有關法律，甚至連私有土地的概念也不存在。因此《法律答問》中關於「盜徙封，贖耐」的律文，只能是宣布國有土地制度和支配這些土地的授田制的不可侵犯，而不可能是在保護什麼私有土地。

據上分析，我們可以下這樣的結論：商鞅變法後秦國是土地國有制占據了絕對支配的地位。

國營工商業

秦國於西元前三七八年「初行為市」。才十幾年，商鞅變法就開始設置重法，竭力壓抑私營工商業的發展。「事末利及怠而貧者，舉以為收孥。」商鞅簡直就是把私營工商業者看做罪犯，而要使其淪為奴隸。雲夢秦簡也大致繼承了這一基本國策，使私營工商業在變法後也沒有多少發展餘地。

《商君書・墾令》是變法「墾草令」的底本，其中透露出商鞅採取的一系列抑商措施，而其在秦簡中也有反映。首先「重關市之賦」，就是「不農之徵必多，市利之租必重」。用關市盤剝私商的利潤，從而限制其發展。《法律答問》有一條說：「盜出珠玉邦關及賣於客者，上珠玉內史，內史材予購。」這裡嚴禁偷運貴重物品出境貿易，否則大多要處以「耐罪以上」。可見由於關賦重，偷運之事不少，而其嚴禁又必將阻礙各國間正常的商業貿易往來。

再者，商鞅實行「壹山澤」政策，就是國家獨占山澤之利，實行鹽鐵專賣，在各地設置鹽鐵官，控制其生產與流通領域。《秦律雜抄》中記載秦負責採礦、冶鐵的官府有「右府、左府，右採鐵、左採鐵」，其官吏有「嗇夫、佐、曹長」等，可見規模不小。《史記・太史公自序》就說其祖司馬昌任過「秦主鐵官」。

商鞅主張國家嚴格管制糧食貿易，「使商無得糴，農無得糶」，即商人不得進行糧食買賣。從上節國家土地所有制占支配地位的分析中，我們可以意識到：其結果之一就是要由國家全面把握糧食的生產與流通。秦對農民「收泰半之賦」，一般民眾是不會有多餘的糧食出售給商人。《倉律》所記：「櫟陽二萬石一積，咸陽十萬一積。」說明國家府庫糧食十分充裕，從而使政府完全控制這一關係到國計民生的最重要物資。

商鞅還嚴禁僱傭制及其在運輸業諸方面的經營。「無得取庸」，「使軍市無得私輸糧者」，「令送糧無取僦，無得反庸」。《效律》也規定：「上即發委輸，百姓或之縣僦及移輸者，以律論之。」僱傭與運輸可以視之為私營工商業生存的基本條件，這些方面被扼殺了，就無法正常運作。同時政府還嚴格苛求甚至加重其勞役負擔。商鞅規定：「以商之口數使商，令之廝、輿、徒、童者必當名。」《司空律》對一般以勞役抵償債務而僱用他人來代役的要求，只要年齡相當，都予允許。唯獨私營工商業者不得僱他人代役，「作務及賈而負債者，不得代」。可以說政府對私營工商業者特別歧視。

商鞅主張「貴酒肉之價，重其租，令十倍其樸」。由此來阻止私營飲食業、釀酒業的發展。《田律》規定：「百姓居田舍者毋敢酤酒，田嗇夫、部佐謹禁御之，有不從令者有罪。」在這樣嚴厲壓抑私營工商業的政策之下，可以說秦國的私營工商業是不可能得到多少發展的。

所以當戰國之際，東方諸國隨著工商業蓬勃發展，出現了許多星羅棋布的商業都會，如「燕之涿、薊、趙之邯鄲，魏之溫、軹，韓之滎陽，齊之臨淄，楚之宛、陳，鄭之陽翟，三川之二周。富冠四海，皆為天下名都」。其中就是沒有一處是秦國的城鎮。

許多人在談及秦國的私營工商業時，往往舉出蜀卓氏、程鄭、宛孔氏諸位。其實，由於秦國打擊私營工商業者的政策，在兼併六國後，也把他國的私營工商業者流放到偏僻地區。《史記・貨殖列傳》說：「蜀卓氏之先，趙人也，用鐵冶富。秦破趙，遷卓氏，卓氏見虜略，獨夫妻推輦，行詣遷處。……致之臨邛，大喜，即鐵山鼓鑄。」秦要滅趙之後，再遷卓氏到蜀，而卓氏「獨夫妻推輦」而往，這樣要發財致富，比起封君，至少也要十幾年工夫。而秦統一後才十二年就爆發陳勝、吳廣起義，秦政府已無暇顧及打擊私營工商業者了。程鄭、宛孔氏也是如此，「程鄭，山東遷虜也」，「秦伐魏，遷孔氏南陽」。三人至少要到秦朝末年，或由秦入漢之際才發達致富，所以嚴格來講，三人並不能算作是秦國的私營工商業者。

那麼烏氏倮與寡婦清又是怎麼回事呢？《史記・貨殖列傳》說：「烏氏倮畜牧，及眾，斥賣，求奇繒物，間獻遺戎王，戎王什倍其賞，與之畜，畜至用谷量馬牛。」這烏氏倮並非職業商人，實乃「夫倮鄙人牧長」。而「秦始皇令倮比封君，以時與列臣朝請」。估計有安撫北方邊境之意。而「清，寡婦也，能守其業，用財自衛，不見侵犯。秦始皇以為貞婦而客之，為築女懷清台」。其實為褒獎貞婦而已。總之二者都並非有秦朝重視私營工商業者的意味。

秦國一貫奉行壓制打擊私營工商業的政策，實際上也就是在全面推行官營工商業的發展，這一點在雲夢秦簡中有確切記載。

先是採礦冶鐵業。秦律中多處提到鐵器，如《金布律》說：「縣，都官以七月糞公器不可繕者……其金及鐵器入以為銅。」即將無法修理的官有器物中的銅和鐵上繳，以作為回爐的金屬原料。《司空律》明確要「為鐵工，以攻公大車」。即要設立鐵工作坊，來修繕公家的大車。前述官營採礦冶鐵機構還有「右府、左府，右採鐵、左採鐵」等。可以說秦國官營冶鐵業有相當的規模，鐵器的使用也極為廣泛。官府甚至還出借鐵製農具，《廄苑律》中有「假鐵器」條款。

其次是冶銅和製造各種兵器、用具，還包括製陶業的官府工室。從目前的文物資料看，各類工室分屬朝廷、郡、縣各級管理，如朝廷直接管理的工室有櫟陽、咸陽、雍城等國都所在城邑，屬郡一級管理的工室有上郡、蜀郡等，縣級工室最為普遍，幾乎各縣一般都置有。《工律》規定：「縣及工室聽官為正衡石累，計桶、升，毋過歲壹。」要求縣級工室每年校正一次衡器。據《秦律雜抄》，工室官吏包括工室嗇夫、工師、丞、曹長，還有工匠和大量隸臣（奴隸）、鬼薪（刑徒），可見其數量與規模都不小。

還有土木工程建築業，專管修城、建房、築路、造車及宮室營造事務。《徭律》說：「度功必令司空與匠度之……而以其實為徭徒計。」即在估算工程量時，必須有主管官員司空與匠人一起計算，再按工程量算出所需民工徒眾的數量。

據《司空律》看，為土木工程建築幹活的大多是服勞役的民工和大批刑徒，還有以勞役來贖債的人，及公、私各類奴隸。單從秦始皇修築阿房宮、長城所用數十萬民工計，這一官營工程建築業的規模是後人難以設想的。陝西出土的秦兵馬俑，更說明了這項問題。

《秦律雜抄》記載有對漆園生產做評定的律文。鑄錢幣的官府手工業，《封診式》記載有不允許私鑄錢幣的案例。酒類的生產，《倉律》要求：「別粲、糯之釀，歲異積之，勿增積，以給客。」《廄苑律》中對評比耕牛成績優秀的，「賜田嗇夫壺酒」。可見官府有自己專門的酒類生產作坊。最有意思的是，官府手工業除生產自給外，還有商品生產，並在專門的官府市出售。

《關市律》規定：「為作務及官府市，受錢必輒入其錢中，令市者見其入，不從令者貲一甲。」很明顯，這一條法律是在防止官府市的營業員貪污，朝廷煞費苦心所擬制的這一法令告訴我們，當時官營商業的普遍性。如蜀守張若在成都置鹽鐵市官的同時，「修整裡，市張列肆，與咸陽同制」。說明咸陽諸城鎮官府市的規模更可觀。

所以秦國的私營工商業在長期壓抑束縛下，步履維艱，很難發展；而官營工商業在國家扶持下，品種齊全，規模可觀，產量浩大。兩者的確切比例已無法估算，但有一點我們可以肯定，那就是當時秦國的官營工商業在國內占據著無可爭辯的主導地位。

國營經濟制度化、規範化

秦的國有制經濟占主導地位還有一些有力的佐證。我們先看「嗇夫」官職的普遍設置，秦律中有大嗇夫、縣嗇夫、官嗇夫、田嗇夫、倉嗇夫、庫嗇夫、亭嗇夫、司空嗇夫、廄嗇夫、皂嗇夫、苑嗇夫、工室嗇夫、漆園嗇夫等十多種，實際社會中恐怕還不止此數。其中大多數為基層管理經濟部門的官員，加上其佐官、工師、曹長等，數目很是龐大。

高敏指出：「秦時封建的國有經濟比重較大，特別是由於土地制度方面存在著封建的土地國有制。……正因為如此，就引起了設置各種『官嗇夫』以管理國有土地、耕牛、農具、種籽以及大車的製作與維修，僕役的徵集與獎懲等等的需要。」一句話，就是大量的國有制經濟部門需要有關的各級官吏管理。我們看到漢代「嗇夫」官職的設置明顯少於秦代，主要只有鄉一級的「鄉嗇夫」，「職聽訟、收賦稅」而已。

為什麼秦漢官職設置會有如此大的變化呢？高敏指出：「是同秦漢社會的封建國有經濟在整個社會經濟中的比重不同有密切聯繫的。」很有卓見。《論兩漢地主階級的形成及其性質特證》詳盡論證了兩漢土地私有制相對成立的過程，再加上兩漢私營工商業在較為鬆弛的統治下發展迅速的情況，都互相參證了上述觀點的正確性。

我們再來看秦國實行的稟給制度，或可稱國家供給制。據《金布律》、《倉律》、《司空律》、《傳食律》、《逸名律》的記載，秦時由官府稟給的物件是十分廣泛的，幾乎包括所有官府的奴隸、各類工匠、各種刑徒、現役軍人和各級大小官吏，皇室人員自不必多言，甚至包括外來的賓客。對各種人，稟給的內容和等級的差別自然是很大的。對於奴隸、刑徒和軍人主要稟給衣、食，而對官吏則優待有加，不但衣食俸祿，官府並配給廚師、車夫、車輛，直至牛馬的飼料，官員出差時還給與「傳食」津貼，傳食津貼除了糧食，甚至包括醬、菜、鹽之類。

我們知道秦國的官奴、刑徒、軍人、官吏的數目都十分龐大，而國家要維持如此完整細緻的稟給制度，如沒有一定的物資基礎是不可想像的，而這些物資主要依靠國有制經濟各部門的相當規模的生產。

其國有制經濟的規畫性也相當突出，且管理嚴格。《商君書・徠民》提出「制土分民」的原則，計算出地方百里有可耕地五百萬畝左右，「可食作夫五萬」，即每戶授田一百畝，可授五萬戶。這授田制一直延續到秦始皇統一中國後的第五年，估計可以授出的全國土地差不多都已授完，便頒布了「使黔首自實田」的法令，袁林指出：「『使黔首自實田』，就是命令黔首自己去充實（充滿、具有）土地，即命令黔首按照國家制度規定的數額，自己設法占有定額的土地，國家不再保證按規定授田。」一直到這時，有規畫的授田制才告一段落。

從《倉律》內容可以看到，國家主要使用倉庫加強對糧食諸農產品的管理。首先穀物、芻等入倉，都要登記封印，統計後向朝廷內史上報，同時上報當地食取口糧人員的名籍，及一些其他費用開支，這樣朝廷便可掌握各地糧食諸農產品的收支情況。倉庫進出都要稱量核對，物資如有被盜、損失、誤差，都要處罰有關人員。可以說倉庫是國家農業生產規畫運作的樞紐。

《秦律雜抄》規定：「非歲功及無命書，敢為它器，工師及丞貲各二甲。」即不是官府工室本年度應生產的產品，沒有朝廷的特別命書，而擅敢製作其他器物，工師與丞各要罰二甲。說明朝廷每年都要給官府工室下達生產任務。

對採礦、冶鐵業也同樣「賦歲功，未取省而亡之，及弗備，貲其曹長一盾」。即朝廷要收取每年規定的產品數量，如在尚未驗收時就有丟失，或不能生產到規定數量，罰其曹長一盾。可見官府手工業必須按朝廷計畫進行生產，不得擅自改變，也不得完不成任務。

為確保其計畫完成和產品品質，朝廷每年都要對這些單位進行考核評比。《秦律雜抄》規定：「縣工新獻，殿，貲嗇夫一甲，具嗇夫、丞、吏、曹長各一盾。城旦為工殿者，笞人百。」即指產品被評為下等，官吏受罰，工人笞刑。有意思的是，地方官吏也要一起被罰，同時「殿而不負費，勿貲」，說明產品雖被評為下等，但成本核算並不虧損者，則不加責罰，意指朝廷注意到手工作坊的經濟效益問題。

最後還有產品勒名制度，《工律》規定：「公甲兵各以其官名刻久之，其不可刻久者，以丹若髹書之。」《效律》規定：「公器不久刻者，官嗇夫貲一盾。」這樣產品若以後發現問題，便可據此問罪於當事人。

從《效律》等律文的內容看，秦凡主管經濟的部門都有專門從事經濟核算的事宜，稱為「計」。同時這些部門每年都要向上級或朝廷報告其經濟收支情況，稱做「上計」。「上計」的內容不僅有錢、糧收支的項目，還包括戶籍、土地、賦稅、勞役等各方面的版籍情況。不但使中央政權能及時把握全國經濟乃至各部門經濟的狀況，以便下達適宜的規畫；也能據此考核各級官吏的政績，使其更有效地執行國有經濟的規畫。正因為其國有制經濟體系的龐大，所以秦國對上計制度的要求也相當周密與嚴格。

秦國的國有制經濟占據著主導地位，其中國家土地所有制的農業生產占據著絕對支配的地位，官營工商業經濟也有著極其重要的位置，國家對於經濟運作有著周密規畫和一系列細緻的管理制度。而當時並不存在什麼新興地主階級，雖然在官營工商業中使用著大量的奴隸和刑徒，但秦國畢竟是一個以農業經濟為主的大國，在農業生產中主體勞動者是國家授田的農民。這樣，商鞅變法後秦國的社會性質，與傳統的定論就有著極大的距離。

我們如果認為「封建」這個概念僅限於農民被田租剝削的生產關係，那麼當時的秦國應是一個較為成熟的國家封建制社會。法家在經濟方面的主張其實是「一種超階級的國家主義經濟觀」，而秦國在它的指導下，走進了這樣一種社會制度之中，就沒有什麼奇怪的了。

一位英國人眼中的秦朝後宮淫亂真相

喬納森・克萊門特斯

說起嬴政的身世，很多人就會想起呂不韋。關於這個人的故事，自古民間眾說紛紜，且看一位英國人眼中的呂不韋和秦朝後宮吧！

呂不韋和趙姬的關係

除了跟鄰國的關係之外，秦國宮闈中同樣存在問題。呂不韋跟趙姬開始共同攝政之際，他們二人是否還私下見面是不清楚的。考慮到異人曾經將趙姬甩在邯鄲獨自逃離，好幾年沒跟她團圓，呂不韋和身為王后的趙姬之間的關係，比僅僅一起協助攝政的關係要來得深厚是完全可能的。

呂不韋，這個熱衷於往上爬、獲得權力和地位的人，希望遠離他原先的商人身分。他更熱衷於他現在的角色——攝政相國；然而趙姬還有別的欲望。我們必須對後來那些含沙射影的說法持懷疑態度，因為他們是在深深憎惡秦的漢代建立後被記載的。即使如此，還是有很多線索可表明趙姬是不知滿足的。

他們有了新的權力和新的責任，也從中產生了新的密謀和新的欲望。然而一個作為母后和一個作為相國，在這個欲望上花太多時間不可能不引起猜疑。

趙姬絕不是中國歷史上第一個，也不是最後一個贏得政治地位的女人，不過她遭到了關於合法性的指控。嬴政的曾祖母宣夫人是那些粗鄙流言的主體，她曾經獨自設下反對西戎的計謀，她引誘他們的頭領，還給頭領生了兩個孩子，然後讓軍隊反叛他，終於讓他本人喪命，他的領土則被吞併。在後來，同樣的建議曾提到漢高祖的皇后呂後跟前。還有唐朝的皇后武則天也曾經面對這種提議，假如這麼做的話，這令人難以置信的醜聞就會纏繞著武則天。

孔子自己在《春秋》中記載了幾則臣下被國君的寵妾陷害的逸事，後來的史家或許也會被這些例子所引導，這種犧牲女子利益的做法簡直是政治犯罪！不過趙姬的故事卻跟上面那些女子有所不同，因為趙姬似乎並不想把自己捲進政治生活中。

趙姬和利用「性」來鬥爭的紅粉戰士宣太后，乃至後來顛覆唐朝的皇后武則天都不同，她身敗名裂的原因在史料記載中要簡單得多，那就是她在三十來歲時便孀居，而後的怨婦生活讓她日益憔悴，於是她簡單直接、毫無顧忌地在宮廷政治生活的核心和掌握著整個世界的巔峰之上，做起呂不韋的情婦來。史料記載並沒有提到她個人的感情，我們是透過與之有關係的人，從那個最引人注目的呂不韋列傳知道她是被異人突然拋棄的，呂不韋之所以憤怒地向他的被保護者——異人割捨他心愛的情人，可能是一直留意著他更垂涎的政治目標。

我們所知的這些，為這事件的始終提供了可辨別的證據。透過這些資料我們可以說，在嬴政統治的早期，當年幼的秦王還處在劣勢之際，呂不韋正醞釀一個繼續占有趙姬，並讓她遠離宮闈中的年幼秦王的陰謀。後來的故事家和小說家們虛構了許多跌宕起伏的細節，說趙姬是那麼需要呂不韋，她黏戀他，以致於呂不韋害怕他們的關係被發現；還有的說趙姬逼迫呂不韋，假如她的性要求得不到滿足，她就要將一些祕密公之於眾等等。無論如何，《史記》關於此事最終結果的記載是赤裸裸的：呂不韋害怕災禍牽連到自己，就私下裡找了一個「長著碩大陽具的男人」嫪毐為門客。

趙姬與「宦官」廝混

這位長著上天良好「賦賜」的嫪毐很快地就在呂不韋府上受到任用，在那裡他被要求證實他那貨真價實、獨一無二、絕非懦夫的本事，在《史記》這段最離奇的記載中，嫪毐在一次聚會中將一個木製車輪懸掛在他那勃起的陽具上，這樣的消息很快就回饋到趙姬那兒，她被問及是不是想要見見這個男人。

呂不韋想了個更好的辦法把嫪毐送進內宮，他安排了一個人指控嫪毐犯了足以被施以宮刑的罪，被施宮刑之後的嫪毐就能順理成章地長期待在趙姬的內宮。雖然趙姬指出將嫪毐施以宮刑會使嫪毐喪失讓他進宮從事服務的能力，但這早就在呂不韋考慮的計畫之中。他安排了對嫪毐的指控和處罰，並讓趙姬賄賂施宮刑的人，當嫪毐行刑的時候，施刑者僅僅做了個樣子，一點也沒有傷及嫪毐。與此同時，施刑者抓緊時間拔掉嫪毐的鬍子和眉毛，因為除掉體毛是一個宦官最重要的外貌特徵。至少《史記》是這麼記載此事過程的。

《史記》的記載導致以後一些考證者不僅想考證此事的真實性，還想考證這段記載是否是《史記》原來就有的內容。其實《史記》的作者司馬遷本人就是一名宦官，他在晚年曾受宮刑，他當然會注意到青春期之後才受宮刑的宦官，在受刑後還會長出臉部的鬚髮，因此拔掉嫪毐的鬍子其實是毫無意義的。《史記》中記載的這一醜態足以使這部分故事完全浮出水面，那就是並非司馬遷記載錯了（嫪毐拔掉鬍子和體毛），很可能事實上嫪毐事件是後來深惡秦朝的人戴著有色眼鏡，進而篡改的。

假裝將嫪毐施了宮刑的陰謀完全成功了。新「宦官」嫪毐被送到趙姬那裡服役。他讓趙姬找到了合適的生理滿足，離開了呂不韋。因為趙姬仍然是個年輕健康的女子，她不久就懷孕也不奇怪。這一情況使她必須找藉口遠遠離開宮廷中那些窺視的眼睛。於是她在被人知曉前，就宣布說一個預言家告訴她須要找個風水更好的地方，所以她跟嫪毐從咸陽搬到了深深山谷中的秦舊都雍城之中。

趙姬在上游逗留的時間比她先前宣稱的還要長。她起初宣稱要到舊都消夏避暑，但幾乎是半永久性地待在那裡，跟新找的「宦官」嫪毐一起，還有數百僕人，過著一種家居生活。

過了一陣子，趙姬開始企圖用早年跟呂不韋有染的方式繼續篡權。或許是她認為自己遠離宮廷，各種指控夠不著她，她允許嫪毐按宦官慣例做事。《史記》沒有提示是否嫪毐的鬍子長了回來，也沒說換上宦官袍服的嫪毐是否特別喜歡漂亮衣服，但最明顯的跡象是西元前二三九年，嫪毐被封為長信侯。這樣的提升就宦官那不完整的體格而言是絕不可能的。宦官向來被禁止封貴族爵位，他們的身體殘缺正是被允許進入宮廷的原因。看樣子嫪毒的頭腦遠在他的宦官身分之上，而且正有人要利用它。

嬴政剛成年時的宮廷政治鬥爭

還有其他的緊張關係。在都城咸陽，嬴政已經二十歲了，按傳統，這是舉行表示他成人的冠禮最合適的時間——給他加上成人戴的冠，可能再娶上一個從其他國家公主中挑選的正式妻子，很顯然這同樣也是他親政的時刻。

有人在阻止嬴政舉行冠禮。《史記》中沒有正式提及這一點。不過我們可以從一些事件中看出那些人都使用了些什麼做藉口。在蒙驁——這位秦國最出色的將軍死後不久，一顆彗星在西元前二三九年五、六月之間出現於西方，這是一個具有重要意義的凶兆。據現代天文學家計算，這是一次關於哈雷彗星的真實記錄，但對秦廷的占星家們而言，這預示著有大災難要來臨。不久後，嬴政的祖母夏姬又在尚算年輕之際去世，相對地，年輕的秦王須用一段時間例行公事地守孝，這也延遲了他舉行冠禮的時間。

西元前二三九年，嬴政的弟弟成王子遭遇了離奇的死亡。當時這位可能只有十幾歲的年輕王子被派領兵征伐趙國，《史記》簡單地說他出兵趙國時「謀反」了，其實謀反的真相並不清楚。在法律嚴格的秦國，一個人瀆職被看做是對其主人的侮辱，所以他可能僅僅是錯失了勝利的機會。雖然蒙驁去世了，朝中還有其他經驗豐富的將軍能夠領兵深入敵國，尤其是對付趙國這個敏感的國家，因為它是秦王和趙姬的故鄉。

如果真的有證據能證實呂不韋是秦王真正的父親，那麼成王子之死就是呂不韋他們在自己的反對者們結成的集團並發動政變之前清除障礙的一個舉動。更可能的是，假若這些人準備發動政變，這可能是由成王子自己醞釀的，他「謀反」的目的很明顯，他的跟隨者們在失敗後也都被斬首。

關於此事的史料記載很簡短，簡短得令人無奈。當西元前二三八年，秦軍持續不斷地向遠處用兵之際，另外一顆奇怪的彗星光臨秦國，它的彗尾橫亙了整個夜空，根據這個徵兆，秦王舉行冠禮的時間終於宣布了。而經過冠禮，他就是一個真正被認可的成年人，此時，他二十二歲。

在舉行冠禮之前，他到了一個地方，這個地方的地名在《史記》的記載中只有一個音節。當我們知道這是他最顯赫的祖先之一秦武公的墳墓時，它的重要意義就隨之明晰了。嬴政跟秦武公都是嬴秦的子孫，他們的先人曾長期跟西戎作戰。秦武公時期，朝中重臣以幼主的名義執政而手握大權，但秦武公後來終於處決了執掌大權的重臣，從篡位者手中收回權力，這也是秦國歷史上艱難的一頁。現在這大臣專權的一幕又重演了。

就秦國慣例而言，是秦武公或他那些復仇心重的繼承者們開創了以活人殉葬的慣例，因為秦武公曾以六十六名支持者殉葬。秦武公是一個從篡權者手中通過冷酷謀劃和無情鬥爭奪回權力的榜樣，看樣子，嬴政——這位當今的秦王，也下定決心要跟他的先人一樣。

秦王嬴政的對手們都離他很近，尤其是逐漸年邁的華陽夫人，從秦王還非常年幼時，呂不韋和趙姬就因她久久地享受著尊榮和權力。圍繞著成王子之死的離奇事件顯示了在秦宮廷內部早有一派力量想找一個更馴順的繼嗣者，正如秦國歷史上曾經發生過的那樣。

在攝政大臣中，假如有人想殺掉嬴政，讓一個新的娃娃國君取代他來保持「協調」也是可能。這樣攝政大臣們自己就會內訌，秦國自己就會分成兩派，兩派都宣稱遵從嬴政，但兩派都為他們自己謀利益。《戰國策》中描述了這樣一則故事：在秦國的每個角落，從掌握國家權柄的人到手握推車車柄的人，問題都是同一個，「你是太后和嫪毒的人嗎？你是呂不韋的人嗎？」無論你走向村落的崗哨，還是走在咸陽宮廷的走廊，問題都是同一個。

最終，這些事端終於匯總了。法律的嚴酷暴露出來，攝政者們的命運（攝政者們被嚴酷的秦法處死）是我們唯一能知曉的，可以據此判斷誰應真正受責備，即便如此，我們還是覺得歷史並不公正地將他們全部加以譴責。此時秦王已經舉行了冠禮，而冠禮標誌著他可以完全自主地掌握國家政權。冠禮後不久，他的統治終於經歷了第一次顯而易見的挑戰。

趙姬事發，嫪毒遭車裂

在富麗堂皇的雍城宮殿裡，嫪毒和趙姬的曖昧關係最終被發現了，至少人們是知道了，因為如果絲毫不受猜疑才是不可置信的。有一則故事說：嫪毒在一次聚會上發脾氣，酒醉後吹噓自己在擔任秦王父親的角色（無非是吹他和秦王的母親私通）。更為通常的版本說是，在嫪毒的不臣之心越來越明顯地暴露之際，他才被發現跟趙姬私通。

嫪毒吹著最大的牛皮，還夢想讓這牛皮成為現實。他有時甚至違背宮廷禁令，帶著他情人的印璽回去。而王宮衛士們，那些精銳騎士和咸陽的守衛者，只不過是一小撮被召喚來襲擊嬴政住處的人而已，其他人員也不過從兩個西戎部落招募來的，無論他招募了什麼人，嫪毒和他的宮室隨從們決定組建真正的私人黨羽來發動叛亂。

於是戰爭在咸陽城內展開，由嫪毒的死黨來對付秦王從忠實支持者中，隨意拼湊的人員。因為宮廷守衛們明顯是嫪毒的人，秦王能安排的僅有他年輕臣僚們的一支軍隊，即武裝了的宦官和一批由兩個西戎部落組成的個人衛隊。似乎雙方都有好幾千人參戰，但許多人都被錯誤的號令愚弄了，他們所做的僅僅是與各自被打散的部隊不斷揮舞手臂而取得聯繫，或者是準確無誤地站到秦王那邊去，讓他重新編排。真正的叛軍醒悟到這陰謀原來是「謀殺秦王」，除了數百人之外，大部分人在街上的混戰中被殺。當硝煙散去，嫪毒已經逃走，憤怒的秦王則懸賞百萬要活捉他，假如是屍體就懸賞五十萬。

後來有二十人被以謀反罪處決，包括宮廷衛兵的領頭、宮廷僕役長和一位主要的射手。儘管數千人受到了處罰，但看來即使在殘酷的秦國，不知情的參加者也被認為是無辜的，因為在秦國，抗拒印有玉璽的旨意而不參戰同樣要被處死。相對地，一些當初膽敢拒絕的人被免除了死刑，他們被處以三年的苦力（鬼薪），為宮廷祭祀和太官（宮廷供給衣食的部門）採集生火用的木柴。嫪毒將近四千名僕人中，有些被殺了，還有些對趙姬忠心耿耿，他們繼續毫無怨言地侍候趙姬。儘管他們的沉默以對秦王的忠誠為代價，表現了對另一個主人的忠誠，或許他們是存心的，也或許不是。他們逐漸結成一個差點讓主人喪命的團隊，他們被塞進船裡，到南方四川的卑濕之地去補充邊防。

嫪毒也不走運。當秦王下令捉拿他和他的同夥之際，他和他叛亂的殘餘勢力被包圍，而後被消滅。嫪毒本人則被用四匹馬車裂。根據近百年前商鞅變法確立的嚴酷法律，嫪毒之罪同樣讓他的家族蒙受恥辱，無論他們是否知道嫪毒的陰謀。相應地，所有嫪毒的親戚都被處決，包括他的堂兄弟、同族、他的父母（假如他們活著）。

處決命令中，還包括他跟趙姬生的兩個孩子，假如他們的陰謀得逞，這兩個孩子將謠傳要做攝政下的又一任娃娃國君。當秦王嬴政發現這兩個孩子還活著時，他隨即下令處死他這兩個同母弟弟。對趙姬怎麼處理？秦王下了一道極其嚴酷的命令，禁止任何人談論趙姬捲入這件事。任何人膽敢私下議論太后與此事的關係將被即刻處決，他們的肉將從骨上剔除……他們的四肢將繞於城門，像井欄圍繞井那樣。

有些秦王的大臣不欣賞這嚴酷的法令，他們不明智地說明嬴政的母親是如何值得信賴。秦王在大臣們都知曉之前就殺了他們之中的二十七人，不過此刻趙姬不受限制了，就如秦王寧可相信她沒有參與嫪毒的政變和用不受歡迎的私生子替代秦王，以及她從沒有計劃殺死自己生的頭一個兒子那樣。

有人在醞釀著計畫，儘管是誰並不清楚。在這些可能的人中，呂不韋希望用一些手段讓趙姬不要干政，但這樣的計畫會招致顯而易見的懷疑，即他懷疑她，準備除掉她；而嫪毒，或許有趙姬的幫助，或許沒有，可能準備把大權奪到自己和他跟趙姬生的孩子手中。但同樣，干政者有可能不是呂不韋和嫪毒中的任何一個人，而是這年少的秦王自己，他企圖獨掌政權，把淩駕於他之上的人除掉。假如這是事實的話，那麼嫪毐事件就不是他整個圖謀的頂峰，這只是他計劃奪權、推倒呂不韋的第一步。

嫪毐之亂的反響大約持續了好幾年。這件事讓秦成為其他國家的笑柄，並延遲了秦國對其他國家的軍事行動大約一年。趙姬被軟禁於深宮，為了面子，最終她再次住在咸陽附近。她是否直接參與了嫪毐事變還是不清楚，或許模模糊糊有點吧！因為從反證看，她如果真的直接參與了，她自己的兒子嬴政就要判她同謀弒君的罪。

曹操到底「玩弄」了多少個美女？

天行健

曹操作為三國時的政治家、軍事家和詩人，戎馬一生，統一了北方，因而有人認為他是一代梟雄，為社稷之棟樑，治世之能臣；也有人說曹操挾天子以令諸侯，天下之大不忠者，是罪臣亂子；還有人認為曹操是個色魔，玩弄了太多女人。

在曹操的私生活中，玩弄女人應當是其中的重要內容。曹操有多少女人，已經無法統計，因為遺留至今的資料很不全面。

從《三國志・后妃傳》的記載中，我們知道曹操最早有丁夫人、劉夫人、卞夫人（後來拜為王后）。另從《武文世王公傳》中，知道還有環夫人、杜夫人、秦夫人、尹夫人、王昭儀、孫姬、李姬、周姬、劉姬、宋姬、趙姬。這些人所以能載入史冊，是因為她們（丁夫人除外）一共給曹操生了二十五個兒子，沒生兒子的女人，當然還有。曹操在《遺令》中說：「吾婕妤伎人，皆著銅爵（雀）台。於台堂上施八尺床、穗帳、朝哺上脯之屬，月朝十五，輒向帳作伎。」婕妤，帝王妃嬪的稱號。曹操為魏王，他的妻妾除王后之外，下有五等：夫人、昭儀、婕妤、容華、美人。這裡把婕妤與伎人並稱，表示婕妤以下，地位卑賤，與藝伎差不多少，而藝伎除歌舞之外，也是曹操的泄慾工具。上述王昭儀以下的孫姬、李姬等共六個姬，都是婕妤以下的小妾。銅爵台，即銅雀台，爵、雀二字在古代通用。朝哺，指古代的兩頓飯。古人採取兩餐制，第一頓飯稱朝食，在辰時吃（上午七點至九點）；第二頓飯稱哺食，在申時吃（下午三點至五點）。

這段話的意思是：我死之後，我的婕妤與藝伎都住在銅雀台，在銅雀台的大廳上放一張八尺的床，掛上帶穗的帳子、朝食和哺食都要供奉乾肉、乾果、乾飯之類，初一十五，要朝著帳子歌舞。

所以陸機在《吊魏武帝文》中說：「留曲念於閨房」，「惜內顧之纏綿」。意思是對女人的這些遺言，流露的是曹操對生活的眷戀和對她們的感情。但仔細想想：那些失去了男人的女人們，可能有幾十人，也可能上百，孤孤單單地住在銅雀台上，每日兩餐都要向那張空床上供，初一十五還得對著那張空床歌舞。生活有困難，可以編點絲帶草鞋之類的東西去賣（這是防止政治上有變故，正常情況下不會這樣）。活著，你們要陪我；死了，你們也得守著那張冰冷的空床。這表現的是眷戀還是自私？是纏綿還是沒有人性？

但曹操生前有這麼多女人，還要不斷地採擇野花供其玩樂。易中天說曹操「生活上是比較隨便的。他吃不講究，穿不講究，長期在外行軍打仗，對女人大約也只能將就，不能講究」。其實不然，在戰場上他也不將就，吃的也是白菜心。

對女人也不將就。例如：呂布部下秦宜祿之妻生得非常漂亮，被關羽暗戀著。曹操和劉備圍呂布於下邳時，關羽曾幾次對曹操說：希望城破之後，能把這個女人賜給自己。曹操爽快地答應了，正如易中天所說，曹操是「豁達開朗，大氣磅礴」的。但城破之後，曹操發現「這個女人不尋常」，竟把她納為己有了。美髯公的心情如何？天知道！

還有，在宛城（今河南南陽市），曹操發現張繡的嬸娘（張濟的遺孀）長得漂亮，便納入帳中，逼使張繡降而複叛。好色之徒曹操被打敗，自己中了箭，長子曹昂、侄兒曹安民、愛將典韋都戰死了。何苦來的！你對得起誰！

我們不能用現代觀念去苛責古人，但也不能用現代觀念去美化古人。古人對男女關係，對愛情的理解不可能和現代人一樣，尤其是古代帝王的思想感情更不能和平民相比。白居易的《長恨歌》和洪昇的《長生殿》對唐玄宗和楊貴妃的愛情的詮釋，失之於把帝王平民化；而易中天對曹操及其眾多女人的感情的詮釋，則既把帝王平民化，又把古人現代化了。

女人在曹操心目中的地位和價值如何？下面引證兩個小故事來說明。

據《三國志・武帝紀》裴注引《曹瞞傳》：有一愛姬陪曹操午睡，曹操枕著愛姬，對她說：「過一小會兒叫醒我。」她見曹操睡得很熟，便沒有叫醒他。等到曹操醒來，發現自己睡過了頭，便怪罪愛姬，把她活活打死了。

另據《世說新語・假譎類》，曹操常說：「我睡覺的時候，你們不能隨便接近，有人接近我，我便要砍人，我自己也沒有知覺，左右之人必須小心謹慎。」有一次，他在假寐，有一愛姬給他蓋被子，他馬上便把這愛姬殺了。

以上所說，未必完全屬實，但卻是可能發生的事，絕不屬於情理之外。帝王總是要防備有人害他，而且這種人根本就不尊重婦女的人格甚至生命。

唐朝的房地產也曾崩盤，朝廷沒有救市

李開周

房市一直是大家關心的話題，因為它既重要，又經常變化。在古代，雖然土地制度和市場狀況與現在不可同日而語，但其中的變化也是風雲莫測，按我們現在的收入算，唐朝的房子就曾經從幾百、上千元一平方公尺跌到過幾十元。

敦煌房價在「千元」以上

唐宣宗大中十年（八五六年），敦煌居民沈都和因為急等錢用，賣掉了自家的房子。按照慣例，他跟買方簽了一份房屋轉讓契約，契約上寫道：

慈惠鄉百姓沈都和，斷作舍物，每尺兩碩五升，准地皮尺數。算著舍檟物二十九碩五斗陸升九合五圭乾濕穀米。其舍及地當日交相分付訖。（《敦煌資料》第一輯第二九八頁）

什麼意思呢？就是說沈都和這套房子按面積計價，每尺價值小麥兩碩五升。另外房子裡所有家具陳設也隨房子一塊兒出讓，價值小麥二十九碩五斗六升有餘。

契約上寫的「一尺」是指一平方尺，唐朝一尺有〇點三公尺，一平方尺就是〇點〇九平方公尺。「碩」是容量單位，跟「石」通用。唐朝一石有五十九點四公升，一斗是十分之一石，一升是百分之一石。按每公升小麥重一點五斤計算，唐朝一石小麥重九十斤，一斗小麥重九斤，一升小麥重〇點九斤。所以「兩碩五升」小麥重約一百八十斤，按今天麥價八毛一斤去買，至少需要一百四十元。

前面說過，「一尺」是〇點〇九平方公尺，「每尺兩碩五升」，說明每〇點〇九平方公尺能賣一百四十元，也就是每平方公尺能賣一千五百五十五元。放在一千多年以前的敦煌，這房價是很高的。

平民「月薪」不到三百元

不過歷史不喜歡孤證，單憑這一宗交易，並不能說明敦煌的房價普遍高，再看下一個例子。

唐僖宗乾符二年（八七五年），同樣住在慈惠鄉的另一位敦煌居民陳都知賣掉了自家的房屋基地，換來小麥「八百五碩五斗」，即八百零五點五石（張傳悉《中國歷代契約會編考釋》）。按每石價值一百四十元計算，陳都知家的房屋基地賣了人民幣十一萬兩千七百七十元。那房屋基地有多大呢？東西寬三丈九尺，南北長五丈七尺。唐朝三丈九尺折合今天十一點八公尺，五丈七尺折合今天十七點二公尺，假定陳家房屋基地的形狀比較規則，那麼其面積就有兩百零三平方公尺。拿房屋基地總價除以房屋基地面積，可以得出這塊房屋基地的單價：每平方公尺五百五十六元。考古報告顯示，唐代敦煌民宅全是單層，容積率很低，當地價高達五、六百元一平方公尺的時候，房價在千元以上是完全合乎邏輯的。

我手頭還有一批唐代敦煌的僱傭文書，那些文書上顯示，在西元九世紀後期，不管是幫人牧馬放羊，還是給人運送貨物，甚至包括替人當兵在內，敦煌平民每月的收入一般都不會超過兩石小麥。換言之，那時「工薪階層」的月薪大多在三百元以下。像這樣的收入水準，就是一年不吃不喝，也只能掙夠二、三平方公尺，倘若想買一套像樣的房子，恐怕得忙活幾十年。

我不知道千年以前的敦煌是否也有大量需要買房居住的朋友，如果有的話，我猜他們肯定會鬱悶、會彷徨，會對房價畸高的房地產市場發洩出洶湧澎湃的怨恨和失望，就像我們今天的某些購房者曾經做過的那樣。

房地產突然崩盤

值得慶幸的是，這樣的狀態並沒維持多久，敦煌房價在每平方公尺一千五百五十五元這個制高點上盤旋了一會兒，很快就急轉直下，像一架失事飛機那樣栽著跟斗俯衝下去。套一句比較現代的說法，敦煌房地產崩盤了。

唐昭宗乾寧四年（八九七年），敦煌居民張義全賣房，「東西一丈三尺五寸，南北二丈二尺五寸」，只賣了小麥「五十碩」（《敦煌寶藏》第三十二冊第九八〇頁）。一計算得知其建築面積二十八平方公尺，售價七千元，每平方公尺才賣二百五十元。唐昭宗天複二年（九〇二年），敦煌居民曹大行跟人換房，「東西三丈五尺，南北一丈二尺」的房子，僅估價「斛斗九石」（《敦煌寶藏》第三十二冊第九九頁）。換言之，三十八平方公尺的房子，只能賣一千兩百六十元，已經降到了三十三元一平方公尺。

關於敦煌房價，目前能找到的文獻非常少，暫時還弄不清剛開始房價為什麼那麼高，後來又為什麼暴跌。另外鑑於中原和江南地區出土的唐代經濟文獻更加稀少，所以也不敢確定在敦煌之外的其他區域是不是同時出現了房價暴跌的現象。

朝廷沒有「救市」

不過可以確定一點：在敦煌房價暴跌之後，大唐朝廷和敦煌政府都沒有出手救市。因為查《新唐書》、《舊唐書》，查記載唐朝史事更為翔實的類書《冊府元龜》，唐代官修的會典《唐六典》及中科院歷史所輯錄、中華書局出版的敦煌石室藏書釋文彙編《敦煌資料》，從中既沒有發現唐朝中央政府曾經降低房貸利率和頭期款的記錄，也沒有找到敦煌地方政府曾經為購房者提供補貼的跡象。當然唐朝沒有銀行，也沒有房貸，那時候的中央政府壓根兒不可能通過降低利率和頭期款來救市。

唐朝政府之所以不救市，倒未必是因為它更能替廣大購房者著想，才容許房價不斷下滑，而極有可能是因為以下幾個原因：

第一，當時沒有專門的開發商，所謂房地產交易只是在業主之間進行的二手房買賣，而業主們作為一盤散沙，沒有能力遊說政府做出救市決策。

第二，當時房地產行業在整個國民經濟領域所占的比重非常小，無論這個行業是否興旺，都不會導致GDP下滑。

第三，當時的財政收入主要來自田賦和人頭稅，政府從來沒有想過賣地生財，房價暴漲也好，暴跌也罷，只能影響地價，而影響不到政府的利益。

千年名畫竟然是「特務」的情報

晶妍

在北京故宮博物院館藏珍品中，名畫《韓熙載夜宴圖》以其用筆細潤圓勁，色彩濃麗，人物形象清俊、娟秀、栩栩如生而名聞中外。是當今保存五代時期人物畫中最傑出的代表作。

《韓熙載夜宴圖》全長三公尺，共分五段，每一段畫面以屏風相隔。第一段描繪韓熙載在宴會進行中與賓客們聽歌女彈琵琶的情景，生動地表現了韓熙載和他的賓客們全神貫注側耳傾聽的神態。第二段描繪韓熙載親自為舞女擊鼓，所有的賓客都以讚賞的神色注視著韓熙載擊鼓的動作，似乎都陶醉在美妙的鼓聲中。第三段描繪宴會進行中間的休息場面。韓熙載坐在床邊，一面洗手，一面和幾個女子談話。第四段是描繪韓熙載坐聽管樂的場面。韓熙載盤膝坐在椅子上，好像在跟一個女子說話，另有五個女子做吹奏的準備，她們雖然坐在一排，但各有各的動作，毫不呆板。第五段是描繪韓熙載的眾賓客與歌女們談話的情景。

此畫中的主人翁韓熙載（九〇二年至九七〇年），五代時濰州北海人（今山東濰坊），字叔言，後唐同光年舉進士，文章書畫，名震一時。因父親光嗣因事坐誅，熙載逃奔江南，投順南唐，歷事李昪、李璟（中主）、李煜（後主）三主，官至中書侍郎、光政殿學士。韓熙載定居南京後的寓所，也即此畫的發生地在今南京中華門一帶。《同治上江志》載：「戚家山，在江寧城南聚寶門外，南唐韓熙載居此。」

韓熙為人放蕩不羈，養有姬妾四十餘人。朝廷給他的俸祿，全被姬妾分去，他就穿上破衣，背起竹筐，扮成乞丐，走到各姬妾住的地方去乞食，以為笑樂。

韓熙載投順南唐後，初深受南唐中主李璟的寵信。後主李煜繼位後，因對北方籍官員的猜忌，屢藉故毒殺不少北方籍大臣。在後周對南唐日益緊逼的形勢下，李煜卻愈加剛愎自用，整個南唐統治集團內鬥激化，朝不保夕。在此不利的環境中，官居高職的韓熙載採取了疏狂自放、裝癲賣傻的態度，以求自保。但李煜仍對他不放心，派畫院的「待詔」顧閎中和周文矩到他家裡去，暗地窺探韓熙載的活動，命令他們把所看到的一切如實地畫下來交給他看。

顧閎中和周文矩到了韓熙載家以後，正碰上韓熙載在家夜宴，大智若愚的韓熙載當然明白他們的來意。整個夜宴中，韓熙載將那種不問時事、沉湎歌舞、醉樂其中的形態來了個酣暢淋漓的表演……

顧閎中憑藉著他那敏捷的洞察力和驚人的記憶力，把韓熙載家中整個夜宴過程默記在心，回去後即刻揮筆作畫，李煜看了此畫後，暫時放過了韓熙載等人。一幅傳世精品卻因此而流傳下來。

顧閎中後來畫成一個長手卷，共有五段。本圖是最後一段。這是酒酣舞罷，笙歌停後，大家帶看醉意，拖看家伎笑謔。獨自站立舉手示意的那位，就是宴會的主人韓熙載。顧閎中這卷畫不但務求形似，以便後主一見就知圖中所繪何人，而且把當時眾人玩樂時的神情和各人的性格統統表現得十分逼真。

以畫人物來論，這幅畫達到了極高的藝術水準。所以千年以來，凡有此畫著錄的各書，都對其有極高的評價。畫很舊，無款印也無清宮鑑藏璽。此卷現藏中國北京故宮博物院。

席捲歐亞大陸的狂飆：蒙古西征

張秀平、毛元佑、黃樸民

蒙古西征之戰是西元十三世紀上半期蒙古帝國征服中亞和東歐的戰爭。蒙古族是中國北方的一個古老民族，長期過著原始的游牧生活，到十二世紀時，在長城以北、貝加爾湖以南，東到大興安嶺、西至阿爾泰山的廣大地區，形成了許多蒙古部落。

隨著蒙古社會生產力的發展，原始公社制度逐漸解體，私有制產生，十二世紀末和十三世紀初，蒙古各部落面臨著迫切的統一問題。孛兒只斤部落的首領鐵木真在統一蒙古過程中發揮了重要作用，先後打敗了塔塔兒、克烈、乃蠻、蔑兒乞諸部，統一了蒙古各部。西元一二〇六年，蒙古各部落首領在斡難河（今鄂嫩河）畔召開大會，推舉鐵木真為大汗，尊稱成吉思汗，建立了蒙古國家。蒙古國建立後，以成吉思汗為首的蒙古貴族不斷發動掠奪戰爭，用兵的主要方向是南下與西征，南下攻擊的主要目標是南宋和金朝，西征則是征服中亞東歐各國。蒙古西征共有三次，第一次是一二一七年至一二二三年成吉思汗西征；第二次是一二三五年至一二四一年拔都西征；第三次是一二五三年至一二五八年旭烈兀西征。

成吉思汗西征

西元一二一七年，成吉思汗把南下滅金的任務交給木華黎，親自率兵直指西方。當時蒙古蔑兒乞部落首領脫脫的兒子火都和乃蠻部落太陽汗的兒子屈出律敗逃楚河流域，仍在西方活動。火都結集蔑兒乞殘部，圖謀東山再起。西元一二一七年秋，成吉思汗命令速不台率軍征伐火都，速不台翻越重山峻嶺，到達楚河，與蔑兒乞殘部作戰，殺死火都，消滅了蔑兒乞的殘餘勢力。

屈出律與花剌子模國王勾結，篡奪了西遼政權，推翻了契丹人統治，在新疆喀什噶爾、和田至錫爾河右岸地區建立了勢力範圍。西元一二一八年，成吉思汗派遣大將者別率兵兩萬攻打屈出律。當時屈出律正與阿力麻里的不札兒汗相攻，聽到蒙軍進攻，急忙向西逃，哲別擊潰西遼軍隊的阻擊，攻占西遼都城八剌沙袞。屈出律逃往喀什噶爾，喀什噶爾地區的居民紛紛起來殺死監視他們的西遼士兵，屈出律繼續西逃，被蒙古軍隊追及。哲別把屈出律梟首示眾，喀什噶爾、沙車、和田等城相繼降蒙，西遼滅亡。

西元一二一九年，成吉思汗親自率領其子朮赤、察合台、窩闊台、拖雷和大將速不台、哲別，會集畏兀兒、哈剌魯、阿力麻里等部兵馬，以花剌子模殺害蒙古商隊為由，攻打花剌子模。蒙古軍隊在額爾齊思河流域分進合擊，察合台與窩闊台率兵圍攻花剌子模商城訛答剌城，朮赤進攻氈的城，成吉思汗和拖雷統帥大軍直逼其都城布哈拉。西元一二二〇年春，蒙古軍隊攻占布哈拉，又攻陷了花剌子模新都撒馬爾罕，訛答剌與氈的城也相繼被攻陷。此後，成吉思汗命朮赤、察合台與窩闊台共同圍攻烏爾根奇，命大將者別和速不台越過阿姆河追擊西逃的花剌子模國王摩訶末，打敗俄羅斯和欽察突厥，繞道裏海北岸回軍。

摩訶末後來在裏海一個小島上病死，其子札闌丁在呼羅珊組織抵抗。西元一二二一年，成吉思汗渡過阿姆河，占領塔里寒城，派拖雷進攻呼羅珊，相繼攻陷你沙不兒、也里城，回師塔里寒城與成吉思汗會師。察合台與窩闊台攻陷烏爾根奇後，也到塔里寒城會師。成吉思汗親統諸路大軍追擊札闌丁，在印度河擊敗其餘眾，札闌丁隻身逃跑，花剌子模滅亡。蒙古軍隊越過高加索進入頓河流域，出兵歐洲。西元一二二三年在迦勒迦河決戰，大敗突厥與俄羅斯聯軍，俄羅斯諸王公幾乎全部被殺。此後蒙古軍隊班師而回。

長子西征

一二三四年蒙古滅金戰爭結束後，窩闊台與成吉思汗在中原、中亞建立了穩固的統治。也兒的石河

（今新疆額爾齊斯河）以西、烏拉爾河以東之地為蒙古的征服地區，是成吉思汗長子朮赤的領土。但是烏拉爾河以西的欽察、斡羅斯等還未平定。一二三五年窩闊台召集忽里勒台，決定征討欽察、斡羅斯等未服諸國。居住在伏爾加河和烏拉爾河之間的欽察部首領忽魯速蠻懼怕蒙古軍，已先遣使納款，蒙古軍至，準備投降。唯居住在伏爾加河下游的欽察部首領八赤蠻堅決抗戰。斡羅斯和波蘭、匈牙利當時分為諸公國，各自為政，不聽大公號令，德、意、奧諸國捲入十字軍東征。歐洲形勢對蒙古西征有利。

西元一二三五年，由於進攻欽察的軍隊受阻，窩闊台決定派強大西征軍增援，朮赤之子拔都、察合台之子拜答兒、窩闊台之子貴由、拖雷之子蒙哥以及諸王、那顏、公主附馬的長子參加這次遠征，故稱「長子西征」，由拔都總領諸軍。次年，諸軍會師西征，進攻位於伏爾加河中游的不里阿爾，大將速不台征服不里阿爾。西元一二三七年，蒙古諸軍進攻欽察，蒙哥斬殺其大將八赤蠻，裏海以北地區被蒙古軍隊占領。

拔都率軍大舉入侵俄羅斯，西元一二三七年底攻占梁贊、莫斯科等十四城，西元一二三八年二月攻陷弗拉基米爾，次年又攻陷基輔。西元一二四〇年，蒙古軍隊進攻孛烈兒（今波蘭）、馬札爾（今匈牙利）。西元一二四一年四月，蒙軍攻占克拉科夫、里格尼察等城，大掠摩拉維亞等地。拔都親統三路大軍大敗馬箚兒軍，其國王逃走，蒙古軍隊攻掠亞得里亞海東岸及南歐各地。同年底，窩闊台死訊傳到軍中，拔都率軍從巴爾幹撤回伏爾加河流域。拔都率本部以撒萊為都城，在伏爾加河畔建立了欽察汗國。

旭烈兀西征

西元一二五三年，拖雷之子旭烈兀率軍第三次遠征，蒙古軍隊進軍西亞。十月，旭烈兀率兵侵入伊朗西部，進抵兩河流域，目標首先指向了木剌夷國（今伊朗境內）。旭烈兀率軍攜帶大批石弩和火器，途經阿力麻里、撒馬爾罕、到波斯碣石城，告諭西亞諸王協同消滅木剌夷。

西元一二五六年，旭烈兀統帥蒙古大軍渡過阿姆河，六月到達木剌夷境內。蒙古先鋒將領怯的不花攻占木剌夷多處堡寨，給予了對方沉重打擊。木剌夷首領魯克那丁在蒙古大軍壓境的形勢下，派遣他的弟弟沙歆沙向旭烈兀求和，旭烈兀要求魯克那丁親自來投降，但魯克那丁遲疑不決。十一月，旭烈兀命令蒙古軍隊發起猛攻，魯克那丁被迫投降。蒙古軍隊占領其都城阿剌模式堡（今裏海南）。一二五七年初，魯克那丁被蒙古軍隊殺死，他的族人也都被處死，木剌夷被完全平定。

西元一二五七年三月，駐守阿塞拜疆的拜住來到軍中，旭烈兀偕同拜住等繼續西征，直指黑衣大食首都巴格達。當時阿巴斯王朝哈里發謨思塔辛執政，既直接統治黑衣大食，又管轄整個伊斯蘭教世界，是兩河流域的強國。西元一二五七年冬，旭烈兀、拜住等率軍三路圍攻巴格達，第二年初，三軍合圍，向巴格達發動總攻，蒙古軍隊用炮石攻打巴格達城，城門被炮火擊毀。二月，謨思塔辛哈里發率眾投降，旭烈兀攻陷巴格達，蒙古軍隊在城中大掠七天，謨思塔辛被處死，阿巴斯王朝滅亡。旭烈兀率軍繼續西進，兵進敘利亞，直抵大馬士革，勢力深入到西南亞。由於蒙古軍隊被埃及軍隊打敗，旭烈兀才被迫停止了西進，留居帖必力思，建立了伊利汗國。

蒙古大帝國

從西元一二一七年至一二五八年的近半個世紀中，蒙古帝國以蒙古大汗為中心，通過三次西征，先後征服了今鹹海以西裏海以北的欽察、花剌子模和東起阿爾泰山西至阿姆河的西遼、畏兀兒，建立察合台汗國；鄂畢河上游以西至巴爾喀什湖的乃蠻舊地，建立窩闊台汗國；伏爾加河流域的梁贊、弗拉基米爾、莫斯科、基輔等公國，建立欽察汗國；兩河流域的伊朗、阿富汗、敘利亞，建立伊利汗國；形成世界歷史上前所未有的大帝國。

殘忍到極點：揭密朱元璋陪葬妃子的死法

逸名

中國古代帝王陵墓制度裡，最殘忍的就是殉葬。考古專家們在山東益都蘇埠屯一個普通小王的墓裡，就發現了三十九具殉葬人骨架或者頭骨。後代的帝王們意識到了這個殉葬制度的不人道，於是用俑來代替……但一三九八年，歷史倒寫，朱元璋死後，那些還沒來得及生育的可憐妃嬪，就被告知要陪皇帝殉葬。六百多年後，究竟有多少妃子殉葬？又是誰終止了這種殘忍的制度？

殉葬妃嬪怎麼死的？有兩種爭議

洪武二十八年（一三九五年）朱元璋的次子秦王朱樉死後，朱元璋就命人以兩名王妃殉葬，以陪伴自己躺在地下那孤獨的兒子。洪武三十一年（一三九八年），朱元璋死後，他的孫子朱允炆繼位，朱允炆遵遺詔、依古制，凡沒有生育過的後宮嬪妃，皆令殉葬。但是當時場面混亂，加上負責此事的官員出於某種不可告人的目的，就是已經生育過的妃嬪，也有不少在陪葬之列，這些殉葬的妃嬪叫朝天女。

明孝陵的妃嬪、宮女是怎樣殉葬的？研究專家們也比較有爭議。

■第一種說法：上吊死亡

明史研究專家馬渭源認為是上吊死亡。「朱元璋死後，那些沒有生育的妃子，都得到了上面的命令，要上吊自殺。」殉葬那天，所有被列入殉葬名單的宮女和妃嬪都被集中到一個屋子。這個屋子裡安放了一把把太師椅，每個太師椅的上方都懸掛著七尺白綾。宮女妃嬪們在侍臣和太監的逼迫下，無奈地站到太師椅上，然後將自己的頭伸進了那早已繫好的套扣……當然，有的宮女會被這樣的場面嚇呆，顫抖著坐在地上，這個時候那些太監都開始發揮他們的作用，他們幾個人扶持著，強行把宮女扶上太師椅，然後把那個套扣套在了宮女的頭上，隨後搬走了椅子。

■第二種說法：灌水銀

還有一種說法認為，宮女妃嬪的體內被注入了水銀。為了保證陪葬的宮女妃嬪容顏不變，有人想出了一個惡毒的方法，就是在她們的體內注入水銀。這個建議被那些執行命令的侍臣和太監採納，於是他們給那些陪葬的宮女妃嬪的茶杯中下了「安眠藥」，這些人很快就睡著了，等到她們一睡著，那些太監就開始往她們的體內注入水銀，這樣這些陪葬的人就一「睡」不起了。

這種灌水銀的死法，馬渭源認為，沒有必要。「不過，明代文人筆記裡面寫到，在明代確實有人是被灌水銀而死的。被灌水銀的人，先是被一種中藥熏得失去了知覺，然後在頭部切開一塊，執行人手持銅勺，而不是像現在這樣用針管，往切開的部位裡面倒水銀。」馬渭源強調，古代文人寫這種刑法都是非常意會的，並沒有交代細節，但可以想像，這種死法是「慘不忍睹」。

殉葬妃葬在何處？應該在植物園

朱元璋妃子的墓到底在哪裡？「經過考古勘探，朱元璋的陵墓就應該在明孝陵，但妃子墓範圍究竟有多大，現在還沒勘探出來。」賀云翱告訴記者，史料記載，明太祖朱元璋死後，當時殉葬的妃嬪有四十六人之多，宮女達十二人。由於明朝正史沒有記載，殉葬妃嬪宮女葬在何處，成為數百年來人們心中揮之不去的謎團。

「經過考古勘探，我們在明孝陵西邊，也就是現在的植物園內，發現了一組建築，是一些典型的明代構件，這些構件的風格和明孝陵的風格非常接近。而且上世紀五、六十年代，考古專家們在植物園內發現了一座大型的古墓，這個古墓內出土了很多女性用的首飾，所以我們認為朱元璋那些殉葬的妃子，應該就埋在植物園裡面。」但妃子墓區究竟有多大？賀云翺笑了笑，因為不好做勘探，至今還是個謎。

「這種殘忍的殉葬制度，一直到明代第六位皇帝明英宗才終止。雖然明英宗生前沒什麼大傑作，但他死前，下了一道遺詔：不要妃嬪殉葬了。這給明英宗的一生畫上了美妙的句號。」

明孝陵地宮內也許有森森白骨

「不過明英宗只是讓皇帝的『性服務人員』不用陪葬了，他以後的皇帝，還是有很多宮女甚至太監陪葬的。」馬渭源說，當年北京定陵發掘的時候，考古專家們都大為驚訝，陵墓裡面累累白骨，各種姿勢的都有，現場的果盤、金銀珠寶被扔得一塌糊塗。「當時，皇帝入葬後，宮人（包括宮女和太監）就手端著果盤、珍珠、瑪瑙以及金銀寶貝往陵宮裡送，也許是意識到生命危險，宮人們拚命往外走，但這時候，陵寢已經開始封門了。不管宮人們怎麼掙扎，都被活活閉死在古墓內。」馬渭源說，定陵是萬曆皇帝的陵寢，這麼多的森森白骨，解釋明英宗結束的只是不要妃嬪殉葬了，而那些無辜的「宮人」還是得可憐地殉葬，他感慨地說，也許明孝陵的地宮裡面也有森森白骨，這些宮人也是被「封」死在裡面的。

明成祖為什麼要捕捉天下尼姑？

劉秉光

尼姑，是出家修行的女教徒，講求六根清淨、四大皆空，與朝廷素無瓜葛，但明朝的尼姑卻遭受了前所未有的侵擾和追捕。那麼，朱棣為什麼要捕捉天下尼姑呢？

永樂十八年（一四二〇年），明成祖朱棣突然下令，將全國所有的尼姑以及女道士，統統逮捕送到京師逐一審問，驗明真實身分。這場史無前例的大索天下尼姑案，既打破了佛門千年來與世無爭的靜雅，也讓後人感到莫可名狀的疑惑。

求生存，女英雄點燃導火線

細究起來，事情的起因竟是一場發生在山東境內，由唐賽兒（女）領導的農民起義運動。據《明史》及清代有關野史雜鈔記載：唐賽兒於永樂十八年二月，在家鄉蒲台（今山東濱州）聚集數千白蓮教徒，以紅白旗為號，揭竿而起，對抗朝廷。這場發生在山東境內的農民起義，因為規模小、持續時間短，且沒有震動明朝政權，所以連歷史教科書上也沒有記述，但當時的皇帝朱棣「甚為震驚」，不但派出了「京營」五百精銳人馬，還把正在山東沿海「抗倭」的軍隊，也用在鎮壓這場農民起義上面，很有「攘外必先安內」的架勢。

為顏面，皇帝竟不惜騷擾尼姑

朱棣為何如此興師動眾？據筆者分析有以下原因。其一，起義發生在「遷都北京」前夕，直接影響到皇帝的「形象工程」和「政績工程」，朱棣決不允許在這種時候出任何亂子；其二，起義軍以「白蓮教」為依託，教徒對唐賽兒死心塌地，唯命是從，朱棣決不允許「邪教」蠱惑民眾；其三，起義軍隊伍不斷壯大，屢敗官軍，且唐賽兒對於朝廷的招安不理不睬，使朝廷和朱棣顏面掃地。種種原因，使得朱棣對唐賽兒分外仇恨，對起義軍進行瘋狂鎮壓。因為寡不敵眾，腹背受敵，起義軍只堅持了三個月就失敗了，但唐賽兒下落不明。

為了消除心中憤恨，為了防止死灰復燃，為了能夠殺一儆百，朱棣下令嚴查唐賽兒的行蹤，但搜捕工作沒有任何進展。民間搜不到，朱棣決定調整工作重心，把搜捕唐賽兒的重點放到了佛門。

朱棣之所以這麼做，筆者認為有以下原因。一者，搜捕人員為了推卸搜查不力的責任，有可能以唐賽兒入佛門來搪塞朱棣。二者，佛門弟子遠離世俗，官府一般不介入，唐賽兒兵敗後極有可能混入佛門避難。三者，唐賽兒起義時，曾自稱「佛母」，朱棣以此認為唐賽兒與佛門有著某種關聯。史料中也有相關記載，朱棣因「唐賽兒久不獲，慮削髮為尼或處混女道士中，遂命法司，凡北京、山東境內尼及道站，逮之京詰之」（《明史紀事本末》）。

成謎案，巾幗英雄魂歸何處

於是朱棣下令將北京、山東的尼姑、女道士統統逮捕，押送朝廷審訊。同年七月，朱棣又命段明為山東左參政，繼續搜索唐賽兒。段明為了完成這一任務，不僅把山東、北京的尼姑逐一搜查，全部捕捉，甚至還逮拿了全國範圍內的數萬名出家婦女。關於此事，《明史》也有簡單記載：「永樂十八年二月，山東蒲台唐賽兒反，唐賽兒不獲，溴逮天下出嫁尼姑萬人。」一直到朱棣病逝，他一心想捉拿到唐賽兒的願望也沒能實現。明朝強大而又嚴密的特務、巡察機構，在捉拿唐賽兒的問題上，因為不得民心，即使想出通過捕捉天下尼姑的荒唐、極端的辦法，最終也無濟於事，得到的結果是「賽兒卒不獲，不知所終」。唐賽兒究竟哪兒去了？多少年來，歷代不少史學家，為了尋覓這位巾幗英雄的最後歸宿，窮經皓首，至今仍無定論，終成歷史謎案。

中國古代飛天夢：明朝萬戶被稱為「世界航太第一人」

水銀河

據記載，早在春秋時期，魯班就開始削竹製鳥，上天後可以三天三夜不下來；人類第一次有記錄的「登月計畫」來自中國明朝的官吏萬戶，月球上的一座環形山被命名為「萬戶山」；火箭故鄉中國的康熙皇帝曾送給俄國沙皇兩箱古代火箭……

中華民族在人類發展史上曾創造過燦爛的古代文明。中國最早發明的古代火箭，便是現代火箭的雛形。隨著神舟七號載人航太飛行的圓滿成功，中華民族漫步太空的夢想終於實現了，標誌著中國成為世界上第三個獨立掌握太空漫步關鍵技術的國家。

一九五七年十二月二十四日，一輛從莫斯科出發的專列抵達北京。車上除一百零二名蘇聯火箭技術人員外，還有一份前蘇聯「還給」中國的厚禮——兩發P-1近程地地導彈。據史書記載，火箭故鄉中國的康熙皇帝曾送給俄國沙皇兩箱古代火箭；兩百年後，前蘇聯又將兩枚現代火箭送給了中國……

回望中國人的飛天路，從上古神話傳說的女媧補天、嫦娥奔月到六百多年前人類第一個嘗試飛天夢想的明朝士大夫萬戶，再到新中國建立後中國人又七度飛天，七度凱旋，時間標注著中國騰飛的足跡，書寫著中國航太科技的自豪、中華民族的榮耀。每一次壯麗騰飛，托起的都是中華民族的飛天夢想……

織夢者：中國古代對太空的嚮往

中國自古以來就不斷地對宇宙進行研究：一方面用科學方法測量天體運行，製成曆法；另一方面因為無法知道天空的奧祕，許多反映這種思想的神話故事，如女媧補天、嫦娥奔月、牛郎織女等，一直流傳下來，成為人們喜聞樂道的民間傳說。

太空的奧祕，在古代是無從窺探的。但人們不斷地產生許多玄想、提出許多疑問。古代的思想家莊子寫了一篇《逍遙遊》，他描繪太空是「天之蒼蒼其正色邪？其遠而無所至極邪？其視下也，亦若是則已矣」。他知道天是「其遠而無所至極」，所以他玄想有一條大魚（鯤）變為大鳥（鵬），「背若泰山，翼若垂天之雲」，可以高飛九萬里，「絕雲氣，負青天」，而抵達「天池」。

這雖然是寓言，正是他對太空的想像。文學家屈原曾說：「登九天兮撫彗星」（《大司命》），「援北斗兮酌桂漿」（《少司命》）。最突出的是他所寫的《天問》，對於宇宙提出了一系列的問題，他說：「斡維焉系，天極焉加？九天之際，安放安屬？天何所沓，十二焉分？日月安屬，列星安陳？自明及晦，所行幾里？……何闔而晦，何開而明？……」

他對於日月星辰的安排、歲時晝夜的運轉、天體各星座和地球的關係，都提出很具體的疑問。這些疑問，正是人們的疑問，他自己不能解答，當時別人也不能解答，因此他只能把遨遊太空作為幻想，作為夢遊。他說：「昔餘夢登天兮，魂中道而無杭」，「欲釋階而登天兮，猶有曩之態也」（《九章》），又說：「載營魄而登霞兮，掩浮雲而上徵。」（《遠遊》），說明他對太空的嚮往。

本來，最早的《易經》就說：「天險不可升」；漢朝人趙君卿作《周髀算經》以圓規率測天的時候，也引周公的話：「夫天不可階而升也。」古詩人曾說「難於上青天」，俗話常說「比登天還難」。自古以來，對於天、對於宇宙，雖然想知道它，但無法知道。在文學家的筆下常常把它寫成神話，描繪成「太虛幻境」。

古代人民雖然不能了解天體的情況，但在這個願望之下，把它構成許多故事或傳說。這些神話性的故事，儘管內容不同，而嚮往窺探宇宙奧祕的願望卻是一樣的。古籍中這類記載很多；如晉朝王嘉的《拾遺記》說：「堯登位三十年，有巨槎浮於西海，槎上有光，夜明晝滅，海人望其光乍大乍小，若星月之出入。槎常浮繞四海，十二年一周天，周而復始，名曰貫月槎，亦謂掛星槎。」

這便是乘槎泛天河故事的起始，也可以說這是古代對於太空船的想像。又晉人張華《博物志》和宗懍《荊夢歲時記》分別記載天河中有牛郎織女，指的是銀河系中的牛郎星和織女星，後來演化成為小說，編成戲劇。很顯然，這是把天文學上的知識，演變成為民間故事。唐人牛嶠的《靈怪集》敍述太原人郭翰遇織女，織女告訴他天上的情形：「人間觀之，只見是星，其中自有宮室居處，群仙皆遊觀焉。」一年後織女與郭翰分離，郭翰寄以詩曰：「人世將天上，由來不可期。」

這是牛郎織女神話故事的發展。雖然是神話，而織女說的「人間觀之，只見是星」，已說明古人的想像力。因為無從知道星球上的事物，所以只能以人間的一切來想像。幻想總是美妙的，舊時代的實際生活總是痛苦的，於是人們又把太空作為天府，認為是神仙世界，寄託了種種幻想。

古人雖然不能了解太空的情形，又經常看見「天隕石」的現象，有些人就擔心有天塌地陷的危險，即古語所說的「杞人憂天」。唐段成式《酉陽雜俎》記王秀才在嵩山遇一工人，對他說「月勢如丸，其影則日爍其間也，常有八萬三千戶修之」。這雖然是一段神話，也說明了古人的天文知識，即太陽和月球的關係：肯定月球比太陽小，月球的光亮是由太陽而來，都值得注意，是帶有科學性的神話。

雖然古人不能深切地認識宇宙，但遠在西元二世紀的漢朝，張衡就創造了「渾天儀」和「候風地動儀」，這是最早的測天儀器。自從這位傑出的天文歷數家製造出測天儀器以後，人們便進一步認識了天體，初步了解星際的運行。以後又出了許多天文家、歷數家，對天文曆象做出了偉大的貢獻。

實踐者：明朝人勇敢的航太壯舉

航太是中國人古已有之的夢想，只是苦於沒有交通工具，數百年間這個夢想一直停靠在無數人的心裡無法出海。明朝時，情況大為改變，當時國內的兵器工業取得了重大進步，尤其是「火箭」技術的提高，使一個名叫萬戶的人最終將這個千百年的夢想付諸行動，成為世界航太史上的第一人。

■明朝火箭技術領先世界

南宋之後的元朝時期，蒙古統治者醉心於帝國廣闊的領土和巨大的財富，對火箭的技術幾乎沒有做出任何貢獻。直到朱元璋揭竿而起，驅逐元朝，火箭原地踏步的情況才大有改善。經過數代人的研究，明朝的火箭在發射形式上大為豐富，總的來說包括以下三類：

一、簡單架式發射，待發的火箭為一至五枚，如神機箭（三發）、龍架箭（單發）。

二、筒式發射，小型的待發箭同樣為一至五枚，如小竹筒箭（單發）、單飛神火箭（單發）、五虎出穴箭（五發）等；大型的為並列筒式，待發箭有數十枚，如「平曠步戰隨地滾」，有七個箭筒並列排開，兩端有輪，火力強大。

三、箱式發射，可以一次射出二十至一百枚火箭，用於對付密集陣型的敵人。發射箱為木結構，以一次性齊射為主，內部有前後兩塊帶孔擋板，用於確定火箭在箱中的位置，平時用蓋子蓋上防潮，戰時打開蓋子點燃引線就可發射，火力猛又易於儲藏，因此逐漸成了主要的火箭發射方式。主要品種有一窩蜂（三十二發）、群鷹逐兔箭（二十五發）、長蛇破敵箭（三十發）、百虎齊奔箭（一百發）、四十九矢飛廉箭（四十九發）。

無論是射程還是殺傷力，明朝的火箭技術都是世界領先的。當時的神火飛鴉、火龍出水和飛空擊賊震天雷炮三種新產品獨具匠心。宋朝火箭的彈頭是鐵製的箭鏃，殺傷力小，功能單一；神火飛鴉和飛空擊賊震天雷炮的彈頭為爆炸型，並且加入鐵片瓷片等破片來加大對人員的殺傷效果。火龍出水的彈頭則是縱火燃燒型，在海戰中可以焚毀敵艦。其次是推進用的火箭，以並列的火箭來增加推力火龍出水更是採用了兩級火箭，射程極遠，在對日作戰中曾經大顯其威，讓豐臣秀吉的日兵們吃盡了苦頭。

■萬戶：世界航太第一人

美國火箭學家赫伯特・S・基姆（Herbert S.Zim）於一九四五年出版的《火箭和噴氣發動機》（Rockets and Jets）一書中提到：「約十四世紀之末，有位中國的官吏叫萬戶，他在一把座椅的背後，裝上四十七枚當時可能買到的最大火箭。他把自己捆綁在椅子的前邊，兩隻手各拿一個大風箏。然後叫他的僕人同時點燃四十七枚大火箭，目的是想借火箭向前推動的力量，加上風箏上升的力量飛向前方。」

萬戶生於明朝初年，原本是個富家子弟，和大名鼎鼎的明熹宗朱由校一樣從小酷愛木工。不同的是他喜歡鑽研，進行技術改良或是發明創造，而朱由校則是純粹地做好木匠。萬戶為了讓自己的天賦產生最大的價值，毅然放棄科考，參軍入伍走上了保家衛國的第一線。這段時間，他用自己的雙手改造了一系列武器，刀、槍、箭、炮無所不包。

當時明朝政府還和逃到北方的蒙古勢力常有大規模交火。他的這些發明讓明軍屢獲戰功，大將班背因此十分欣賞他，把他調到兵器局上班，專心武器研發。事實上，班背也是個兵器愛好者，他的興趣重點在當時的火箭技術改良上，夢想能製造出一飛沖天的「飛鳥」。閒暇之餘，班背就與萬戶一起討論。有了大靠山，萬戶的前途似乎一片光明。然而班背是個十分正直的人，舌頭不會打彎，心眼也不會打彎，從來都是一根直腸子。沒過多久，他就因得罪了右中郎李廣太，被炒了魷魚不算，還被關在拒馬河上游的深山中。

看到好友受難，萬戶心神難安，想盡辦法要營救。恰好這時燕王朱棣正廣泛籠絡人才，能工巧匠來者不拒。李廣太看準了朱棣這棵大樹，竭力巴結，並推薦了精通尖端兵器技術的萬戶。但是他知道萬戶和班背的關係，所以多次威逼利誘。萬戶為了幫好友早日脫離苦海，就答應了他。人算不如天算，拒馬河靠近明朝邊境，是蒙古騎兵經常遛馬的地方。沒等萬戶人到，班背就死在蒙古人的刀下。遇難前，他讓隨從把自己畢生的研究成果——《火箭書》帶了出去，交到萬戶手上，希望他完成自己的飛天夢想。

據著《火箭書》，萬戶立誓要造出「飛鳥」，從此開始了漫長的鑽研。其實火箭這種技術早在弓箭誕生不久就已經有了，原本的含義是縱火之箭。通常作戰時，士兵在箭頭纏上甘草等易燃物品，點燃後射向敵人，達到大力度殺傷對方和焚燒糧草的效果。這種技術使用了很多年，在隋唐時期出現火藥的基礎上又進行了重大改良，即把易燃物換成火藥，產生的效果就不僅僅是燃燒，還有更大威力的爆炸，這種火箭的名字叫做「弓射石榴箭」。

實際上，「弓射石榴箭」的動力基本還是來自人的雙臂，射程有限，無法達到理想的殺傷效果。這種情形在南宋時發生了改變。當時在與蒙古騎兵的長期對決中，為了有效地在遠距離之外消滅對方的機動兵力，讓騎兵的優勢無法發揮，能工巧匠們開始用火藥氣體取代人的雙臂，推進火箭發射。

最初時，弓箭手們利用綁在箭杆上的火藥筒噴出火藥氣體來增加射程。不過這是一項高難度的工作，人的力量、弓的張力和射角都必須達到完美的配合，才能產生最理想的效果。為了解決這一技術難題，聰明的祖先逐漸設計成完全依靠火藥氣體推進的發射形式，這就是最原始的單節火箭。

萬戶經過多年的研究，逐漸從軍中廣泛使用的火箭中得到了靈感，設計出一種前所未有的「飛龍」火箭，射程可以達到一千公尺。理想終於完成，該是實現夢想的時候了，正如被譽為「火箭之王」的錢學森教授所說「將人送上藍天，去親眼觀察高空的景象」。

雖然是在六百多年前，雖然是百分之百的送死，但是萬戶還是邁出了人類走向太空的第一步。當時沒有太空船，他就用椅子代替，椅子後面捆綁了四十七支「飛龍」火箭，借助火箭向前推進的力量，太空似乎不再遙遠。難能可貴的是，他還想到了著陸問題，手裡準備了兩個大風箏，這樣就可以平穩地降落。這幾乎是當時所能用到、所能想到的最先進的優勢組合了。

起飛那天，萬戶坐在飛天椅上，平靜地吩咐僕人舉起火把。他的夢想，班背的夢想，無數古人的夢想，那一刻在他的口中化作兩個堅定的字：點火！隨著一陣陣轟響聲，火箭噴出一股股火焰，「飛龍」

火箭把萬戶推向半空。正當地面觀看的人群歡呼的時候，第二排火箭自行點燃了，一聲巨響，萬戶連同「飛天椅」一起墜落在萬家山……萬戶就這樣走了，他犧牲在自己夢想的征途中。

為了紀念這位偉大的人類航太先行者，在上世紀七〇年代的一次國際天文聯合會上，眾人將月球上一座環形山命名為「萬戶」，將萬戶的名字永遠寫在了他夢想觸及的地方，以紀念「第一個試圖利用火箭作飛行的人」。

作為兵器的古代火箭，在宋、元、明代有過幾百年的輝煌歷史。以古代火箭為基礎，在隨後的歷史發展中，隨著科學技術的進步，人類一步步將飛天的夢想變成了現實。

北京如何成為明朝的政治中心？

熊召政

南京、北京，明朝的南北兩個首都。而大明帝國最終定都北京，清朝繼之，中華人民共和國又繼之，其發脈者，正是明成祖朱棣。

南北首都之爭

永樂十九年舊曆四月的一天深夜，北京城突然風雨大作，夾雜著陣陣驚雷。新修成的奉天、華蓋、謹身三大殿因雷擊起火，化為灰燼。

朱棣心中頓時升起不祥之感。在科學尚不發達的古代，「天人合一」這一哲學命題，被強調到絕對的地步。地震、災害、雷擊等等自然現象，都被看成是執政者的失誤而帶來的。「上天示警」是一個嚴重的問題。它的嚴重性在於：第一，只有統治者出了問題，老天爺才會震怒，所謂「天怒人怨」，便是這個道理；第二，統治者並不知道自己的失誤在哪裡，這就需要有智慧的人站出來為其指點迷津。鑑於此，朱棣立刻下詔求言。也就是說他希望朝野明智之士為他找出雷擊三大殿的原因。

很快地，禮部主事蕭儀的奏本送到御前。這位六品官員認為：三大殿遭受雷擊是遷都的緣故。將國都從南京遷至北京，不但諸事不便，就連大明的皇脈也擱在江南，這是大不敬的事。

朱棣看過奏本，震怒異常，他認為蕭儀把遷都與雷擊三大殿聯繫起來，完全是蓄意誹謗。因此他幾乎在第一時間內就做出了決定：命令錦衣衛將蕭儀抓進北鎮撫司大牢，不做任何審訊，就以「謗君之罪」處以極刑。

事情還沒有完，蕭儀的觀點在官員中仍有不少市場。同情他的官員多半是科道言官。科指六科，道指十三道。六科是對應吏、戶、禮、兵、刑、工六部成立的，是稽查六部的監察部門。六科編制是四十人，每科的負責人稱為都給事中，正七品。餘者都稱為給事中，正八品。十三道是對應全國各省，當時全國只有十三個省。十三道御史統歸都察院管轄，御史的官階同給事中差不多。兩個衙門類似於今天的監察院和審計部，級別卻要低得多。但科道言官的權力很大，在明代，位居二品的六部尚書遭言官彈劾而受到懲處的不勝枚舉。

明代的官場，有兩種經歷的人升官比較容易。一是在翰林院待過，二是當過科道言官。一般由翰林院而入內閣當輔臣，由言官而晉升為封疆大吏或方面重臣。

科道言官，一般都從年輕官員中選拔，這些人初涉仕途，尚不致沾染太多的官場惡習，擔任言官敢於彈劾不法權貴，因此歷代皇帝對言官頗為倚重。

但這次恰恰相反，對朱棣的遷都持異議的，多半是言官，而部院大臣都是堅定的遷都派。這是因為朱棣從侄兒建文帝手中奪取皇位後，對建文帝時的朝廷大臣作了一次徹底的清洗。經過二十餘年的篩選過濾，現在的部院大臣，大部分都是「靖難功臣」，他們也都成為南方士族的仇人，因此利益上與朱棣是一致的。

言官們都很年輕，與朱棣的「靖難」無關，因此他們更多的是就事論事，認為皇上「輕去金陵，有傷國體」。朱棣對這些言官非常惱怒，但不能像對待蕭儀那樣，一概殺之。於是他心血來潮想出一個辦法，讓這些科道言官與部院大臣一起到午門外跪下對辯。遷都究竟好不好，讓雙方各抒己見。

當其時，正是「清明時節雨紛紛」的時候，午門外的廣場上，言官與大臣分跪兩邊，個個都淋得落湯雞似的，但誰也不覺得尷尬，也不覺得侮辱。他們爭論得面紅耳赤，一天沒有結果。朱棣讓他們第二天再來午門下跪辯論。雨還在不緊不慢地下著，朱棣在城樓上不慍不火地看著。官員們冒雨下跪，不依不饒地爭論著。場景看起來有點滑稽，然而中國中世紀的政治，便是在這種滑稽中有條不紊地進行著。

朱棣奪位與遷都北京

朱元璋於一三六八年創立大明王朝，雖然定都南京，但似乎從一開始，朱元璋就覺得南京不是很合適。因為它偏安江南，對控制遼闊的北方十分不利。

洪武元年，朱元璋下了一個詔書，言道：「江左開基，立四海永清之本；中原圖治，廣一視同仁之心。其以金陵、大梁為南、北京。」大梁即今天的開封。朱元璋出於戰略考慮，提出設南、北兩個都城。還有一說就是襲漢唐的舊制，將長安（今西安）列為都城。朱元璋覺得自己年事已高，完成不了首都北遷的任務，便將希望寄託在懿文太子身上。誰知懿文太子早夭，定都關中的計畫落空。方孝孺的《懿文皇太子挽詩》寫道：「相宅圖方獻，還宮疾遽侵……關中諸父老，猶望翠華臨。」講的就是太子曾去西安做遷都前期籌備工作的事。

自秦開始，中國歷朝的首都，大都建在北方。宋之前，長安、洛陽、開封都曾做過都城。其中以長安的時間最長；南方如金陵、杭州、揚州等處，亦曾做過都城。奇怪的是，在南方建都的王朝，大都短命。而都於北方者，大都國祚長久。

這皆因在漫長的歷史中，以農耕文化為主的漢文明，始終受到北方胡人的衝擊。在冷兵器時代，漢人的溫文爾雅怎抵擋得住蠻族的鐵馬金戈。建都北方，主要是為了抵禦異族的入侵。

朱元璋滅元之後，卻沒有將元大都也就是今天的北京直接定為首都，仍然選中金陵營造他的皇城。大概是因為朱元璋出生淮右，而且骨子裡頭視「胡元」為異端，因此對元朝的都城從感情上厭惡。但是從洪武二年起，他就對定都金陵產生了動搖。

朱元璋的遷都念頭，雖然從沒有打消過，但也從來沒有真正實行過。為解決西北和東北的異族入侵，他不是採取遷都北方就近指揮防禦的辦法，而是改用「封王」制，即把自己的兒子分封到北方各邊，擔負起剿撫夷狄的任務。關於這件事，鄭曉的《今言》有載：

國初都金陵。以西北胡戎之故，列鎮分封，似乎過制……今考廣寧遼王、大寧寧王、宣府谷王、大同代王、寧夏慶王、甘州肅王，皆得專制率師禦虜。而長陵時在北平為燕王，尤英武。稍內則西安秦王、太原晉王，亦時時出兵，與諸藩鎮將表裡防守。

北方，包括東北和西北，都有虜患。朱元璋於是分封九個兒子，統兵禦虜。天下的軍權，多半都在自己的兒子們手上，所以生性謹慎的鄭曉也微諷「似乎過制」。這九位親王，都曾經與虜敵交過手。但真正對穩定北方控制強虜起到決定性作用的，還是時為北平燕王的朱棣。

朱棣是朱元璋的第四個兒子，在朱元璋的二十六個兒子中，他是最能幹的一個。

朱棣十一歲被封為燕王之後，朱元璋安排他同另外幾個未成年的藩王一道回到老家鳳陽讀了幾年書。他二十一歲就藩。所謂「就藩」，就是前往分封地居住。朱棣到了北京後，經常率兵從這裡出發，到東北或西北與「戎虜」作戰。多年的沙場生涯，培植了他君臨天下的胸襟。

他的父親朱元璋駕崩之後，傳位於太孫朱允炆，是為建文帝。這位年輕人斯文儒雅，但缺乏謀略與膽氣。俗話說「秀才造反，三年不成」，秀才治國，同樣也會弄出紙上談兵的悲劇。因此朱棣對侄兒登基後的所作所為，不但嗤之以鼻，而且深為不滿。傳說朱允炆即位的第一年冬天，朱棣在北京的燕王府邸大宴賓客，其時天寒地凍，朱棣出一上聯讓人對：「天寒地凍，水無一點不成冰。」在座的姚廣孝應聲而對：「國亂民愁，王不出頭誰是主。」這好比撓癢癢撓到了正處，一直有奪位之心的朱棣聽罷大喜，便暗地裡進行著奪位的準備。

不管怎麼說，朱棣奪位是為「篡」，情形與唐太宗李世民的「玄武門之變」差不多，但朱棣給自己篡位下的定義是「靖難」。那些跟著他從北京打到南京的將佐，個個都變成了靖難功臣。

朱棣奪位成功，改年號為永樂。在其執政期間，做了幾件大事。如派遣太監鄭和下西洋，編纂《永樂大典》等，還有一個最大的政績，便是遷都北京。

北京在唐代之前，一直屬於幽州。趙宋政權期間，遼國占據幽雲十六州，北京在其內。經宋一朝，北京一直為胡人所控制。西元九三八年，也就是遼太宗會同二年，幽州改為南京，亦稱燕京。金與宋共同滅遼後，金占據燕京，直到金海陵王貞元元年（一一五三年）定都於此，改名中都。蒙古先滅金，後滅宋，征服全中國。忽必烈再次更名為燕京，到了至元元年（一二六四年）又恢復中都稱號。後來於此擴建皇城，改稱為大都。

蒙元國祚短暫，不到一百年，但對於北京的建設，卻是功不可沒。有一個叫劉秉忠的漢人，既當過和尚，也當過道士，還精通《周易》，因此得到忽必烈的信任。一二五六年，他受命在灤河上游修建開平城。他在建城中顯露的才華深得忽必烈賞識。於是在一二六七年劉秉忠再次被任命為元大都的營繕官，即建城總指揮。一二七六年，元大都建成。這一年，南宋都城臨安（杭州）陷落，趙宋政權滅亡。

據張清常先生考證，劉秉忠純儒，又得蒙古皇帝信任，所以他敢突破舊制，提出獨特的建城方案，當時民間都知道劉太保（秉忠）設計的章法是哪吒城。哪吒是佛教傳說中的護法神之一，又稱哪吒太子。劉秉忠把元大都設計成長方形。如果從高空俯瞰，會發現元大都形似三頭六臂雙足蹬著風火輪的哪吒形象。

洪武元年（一三六八年）閏七月，元順帝棄元大都逃走。八月徐達攻入城中，改大都為北平府。永樂元年（一四〇三年），朱棣改北平府為北京。

朱棣遷都北京，有兩個原因。一個就是前面提到的，北方虜患不絕，建都在北京，便於就近制禦。當然，西安、開封都可選擇，但朱棣在北京住了二十多年，對這裡有感情。而且到了明朝，西北的少數民族如突厥、回紇等都已式微，而東北地區的女真、韃靼都仍存在著騷擾中原的能力，對付東北的虜患，北京顯然比西安更具有地理優勢。第二，由於「靖難」之役，朱棣在南京殺人太多。建文帝的支持者，多半是江南士族，朱棣對他們大開殺戒，因此結怨於江南。再繼續待在南京做皇帝，已經失去執政基礎。因此他從取得皇位的那一天起，就有了遷都的打算。

遷都並不是一件簡單的事情，一是北京經過元末的戰火，毀壞嚴重，重建皇城，並非朝夕之事；二是初登皇位，立刻提出遷都，會讓人誤會他「膽怯」，而不敢在南京皇宮內號令天下；第三是出於經濟上的考量，北京定為首都，所需錢糧，還得仰仗江南，以當時的運輸條件，這也是個不易克服的困難。

不過朱棣委實不喜歡南京，從永樂七年開始，他讓太子留在南京監國，自己時時跑到北京住下來。當時的情況是南京仍作為首都，而北京則成為「行在」。實際上，早在永樂四年，朱棣就開始了北京的建都工作。

據傳明北京城及皇宮的設計者是姚廣孝。這個姚廣孝同元朝的劉秉忠一樣，也是和尚出身。所不同的是，姚廣孝到死也沒有還俗。

姚廣孝在元大都的基礎上，擴建和改建北京城。他沒有保持「哪吒城」，而是按儒家的觀點，把北京建成一座方城；而皇城（紫禁城）則在方城的正中央。

北京城的建設，整整進行了十五年。期間，為配合遷都，朱棣做了兩件事，一是從江南各地向北京大量移民；二是疏浚運河，打通南北的運輸幹線。據記載，洪武三十年，通過海運由南輸往北方的糧賦只有七萬石，永樂六年，就增至六十五萬石。永樂十二年，由運河輸往北京的糧賦增至五十萬石，另還有四十萬石由海運輸入。到了永樂十六年，由運河輸往北京的糧賦就已高達四百六十萬石。

當北京的財賦供給與人口都不成問題時，朱棣就發出遷都的詔令。北京不再是「行在」而變成了首都，南京則變成了留都。

遷都的正式實施是在永樂十九年（一四二一年）正月。此前，朱棣封賞所有參與都城興建的人員，其中有一個蘇州匠人蒯祥，封為工部侍郎。如果說姚廣孝是明北京城的設計總監，這個蒯祥就是總工程師了，所以功勞很大。

遷都最初的幾年，圍繞該不該遷都的問題，一直爭論不斷。朱棣為了壓制反對派意見，殺過幾個人，包括前面提到的蕭儀。

自從蕭儀死後，朱棣再沒有為遷都的事殺過人了。因為那一次雨中跪辯，所有的部院大臣與科道言官都看清了朱棣的決心：遷都不容置疑，哪怕老天爺震怒，再雷劈十座奉天殿，朱棣也決不會把金鑾殿搬回到南京去。

永樂二十二年七月，朱棣去世。他的兒子仁宗繼位。次年改元洪熙。仁宗同他的爺爺朱元璋一樣，喜歡南京，登基之後，他決定把首都再搬回南京。但剛有這個想法，他就死了，在位還不到一年。仁宗的兒子宣宗繼位，他是朱棣生前最喜歡的皇太孫。宣宗同朱棣一樣喜歡北京，於是更改父皇的旨意，做出了暫不遷都的決定。這個「暫」字是為了給父皇一個面子，其實宣宗壓根兒就不想遷都。

所以說某一個地方的興衰，的確與政治家的決策有很大的關係。如內蒙古的呼和浩特市，該城是張居正執政期間，為開放邊境貿易而倡議修建的「板升」城；再說今天的深圳市，如果不是鄧小平宣導改革，恐怕至今還是保安縣的一個小漁村。

北京城的運氣非常好，一是碰到了朱棣這樣一個皇帝，對它情有獨鍾；二是負責修城的劉秉忠與姚廣孝，都是非常有見地的設計師，沒有他們，北京城不可能有令世界矚目的帝京氣象。當然仁宗的短命也是北京城作為首都得以存在的重要原因之一。若他再活十年，北京城會是怎樣的命運，就很難說了。

瘋狂屠四川：張獻忠的血腥記錄

章夫

明末義軍紛起，陝西、山西、河南、湖北四地魚爛之時，四川相對平靜。然而不知從什麼時候起，一首不祥的歌謠在四川大地上悄悄地流傳開來：「流流賊，賊流流，上界差他斬人頭。若有一人斬不盡，行瘟使者在後頭。」果然不久之後，張獻忠就開始在四川大開殺戒了。

明朝皇帝朱由檢和李自成、張獻忠三個人都是年齡相仿的青年人，性格又都非常執拗。他們幾乎是同時登上歷史舞台：一六二八年，崇禎帝朱由檢登上帝位；同一年，因為陝西饑荒，流民四起，李自成、張獻忠在不同的地方起兵。這種偶然性加大了造成民族大悲劇的必然性。

成都三遭屠城

崇禎帝的執拗造成了明廷兵力的重大損失，李自成與張獻忠的執拗又造成了內戰的一再延長。結果是明廷覆亡了，李、張兩人也相繼敗死。

而張獻忠手上卻沾滿了農民兄弟的鮮血。「黃巢殺人八百萬，在劫難逃」在民間流傳已久，成為諺語。張獻忠究竟殺了多少人，則缺少數據。民間傳說他幾乎把四川人殺光了，所以後來才有「湖廣填四川」的說法。

成都作家流沙河考證，成都歷史上有三次大屠殺。第一次在西晉東晉之交：事起於西元三〇一年，蜀西氐族豪強李特，糾合流民兩萬餘人，自稱鎮北大將軍，扯旗造反，陷廣漢，圍成都，入城大屠殺。其子李雄稱成都王，後又稱帝。播亂長達五十年。第二次在宋元之交：西元一二七九年，元朝滅南宋，兩度陷成都，先後大屠殺，「城中骸骨一百四十萬，城外者不計」，其作惡又勝過李特父子。元朝八十餘年，成都殘破，終無起色。第三次便是張獻忠那次空前絕後的屠城：明末崇禎十七年（一六四四年）陰曆八月初九，張獻忠陷成都。入城，張獻忠下令屠城三日。三日後，停止大殺，只每日小殺百餘人以樹威。

屠夫如何殺人？

張獻忠，延安人，原在縣衙門當壯勇，升小隊長，粗識文字，雅號靜軒。

張獻忠在四川殺人如麻，並非他獨嗜，諸多殺人方法也並非全是他首創，很多不過是對前人的借鑑而已，但照歷史記載，他似乎將諸多殺人方法匯總並發揚光大。

據史籍記載，張獻忠殺人的方式常見的有九大類：斬殺；草殺，即挨家挨戶殺；天殺，即在朝會時，放狗於諸宮，凡被狗聞過的人，即拖出殺掉；生剝人皮法，匏奴，即割手足；邊地，即分夾脊；雪鰍，即「槍其背於空中」；貫戲，即「以火城圍炙小兒」；其他尚有「抽善走之筋，斫婦人之足，碎人肝以飼馬，張人皮以懸市」等。

斬殺等雖也殘酷，但不是張獻忠自創，不過草殺、天殺、貫戲、張人皮以懸市，卻明顯帶有張獻忠作為屠夫的創造性。

張獻忠的軍隊每陷一方，對婦女除擄去少數年輕女子充當營妓外，其餘的怕累及軍心，全部殺掉。後期兵敗潰退，糧草匱乏時，更是殺婦女醃漬後充軍糧。如遇上有孕者，剖腹驗其男女。

張獻忠對漂亮女人似乎有一種莫名其妙的報復心理，征戰途中，不時有部下向他進獻美女，他通常留宿幾次就借故殺掉。攻占黃州後，他集中全城的婦女，挑那些年老或者貌醜的放走，留下年輕漂亮的，強迫她們去拆城牆。這些女人平時沒有幹過這樣的重活，許多人手指被磨得鮮血淋漓，昏厥在城下。城牆拆掉後，張獻忠又命令士兵把這些人全部殺死在城下。在攻打滁州戰役中，因久攻不下，張獻忠聽信一個陰陽師的話，到周圍鄉村掠來婦女數百人，「盡斷其頭」，倒埋在城下，露出陰部對著城上，想以此來壓住城上的大炮。

對尚處於懷抱中的嬰幼兒，則將他們拋擲空中，下以刀尖接之，觀其手足飛舞而取樂。此命名為雪鰍。稍大一些的兒童，則數百人一群，用柴薪點火圍成圈，士兵圈外用矛戟刺殺，看其呼號亂走以助興致。此命名為貫戲。

稍有反抗或語言不滿的人，捉來將背部皮從背溝分剝，揭至兩肩，反披於肩頭上，趕到郊外，嚴禁民間藏留給予飯食，月餘而氣絕。如行刑者使人犯當時氣絕，未能遭此活罪，行刑者亦被剝皮。此命名為小剝皮。

「以火城圍炙小兒」的貫戲，是將殺人當成一門可以欣賞的、可恥而殘酷的「行為藝術」，對於毫無反抗能力的兒童也施行此種酷刑，在每個字縫裡都沾滿無辜血跡的此類文字在中國史書裡也是少見的。這說明張獻忠的殺人瘋狂、變態到了何種讓人不可思議的地步。

而狗聞過即殺掉的「天殺」，其禍從天降的隨機性，沒有道理，沒有規律，讓每一個生活在張獻忠周圍的人朝不保夕。如此提心吊膽、日夜恐懼、防不勝防，沒有誰能夠通過人力倖免，除了身體可能被消滅，還有精神上的徹底投降，以致於就此被嚇死。

甲申年（一六四四年）陰曆十月十六日，張獻忠在成都登基做皇帝，國名大西，年號大順。蜀王府改稱皇宮，蜀宮城改稱皇城。

一六四五年張獻忠裝模作樣地開科取士，以科舉為名，騙進士、舉人、貢生一點七萬人於青羊宮中，盡數殺戮，竟把欽點的狀元也殺了。大西政權在四川各州邑安置官員，用軍令催逼周圍士子鄉紳到城鎮，由東門入，西門出，盡殺滅。攻陷成都僅兩個月，殺進士、舉人、貢生一點七萬人於東門外。

他命手下將士以殺人多寡記功晉級，到後來甚至無法計數，乾脆用手掌幾大堆、人頭幾大堆、耳鼻幾大堆來記。成都城內，「凡有軍官衙門所在，手掌如山積，幾於假山千峰萬疊」。待到後來張獻忠兵敗被誅，清軍收復四川，發現成都城內絕人跡已經十三年：瓦礫頹垣，不識街巷，林木叢雜，走獸野犬遊走其間，兩萬餘口水井，被屍骨人頭填滿與地齊平。

張獻忠並非一味顢頇快意殺人，蓋以殺人求政權之鞏固耳。怎知江山仍坐不穩，清軍一來，他就逃了。逃跑前下命令，必須殺盡蜀人，燒光房子，雞犬不留，以免資敵。

張獻忠殺人是細心計算的，軍糧太少，養不起那麼多嘴巴，必須運用減法，如此而已。成都所有民房，早給賊兵拆作柴薪燒了，不留一柱一椽。最後燒蜀王府，片瓦不存。然後率領敗兵數十萬逃出城，一路殺向西充。逃跑前還進行了大屠殺，死男女數達十萬，剮之割之，製成醃肉，以充軍糧。

不可思議的是張獻忠還有「自殺」的行為。史料記載，某日晚，他的一幼子經過堂前，張獻忠呼喚兒子沒有回應，即下令殺之。第二天晨起後悔，召集妻妾責問她們昨晚為何不救，又下令將諸妻妾以及殺幼子的刀斧手悉數殺死。

後來張獻忠軍事上越是失敗，心情越是焦慮，於是大殺自家兵士。《蜀難敘略》云，清軍進剿追擊，張獻忠兵敗棄成都逃到西充時，已無百姓可殺，乃自殺其卒，每日一二萬人。初殺蜀兵，蜀兵盡，次殺楚兵，楚兵盡，後殺同起事之秦兵。一百三十多萬人馬，兩個多月，斬殺過半，以此減負逃竄。張獻忠責其下屬殺人不力，罵曰：「老子只需勁旅三千，便可橫行天下，要這麼多人做甚。」

為何殺盡四川人？

張獻忠到底殺了多少人？歷史上恐怕永遠無法準確統計，明史上稱有六十多萬。張獻忠軍隊的鐵蹄橫掃四川前後二十多年，禍遍巴蜀，使物力豐饒的天府之國，變為百里人煙俱滅、莽林叢生、狼奔豖突之地。戰亂使百姓棄田舍逃亡，十來年間，稼穡不生，顆粒無收，川人死於饑饉、瘟疫又倍於刀兵。明萬曆六年（一五七八年），全蜀人口有三百一十萬左右，到康熙二十四年（一六八五年）平定全蜀時，人口只剩九萬左右，成都原有住戶「十不存一」。可見明末清初時期，四川經歷了怎樣的劫難。

張獻忠為什麼要大殺四川人？魯迅先生作了很中肯的分析：張獻忠殺人的心理變化，前期是出於報復心理；後期是出於做不成皇帝而倒行逆施的變態心理。

應該說張獻忠報復殺人，起初是有對象的，那就是貪官污吏、地方豪強，並非濫殺。到了後來，張獻忠出於一種變態心理，殺人極為「酷烈」，正如魯迅《記談話》一文中所說：「先前我看見記載上說的張獻忠屠戮川民的事，我總想不通他是什麼意思；後來看到另一本書，這才明白了：他原是想做皇帝的，但是李自成先進北京，做了皇帝了，他便要破壞李自成的帝位。怎樣破壞呢？做皇帝必須有百姓，他殺盡了百姓，皇帝也就誰都做不成了。」

儘管張獻忠也想做皇帝，但他顯然沒有信心，知道自己強弩之末，無力改變滿洲入關後的大勢，於是殘忍乖戾，以屠殺為樂。

歷史的宿命

從西元前二二一年秦朝建立到西元一九一一年清朝覆亡的兩千一百三十二年間，中國出現過大大小小兩百八十多個皇帝，平均七年半即有一個皇帝誕生。改朝換代免不了血腥剿滅，同時因戰亂而帶來民生凋敝、餓殍遍野、死屍枕藉，即便是同一朝代之間的皇帝更替，也是一朝天子一朝臣，新一代皇帝對父皇的相關寵幸人物，也是免不了屠戮杖打、流放貶謫的，由此也難免傷及無辜。

讀史使人明智，亦讓人悲憤神傷。

大才子紀曉嵐因何成了「縱欲狂」？

周英傑

在清代史上，大才子紀曉嵐算得上屈指可數的文化代表人物之一。自從乾隆年間中了進士後，紀曉嵐就從編修、侍讀學士累遷至禮部尚書、協辦大學士。不僅官做得步步高升，而且在文化方面也留下了令人嘆為觀止的成就，他曾任《四庫全書》總編纂官十多年，晚年著有《閱微草堂筆記》二十四卷，享有與《聊齋志異》並行海內外的盛譽。

在我們對文情華瞻、慧黠敏捷的紀曉嵐耳熟能詳後，有關「紀曉嵐超乎尋常人的『縱欲』」的論調出現了。紀曉嵐究竟是「大才子」還是「大色狼」呢？

綜括而言，紀曉嵐的「縱欲」主要表現在「食」和「色」兩個方面。就「食」的方面說，他的癖好是只吃豬肉，不吃米、麵，而且飯量尤佳，動輒每頓吃掉上十盤豬肉。相對於「食」的一面，紀曉嵐在「色」字上面的表現，更是強烈得令人嗔目，以至於讓人聯想到他是不是得了性愛成癮疾病。

大才子是「色情狂」？

關於紀曉嵐在這兩個方面的特異表現，清人的一些筆記野史中多有記載，這裡隨手援引幾條，以為證明。

小橫香室主人在《清朝野史大觀》卷三中說：「公平生不穀食麵或偶爾食之，米則未曾上口也。飲時只豬肉十盤，熬茶一壺耳。」

采蘅之的《蟲鳴漫錄》卷二說：「紀文達公自言乃野怪轉身，以肉為飯，無粒米入口，日御數女。五鼓如朝一次，歸寓一次，午間一次，薄暮一次，臨臥一次。不可缺者。此外乘興而幸者，亦往往而有。」

昭槍在《嘯亭雜錄》卷十中也說：「（公）今年已八十，猶好色不衰，日食肉數十斤，終日不啖一穀，真奇人也。」

孫靜庵的《棲霞閣野乘》更是講述了一個關於紀曉嵐好色的精彩故事：「河間紀文達公，為一代巨儒。幼時能於夜中見物，蓋其稟賦有獨絕常人者。一日不御女，則膚欲裂，筋欲抽。嘗以編輯《四庫全書》，值宿內庭，數日未御女，兩睛暴赤，顴紅如火。純廟偶見之，大驚，詢問何疾，公以實對。上大笑，遂命宮女二名伴宿。編輯既竟，返宅休沐，上即以二宮女賜之。文達欣然，輒以此誇人，謂為『奉旨納妾』云。」

堂堂的一代文宗，竟然好色好到了近似於「色情狂」的病態程度，甚至在皇帝面前也不加掩飾，這一現象到底是精神現象，還是單純的生理現象？似有進一步解剖的需要。在這個問題上，前人的野史筆記都把它歸之於單純的生理現象，說他是「奇人」，具有這個方面的特異功能云云，這是被表面現象給蒙蔽了的「只見樹木，不見泰山」的泛泛之談。

作為一位才情冠絕一時的大知識份子，紀曉嵐的「好肉」與「好色」，不能只簡單地當成一種純粹的個人生理現象，更多地應被理解為是一種精神現象，必須到他的精神世界的深處尋找原因，這才能切中肯綮，找到這種現象的最合理的解釋。

紀曉嵐的文化成績

要揭開這個現象的謎底，首要的一點必須從紀曉嵐在文化方面所取得幾項成就的真實「含金量」說起。紀曉嵐為世人矚目的文化成績主要有兩項：一是奉旨領導編纂一部百科全書式的巨型圖書——《四庫全書》，二是在晚年寫了一部「追錄舊聞，姑以消遣歲月」的隨筆雜記《閱微草堂筆記》。

關於《四庫全書》，中國聞名國學大師文懷沙曾將其評價為是一部閹割中國古文化的集大成之作（大意）。實際上，這並非是很新鮮的思想。美國著名漢學家費正清在其名著《美國與中國》中，對於《四庫全書》早就提出了相似的觀點，並一針見血地指出。

> 通過這項龐大工程，清廷實際上進行了一次文字清查（文學上的「宗教裁判」）工作，其目的之一是取締一切非議外來統治者的著作。編纂人在搜求珍本和整文本以編入這一大文庫時，也就能夠查出那些應予取締或銷毀的一切異端著作。他們出高價收集珍本，甚至挨家挨戶搜尋。該禁的圖書是研究軍事或邊務的著作以及有反夷狄之說的評議，主要是那些頌揚明朝的作品。正如L・C・古德里奇所論證的，這是最大規模的思想統治。

以上這些「誅心之論」，筆者是非常贊成的。紀曉嵐秉承皇帝的諭旨所從事的這項事業，可以說它是一項前無古人的偉大事業，也可以說它是「閹割」中國傳統文化的一項工程。

至於《閱微草堂筆記》，雖然煌煌二十四卷，但是仔細閱讀過它的人都會發現，這部明顯受了蒲松齡的《聊齋志異》影響的筆記體雜記，除了語言文才斐然、行文亦莊亦諧、故事引人入勝等幾個優點外，倘就內容和思想性而言，無非是在重複一些「因果報應」的老調，根本沒有一點自己獨特的觀點和見解，實在是貧乏虛脫得可以。

值得注意的一點是，紀曉嵐本人對這部消遣之作，也並不看好，他曾經寫詩這樣評價自己的《閱微草堂筆記》：「平生心力坐消磨，紙上雲煙過眼多。擬築書倉今老矣，只應說鬼似東坡。前因後果驗無差，瑣記搜羅鬼一車，傳語洛閩門弟子，稗官原不入儒家。」

倘若像以上的分析，那麼綜括而言，紀曉嵐在文化方面的成績其實是很乏善可陳的。誠然，他擁有一腔絕世的才情和強健的體魄，在一個正常的時代裡，本應該留下能夠代表自己真正水準的著述，傳之後世，但事實卻是除了代滿族皇帝編輯了一部閹割中國文化的大書，寫了一部沒有什麼思想價值的《閱微草堂筆記》之外，實在沒有留下真正讓人矚目的自己的東西，這不能不說是一大遺憾。

必須強調的一點是，紀曉嵐在文化方面缺乏真正的大建樹，並不是因為他的才學不足以達此。恰恰相反，紀曉嵐是具備寫出大書的才情、閱歷和精力的，他本人也具有強烈的發表欲和表現欲，酷愛出風頭，要不是這樣的話，野史上也不會留下那麼多關於他妙語解頤、當眾挖苦別人的段子。

紀曉嵐為何懶於著述？

才情冠絕一時的大才子紀曉嵐為什麼懶於著述呢？應當說，對於這一點，不光是現在的我們看到了，就是當時的知識界中也多有注意到這一問題。清人陳康祺在他寫的《郎潛紀聞二筆》卷六中，就專門研究了這一問題，並引用了紀曉嵐自己對於這個問題的解釋。

在該書「紀文達不輕著書之原因」一節中有這樣的概括：「紀文達平生未嘗著書，閑為人作序記碑表之屬，亦隨即棄擲，未嘗存稿。或以為言。公曰：『吾自校理祕書，綜觀古今著述，知作者固已大備。後之人竭其心思才力，要不出古人之範圍，其自謂過之者，皆不知量之甚者也。』」

這段話透露出來的一個重要資訊就是紀曉嵐尚活著的時候，這個問題就已經被鄭重提了出來，而且連紀曉嵐自己也意識到了這個問題，這才就這個問題專門表白一番。根據紀曉嵐自己的說法，他之所以懶得著述，是因為看的古書實在太多，知道自己縱然寫些什麼，也不能出古人之右，因此才主動放棄了著述的權力。

不過這種解釋實在經不起推敲。紀曉嵐的確是讀書甚多，但是古人讀書比紀曉嵐多的應當大有人在，別的不說，單說在他之前的顧炎武、黃宗羲、王夫之等人，恐怕哪個讀的書也不能說比他老人家少吧！但為什麼這些人就沒有因此而封筆呢？

再者，如果按照紀曉嵐的這個邏輯，不是大家今後都不用努力著述了嗎？「名山事業」豈不是要到此為止了嗎？以紀曉嵐的睿智，他應當完全知道，古人並沒有包圓所有的真理，也不可能包圓所有的真理。一個時代的人有那個時代人的獨特感悟，這些感悟是不會完全重覆的。

所以紀曉嵐自己所說的不願意著述的原因完全是站不住腳的搪塞之辭，他之所以沒有盡心著述，寫出真正的大書來，明顯是另有隱衷。聯繫到當時政治氣候和文化界的現狀，這個原因其實也很簡單，就是高壓的文化政策、頻繁興起的文字獄，已經使紀曉嵐的思想受到了嚴重的衝擊，迫使他接受了精神上的「閹割」，從此不敢寫任何有價值的東西。

清初的文字獄是相當嚴酷的，而文字獄的一部分發生時期，恰恰就在乾隆皇帝授意紀曉嵐編篡《四庫全書》的同時。根據統計，整個乾隆年間一共興起文字獄一百多起，而在編篡《四庫全書》的期間則發動了四十八起，幾乎占了總數的一半。

紀曉嵐幫著乾隆「閹割」中國的古書，最清楚滿族皇帝真正的心思。一方面眼見著許多著作因為有政治問題而被禁毀或者篡改；另一方面，耳聞目睹當代許多文人因言惹禍，或者丟掉官職，或者全家被株連的遭遇，他不能不對文字工作的危險性產生足夠的恐懼。因此智商甚高的紀曉嵐也只能選擇「鴕鳥政策」以自保。從此以後選擇謹慎為文之一途，或者乾脆就什麼也不寫了。

從另一方面分析，乾隆皇帝之所以選擇一個漢族的大知識份子來領銜編篡《四庫全書》，其中固然有滿族當中盡皆「綠林大學」畢業，殺人是強項，但「修文」則實在拿不出手的現實，乾隆內心裡也不能排除有「通過編篡《四庫全書》，讓這個漢族的大知識份子接受一次形象的再『教育』」的心機。

當然，不論乾隆是不是深謀遠慮到了這一層，結果卻是明明白白地放在那裡的。這就是以紀曉嵐為代表的漢族最優秀的腦袋，通過編篡《四庫全書》這項工程，一方面秉承主子的意思，極力對古人的著作進行了全面的「閹割」；另一方面，在「閹割」古人的過程中，也被有意無意地集體實施了「精神閹割」手術。這些漢族的知識精英從此只能夠像紀曉嵐一樣，把超人的才情施之於說點笑話、對個對聯和挖苦一下同僚，斷然是不會再像其不遠的前輩黃宗羲、顧炎武等人一樣，胸懷「為天地立心，為生民立命，為往聖繼絕學，為萬世開太平」的壯志，進行獨立思考的著作事業了。

眾所周知，由於清朝初期開始大興文字獄，當時的大部分漢族知識份子都是將精力傾注到了考證之學中的，由此導致了清朝的「小學」空前地發達。

紀曉嵐既然身處期間，當然也不能例外。在《閱微草堂筆記》卷十五《姑妄聽之》部分序言中，他就坦承：「餘性耽孤寂，而不能自閑。卷軸筆硯，自束發至今，無數十日相離也。三十以前，講考證之學，所坐之處，典籍環繞如獺祭。三十以後，以文章與天下相馳驟，抽黃對白，恆徹夜構思。五十年後，領修祕笈，複折而講考證。」

這其實是一段多少有點辛酸的「自供狀」，明確地表白了紀曉嵐從事文化事業五十年來的心理演變軌跡。從中我們可以看到紀曉嵐在三十歲以後，也曾經有過「以文章與天下相馳驟，抽黃對白，恆徹夜構思」的慷慨激昂的階段。但自從開始受命領導編纂《四庫全書》，這種夢想就完全破滅了，他又重新折回到了考證之學裡，從此不再懷抱有「名山事業」的非分之想，老老實實地過著安穩的「觀弈道人」的出世生活。這意思是擺明著的，就是他已經被成功地實施了「洗腦」，由一縷桀驁不馴的「遊魂」，徹底地變成一個即使在寫一部談鬼論怪的雜記時，也念念不忘「有益於勸懲」的「衛道士」角色。

紀曉嵐變成「縱欲狂」的原因

但紀曉嵐畢竟不是平常的「池中之物」，他絕世的聰明才智和旺盛的創造欲望被壓抑後，必然會尋求一種新的發洩管道，這就是心理學上講的「易情效應」。紀曉嵐和魏晉時期在司馬氏強權統治下的許多被壓抑的先輩知識份子一樣，在日常生活中尋到一個發洩管道：「食」和「性」。

徵諸歷史，像紀曉嵐一樣被實施了「精神閹割」的文人，通常其肉體上的欲望往往是超乎常規地發達。而與之相反的是，那些像司馬遷一樣被「閹割了肉體」的知識份子，則剛好在精神上呈現旺盛的創造力量。這兩者其實是一個硬幣的兩面，是一對孿生兄弟，它們同時印證了這樣一條生物學法則：身體的某一方面被壓抑，在另一方面就會出奇地發達起來。

我們看到的紀曉嵐正是這樣的一個典型。他在被清朝的統治者「閹割」了精神和思想上的創造性，變成了一個「精神上的太監」之後，便迅速地滑向了肉體上的縱欲和狂歡，竟然「年已八十，猶好色不衰」，試圖用這種肉體之上的狂歡，來發洩過剩的「里比多」，藉以消磨豪情，轉移自己內心的壓抑和痛苦。

應當說，把一個優秀的知識份子改造成這副德性，無疑是乾隆皇帝的最大成功。因為乾隆皇帝心裡最清楚，紀曉嵐再好色好吃，大不了也就是犧牲自己的幾個宮女和國庫裡的一點糧食，一個淪落到整天只知道「御女」和「食肉」的人，對統治者是一點威脅也沒有的。

從本質上說，這樣的人和那些宮中的太監並沒有什麼不同，都是些只會跟在皇帝的屁股後面高呼「萬歲萬歲萬萬歲」的角色。因此當紀曉嵐當面說出自己喜歡女人時，乾隆皇帝不但不加以責怪，反而大方地派出了自己的兩名宮女去滿足紀曉嵐的欲望。乾隆皇帝大約可以算得上是「偉大」的樣板。

從分析紀曉嵐式「縱欲狂」的病因，我們大約可以得出這樣的一個結論：中國自古以來實際上存在著兩種「宮刑」。一種是直接割掉男人生理上的生殖器，使之變成生理意義上的「太監」；另一種則是剝奪男人獨立、自由的思想能力，使之變成精神意義上的「太監」。前一種做法只能讓「大丈夫」變成肉體上的中性人，卻仍然阻擋不住像司馬遷這樣的自由意志強健者，因此還不算太陰毒，也並不算澈底。而這後一種精神層面上的「閹割」，則只會造就肢體強健的奴才和愚民，不但更具隱蔽性，而且更澈底和行之有效。

解密《投名狀》：「刺馬案」始末全記錄

陳冬

根據「刺馬案」改編的影片《投名狀》的上映，使得流傳一百三十多年的「清末四大奇案」之一的「刺馬案」再度被關注。「刺馬」緣何而起，誰是這一奇案的最大獲利者？史實漸被隱藏，坊間傳說不斷，眾多版本的「刺馬案」隨著時間流逝，皇朝內部的政治色彩早被淡化，正史的記載更確信這是一場政治謀殺和權力之爭，在歷史的流光碎影中，真相似乎已顯得不那麼重要。

但是無論是現在的《投名狀》還是以前張徹版的《刺馬》，馬新貽總以「漁色負友」的形象出現，使得這一「緋聞案」流傳更廣。馬氏後人則表示，馬新貽並不是「漁色負友」之徒，「馬新貽對妻子很專情」，一些史學家也認為「馬新貽是個清官」。直到現在，馬氏後人家中還收藏著一些當年清政府用來紀念馬新貽的石人、石馬。那麼歷史上的「刺馬案」究竟是怎樣的呢？

清朝同治九年，兩江總督、封疆大吏馬新貽被刺要案，就發生在清末的南京。南京市第一中學的校址原為清江寧府箭道和西花園，正是「刺馬」案發地點。這樁至今未解的晚清四大奇案之首的「刺馬案」，案情撲朔迷離，後來的文章、圖書及其他記載多以「情殺」視之。那麼《刺馬案》有怎樣的歷史背景？情殺，還是政治謀殺？刺客為什麼不逃走，還高喊：「刺客是我張文祥」？張文祥跟馬新貽之間有什麼深仇大恨，他的「作案動機」到底是什麼？為什麼慈禧太后親自出面處理此案……

正史記載的「刺馬案」

正史上的「刺馬案」是兩江總督馬新貽被張汶祥（張文祥，應是刺客本名，舊時官府往往會在犯人名字上加三點水或者草字頭，以示山賊草寇）當街刺死的晚清要案。

馬新貽，字穀山，進士出身，本書生，非驍將。咸豐三年，馬新貽在合肥、廬州連克太平軍，累軍功，升任廬州知府。咸豐七年，馬新貽在軍事不利的局面下攻克舒城，記名道員。但咸豐八年，陳玉成兵指廬州，馬新貽不敵，廬州易主，馬也因此被革職。四年後，同治元年，新君登基，馬新貽在老上司的舉薦下復官，後因在蒙城擊潰太平軍而遷至安徽布政使。此後，隨著太平天國的逐漸衰敗，馬新貽也累擢至浙江總督，後任福建總督，在同治七年改判兩江總督兼通商大臣。這是他一生中最高的官位，也是最後一個官位。

同治九年（一八七〇年）七月二十六日，馬新貽赴署右箭道校閱操練，回署衙時被人攔在當街，攔路者假意呈狀，一擊而中。由於傷勢嚴重，馬新貽在遇刺第二日身亡。此案件頓時轟動全國，慈禧太后命護督將軍魁玉與漕運總督張之萬會審，審理過程中，張汶祥多次翻供，前後相差極多，無法定案。慈禧不得已又派刑部尚書鄭敦謹會同新任兩江總督曾國藩複審。歷經半年之久，最終以張汶祥潛通海盜圖謀報復定罪，張汶祥被淩遲處死，並追加剜心祭奠馬新貽。案發後，皇帝親賜祭文、碑文，特贈太子太保、預騎都尉兼雲騎都尉世襲，諡「端湣」，敕令江寧、安慶、杭州、海塘、菏澤等地為其建造專祠。

民間三個版本的「刺馬案」

在清史、野史、小說中，對馬新貽有截然不同的描述，於是產生了「刺馬」幕後故事的種種演繹。

■第一種：好官論

按照清史中的記載，馬新貽在政務上頗有作為。同治三年，清軍擊潰浙江的太平軍勢力，重新控制浙江，馬新貽擢升至浙江巡撫後的第一件事情，就是奏表請求免去稅賦。第二年，又再次奏表請求減去杭州、嘉興、湖州等七府縣的部分稅賦費用，朝廷不僅應允，還命令築石碑於當地，以示相應稅費永久性免除。馬新貽當政期間，修建海寧石塘、紹興東塘，並修整了三江口。不僅如此，馬新貽還剿滅了當地反政府武裝、打擊黑社會，重視教育，提供奬學金。因為這一系列的政績，他被提升為閩浙總督。在同治七年他調兩江總督後，著力於軍事訓練及對反政府武裝力量的打擊。

同治九年七月，馬新貽遇刺後，魁玉等嚴刑拷問，但張汶祥供詞屢變，呈交朝廷後，給事中王書瑞上奏，表示案件必有幕後主使，應順藤摸瓜，找到根源。於是漕運總督張之萬參與二次會審。這次會審提供出了新的審訊記錄：張汶祥本來就是廣東的太平軍，後又與海盜勾結。馬新貽在浙江任巡撫期間，大力打擊了南田海盜，張汶祥的很多同黨被清軍殺死，張汶祥自己的妻子也被人掠走。為此張汶祥特地向馬新貽提起訴狀，希望得到解決。由於馬新貽不准，遂挾仇行刺，並定性為報復殺人，無幕後指使。

慈禧看到審訊記錄，仍然不相信，特意找到在天津的曾國藩徵求意見，慈禧問曾國藩：「這事情不是很詭異嗎？」曾國藩表示同意。此後曾國藩以新任兩江總督的頭銜會同刑部尚書鄭敦謹第三次審理，張汶祥的終審相當於縣市長和國防部長一起完成的。這次終審並無其他突破。

按照清史的描述，馬新貽基本可以說是一等一的好官，生得光榮、死得偉大。但由於此案審理得反覆漫長，過程中出現一些蹊蹺事情，讓正史版的「刺馬案」反倒不可信起來。

■ 第二種：醜聞論

第二種版本是諸多「刺馬」文學、影視做品的藍本，在這個版本中，「刺馬案」本已水落石出，但清廷為遮醜，不得已偽造供詞、屈打成招，捏造出張汶祥通匪復仇的故事，讓案情得以了結。這個版本也是坊間巷裡傳得最廣的。

此版本中，馬新貽本無能耐，曾戰敗於太平軍被俘。當時太平軍已經日薄西山，遂有馬新貽誘之以利，與張汶祥、石錦標、曹二虎三人結義。張汶祥即為《投名狀》中姜午陽的原型，曹二虎、石錦標，名字雖然一樣，但性格已被大幅改動。

在醜聞版的刺馬內幕故事中，馬新貽依靠張汶祥、石錦標、曹二虎搏命獲得的軍功，累遷至巡撫、總督，張汶祥、石錦標也升至四品左右，唯獨曹二虎因有勇無謀，最終只謀得五品官職。後來曹二虎覓得佳人，卻被馬新貽盯上，馬先是誘姦了義弟之妻，在事情敗露後，又設計殺了曹二虎。而張汶祥則離開馬新貽，最終伺機刺死馬新貽，復仇成功。

這個版本的來源，據說是張汶祥最終向鄭敦謹主動交代的，因為張汶祥敬重並信任這位「鄭青天」。但考慮到醜聞涉及朝廷命官，最終將張汶祥挾仇報復的審理結果作為判處依據。但在案件發生不久，尚在審理期間，關於「刺馬案」的文戲就已經在民間上演，戲中的故事就是馬新貽負友漁色，張汶祥為弟復仇。由於民間傳聞不可忽略的作用，最終的審判結果更被認為是慈禧太后有意掩蓋醜聞，而馬新貽衣冠禽獸的評價也傳得越來越真切。

■ 第三種：陰謀論

隨著時間的推移，更多的小說家出版了陰謀論的解讀方式。馬新貽因政績累遷，不管是不是真的有政績，但他上表請求減去稅賦，興修水利工程，打擊盜賊的事情，應該是不會作假也很難作假的。從這個角度來說，馬新貽在政治上，確有所作為。陰謀版把著眼點放在湘軍、淮軍的矛盾，曾國藩的命運轉折，馬新貽與丁日昌的關係上。

天京（今南京）被湘軍攻陷後，太平天國失去了最後的據點，在太平天國興盛時期，洪秀全等太平天國首腦聚集了大量的財富，但最終曾國藩向清廷呈交的數目卻相當有限。財富去向，成了太平天國覆滅後的一大謎團。縱觀曾國藩一生，雖也有起伏，卻絕無跌宕。

太平天國覆滅後，慈禧為防止曾國藩獨大江南，將其調離兩江，同時通過李鴻章對湘軍進行裁軍、削編和打壓；而這個軍事改革的執行者，就是馬新貽。

馬新貽屬淮軍派系，用他來打壓湘軍，應不會有勾結的可能。馬新貽任兩江總督前，曾得慈禧召見，按照一些歷史學者和小說家的推測，在這次接見當中，馬新貽得到了調查太平天國財產去向的密旨。帶著這樣的雙重使命，馬新貽履新上任。在陰謀論的觀點當中，曾國藩對於削編湘軍持默許態度，這也是他謀求自保的一個選擇。

但另一方面，湘軍也不甘心坐以待斃，裁軍後，大量湘軍反成土匪，靠殺人越貨謀生度日。作為匪徒，他們又一次站在了馬新貽的對立面上，第二次遭到馬新貽的打擊。於是湘軍重金買凶，覓得張汶祥行刺。另一方面，為了混淆視聽、顛倒黑白，通過文人、戲班編排醜化馬新貽的文戲，誤導民眾認知。

張汶祥行刺時，在馬新貽護衛面前一擊而中，說明這次謀殺的布局相當縝密，而張汶祥得手之後並未逃走，第一次審理時就給出了馬新貽淫人妻子，謀殺義弟的供詞。在招供、推翻供詞、再審、再供這樣的過程中，最終提交了一個張汶祥挾仇行刺，能夠在不同集團間平衡利益的結果。

馬新貽的政治背景

風雨飄搖中的晚清，政治腐敗、社會動盪，五花八門的事層出不盡。這種「山雨欲來風滿樓」的態勢，預示著清朝的命運。馬新貽被刺時的身分是兩江總督。清末的兩江指江南省（包括今天的江蘇、安徽兩省及上海市）和江西省，兩江總督的職能不僅是這兩省的行政最高領導人，而且也統管軍政，屬於清朝最高級的封疆大吏之一。

馬新貽（一八二一年至一八七〇年），回族，山東菏澤城東北西馬垓村人。祖輩幾代為清朝官吏。於道光二十七年，二十七歲時與李鴻章同榜中進士，先後任安徽建平知縣、合肥知縣、安徽按察使、布政使、浙江巡撫、兩江總督兼通商大臣等職。他平長毛，剿撚子，由縣而府，由府而道，一直做到安徽藩司，有「能員」之稱，歷任巡撫都很賞識他。

太平天國平定，馬新貽調升為浙江巡撫，第二年十二月，接慈禧太后大恩人吳棠的遺缺，繼任閩浙總督。不過半年工夫，移督兩江，升官的速度快得讓人吃驚，在不到兩年的時間內就由二品官升到了疆臣中最有實力的兩江總督。

慈禧和清廷有自己的考慮，太平天國失敗後，人們傳言曾國藩有野心，其實他的部下早就慫恿他謀取帝位。在與太平軍作戰時，清廷不得不倚重湘軍，但是如今太平軍被「蕩平」了，她能允許曾國藩在江南坐大嗎？東南臥著一隻虎，她睡覺也不安心。於是她把曾國藩調離江寧，派馬新貽任兩江總督，迅速裁撤湘軍。對於馬新貽，恭親王推薦的時候說得明白：「馬新貽精明強幹，操守亦好。他在安徽服官多年，對兩江地方最熟悉。剿撚的大功告成，淮軍裁遣回籍，要馬新貽這樣的人，才能把那些驕兵悍將，妥為安置。」

馬新貽遇刺經過

一八七〇年八月二十二日（同治九年七月二十六日），前夜裡剛下過一場大雨，空氣清爽，兩江總督馬新貽一大早便來到督署西邊的校場演武廳，親自閱射。每年一度的總督閱射，是當時江寧的一大盛典，因為要顯出與民同慶的樣子，所以特別允許百姓參觀。

江寧城內駐有綠營兵兩千多人，又有四營未撤的湘軍，都要參加這次演武。校場規矩很嚴，就連中上級武官所帶的隨身僕從，都不得進場，只能在柵欄外觀看。正卯時分，一聲號炮響後，考核開始。武職的考試十分好看，有洋槍、抬炮、長矛、開弓、馬術等。場內槍聲陣陣，快馬馳騁，一時場內呼喝之聲，與場外叫好之聲此起彼伏，連成一片，特別熱鬧。到中午校場檢閱完畢的時候，外邊百姓已經擠得人山人海，連馬新貽閱畢回署的箭道兩旁也擠滿了圍觀的群眾。

馬新貽乘坐的是八抬綠呢大轎，兩旁有八個壯健戈什哈圍護著；再一圈是兩行護兵，再外是一群武職官員，箭道兩旁是一般小官，都齊齊整整地分立兩旁，排成一條甬道，從校場直排到總督衙門的大門口。刺客張汶祥就夾在遠處的綠營兵中。

等馬新貽走到後院門外時，一個年輕的武官突然從所站之列衝出來，跪在馬新貽大轎前道：「馬大人，卑職是吉字營的一名營官，我們吉字營幾次去領軍火，都被拒絕。如今兄弟們拿的都是空槍空炮，連平時的演練也不能。請馬大人示下，何時才能讓我們領到軍火？」

馬新貽的大轎被人攔住，只好命人落轎。他聽到那人是吉字營的，知道是湘軍。他對湘軍向來不太喜歡，這一段時間又一直在加力裁撤湘軍，對軍火的事根本不想管，心想：再過一陣子，我這裡的湘軍也就裁撤得差不多了，再發給你們軍火做什麼用？難道讓你們用來造反嗎？想到此，嘴裡說道：「等我查明後，自會公平處理。你先下去吧，這裡不是談公事的地方。」

那人並不走開，繼續說道：「馬大人，我們湘軍也是為朝廷流過血出過力的呀，哪一點兒差過綠營，怎麼綠營的裝備都是新的，軍火充足，卻對湘軍另眼相看？」

馬新貽見這位營官說話沒有規矩，厲聲道：「混帳東西，你也配和本大人說這話嗎？叫你們標統上來。」

兩邊戈什哈一把將這人推開，就在這時，有人高喊冤枉從近旁的士兵隊伍中衝出來，兩個戈什哈上去攔他，那人輕輕一晃繞了過去，直撲到轎前跪下來。手舉一張訴狀道：「大人，請為小的雪冤。」

馬新貽問道：「你是誰？有什麼冤枉之事？」

正準備起轎的轎夫見馬新貽說話，又停了下來，等著那喊冤之人遞狀子。

只聽那喊冤人道：「四弟死得冤啊！」話音未落，從衣襟下掏出一把明晃晃的匕首，直撲到轎前，用力扎入馬新貽右肋中。刀入馬新貽身子後，那人並不停手，又把匕首在肚皮裡只一絞，將肚皮絞成一個大窟窿，腸子登時從窟窿裡迸了出來。碎腸隨刃而出，匕首也卷成螺旋彎刀。只聽馬新貽喊一聲：「原來是你。」便昏了過去。

行刺發生在電光火石之間，隨行軍士竟一時嚇呆了。還是跟隨差弁方秉仁反應快，上前一把抓住那人的辮子，其他人一擁而上，奪匕首、救馬新貽亂成一團。那人既不抗拒，又不逃跑，從容就縛，口中說道：「我決不逃跑，用不著你們動手捉拿。養兵千日，用在一朝。大丈夫一人做事一人當，我張汶祥今日拚命，二十年後又是一條好漢。」說畢仰天狂笑。中軍副將喻吉三聽到呼喊，急忙趕到，喝令將張汶祥先捆了；又急命軍醫前來救治；又道：「先前那請領軍火的營官必是他的同夥，也一併給我擒了。」但大家方才只顧得救人拿兇犯，竟讓那人偷偷地逃了。只好又派人到處搜索。一會兒軍醫趕來，先止住了馬新貽的流血，又讓人取下門板，將馬新貽抬進督署上房。

中軍副將喻吉三一面命巡捕將兇犯押到督署候訊，一面差人飛報江寧將軍魁玉和司道各員。魁玉聞訊大驚失色，飛奔督署探視。馬新貽仰臥榻上，呼吸困難，精神委靡，生命垂危。血帶黑紫之色，不僅是受了重傷，顯然兇器上還有劇毒。馬新貽氣息奄奄，自知命不能保，口授遺疏，令嗣子馬毓楨代書，請魁玉代呈朝廷。午後，馬新貽已再不能言，延至當日下午兩點多鐘，因傷勢過重，救治無效，遽爾殞命。正處英年的馬新貽一下子從顛峰跌落到地，淹沒在茫茫宦海之中，成為人生世界的匆匆過客。

案發後，慈禧為此案定調子，連發四道諭旨。這樣一件大事，立刻傳遍全城，人們無不驚詫萬分。清廷十分驚恐，知道此案涉及封疆大臣的內幕醜聞，於臉面上大不光彩。因此只能掩蓋矛盾，粉飾門面。慈禧太后為了維繫她搖搖欲墜的統治，親自出面處理此案。把正在天津處理教案的大員曾國藩調來審理這個案件。並在曾國藩出發前夕，召見了他，面授機宜，說「馬新貽辦事很好」，為此案定了調子。這還不放心，一周之內，又連連派出大員參與審案。刑部尚書鄭敦謹，也奉旨與曾國藩同審。

八月二十九日，清廷連發的四道諭旨為：第一，命「魁玉督同司道各官趕緊嚴訊，務得確情，盡法徽辦」；第二，「曾國藩著調補兩江總督，未到任以前著魁玉暫行兼署」；第三，密旨安徽巡撫英翰加強長江防務和地方治安；第四，「著魁玉督飭司道各官，設法熬審，務將因何行刺緣由及有無主使之人一一審出，據實奏聞」。

刺客張汶祥及其供詞

刺客束手就擒，自報姓名張汶祥，四十六歲，河南汝陽人。道光二十九年（一八四九年）南下寧波販賣氊帽，據說當過四年太平軍，還救過一個叫時金彪的清軍俘虜。後來看到太平軍大勢已去，便與時金彪出逃，回寧波與南田海盜團夥往來密切，做過太平軍李世賢的裨將。

堂堂兩江總督竟然在總督府被刺身亡，對風雨飄搖的清朝廷來說，不僅是種打擊，更是諷刺。慈禧太后接到奏報後吃驚地表示：「馬新貽此事豈不甚奇？」

更奇怪的是刺客張汶祥的供詞。據張汶祥供稱，他之所以要殺馬新貽，動機有三點。一是，張汶祥回到寧波後，發現一個叫吳炳燮的人霸占了自己的老婆和錢財。人財兩空的張汶祥找到時任浙江巡撫的馬新貽，請他斷個公正，但馬新貽未受理。張汶祥只好到寧波府告狀。雖妻子回來，但錢丟了，氣急之下，逼老婆吞煙自盡。張汶祥認為馬新貽應對自己的不幸負一定責任。二是，張汶祥曾經有一些海盜朋友被馬新貽捕殺。三是，馬新貽明令禁止張汶祥私自開的「小押」（重利盤剝的典當行）生意，絕了張汶祥的生路，加深了張汶祥對馬新貽的憤恨。新仇舊恨，使得張汶祥動了殺心，將馬新貽刺殺。

這份供詞是官方認可的定讞，簽字畫押後，如今尚存於台灣台北故宮博物院。

行刺動機支離狡詐，審訊進展艱難

上諭未到江寧，八月二十七日魁玉又急奏：「拿獲行刺之兇犯，始則一味混供，迨晝夜研鞫，據供系河南人，名張汶祥，直認行刺不諱，而訊其行刺之由，尚屬支離狡詐。」

九月三日，清廷立即諭旨：「情節重大，亟應嚴切根究」，「務將行刺緣由究出，不得含混奏結」。魁玉一日接到四道上諭，這才體會到個中滋味，僅僅告知「一味閃爍」、「語言顛倒」、「支離狡詐」既不能讓朝廷滿意，也不能屏止眾口。果然，王公大臣紛紛議奏。給事中王書瑞奏道：督臣遇害，疆臣人人自危，其中有牽掣窒疑之處，應派親信大臣澈底根究，勿使稍有隱飾。

五日，清廷再下諭令：「惟以兼圻重臣，督署要地，竟有不法兇徒潛入署中，白晝行刺，斷非該犯一人挾仇逞兇，已可概見。現在該犯尚無確供，亟須澈底根究。著張之萬馳赴江寧，會同魁玉督飭司道各員，將該犯設法熬審，務將其中情節確切研訊，奏明辦理，不得稍有含混。」清廷一開始就意識到此案的嚴重性，現在又懷疑非張汶祥一人所為，因此口氣越來越嚴厲。

十八日，清廷又下諭旨：「張汶祥行刺督臣一案，斷非該犯一人逞忿行凶，必應澈底研鞫，嚴究主使，盡法懲辦。現審情形若何？魁玉此次折內並未提及。前已明降諭旨，令張之萬馳赴江寧會同審辦。即著該漕督迅速赴審，弗稍遲延。魁玉亦當督飭司道等官，詳細審訊，務得確供，不得以等候張之萬為辭，稍形鬆懈，此事案情重大，斷不准存化大為小之心，希圖草率了事也。」清廷明確提出「嚴究主使」，從而抓住了本案的癥結。對魁玉審案，似乎不耐煩了，字裡行間充滿了斥責，態度更加嚴厲。

二十四日，魁玉帶著幾分委屈、幾分無奈、幾分惶恐，再次奏陳：伏思前督臣馬新貽被刺一案，案情重大，張汶祥刁狡異常，奴才督飭司道晝夜研審。張汶祥自知罪大惡極，必遭極刑，所供各情一味支離。訊其行刺緣由，則堅稱既已拚命做事，甘受碎剮。如果用刑過久，又恐兇犯倉促致命。

不過，魁玉多少還是向朝廷報告一些進展，已審出張汶祥是「漏網髮逆頭目」（編按：髮逆，清朝對太平天國軍的蔑稱），曾在太平軍侍王李世賢名下領兵打仗，進攻漳州，轉戰安徽、江西、廣東、福建、浙江等地。張汶祥的女兒張寶珍，兒子張長幅，同居之舅嫂羅王氏已被拿獲，現在飛咨山西巡撫何璟，要求押解張汶祥所供時金彪歸案對質。唯有此案的核心即行刺緣由仍無確供。

審訊的結果與判決

兩江總督乃一品大員、封疆大吏，位高權重，名似直隸總督之下，實居各總督之首。馬新貽擔任兩江總督，又是慈禧心腹，居然被刺身亡，朝廷自然認為刺馬案並不簡單，幕後必有隱情和主使，甚至矛頭直指湘軍集團。

審訊長達七個月，最後的審訊結果是：因馬新貽力剿海盜，張汶祥為友復仇和為己洩憤而刺殺馬新貽。終於為張汶祥定了一個「漏網髮逆」和「復通海盜」的罪名。而馬新貽，上諭賞加太子太保銜，照總督陣亡例賜恤，重重地予以撫恤，入祀賢良祠，列國史傳，並賜謚端敏，又令在江寧、荷澤、廬州等地建立專祠，春秋官為之致祭，其子馬毓楨則加恩賞給主事，分刑部學習行走。一句話，馬新貽是一個好官，張汶祥是一個髮逆。一八七一年四月四日，曾國藩奉旨監斬，轟動一時的刺馬案終於拉下帷幕。

行刺動機N個版本

歷史上關於張汶祥行刺馬新貽的動機眾說紛紜，莫衷一是，主要有以下五種。

■第一種說法：因馬新貽力剿海盜，張汶祥為友復仇和為己洩憤而刺殺馬新貽

在一八七〇年十二月，漕運總督張之萬、江寧將軍魁玉上奏的一個奏摺中，審訊官員稱：兇犯張汶

祥曾為髮逆，後來又同海盜相通。馬新貽在任浙江巡撫時曾經力剿海盜，張汶祥同夥多被馬新貽捕獲刑殺。加之張汶祥妻子羅氏曾被吳炳燮誘拐，而在馬新貽巡遊至寧波時張汶祥曾攔轎呈控，馬新貽卻未受理。因此張汶祥更是懷恨在心。因受海盜龍啟沄指使和鼓動，張汶祥既要為同夥復仇，又要為自己洩憤，於是行凶刺馬。這種解釋似乎順理成章，但朝廷開始並不相信這一解釋，認為刺馬案另有隱情，幕後必有主使，但後來不得不接受這一審訊結果。

■第二種說法：馬新貽私通回匪，張汶祥為此不平而殺之

馬新貽私通回匪而招致殺身之禍之說來源於張汶祥供詞。在江寧將軍魁玉初審張汶祥的過程中，張汶祥曾經供說馬新貽私通回匪，並說是時金彪告訴他的。但當官府捉拿到時金彪，並讓其與張汶祥對質時，時金彪卻說張汶祥誣陷他。張汶祥也改了口供，後來又供稱咸豐七年他為髮撚時，曾經俘獲時任盧州知府的馬新貽，因不知馬新貽是知府而將他與時金彪一起釋放。當時審訊官員驚愕相視，錄供者也停筆不敢記錄。事後，當時負責審訊的江寧將軍魁玉並未將所謂馬新貽私通回匪一說上奏朝廷，至於馬新貽曾在盧州被俘一事更是諱忌莫深。其實馬新貽盧州被俘一事至今沒有確鑿證據可以證明，但馬新貽因私通回匪而招來殺身之禍的故事自此卻不脛而走。

■第三種說法：馬新貽因審理江蘇巡撫丁日昌之子丁慧衡（時任知府）致死人命一案，造成督撫不和，從而招致殺身之禍

督撫不和之說雖有些緣由，但證據不足。當時馬新貽被刺，距丁惠衡案結僅四十餘天。一八七〇年的那場校射，按照慣例，總督和巡撫都要參加（總督親閱頭棚，巡撫檢閱第二棚），但江蘇巡撫丁日昌恰巧頭天奔赴天津協助曾國藩審理天津教案去了。故而朝野上下多有督撫不和之流言，太常寺少卿王家

璧更是上奏直指總督馬新貽被刺與江蘇巡撫丁日昌有關。丁日昌眼看大火就要燒到自己頭上，便急速趕回蘇州，上奏請求朝廷敦促已被任命回任兩江總督的曾國藩到任。丁日昌曾是曾國藩幕府和親信，屬於湘軍集團人物。如果曾國藩到任，局勢無疑會有利於丁日昌，故而更給督撫不和論調增添了層層疑霧。但「刺馬案」是否為丁氏所為，實在無以為證，只有上述影跡供人猜測而已。

■ 第四種說法：由於政治原因，馬新貽被湘軍集團設謀而殺

有人聲稱，湘軍集團與刺馬案關係甚大，可能的理由大概有以下七點。

首先，馬新貽在奉旨接任浙江巡撫進京請訓時，慈禧太后授他密旨祕密調查天京陷落後太平天國國庫金銀財寶的下落。太平天國曾在南京積聚了不少財寶，但在湘軍二號統帥曾國荃（曾國藩胞弟）率軍攻進南京後，這些財寶被湘軍洗劫一空。朝廷曾讓時任兩江總督的湘軍頭號統帥曾國藩查報太平天國國庫的下落，但曾國藩報稱天王府已被大火焚毀瓦礫全無。兩江重地到處都是湘軍人馬，朝廷調任曾國藩為直隸總督，明升暗降，就是有將其調離老巢以便監控之考慮。

其二，馬新貽在去江南任職的路上曾經請假回家祭祖，當其起程時將二位兄長召至身邊祕密叮囑：「我此去吉凶難料，萬一有不測，千萬不要到京告狀。要忍氣吞聲，方能自保。」

其三，由於案犯供詞閃爍，主審大員含糊其辭，清廷曾一天連下四道諭旨，前後審案官員多達五十餘人，長達半年之久不能結案，即便是在號稱鐵面無私的刑部尚書鄭敦謹和老成持重的兩江總督曾國藩長達月餘的審訊下，所得結果亦不出前番官員之審訊，只不過量刑更為殘酷，審訊過程非常曲折複雜。朝廷一直認為刺馬案另有主使，但最終也不得不接受如此審訊結果。

其四，曾國藩回任兩江總督和審理刺馬案態度消極可疑。馬新貽遇刺身亡後，朝廷即刻調派尚在天津處理教案的直隸總督曾國藩回任兩江總督，但他上折固辭，朝廷幾經敦促後才前往就任，且到任後並

不著急審案。在與朝廷再次欽派的刑部尚書鄭敦謹共同審案過程中，曾國藩又極少發問。審訊將近半個月後，曾國藩提示鄭敦謹，恐怕案子還得像以前那樣奏結。

其五，結案後刑部尚書鄭敦謹的舉動值得思量。鄭敦謹得諭後本想將這個天下疑案審個水落石出，怎料審案月餘後案情仍與此前無異，只好於一八七一年三月十九日與曾國藩聯名上奏審案結果。未等聖旨下達，更沒等張汶祥正法，鄭敦謹便匆匆離開了江寧，但他並未回京交旨，只打發兩個隨從郎中代他復旨。按照清制，欽差大臣不回京復旨是要治罪的。朝廷下諭旨命其回京，他以有病為辭，請求開缺，並終生不再為官。

其六，馬新貽親信、江蘇候補道孫衣言給馬新貽寫的神道碑銘。碑銘稱：「賊悍且狡，非酷刑不能得實。而叛逆遺孽，刺殺我大臣，非律所有，宜以經斷，用重典，使天下有所畏懼。而獄已具且結，衣言遂不書諾。嗚呼！衣言之所以奮其愚憨為公力爭，亦豈獨為公一人也哉！」此文一出，震驚朝野，輿論大嘩，就連慈禧太后也懷疑其中另有隱情。

其七，刺客張汶祥死後有湘軍將士為其立碑，並進行祭拜。於是有人根據上述跡象懷疑「刺馬案」與湘軍集團有關。其實這也只是猜測，曾國藩乃晚清中興重臣，湘軍乃清廷活命主力。要是曾國藩及其統帥的湘軍有異心，湘軍早就揮師北上，問鼎京師，曾國藩也早就稱王稱帝了。想當年湘軍將士出生入死，死傷無數，力挽狂瀾，功莫大焉。然而功高震主，儘管曾國藩沒有野心，也識時務地及時遣散了湘軍，但清廷對曾國藩和其他湘軍將士仍然很不放心，唯恐找不到把柄。

馬新貽是慈禧心腹，也許以慈禧為首的清廷認為，甚至希望刺馬案幕後主使就是湘軍要人，然後藉此對湘軍集團開刀，歷史上許多帝王就是這樣對待功臣良將的。至於湘軍將士為刺客張汶祥立碑並進行祭拜，這並不能說明湘軍集團與之有什麼關係，因為包括湘軍將士在內，人們普遍同情張汶祥，並頌揚其為友復仇的義勇行為。所以「刺馬案」應該與湘軍集團沒有什麼關係，至少沒有充分的證據證明有什麼關係。

■第五種說法：馬新貽漁色負友，張汶祥為友復仇而殺之

馬新貽漁色負友之說最早見於現代武俠小說大師平江不肖生（本名向愷然，湖南平江人）的《江湖奇俠傳》及其《張汶祥刺馬案》。

原來馬新貽之所以官運亨通，靠的是假報軍功和結納權貴得來的。馬新貽在所謂剿匪戰鬥中，本是敗軍之將。被俘以後，馬新貽又無骨氣，與「匪首」義結金蘭，再由他的拜把兄弟導演一幕馬新貽收復失地的鬧劇，欺瞞朝廷。在拜把兄弟的扶助下迅速飛黃騰達，以致後來爬上一品大員寶座。那些拜把兄弟原以為可以攀附於他，千里迢迢前來投靠。但馬新貽不僅奸占了老二之妻，而且誘殺了老二。而老三張汶祥因偶然原因逃脫馬新貽魔掌，最後弄出這一出刺馬大案來。

據平江不肖生說，本案詳情他是從湖南同鄉、「刺馬案」欽派主審、刑部尚書鄭敦謹的女婿口中所得，而鄭之女婿是在鄭敦謹審問張汶祥時在屏風後面偷聽到的。其真實程度如何不得而知，但看來合情合理。張相文也持馬新貽漁色負友之說，其《張汶祥傳》流傳甚廣，故事塑造了一個俠肝義膽、為友復仇的刺客形象。

馬新貽在尚未發跡時，曾和張汶祥以及另一人結為兄弟，馬新貽為老大，另一個為老二，張汶祥排行老三。老二和老三原來皆為綠林中人，馬新貽的軍功頗得力於老二和老三。但馬新貽對這兩個結拜兄弟的進官入仕並不出力，故而兩兄弟對馬早已不滿於懷。又因老二之妻貌美，久為馬新貽所占，且馬新貽為除後患，蓄意加害老二。於是張汶祥為替二哥報仇而刺殺馬新貽。

「刺馬案」的五大疑點

■ 疑點一：馬新貽進京後驚恐萬狀

據高尚舉（中國山東菏澤醫專的馬列教研室主任，研究馬新貽已有十幾年，搜集了很多史料。據報導，《投名狀》在審片的時候，有關部門還專門請他過去做了歷史顧問）的分析，馬新貽在奉旨接任兩江總督時，曾經進京請訓。當馬新貽最後一次覲見完畢，從養心殿出來時，大汗淋漓，驚恐萬狀。

據馬新貽的後人講述，慈禧太后授馬新貽密旨，要他祕密調查南京陷落後，太平天國國庫財物的下落。據傳，太平天國曾在天京積聚了不少財寶，當曾國荃攻進南京後，這些財寶就被湘軍搶劫一空。事後，湘軍中人多有購田置地者。當時朝廷曾查問太平天國國庫，曾國藩卻只說天王府已被大火焚毀，瓦礫全無。馬新貽接到這樣的密旨，深知事關重大，故而失態。曾國藩治軍已久，兩江重地到處都是他的人馬。朝廷調曾國藩做直隸總督，恐怕有將其調離老巢，以便監控的考慮。馬新貽雖說文官出身，但做事精明幹練，不屬湘軍集團，授此重任，也是慈禧的高招。

■ 疑點二：曾對兄長說「斷頭」話

據高尚舉講，馬新貽在去江南的路上，曾經請假回菏澤老家祭祖。離家時，曾將二位兄長召至身邊，祕密叮囑：「我此去吉凶難料，萬一有不測，千萬不要到京告狀。要忍氣吞聲，方能自保。」如此絕命「斷頭」之語，馬氏兄弟聽後，驚恐萬狀。

■ 疑點三：審訊兇手曠日持久

從可查詢的史料來看，當馬新貽被刺後，首先由江寧將軍魁玉以及藩司梅啟照等人審訊，幾經周折，所奏不過是案犯「言辭閃爍」、「一味支離」等話。而朝廷則相信幕後定然另有主使，故而加派漕運總督張之萬奔赴江寧審案。張之萬抵達江寧後，刺馬案的審訊工作依然沒有突破。朝廷動怒，於是再派刑部尚書鄭敦謹飛馳江寧速審，同時敦促曾國藩前往江寧任上主持大局。但結果只不過量刑更為殘酷，將案犯張汶祥淩遲處死，另加剖心致祭。

高尚舉說，可以說朝廷自始至終都認為「刺馬案」另有主使，並且不斷降旨以推動審訊工作，前後輪番參加審訊的官員多達五十餘人。但直到最終，各番官員也沒有審訊出朝廷所謂的幕後主使，朝廷迫不得已接受了審訊結果。

■疑點四：曾國藩態度曖昧

曾國藩就任兩江總督的態度令人難解。兩江總督馬新貽遇刺身亡，朝廷聞訊即刻調派尚在處理「天津教案」的直隸總督曾國藩回任兩江。高尚舉對記者說，當時曾國藩正因解決天津教案不力身處被動。朝廷調他回任兩江，正好脫身，應是好事。

「但是，他上了一道『謝調任江督恩因病請開缺折』，固辭兩江總督。後又數次推託，朝廷幾經敦促，曾國藩才動身。」高尚舉說，「實際上，曾國藩一直都在密切關注著江寧的事態發展。『刺馬案』一出，江寧將軍魁玉、他的門生布政使梅啟照、江蘇候補道孫衣言等就一直給他頻頻來函。抵達江寧後，曾國藩卻並不著急審案，每日裡不過是聊天接客，翻看《閱微草堂筆記》。在朝廷再派欽差鄭敦謹抵達江寧前，曾國藩唯一所做的與『刺馬案』有關的工作，不過是給馬新貽作了一副挽聯，前往弔唁了一番。而後來在與鄭敦謹共同審案的過程中，曾國藩又往往沉默寡言，極少發問。鄭敦謹進行了將近半個月的審訊後，曾國藩不過是淡淡地提示鄭敦謹，恐怕案子還得像以前那樣奏結。為何曾國藩有此消極態度？只怕其中另有隱情。」

■ 疑點五：欽差鄭敦謹神祕引退

高尚舉表示，刑部尚書鄭敦謹一向有鐵面無私的聲譽。這次鄭敦謹得諭後即刻星夜兼程抵達江寧，稍事休息，便開始審案。怎料審案結果，仍與此前無異。最後鄭敦謹和曾國藩聯名上奏審案結果，基本內容無什麼變化，最終朝廷也不得不接受這一結案。未等聖旨下達，更沒等張汶祥正法，鄭敦謹便匆匆離開江寧。曾國藩送的盤纏他分毫未受。鄭敦謹並未回京交旨，走到清江，他聲稱有病不能回京，只打發兩個下屬代他復旨。按清制，欽差大臣不回京復旨是要治罪的。朝廷迭下諭旨命其回京。他只以有病為辭，請求開缺，並終生不再為官。鄭敦謹的兩個助手顏士璋和伊勒通阿回京後，前者被放到蘭州做替補知府，旋即回籍賦閑；而後者隨後也奉旨回鄉頤養餘年。

高尚舉說：「綜合以上種種跡象，我認為『刺馬案』應該出自湘軍集團的陰謀，但湘軍集團究竟是由誰及怎樣謀劃的，尚不清楚。歷史的確切情況還有待於進一步發掘。」

一邊借款一邊抓人：一九一〇年清朝拯救股市

雪珥

今天我們為自己所持股票被套牢和股市動盪而恐慌，一九一〇年的中國人也有過同樣的經歷。這年的夏季，清政府一邊忙著抓捕各犯案金融機構的負責人，一邊到處借款大舉拯救股市，高官們甚至也奉旨親臨上海「災區」現場辦公。清政府救住這場股災了嗎？

一九一〇年夏季，大清政府為拯救股市忙得汗流浹背。那一年席捲全球的橡膠股市「奔牛」終於趴下，熊市捲土重來。東南亞橡膠企業，約有三分之一在上海上市，令上海成為全球橡膠股市的「發動機」之一，吸納的中國資金高達四千多萬兩白銀，將近國家財政年收入的一半。

如今「發動機」驟然停火，股票狂跌。正元、謙餘、兆康三家錢莊，率先於七月十五、十六日兩天倒閉。這三家錢莊的莊主，把錢莊當做私人提款機，濫發莊票，大肆炒作橡膠股票，結果股市狂跌後，造成數百萬兩資金被套，周轉失靈，只好關門大吉。

上海市面立即大為恐慌。外資銀行見狀，為免遭受池魚之殃，準備收回拆借給中國錢莊的所有資金，這等於是火上澆油。隨後森源、元豐、會大、協大、晉大等錢莊相繼倒閉。

在危機面前，上海地方政府的行動可謂相當迅速。在正元錢莊等停業的當日，就將相關錢莊的有關人員及帳本等控制羈押。上海道台蔡乃煌與商會人士緊急磋商，決心政府救市。

蔡乃煌攜商會會長周金箴七月十八日乘坐專車前往南京，向上司兩江總督張人駿彙報請示，返途中又到蘇州向另一上司江蘇巡撫程德全請示。當時錢莊的信用已經崩潰，從外資銀行再借款的話，必須由政府出面進行擔保。張人駿立即電奏中央，北京隨即批示，同意由政府出面擔保錢莊從外資銀行借款，以維持市面。北京外務部將此救市決定照會各國駐華公使。

匯豐、麥加利、德華、道勝、正金、東方匯理、花旗、荷蘭、華比等九家外資銀行，八月四日向上海借出了總數為三百五十萬兩的款項，錢莊則將相應數額的債票押給銀行，由上海道台在債票上蓋章背書，作為政府擔保，錢莊還款後債票交道台註銷。這麼大筆的緊急借款，各外資銀行並未趁機收取高息，年息只有四厘，大大低於市場行情，等於是金融援助。但為了防止「大清特色」的人亡政息，契約中特別約定了本項借款「由現任道台及後任道台完全擔保」。

在出面擔保借款之外，清政府亡羊補牢，抓捕各犯案金融機構的負責人。當時最重要的負責人、正元錢莊的股東陳逸卿，因是外商的買辦，受到美國政府的庇護，美國政府拒絕由中方進行審訊和逮捕。而兆康錢莊的股東唐壽江曾經花錢買過三品的道台頂戴，也算是個「紅頂商人」，兩江總督張人駿只好先請旨將其革職，然後查抄家產，但剛脫掉了這位唐壽江的「紅」帽子，又發現他還戴了頂「藍」帽子，即指他已經加入了葡萄牙國籍，拿著洋人的「派司」（pass），是外籍華人了。張人駿也不示弱，趕緊「依法辦事」，查出了葡萄牙民法有明確規定，不准他國的官員申請入籍，而唐壽江畢竟是大清國的堂堂三品道員，正好不符規定，照抓不誤。一邊借款，一邊抓人，眼看在政府的干預下，上海的市面穩定了下來。但上海的股災幕後，還有著政府行為失措的深層原因。

作為中國乃至遠東的金融中心，上海不僅集納了中國民間的大量資金，而且集中了清政府的主要海關收入及對外的巨額賠款。一九〇四年，大清商務部（「商部」）就盯上了這筆國有資金，向慈禧太后打了個報告，說這筆國有資金閒著也是浪費，不如在動用前先拿來生息，算下來每年可得近五十萬兩，劃給商部使用，就可以推行一些新政，這「實於商務大有裨益」。

在官員們信誓旦旦下，老佛爺便同意了將上海的國有資金投向「殷實莊號」生息。表面看來，這是一樁官民雙贏的好事，但如何選擇「殷實莊號」、利息如何計算，就完全屬於經辦官員們「研究研究」的範圍內了。在上海的橡膠股票投機狂潮中，這些巨額的國有資產，自然也通過「殷實莊號」的管道，大量地流入了股市，對股市起到了巨大的哄抬作用。

危機的第二衝擊波來自上海最威的錢莊源豐潤。源豐潤老闆嚴義彬不僅是個「紅頂商人」，而且「紅得透頂」：他的錢莊吸納了大量國有資金的存款，甚至連由政府擔保、剛從外資銀行借到的救市款，也有很大一部分先存在他的戶頭上。更為氣人的是，純國資的海關收入，按規定應存在官銀號中，但海關銀號「源通」也是這位嚴義彬名下的資產。這樣「又紅又專」的錢莊，在危機中便儼然中流砥柱，而官員們也是以維護老嚴就等於維護上海的穩定這樣冠冕堂皇的理由，將公款盡量長時間地留在它的帳上。問題是，威透了的源豐潤卻已外強中乾：嚴義彬的另一錢莊德源，在股災中虧損嚴重，源豐潤的資金被大量抽去挽救德源，源豐潤其實已經被蛀空。

被蛀空的源豐潤終於被一陣來自北京的微風吹倒。九月二十七日，是清政府向西方列強支付當期「庚子賠款」一百九十萬兩的最後日期，但在還剩九天的時候，上海道台蔡乃煌突然致電度支部（「財政部」），說賠款專用的兩百萬兩白銀都存在各錢莊，無法提取，請求由大清銀行緊急撥銀兩百萬兩墊付。度支部認為這是拿穩定市場作為藉口，骨子裡是地方官們「罔利營私」，立即對蔡乃煌進行彈劾，並警告說：「倘此次無銀應對，外人必有枝節，貽誤不堪設想。」一看可能惹出外交麻煩，中央即被震怒，立即下令將蔡乃煌革職，並命令兩江總督、江蘇巡撫等會同蔡乃煌，必須在兩個月內將所有經手款項繳清。

巨額公款提取後，源豐潤終於轟然而倒，餘波殃及全國。清政府無奈，只好出面救市：一方面從大清銀行緊急調款一百萬兩到上海，另一方面再由政府出面擔保，從匯豐銀行借款兩百萬兩，給各錢莊應對危機。張人駿、程德全等高官，也奉旨親臨上海「災區」現場辦公。

一邊是體制層面的「放火」，一邊是技術層面的「救火」，大清國在不斷的自我折騰中，迅速地消耗著殘存的能量。此時，辛亥革命的曙光，已經隱隱出現在天際……

停滯的帝國：清朝GDP占世界總額三分之一

李恩柱

後人在尋找清王朝滅亡的原因時，說得最多的自然是那個王朝盲目自大、閉關鎖國等等。無疑這是正確無比的。問題是，自大、鎖國之類也要講資格，不是誰想自大就能自大，誰願鎖國便可以鎖國。比如夜郎國自大，至今遭人恥笑。清朝自傲、自大是有其基礎的。

空前繁榮的經濟使人自大

滿族人在周朝時以「繁矢石弩」向中原王朝納貢，那時並不自大，入主中原以後好長一段時間也沒有後來的所謂自傲。滋生自大的情緒，是在清王朝澈底鞏固了政權，尤其出現了所謂的「盛世」景象之後。這種自得情緒，在我們歷史上不知重複過多少次，並不是只有清朝如此。前秦的苻堅，攻城掠地，功勳累累，統一了北方。自此以後，他頗為驕傲自得。當然他的結局並不好，不僅身敗名裂，死於非命，也毀棄了前秦的大好江山。

自信、自得、自傲、自大本身，界限並不是特別分明，有時是可以互相轉化的，以不同的社會背景色彩浸潤出它們相應的相異色調。滿族作為一個軍人數量、社會人口和疆域遠遠不及明朝，並且政治經濟文化都談不上發達的少數民族，打敗不可一世的漢族統治者，建立王朝並且坐得穩穩當當，還出現了「盛世」，自大一下也是常情。

通過指北針一事，也許可以猜測出康熙對中國南方的真實情感。康熙認為，人們之所以稱羅盤之類的定向儀器為「指南針」而不稱「指北針」，是「在北方，一切活動在凋萎，在衰亡」，「力量、精氣和繁榮都在南方」（佩雷菲特《停滯的帝國》）。這些話，說明康熙對自己的皇朝是很自負的。

《康乾盛世歷史報告》有幾個資料，可以幫助我們理解清朝統治者為什麼自大得蔑視一切。一直到乾隆辭世的十八世紀末，中國在世界製造業總產量所占的份額仍超過整個歐洲五個百分點，大約相當英國的八倍，俄國的六倍，日本的九倍。那時美國剛剛建國，不其可比性。中國GDP在世界總份額中占到將近三分之一，這相當了得。

今日的美國，以老大自居，它在世界GDP中所占份額不過百分之三十。德國人貢德・弗蘭克說，直到十九世紀之前，「作為中央之國的中國，不僅是東亞納貢貿易體系的中心，而且在整個世界經濟中即使不是中心，也占據支配地位」。這個成績是驕人的，足可以振奮人心。

憂患意識的缺失導致閉關

任何一個有些成就，且又缺乏憂患意識的人，沒有幾個是清醒的。即使表面平靜，胸中也難免激情湧動，自負自得，把別人看得愚蠢。國家亦如是，不僅僅一個清朝如此。明朝不僅嫌利瑪竇繪製的《輿地全圖》使中國不居於世界中央，而且覺得把中國畫得太小；清朝乾隆年間修的《清朝文獻通考》認為「中土居大地之中，瀛海四環」。一個統治者是漢族人，一個統治者是少數民族，血統有異，精神卻驚人地相同，骨子裡都擺脫不了點滴繁榮帶來的自大。

不獨中國人如此，英國取得一七五六年到一七六三年間的七年戰爭的勝利後，把有國境的海洋世界作為自己要征服的目標。戈德史密斯曾用這樣的詩句歌頌他的同胞：

> 桀驁不馴的目光，舉止高傲，
> 我眼前走過了人類的統治者。

也就是說，英國人同樣自傲，但他們不封閉，一直關注外部世界，也一直尋找機會拓展新空間。

就清朝而言，從繁榮走入閉關是極容易的。說得直白一點，當時的繁榮，本身就是以小農自然經濟為底子，關起門來過日子。清政府的財政收入主要來源是田賦而不是工商業的稅收。比如鴉片戰爭前，清政府的稅入總額為四千八百五十萬兩，其中田賦一項為三千萬兩，占總收入的百分之六十三；關稅為四百五十萬兩，只占總收入的百分之九，在整個財政收入中處於微不足道的位置。因此清王朝認為「天朝物產豐盈，無所不有」。

馬戛爾尼在《英使謁見乾隆紀實》日記中說，中國人「一切思想概念都出不去本國的範圍……他們的書上很少提到亞洲以外的地區」。實際而言，這是小農經濟鑄造的思想。

愚昧無知的驕傲最終導致喪國

世人常云：中國是一個具有悠久歷史和爛燦文化的大國，工農業和文化都曾居於世界的前列，封建統治者形成了以「天朝」自居的狂妄驕傲心理，加上小農自然經濟因素，必然對外界事物愚昧無知。但是封建自然經濟不是從清朝開始的，為什麼以前中國能與國外頻繁交往，清政府卻不行？這不能不提到統治者對繁榮和封閉的變態理解。正是這種變態，使繁榮在缺乏憂患意識心態監控下散漫地發展。

「繁榮」，如果缺乏了憂患意識的提醒，極容易走入閉關鎖國。我們以平民之心揣測那時統治者之意，「閉關」絕不是為了失去繁榮，而恰恰是為了永保繁榮，為了長治久安。

一般而言，窮困潦倒可以導致閉關鎖國，因為切斷和外界的聯繫之後，人們就要閉目塞聽，「不知有漢」，不知道別人過怎樣的日子，甚至會以為他人比自己還慘，於是人們安分守己，以手加額；繁榮富庶同樣可以與閉關為伍，用金鐘罩罩住一切，外來的撼動就無計可施，現有的一切就可以守住。沒有正確憂患意識統率的「繁榮」可以導致自大，自大可以導致閉關，閉關可以導致愚昧，愚昧又進一步導致閉關。最後如雞生蛋蛋又生雞一樣，攪在一處，成了一筆糊塗帳，弄不清楚了。

不過清朝統治者也具有憂患意識，閉關鎖國就是出於對自己統治權力的捍衛，就是出於對殖民主義勢力的防禦。然而這個憂患意識是幼稚的、破損的、病態的。他們使用的這種自衛，只能孤立自己，把中華民族隔絕在世界大勢之外，會使我們自己根本不了解世界，誤以為只有自己在前進在發展，不知道別人也在發展，落後了還不自知，別人打上門來才大驚失色。

發人深思：明清兩場對日戰爭為何一勝一負？

大腳怪

十六世紀末和十九世紀末，在中國東部海域和朝鮮半島，曾經爆發了兩場極為相似的戰爭：明朝抗日援朝戰爭和中日甲午戰爭。然而兩場戰爭的結果大相徑庭，也造成了截然相反的歷史後果。什麼原因使然呢？我們從中可以得到什麼樣的經驗教訓呢？

清朝末年的中日甲午戰爭是一場恥辱的戰爭，這場戰爭對此後數十年間中日關係和東亞政治軍事格局有深遠影響。今天關於甲午戰爭的主要評論，把戰爭失敗的主要原因都歸結到滿清的腐敗和與日本裝備的差距上，似乎在開戰以前滿清的失敗就已經成為了必然。在這場戰爭的三百年前也發生了一場戰爭，那就是明朝抗倭援朝戰爭。兩次戰爭有著諸多相似之處：發生在同一個地點，面對的是同一個對手日本，戰爭性質同樣是抗擊日本侵略的戰爭。

然而滿清甲午中日戰爭完敗，明朝卻成功地將倭寇驅逐出朝鮮半島，使日本之後兩百年中乖乖地蜷縮在自己的國土中，不敢越雷池一步。不同的結局發人深思……

日本兩次侵略時的國力與軍力

一五九二年日本侵朝軍隊的軍力與一八九三年日本軍隊的軍力相比，有許多相同點和不同點，然而其軍事實力在國際上的地位是相當不同的。

一五九二年時期的日本剛剛完成了國內的統一。日本統帥豐臣秀吉一直很注重軍國主義教育，從執掌大權開始，就將滅亡明朝定為國策，並制定了十年三步走的計畫：第一步，三年之內滅亡朝鮮；第二步，五年之內滅亡明朝，遷都北京；第三步，進軍安南等國，滅亡印度支那，稱霸世界。

今天很多學者都嘲笑此計畫的瘋狂弱智。但從當時的日本軍力看，他做出這樣的決定還是有一定理由的。當時國家完成統一，其政權蒸蒸日上，軍隊總數有三十萬人，且長年參加日本內戰，作戰經驗豐富，戰鬥力強大，可謂是虎狼之師。從陸軍看，日本陸軍裝備齊全，特別是高度重視火器發展，長年從葡萄牙等殖民者處購買火器，其火器的先進程度甚至高過了明朝。

根據日本史料記載，侵朝戰爭前日本裝備火器的部隊高達六萬人，占軍隊總數近五分之一。而日本士兵在豐臣秀吉軍國主義思想的鼓動下，士氣空前高昂。日本的騎兵部隊也相當強大，部隊裝備重甲，防禦能力強。其軍官也都是日本內戰的餘生，作戰經驗相當豐富。從海軍上看，日本擁有各種類型的戰船多達一千艘，其炮艦仿製葡萄牙戰船，載炮多，火力強大，衝擊力迅速。

從當時的世界看，日本這樣的軍事實力也是令人瞠目結舌的。當時的歐洲還是小國林立，葡萄牙、西班牙、荷蘭等國家雖然可以在東南亞地區耀武揚威，但其舉國兵力也不過四五萬人，戹圖曼土耳其帝國雄踞中東，可其全國軍力也就二十萬人左右，而同時期英國與西班牙進行的「無敵艦隊」與「英帝國艦隊」的大海戰，兩國動用船隻的總數還不及日本發動侵朝戰爭時動用的船隻數量多，規模和火力遠小於中日露梁海戰。因此說當時的日本是世界軍事強國，恐怕一點也不過分。

何況明朝參戰前，日本已占領了朝鮮北部大多數戰略要地，地利優勢明顯。明朝若要進攻日本，就必須要進行慘烈的攻堅戰，而這一點，恰恰是日本火器的長處。日本侵朝戰爭開始前，明朝軍隊的最高統帥兵部尚書石星，卻力主議和，其擔憂的正是日本軍隊強大的戰鬥力。

而甲午戰爭中的日本卻不可同日而語了。當時的日本經過「明治維新」，軍事實力已大大增強，但與同時代的歐美國家相比，仍然有很大的差距。甲午戰爭前日本可動用的軍力海陸相加不過八萬多人。

日本海軍雖然經過長年苦心經營，但是其艦隊實力遠不及英美，甚至與北洋水師相比也不占優勢。甲午戰爭前，日本集中全國之力組建日本聯合艦隊，其船隻總數也只有二十五艘，與北洋水師的船隻數量勉強持平。而日本聯合艦隊軍艦多為中小型軍艦，只有四艘戰艦可以在噸位上與北洋水師主力艦噸位持平，卻遠低於北洋水師定遠、濟遠兩大重型鐵甲艦。

在沒有導彈和飛機的大艦巨炮時代，艦隊噸位是決定勝敗的關鍵要素。何況滿清當時除北洋艦隊外，尚有南洋等艦隊，若舉全國海軍之力投入甲午戰爭，那在艦隊數量和噸位上都可對日本形成絕對優勢。陸軍方面，清朝僅淮軍在遼東山東一帶就有七萬多人。加上朝鮮當時是站在清朝一方，尚有數萬兵力可用。而日本當時陸軍的基本裝備與清朝是相差不多的。何況日本國內二十年沒有戰爭，日軍的實戰經驗也比較匱乏。日軍的指揮官多為留洋歸來的留學生，並無實戰經驗，純粹是沒打過什麼仗的「和平兵」。

明清當時的國力與軍力對比

十六世紀末的明朝正處於萬曆皇帝統治時期，其政權已經走向腐敗和衰落，從軍隊方面看，明朝雖然有兩百萬軍隊，堪稱世界第一，但軍隊缺編情況嚴重。土地兼併嚴重，大量軍隊土地被官員侵占，士兵淪為流民。

明朝中期對倭寇和蒙古的失敗已體現了明朝軍隊軟弱的戰鬥力。張居正當政時，曾用明軍與蒙古軍「一百比一」來形容明朝軍隊的戰鬥力。後來雖戚繼光主持軍事改革，但改革的對象也只是遼東和北京周邊的明軍，後來戚繼光遭到罷免，他的許多軍事主張也就被廢除了。

明朝重文輕武，更用文官擔任總指揮並有太監監軍，因此嚴重地限制了部隊的指揮能力和戰鬥力。明朝政權內部自張居正死後一直派系林立，朋黨之爭不斷，朝廷內部的爭鬥波及軍方，更使得明軍將領裡各自為政，內部矛盾嚴重。

從裝備上看，儘管明軍沿襲永樂皇帝定下的「二分習火器，三分習刀矛，五分習弓箭」的比例，火器部隊配備高達五分之一。但明朝對火器非常輕視，訓練時缺乏操練，大批精良火器封存在倉庫中早已生鏽。而且明朝對火器裝備不思改進，大批裝備早已經落伍。明軍中最精銳的當屬戚繼光留下的薊門軍和李成梁的遼東軍。對日作戰也基本以這兩支軍隊為主。但兩支軍隊總數不過二三十萬，與日軍數量基本持平，且兩軍中多數精銳還要留下拱衛京城，不可能盡數投入朝鮮。

在海軍方面，明朝的情況更為慘澹。鄭和下西洋之後，明朝對海軍的建設一直輕視，甚至對倭寇的海盜船也無可奈何。後來戚繼光提出禦敵於海上的防禦政策，但隨著倭患的平息，對海軍的建設也就終止了。

當時的明朝，雖然在軍隊數量上要多於日本，但能戰之兵極其匱乏，戰鬥力與作戰經驗與日本相比差距很大。明朝參戰時，日本已占領朝鮮大部分地區，地理優勢明顯，大批明朝軍隊暴露在日本精良火器下，明軍作戰環境之險惡可想而知。

而十九世紀後期的清朝雖然已經處於末期，但從其軍事實力看，依然相當強大，至少是不弱於日本的。三十多年的洋務運動更新了部隊的裝備，戰鬥力也大大加強。左宗棠平定新疆，清軍所顯示的強大戰鬥力，使俄國沙皇都大為震驚，最終不得不改訂《中俄伊犁條約》。

與明朝相比，清軍內部同樣腐敗嚴重，但仍然有相當強的戰鬥力。清朝參加甲午戰爭的軍隊主要以李鴻章的淮軍為主。淮軍相當於李鴻章的私家軍，軍隊內部還算是團結。而且清朝沒有太監監軍制度，有利於前線將領發揮自己的指揮能力，在這一點上也是強於明軍的。

從指揮官上看，駐守朝鮮的清軍將領，多是經過中法戰爭和太平天國戰爭的錘鍊，實戰經驗相當豐富。朝鮮北部山川林立，地形險要，在軍隊數量相差不多的情況下，清朝占有著絕對的優勢。

在軍隊人數上，清朝舉國擁有優勢，洋務運動所組建的新軍有數十萬，裝備精良，訓練有素。若盡數投入朝鮮，對付日本將占絕對優勢。在海軍方面，北洋水師可稱世界先進水準。北洋水師定遠艦所擁有的兩門巨型榴彈炮，當時歐洲也不過是十多門，日本更是沒有。何況清朝還擁有一支與北洋水師同等規模的艦隊，若與日本一樣合併一處組成聯合艦隊，對付日本海軍也占絕對優勢。開戰時，清軍尚且占領著平壤等大城市以及朝鮮北方戰略要地，地理優勢明顯。雖然後來日本掌握著制海權，清軍依然擁有遼東大後方。從這些方面看，日軍基本上沒有什麼勝算。

戰鬥過程和結果比較

西元一八九四年七月二十五日，日本發動豐島海戰，襲擊中國運兵船，對清朝不宣而戰，甲午戰爭爆發。在歷時九個月的鏖戰裡，日本先取平壤，再下開城。幾乎全殲駐朝清軍，以閃電般的速度向鴨綠江突進。同時日本聯合艦隊於九月發動黃海大戰，重創北洋水師，擊毀北洋水師主力艦六艘，澈底掌握制海權。使北洋水師自此蜷縮劉公島，無力進行遠洋作戰。之後日本於一八九四年冬突破鴨綠江防線，占領大連旅順，其第一集團軍在海軍的掩護下，在山東登陸，占領威海炮台，包圍北洋水師，終使北洋水師全軍覆沒。

光緒二十年（一八九五年）三月，日本頂住清朝最後發動的海城反擊戰，並乘勢攻克營口，清朝軍隊潰敗。至此，甲午戰爭以日本完勝而告結束。中國損失軍力六萬人，最精銳的淮軍和北洋水師幾乎全軍覆沒。丟失整個朝鮮和大連、旅順、營口等重要戰略城市，清朝簽訂喪權辱國的《馬關條約》，賠償白銀一億五千萬兩，並割讓台灣。日本將清朝的賠款全部用於軍事工業發展中，軍事力量迅速膨脹，一躍成為世界軍事強國。

而明朝抗倭援朝戰爭則歷時七年，其中主和主戰大臣反覆爭鬥，以致拖累前線，使原本形勢大好的戰爭幾經曲折。然而就是在內政腐敗的情況下，明朝最終還是贏得了戰爭。

萬曆二十年（一五九二年）四月，日本對朝鮮不宣而戰，以閃電戰的方式迅速占領朝鮮全境。經過明朝內部的幾番爭論，朝鮮淪陷三個月後，明軍才姍姍入朝，卻只是祖承訓的一支小部隊，結果被日軍殺得全軍覆沒。

為維護顏面，明朝才下決心一戰。認真起來的明朝很快打出了國威。四萬遼東軍入朝後，以迅雷不及掩耳之勢發動了平壤會戰，在日本增援部隊趕到前一舉攻克平壤，消滅日軍一點五萬人。之後明軍經過浴血奮戰，將戰線穩定在釜山一線。而同時明朝發動的龍山會戰徹底摧毀了日本的糧食基地，使日本侵朝的幾十萬大軍陷入了危急之中，迫使日本遣使求和。之後明軍撤離朝鮮，雙方開始了漫長的談判。

在歷時四年的談判中，日本以拖延手段，贏得了重新準備戰爭的時間，於一五九六年九月再次對朝鮮不宣而戰。毫無準備的朝鮮被殺得大敗，大半國土再次淪陷。後來明朝派遣六萬中央軍入朝，明軍發動反擊，贏得漢江保衛戰勝利。隨後轉守為攻，相繼收復朝鮮南部主要城市，將日軍壓迫在沿海幾大堡壘中分割包圍。

至此日本敗局已定；豐臣秀吉氣急身亡。日軍聞訊集結水師倉皇撤退，被明朝水師在露粱海域伏擊。展開十六世紀全世界最大規模的海戰。經過一天的喋血廝殺，中國水師以損失戰船一百多艘的代價贏得擊沉日本戰船四百五十艘的輝煌勝利。日本侵略軍全軍覆沒，抗倭援朝戰爭以中國的完勝告終。

比較兩次戰爭的過程，我們可以發現如下的共同點：

⑴日軍都是不宣而戰，並且在戰役的前期掌握了主動權。明朝抗倭援朝戰爭時，日本水師第一戰就徹底摧毀朝鮮水師，僅用一個月時間就占領朝鮮大部。甲午戰爭時日本在豐島打擊中國運兵船，並迅速登陸朝鮮本土。在兩次戰爭的開始階段，中國都是處於不利局面。

⑵兩次戰爭開始前，在是戰是和的問題上，中國方面都是搖擺不定。明朝兵部尚書石星始終反對開戰，甲午戰爭時西太后和李鴻章也曾嚴令「釁不可自我開」。兩場戰爭，中國都是倉促參戰，在各方面的準備上尚未就緒，武器裝備嚴重不足。

(3)戰爭中，無論明軍還是清軍，其作戰勇猛都是可歌可泣的。甲午戰爭的平壤保衛戰，打得日本屍橫遍野，日本雖占領平壤，卻付出了慘重代價。黃海大戰鄧世昌壯烈殉國，後來兵困劉公島，水師提督丁汝昌一直戰到彈盡糧絕，最終服毒自盡，至死未投降。而聶士成陸軍的鴨綠江阻擊戰和海城反擊戰。更是打得悲壯慘烈，屍山血河。旅順戰役寸土必爭，倭寇惱羞成怒以屠城洩憤。相比之下，明軍的表現也毫不遜色，龍山戰役中三百敢死隊員迂迴穿插，在日軍背後發起進攻，戰役勝利結束後敢死隊僅剩四人。最後的露梁大海戰，明朝水師副都督鄧子龍以身殉國。儘管兩次戰爭的成敗不同，但是前線的將士都是應該得到尊重的，他們打出了中華民族的國威軍威。作為為國犧牲的英雄，他們將永遠被我們緬懷紀念。

(4)戰爭中日本都是傾國之力，精銳盡出。大有決一死戰的氣概，將日本的國運賭在戰爭上。作戰也基本是亡命徒式的打法。

勝敗的原因

同樣一個對手，同樣是在國力和軍力強於對手的情況下，同樣擁有廣闊的中國大後方，同樣是將士們浴血奮戰，同樣是面對日本亡命徒式的打法，為什麼明朝可以勝利，而清朝卻會失敗？

兩個朝代都已經到了末期，內部都已腐敗不堪。世人把清朝的失敗歸結到政治的腐敗和日本軍事實力的強大，這種看法未免膚淺。事實上，我們完全有能力贏得甲午戰爭。就讓我們看一下戰爭中明清雙方的幾個鮮明對比吧！

(1)戰爭打響後，明朝內部雖然戰和之爭不斷，但一向昏庸的萬曆皇帝這次的抗戰決心異常堅定。祖承訓全軍覆沒，萬曆皇帝勇敢地承擔責任，並未責罰相關將領，更未向日本退讓半步，而是堅決地派遣遼東軍主力入朝參戰，很快扭轉了被動局面。反觀清軍，在是戰是和問題上，慈禧太后始終左右搖擺，首先在日本進兵朝鮮的情況下並未做出決策，坐失戰機，接著在戰爭爆發後也沒有宣布明確作戰目的，這使前線將領幾乎不知所措，兵力部署和調度情況更加混亂，導致清軍迅速崩潰。

⑵明軍指揮相當統一，水陸配合默契，面對瘋狂攻擊，明軍以攻為守，迅速掌握戰爭的主動權。而清軍雖然奮勇殺敵，卻是各自為戰，相互間沒有協調配合。海戰中，更是放棄了地理優勢和海陸防禦配合，禁止北洋水師援救威海炮台，最終使得自己被團團包圍，困死劉公島。在整個甲午戰爭裡，清朝的指揮系統幾乎失效，整個戰爭中都在處處挨打。

⑶戰爭開始後，明朝迅速著手搶奪制海權，舉全國之力調集水師雲集朝鮮。很快形成了對日本艦隊的絕對優勢。而清朝卻極為保守，只想如何保全北洋水師，卻不想如何殲滅日本艦隊。其實當時以清朝海軍的實力，若集中南北洋艦隊，定可在遠洋置日本於死地。可惜，戰爭的最終結果卻是清朝輸掉了最後的家底。

兩次戰爭中，日本的戰術都一樣，即先搶奪制海權和朝鮮，再直插遼東半島和山東半島，迫使中國投降，達到戰略目的。其實這種戰術帶有極大的賭博性。倘若在一處遭到對手的牽制，將滿盤皆輸。日本國土狹小，補給有限，不可能與中國拚消耗。明朝與清朝戰爭初期都有戰敗，但明朝以持久戰消耗日軍有生力量和延緩其攻擊步伐，清朝則是潰敗。事實上，戰爭的結果從開戰時的態勢就已註定。

對照兩次戰爭的異同，可以總結出如下觀點：

⑴中日戰爭，中國擁有著先天的優勢，即豐厚的人力和資源以及廣闊的大後方。中日開戰，即使日本可以暫時取得優勢，但如果戰事進展緩慢，其國力也必然被拖垮。明朝抗倭戰爭持續七年，日本幾乎被打到崩潰邊緣，戰爭結束不久即爆發內亂，一蹶不振。所以中國歷來對日作戰的方針都必須打持久戰。但是滿清卻不明白，慈禧原本期望速勝，在自己六十大壽前贏得戰爭，結果卻是迅速崩潰。而後並沒有意識到自己的戰鬥潛力，急忙結束了戰爭，以致喪權辱國。

(2)中日交戰，朝鮮為重要戰略要地。失去了朝鮮，日本的陸軍就有了廣闊的空間；朝鮮豐厚的資源和生產能力也能為其支持戰爭。清朝丟失朝鮮後，既而丟失遼東大部分地區。明朝守住朝鮮，最終贏得戰爭。

(3)對日作戰，絕對不是一場局部戰爭。日本每次對華作戰，其戰爭機器都是瘋狂開動。中國必須要做出打全面戰爭的準備，才可贏得最後的勝利。事實上，以中國的國力和基礎，若傾舉國之力，其效率必定十倍於日本。明朝水師原本弱於日本，但一經運轉，馬上取得優勢。清政府一味小心翼翼，僅靠淮軍和北洋水師片面抗戰，最終導致戰爭的失敗。

(4)作為統治者，必須要有戰鬥到底的決心，戰爭決策一旦做出，必須厲行。萬曆皇帝堅持抗戰，而清朝內部始終沒有統一思想，慈禧太后更加搖擺不定，使得指揮系統嚴重混亂，幾乎使軍隊成了瞎子。

(5)日本軍隊攻擊迅速，衝擊力量強，但也有其明顯的弱點，即持續戰爭能力差。對付日本這種敵人必須進行積極防禦的作戰方法，切不可消極保守，否則就會重演北洋水師全軍覆沒的下場。

回眸「闖關東」：追溯中國歷史上的人口大遷移

孫 萍

電視劇《闖關東》，用藝術的形式再現了發生在近代中國東北大地上的一段厚重而悲壯的傳奇移民史。這不僅吸引了觀眾的眼球，更引發了人們對這一大規模移民現象，以及中華民族在歷史長河中數次人口大遷移的關注。那麼歷史上「闖關東」是怎樣形成的？究竟是哪些人在「闖關東」？曾有多少山東人遠離家鄉，到那白山黑水間墾荒、淘金、挖人參？路途遙遠，山東人又是如何完成那條艱難之旅？中國歷史上究竟發生了多少次人口大遷移？

在中華民族的歷史上，黃河故道中下游地區是古代文明的發祥地，也是古代中國人口分布的重心所在。直至秦漢之際，此地區的人口在全國總人口的比重大體保持在百分之八十左右。西漢末年長達數十年的社會動亂，致「人相食，城郭皆空，白骨蔽野」，黃河流域人口更是受到嚴重損失。逃避戰亂而背井離鄉的人們，飽嘗流離失所的逃亡之苦，「寧做太平犬，莫做亂離人」便是他們從心底發出的感嘆。

此後每次王朝更替、戰亂和重大自然災害發生時幾乎都會出現中國古代的移民現象。他們成群結隊，整個家族，整個村子，甚至整個地區大量外遷。幾次有名的大規模移民現象都形成了一種特定的文化符號，如「闖關東」、「湖廣填四川」、「洪洞大槐樹」、「下南洋」、「走西口」，其形成都有深刻的歷史背景和原因。

「闖關東」不僅是中國歷史上，也是世界歷史上持續時間最長的移民史，自順治八年（一六五一年）至一九四九年的兩百九十九年間，約有三千萬人湧入茫茫關東大地，其中山東人是主體。

「闖關東」背景

山海關城東門，一關之隔界定著關外和中原大地。廣義的「闖關東」是指有史以來山海關以內地區的人民出關謀生。

關東，具體指吉林、遼寧、黑龍江三省。因東北三省位於山海關以東，故得名。舊中國，山東人口稠密，災害頻發；關東則地廣人稀，沃野千里，史書說：「有自然之大利三，曰荒，曰礦，曰鹽。」歷史上兩地有緊密的地緣人緣聯繫，逃荒農民闖關東成為主流。「闖關東」的形成有著深刻的歷史背景。

一六四四年清兵入關後，滿族人口幾乎全部從東北遷入關內，原來漢人相對集中的遼東也變得人口稀少。直到順治十八年（一六六一年），遼東一帶還是「有土無人」，「自瀋陽至卜奎（今齊齊哈爾），中間數百里無居民」。為了限制蒙古人內遷和漢民外遷，劃分游牧地和農業區，清朝於順治年間沿明朝遼東邊牆舊址築了約九百里長的「柳條邊」，康熙年間又加築了新邊牆。邊牆設二十座邊門，每門常駐數十名官兵，稽查出入，禁止邊內居民越過籬笆打獵，採人參，放牧。

由於關東長白山地區盛產人參，從事採參與販運獲利豐厚，關內人出關買賣人參的人日漸增加。順治十一年（一六五四年）規定，凡出入山海關者都須憑印票，禁止挾帶人參入關，而對「柳條邊」之內墾殖依然允許。但至康熙七年（一六六八年），關外之地也被列為封禁範圍。康熙十六年（一六七七年），清政府派大臣探求鴨綠江源頭，尋訪長白山清朝發祥聖地。根據大臣的回報，康熙帝認為長白山與清朝的龍脈相連，因而將長白山周圍地區都列為封禁範圍。

儘管有封禁的規定，但遇有災害，關內百姓往往強闖或偷渡出關。一方面由於「柳條邊」長逾千里，常駐官兵人數有限，難以阻攔。另一方面，為減少關內災民的壓力，清政府不止一次變通規定，允許災民出關，或者採取默許態度。但多數情況下，出關是被禁止的、非法的，因此只能「闖」。

「闖關東」的另一層意思，是遷往關外前途未卜，風險很大。關東氣候寒冷，人煙稀少，大多數地方還是無人區，能挖到人參，採到東珠，獲得豐收固然能發財致富，也可能歷盡千辛萬苦卻一無所獲，甚至凍餒而死。加上沒有設立行政機構，得不到保護和救援，盜匪橫行，所以隨時都有危險。闖出關的人可能得以維持溫飽，就此安頓，再接來家屬。也可能占上大片土地山林，或者帶上白花花的銀子衣錦榮歸，來年帶更多鄉親「闖關東」。但同樣可能當起土匪，或者淪為奴僕，甚至客死異鄉。但由於內地特別是山東，早已人滿為患，農民無地可耕，加上天災人禍頻繁，官府地主壓榨，窮人流民只能以「闖關東」為唯一出路。

近代歷史上，魯、豫、冀、晉、陝五省流民，大多經過山海關往東北走，去「闖關東」。「闖關東」的路線分為陸路和海路兩條路。陸路是從山海關、喜峰口、古北口等長城各關口出關，進入遼沈地區。海路則由山東半島或福建沿海乘船到達遼東半島。前者為「闖關」，後者為「偷渡」。

實際上，「闖關東」只是指清代以來向東北移民的一個階段性的代名詞，並不是東北移民史的全部。歷史上東北大地至少曾出現過五次較大的移民潮：清初移民、清末禦俄、關內逃荒遷徙、日本侵略者殖民移民、新中國成立後支援東北建設移民。

清政府的移民政策

真正意義上的「闖關東」是從清朝順治八年（一六五一年）開始的；很多族譜把「闖關東」的年份定在這一年。

順治元年（一六四四年）八月二十日，清世祖愛新覺羅・福臨從盛京（今遼寧瀋陽）起駕，遷都北京。遼沈地區人口大多「從龍入關」，留住東北地區的人口約四十萬人。東北地區土地肥沃，地廣人稀，如果移民開墾，將成為一個重要的財源。就是在這種形勢下，順治八年清廷下令：「令民願出關墾

地者，山海道造冊報部，分地居住。」（乾隆官修《八旗通志》卷八一《食貨略》）

順治十年（一六五三年）九月十七日，滿漢九卿官員將他們議定招民開墾的方案上報：「今將遼東為省，先以遼陽城為府，設知府一員、知縣二員，招募人民前去收養開墾。若招民一百名者，文授知縣，武授守備。百名以下六十名以上者，文授州同、州判，武授千總。五十名以下者，文授縣丞、主簿，武授百總。」（金毓黻《靜晤室日記》卷一五二）招募者將所招人數、籍貫、姓名，具冊上報戶部，戶部核准之後，由招募者帶領出山海關，赴遼東知府、知縣處交接。

從遺存至今的文獻資料來看，浙江義烏人陳達德是第一個招募百姓到遼東墾荒之人。順治十一年，他延攬民戶一百四十家，被授予遼陽知縣。順治十一年（一六五四年）六月，清世祖愛新覺羅・福臨又頒布了一道命令，允許個體百姓自行赴遼東墾荒。從順治十一年六月起，有組織地移民與個體自行移民遼東，二者並行。

為了鼓勵百姓開墾荒地，清政府規定新開墾的土地三年起課。康熙十一年（一六七二年）又改為十年起課。康熙十五年（一六七六年）恢復三年起課舊制。康熙十八年（一六七九年）又定為六年起課。遼東一帶肥沃的土地，優厚的起課年限，吸引大批貧苦百姓移民遼東。大批百姓擁入，必然危及滿族「龍興之地」自然環境。為了保護滿族的「龍興之地」，從順治十一年開始修建「柳條邊」。「邊外」劃為禁區，不准移民越雷池一步。但是這條邊牆未能完全阻擋移民的步伐。如嘉慶八年（一八〇三年）十一月十一日，山海關副都統來儀上奏：自十月初一至十一月初九，在四十天內，出關的山東人、直隸人、山西人多達八千兩百一十八人，平均每天兩百零五人。這些都是合法出關的，從海上偷渡者，則不知有幾。

從嘉慶年間（一七九六年至一八二〇年）起，陸續放墾「邊外」土地，到光緒三十三年（一九〇七年），最後一片「邊外」土地放墾，兩百多年的封禁至此結束。進入民國以後「闖關東」進入高峰期。

到底哪些人在「闖關東」？

「闖關東」的多是流民，大多是來自山東、河北、河南、山西、陝西等省的受災民人，也有福建、浙江一帶的流民。在「闖關東」的人群中，山東人最多。一份統計資料顯示，民國十八年（一九二九年），關內各地「闖關東」人數列前三位的分別是山東、河北、河南。一般認為，「闖關東」的人口在三千萬左右。在「闖關東」的人群中，山東人占百分之八十左右，是「闖關東」的主體。《申報》於光緒二年（一八七六年）八月二十四日報導：

> 茲據牛莊來信云：山東避荒之人，至此地者紛至遝來，日難數計。前有一日，山東海船進遼河者竟有三十七號之多，每船皆有難民二百餘人，是一日之至牛莊者已有八千餘名，其餘之至他處碼頭者尚屬日日源源不絕。

牛莊，即今遼寧海城西二十公里處的牛莊，當時為一河港。這則報導從一個側面反映了「闖關東」中山東人之多。據不完全統計，一九四九年以前，山東各地「闖關東」的比例一般占山東總人口的百分之五左右。自清迄民國，「闖關東」的山東人達兩千五百萬人。高峰時節，一年便有上百萬人。

「闖關東」的山東人是開墾東北的主力軍，他們在白山黑水間「放山」、淘金、墾荒。挖人參，俗稱「放山」，也叫「走山」。

民間傳說，「闖關東」中的第一個放山人是山東萊陽人孫良。他原是個窮苦的長工，聽說長白山有種名叫「棒槌」的植物，比金子還貴重，便與同鄉張祿跋山涉水到了長白山，翻山越嶺去挖人參。倆人做了三年，挖了不少人參，商定再分頭做三天，然後打點行裝回山東老家去。誰知張祿一去，再也未歸。孫良急了，到處尋找，找了七天七夜也沒找到。乾糧早吃光了，他又累又餓，昏倒在蝲蛄河旁邊。不知過了多久，他醒了過來，捧了幾口河水喝，看見水底有只蝲蛄，抓來活嚼生吞了。身上有了點力氣，他抓起一塊尖石，在一塊大石頭上刻畫著：

家住萊陽本姓孫，漂洋過海來挖參。
路上丟了親兄弟，沿著古河往上尋。
三天吃了個蝲蛄，不找到兄弟不甘心！

寫完，便昏死過去，再也沒有醒來。在今吉林省通化市快大茂鎮西，滔滔遠去的蝲蛄河北岸，有一座墳，就是孫良的。後來的放山人尊奉他為「老把頭」，即開山祖。

金幫的開山祖是山東人孫繼高，金幫稱之為「把頭始祖」。不僅金幫的開山祖是山東人，金幫亦多為山東人。在淘金的山東人中，最著名的是夾皮溝金礦的韓憲宗。

為什麼山東人不畏艱險「闖關東」？

歷史上，山東曾是富庶之地。戰國時的蘇秦，漢武帝時代的司馬遷、主父偃皆曾讚嘆齊地之富。而入東漢以後，每況愈下，山東逐漸衰落了。諺云：「死逼梁山下關東。」一方面，這是由山東人「種地為上」思維定式所造成的。

山東人曾經重農賤商，他們把淳樸的農家生活看做無與倫比，把種地視為最高尚、最正經的謀生方法。山東民間有諺云：「千行百行，種地才是本行」，「三十六行，種地為上」。耕而食與賈而食，不是謀生方式的差異，而是道德上的善與惡、美與醜之分。在這種觀念的影響下，那些慣於土裡刨食而又被拋出土地的破產農民舉目四望，只有兩條路可走：一條路是逼上梁山，扯旗造反；一條路是闖入關東，刨口飯吃。而扯旗造反，最終還是為了爭得一塊養家糊口的土地。

山東人「闖關東」除了經濟原因外，與他們的傳統性格也有密切的關係。誠實、尚義、節儉、好客、粗獷、豪放，就是山東人的鮮明特徵。這是山東人「闖關東」的文化素質根源。在天災人禍的逼迫下，粗獷、豪放的性格使得山東人敢於「闖關東」；勤勞、節儉的性格使得他們能夠在東北獲得生存的空間；誠實、尚義、好客的性格使得他們能夠與他人和睦相處，贏得他人的尊敬與信任。

闖關東文化

人是文化、資訊的載體，人的流動實際上就是文化的流動。闖關東作為一場不靠政府動員、不單因為某次具體的戰爭或災難觸發的大規模的人口遷移，是人類移民史上罕見的文化現象。作為遷移主體的是固守熱土難離傳統的山東人。他們迫於生計走上背井離鄉、前途渺茫的遷徙之路，箇中的惆悵、悲傷、決絕和困苦非今人所能體會得出。因而也就先天地賦予了這段歷史以傳奇色彩。

「闖關東」浪潮迭起，意味著中原文化向關東地區大規模挺進，文化交流也進入一個新階段。如果說「閉關」時代的文化交流表現為中原文化對滿洲固有文化的「侵蝕」，受到「封禁」的人為干擾，那麼在開放的歷史條件下，中原文化迅速在關東地區擴散，「喧賓奪主」了。「對絕大多數的山東移民來說，東北三省無非是山東省的擴大。」

山東村、河北村等在關東的「複製」，實際上就是中原文化的平面移植，加上人數占絕對優勢，他們有充分理由保持齊魯文化或燕趙文化，所謂「聚族而居，其語言風俗一如舊貫」即是。他們可以不必改變自己，削足適履，去適應當地的社會風俗、宗教信仰，使用當地的語言文字等，從某種意義上說，這同樣是文化上的保守主義。

趙中孚（中國人民大學教授，博士生導師）在論及「闖關東」的意義時說過這樣一段話：「社會意義上，東三省基本上是華北農業社會的擴大，二者之間雖有地理距離，但沒有明顯的文化差別。華北與東三省之間，無論在語言、宗教信仰、風俗習慣、家族制度、倫理觀念、經濟行為各方面，都大同小異。最主要的是東三省移墾社會成員，沒有自別於文化母體的意念。」

面對撲面而來的齊魯文化、燕趙文化，關東文化不可能沒有絲毫戒心，也不可能沒有「土客」矛盾產生，如《黑龍江述略》載：「而雇值開墾，則直隸、山東兩省為多。每值冰合之後，奉吉兩省，通衢行人如織，土著頗深惡之，隨事輒相欺凌。」

遼寧安廣縣（今吉林大安市新平安鎮）也是一個例子，《安廣縣鄉土志》記載：「縣屬未經設治以前，蒙古未諳耕種。徒資牧養，一片荒蕪。嗣經漢民來境墾種，公旗得獲租利。然因族類各異，言語不通，情意未能浹洽，蒙古多欺凌之……迨光緒三十年（一九〇四年），奏准委員勘荒，招戶領地。客民聞風而至……蒙古亦漸事稼穡。」

另據調查資料：「在東北山東人很多，十有八九，有的幾輩以前就去了。有時小孩子們玩打仗，生在東北的孩子罵山東剛去的孩子為『山東棒子』。家人出來就揍那罵人的孩子，說：『你爺爺也是山東人。』」

這場歷時近三百年的民族大遷徙至今仍然沒有完全斷裂。浩浩蕩蕩的「闖關東」也被學者們視為中國人自強不息、拚搏奮鬥的民族精神的真實寫照。歷史上，由於山東人是「闖關東」的主體，山東文化也就大大影響了東北文化。東北的文化跟山東的就非常相像。東北人講話基本上也就是山東的口音。可以說，山東有什麼文化特點，特別是底層的文化特點，在東北幾乎都可以找得到。

歷史上人口遷移的幾次高潮

同人口本身的發展一樣，中國人口遷移的歷史雖悠久，但其演變過程也不是直線漸進的，而是表現出典型的波浪式起伏。當社會比較安定時，其規模就小，也比較平穩；社會因天災人禍出現動亂時，其規模就會陡然增大，增大的程度幾乎同動亂的大小完全成正比例。此外人口遷移的規模與各個朝代採取的政策也有關係。受以上因素影響，除「闖關東」外，在中國人口遷移史上大致形成了以下幾次高潮：

■ 秦代和西漢

秦是一個能量很大的皇朝，它統一中國後出於政治和經濟上的需要，組織了一系列大規模的人口遷移，其中有一些在中國的人口遷移史上，是屬於先驅性的，對以後歷代的移民政策影響很大。除政治流放外，其內容主要分兩類。第一類是「實關中」，如始皇二十六年（前二二一年）「徙天下豪富於咸陽十二萬戶」，目的在於加強統治，把關中發展成為名副其實的國家政治中心；第二類是戍邊和開發新區，其中最著名的有北戍五原、雲中，南戍五嶺，人數均達數十萬人，對長城沿線和華南的開發起了重要作用。

「漢承秦制」，繼續奉行「實關中」和移民戍邊的政策，尤其是對河套地區、河西走廊、青海東部以及新疆中部的大規模屯墾移民，在政治上具有重大意義。

■ 東漢末年和三國時期

這是中國歷史上一個罕見的社會大動亂時期。軍閥混戰，生靈塗炭，促成了大規模的人口遷移。在三國鼎立的形勢確立以前，即各地軍閥大混戰時期，移民均為逃避戰亂的流民，他們由戰亂最烈的黃河中下游地區遷出，大部分向南遷至長江流域。

移民中不少學者、士大夫後來均為吳、蜀二國羅致，其中最著名的有諸葛亮、周瑜、魯肅、張昭等。原籍臨淮（今安徽定遠）的魯肅曾號召部屬：「淮泗間，非遺種之地。吾聞江東沃野千里，民富兵強，可以避害」，是為典型代表；另一部分則向北遷至長城沿線甚至遼東，移民中著名的有管寧。

三國鼎立時期，為壯大己方實力，三方均努力招撫流民，發展屯墾，並儘量從境外招收、劫擄人口，包括少數民族，如曹魏把大批匈奴、烏桓人遷至內地，孫吳派兵至台灣，「得夷州數千人還」。

經過前後近九十年的人口大遷移，中國長江流域和長城一線人口增加，並得到進一步的開發。少數民族的遷入，給中華民族注入了新鮮血液，但在當時也不可避免地會產生民族矛盾，為隨後的兩晉南北朝時期更大規模的人口遷移和社會動亂埋下了伏筆。

■兩晉南北朝

這是中國歷史上一個大分裂、大糜爛、大破壞的時期，遷入北方的各少數民族在其中扮演了重要角色。在長達一兩個世紀的動亂中，黃河流域慘遭蹂躪，從而促發了一次又一次向南方移民的高潮。僅據官方統計，西元三一三年至四五〇年之間北方南渡的人口即達九十萬人，占北方原有戶口的七分之一。

事實上，這一統計由於流離混亂之際戶口多有隱匿流失而大大縮小。「自中原喪亂，民離本域，江左造創，豪族併兼，或客寓流離，民籍不立」，「時百姓遭難，流離此境，流民多庇大姓以為客」。這說明移民的實際規模當遠在上述官方統計之上。期內移民的分布仍以長江流域為主，更南的福建兩廣移民也不少，據記載：「晉永嘉二年，中州板蕩，衣冠始入閩者八族，所謂林、黃、陳、鄭、詹、丘、何、胡是也。」一波又一波的移民浪潮，為中國經濟和人口重心自北向南的歷史性轉移奠定了基礎。

■「安史之亂」

隋、唐兩朝在政治上能量很大，但在人口遷移上的作為遠不如秦、漢，原因在於人民在此之前經歷了幾個世紀的動亂，飽嘗流離之苦，安土重遷，從心理上對背井離鄉十分反感。此外，秦、漢之官方移民，包括屯墾戍邊，大多未能終善其事，往往利未見而害先行，教訓是很大的。故隋、唐二朝官方組織的人口遷移甚少。直至震撼全國的「安史之亂」爆發，黃河流域再次沉入血海，才觸發了又一次人口南遷的大潮。

據史書記載：「天寶末，安祿山反，天子去蜀，多士南奔，吳為人海」，「天下衣冠士庶，避地東吳，永嘉南遷，未盛於此」。這次人口南遷大潮的餘波，一直持續到唐末和五代十國時期，至此，中國南方的人口規模第一次達到了同北方平分秋色的地步。

■「靖康之難」至南宋末年

由金人大規模南侵造成的「靖康之難」以及其後長達一百餘年的宋、金對峙，使中國又遭到一場巨大的社會動亂，由此產生的人口遷移，其規模之大、持續時間之長，均堪與「永嘉喪亂」和「安史之亂」相伯仲，其性質和形式也相似。

據記載，「建炎末，士大夫皆避地……衣冠奔踣於道者相繼」，「西北士大夫遭靖康之難，多挈家寓武陵」，「四方之民雲集二浙，百倍常時」。連南方一些偏僻山區，也接納了不少移民，如廣西容縣「介桂廣間，渡江以來，避地留家者眾」。

北方大批人口的南下，對南方的社會發展起了很大的促進作用。南宋的許多文臣武將亦多來自北方，岳飛、韓世忠、張俊等皆是；平民中南下的著名人物也很多，如李清照、辛棄疾等。

■元末明初

中國廣大的中原地區在從「靖康之難」到元末的兩個多世紀中屢遭浩劫，至明初已是「中原草莽，人民稀少」。與人口高度稠密的江南形成鮮明對照。這種極不平衡的人口分布格局，產生了對人口遷移的現實需求，再加上開疆衛邊的需要，使明初出現了人口遷移的一個高潮，但其性質與前幾次因動亂產生的大移民完全不同。

明朝建立後不久即著手組織人口遷移，如「徙江南民十四萬於鳳陽」，「遷山西澤、潞民於河北」，徙「沙漠遺民」屯田北平附近，徙江西農民於雲南湖廣，等等；故史籍稱「太祖時徙民最多」。

明初為鞏固邊防，在長城一線設立稱為「九邊」的九個軍鎮，在國內其他戰略要地也設立了許多駐兵設防的衛，僅洪武朝三十一年設衛即達一百三十六處。為解決邊防軍的糧餉問題，明初組織了大規模的移民屯墾戍邊，「於時，東自遼左，北抵宣大，西至甘肅，南盡滇蜀，極於交趾，中原則大河南北，在興屯矣」。前往雲南屯田的移民多達四五十萬，規模浩大，在政治上、經濟上都收到較好的效果。

■清代對台灣的移民

台灣在元代正式列入中國版圖。十七世紀初被荷蘭殖民者侵占後不久，鄭成功即率兵一舉收復。此後鄭成功組織了對台灣的大移民，不長的時間內移民數即達二十萬人，在全島總人口中占了大部分。清朝統一台灣後，對移民問題採取了曖昧的態度，即不准移民攜帶家眷，使之難以在台灣生根，目的乃在於防止台灣人口劇增，羽毛豐滿後重蹈鄭成功在台灣抗清的「覆轍」。直至清代中葉，因大陸人口壓力增大，上述政策才有所鬆動，從而引發對台移民的高潮。

一八一一年台灣漢民已逾兩百萬人，比一個半世紀前猛增了六七倍。清代後期，朝廷鑑於國際形勢之險惡，對台灣的戰略意義有所認識，不僅完全解除了對移民的限制，還在廈門、汕頭、香港等地設立

「招墾局」，以提供資助和優惠來促進對台灣的移民，為日後的發展在人口上奠定了基礎。

■ 對海外的移民

中國居民移居海外，至少已有三千多年歷史。一般把移居外國或在僑居國出生，仍保留中國籍的中國人稱「華僑」；這些人若放棄中國籍加入外國籍則稱「華人」，其後代即稱「華裔」。

據考證，「華僑」一詞直到十九世紀末、二十世紀初才開始使用傳播，而華僑往往自稱「唐人」。這一方面說明唐朝國勢強盛，影響遠播，另一方面也說明唐代對海外的移民人數可觀。在宋、元、明幾代，這類移民繼續有所發展。大體上說，中國強盛時，對海外的開拓性或經營性移民較多，中國動亂時，則以避難或流亡式移民較多。

清朝建立後，奉行「閉關鎖國」政策，對向海外移民持深惡痛絕的態度。《大清律例》第二百二十五條明文規定：「一切官員及軍民人等，如有私自出海經商，或移住外洋海島者」，應照「交通反叛罪」處「斬立決」。但仍有不少人生計無著，不得不冒險赴海外謀生。據記載，「閩、粵之輕生往海外者，冒風濤、蹈覆溺而不顧，良由生齒日繁，地狹民稠，故無室無家之人，一往海外，鮮回家者」。

鴉片戰爭以後，「閉關鎖國」的藩籬瓦解了，滿清政府反而同帝國主義勾結起來，將大批中國勞動人民販賣至海外充當勞工苦力。而這時中國社會百病叢生，人民困苦已極，許多人不得不流往海外以謀一線生機。在此形勢下，形成了一個向海外移民的高潮，並一直持續到整個民國時期，其規模之大，在中國歷史上空前絕後。

鴉片戰爭前，在海外的華僑、華人總數僅稍多於一百萬人，而一八七九年已達三百萬人，一九一九年為六百三十八萬人，至一九四八年則達到八百七十二萬人。其足跡在鴉片戰爭前僅限於亞洲的東南部，此後則逐漸遍布全世界：一八四七年首次抵達古巴，一八四九年抵達美國，一八五二年抵達澳大利亞，一八五八年抵達加拿大，一九〇四年抵達南非，一九一〇年抵達巴西……華僑華人對這些國家經濟的發展都做出了不可磨滅的貢獻。

關於海外華僑、華人和華裔的人數，難以做出精確的統計，目前通常的說法是，總數近三千萬人，分布在一百多個國家或地區中，其中東南亞占百分之九十，已取得當地國籍者占百分之九十以上。人數最多的國家有泰國、馬來西亞、印尼、新加坡、越南、美國、緬甸和菲律賓，其中美國近年增長最快。

中國對海外的移民主要來自華南沿海。廣東省在總數中占百分之六十五以上，福建省約占百分之二十五，廣西和海南人數也較多。廣東的汕頭、興寧、梅縣、台山、開平、恩平、新會、中山、深圳，福建的福清、福州、晉安、南安、廈門，廣西的容縣、玉林、北海，海南的文昌、瓊山、樂亭等皆為著名僑鄉。其中廣東省的僑眷即占全省總人口六分之一以上。

為了和親人團聚，這些地區目前的國際人口遷移仍相當活躍。

移民形成的特殊文化符號

■ 洪洞大槐樹

元朝末年，戰爭連綿不斷，嚴重破壞了社會經濟。到了明朝初年，許多地方，特別是江淮以北大部分地區呈現著民多逃亡、城廓為墟、田地荒蕪的冷落、淒涼景象。山東、河南、河北受戰爭破壞最為嚴重。到了永樂初年，情況仍未好轉。戰爭的創傷尚未癒合，緊接著又出現了較大的天災。永樂元年（一四〇三年）甲午，直隸、北京、山東、河南饑；庚寅，山東蝗；丁酉，河南蝗。永樂二年八月，淫雨毀北京城五千餘丈；十月，黃河決口，沖毀開封城。

面對這種社會經濟異常凋敝的情況，朱元璋和朱棣意識到，如果不採取有力措施加以扭轉，這對於新生的明王朝是十分不利的。於是明立國之初，朱元璋就決定實行「移民屯田，開墾荒地」的政策。當時就北方來說，山西受戰爭破壞較小，四境安寧，而且多年風調雨順，五穀豐登。特別是汾河沿岸廣大地區，地沃水足，人煙尤為稠密。於是明洪武、永樂年間，政府便大量從山西南部遷民。

從現有史料來看，明初從山西遷民共有六次，這些移民不僅被遷送到山東、河南、河北、北京，還有的被遷送到了遙遠的淮河以南。至今在北京大興、順義等縣，還有許多以山西的縣名命名的村莊，如長子營、屯留營、霍州營等。

山西這六次移民，都與洪洞大槐樹有關。據史載，明初從山西遷民，不管老百姓家在何府何州何縣，都要先集中到洪洞縣去。洪洞縣賈村，當時有一古剎名叫廣濟寺。寺旁有一棵大槐樹。明政府在廣濟寺為移民登記，「發給憑照、川資」，而後再由此處編隊遷送。老百姓在離開洪洞時，人人悲傷，個個哭泣。他們拖兒帶女，扶老攜幼，肩挑籮筐，手拄破棍；有的灌一桶霍泉水（洪洞縣的一股泉水）；有的撮一把洪洞土；有的藏幾片槐樹葉，三步一回頭，五步一轉身，狀極可憫。當廣濟寺在視線中漸漸消失時，人們總想在最後一瞥中尋找個有紀念意義的東西，作為今後懷念故鄉的標記。此時恰好能看見聳立在廣濟寺旁的那株古槐。那槐樹蒼老挺拔，枝繁葉茂，高聳入雲，在秋陽的照射下，閃著翠綠色的光亮。樹上還有烏鴉窩，高築枝頭。於是這株古槐上老鴰窩的形象便牢牢印在所有遷民們的心中。以後，隨著時間的推移，人們父傳子，子傳孫，一代一代流傳了下來。

現在在山西省洪洞縣賈村附近，南同蒲鐵路西側，有一處濃蔭蓋地、槐柳相間的樹叢。每年這裡都遊人不斷，名聲傳遍五湖四海。這裡就是數不清的億萬人的「故鄉」——洪洞大槐樹。對於這棵大槐樹，數百年來，黃河下游的村村寨寨，甚至更廣泛的地區，一直流傳著許多有趣的故事。在晉、冀、魯、豫、皖等省，還有首都北京附近，還常常可以聽到這樣的歌謠：「問我祖先來何處？山西洪洞大槐樹」；「問我老家在哪裡？山西洪洞老鴰窩」。一棵槐樹成了億萬人的「故鄉」。

■走西口

走西口大概是從明代的中期開始到清朝末年，其中的高潮在明末清初，這個時候數量最大，前後持續了將近三百年。走西口有兩種情況。一是由於山西當時人口比較多，生活比較困難，於是人口外遷；二是由於當時內蒙這一帶邊防的需要。有一部分人走西口，比如在明代中期時候西遷的晉商，他們是為了到口外發展商業，發展貿易，以致於到後來的票號。

「哥哥你走西口，小妹妹我實在難留……」一曲盪氣迴腸的北方民歌《走西口》，引發人們對先輩哀傷離愁「走西口」往事的追憶。然而遙望萬里長城九重關何處是「西口」，歷來坊間眾說紛紜，學術界亦有爭論。

在一次山西省右玉縣舉辦首屆晉商與西口文化論壇上，經國內史學家論證，將明清古道的「西口」定在塞上雄關殺虎口（今山西省右玉縣北，明稱殺胡口）。如今，以前西口出去的人們紛紛踏上尋根訪祖的路。在山西省河曲縣至今還完整保留著走西口時必經之路「西口古渡」。走西口年代的民歌也流傳至今，叫「二人台」，聽一首「二人台」走西口，不難體會出那當年走西口時的悲離之情。

■湖廣填四川

「湖廣填四川」是在明末清初的數十年間，四川由於戰亂、瘟疫及天災接踵而至，境內人口銳減，耕地荒蕪。清政府為了解決四川勞動力和生產糧食的問題，採取的「移民墾荒」的舉措，在大半個中國推行了移民填川政策。

在中國移民歷史上，清代前期的「湖廣填四川」是歷史上引人注目的重大事件。《四川通志》：

「蜀自漢唐以來，生齒頗繁，煙火相望。及明末兵燹之後，丁口稀若晨星。」四川之所以要「填」，是人口極度稀少，需要充實。明末清初三十年戰亂，四川最慘。一六四四年，張獻忠率領農民起義等入川，十二月稱帝建立政權，國號「大西」，定成都為「西京」。四川成了四戰之地：明軍濫殺，清軍濫殺，地方豪強濫殺，鄉村無賴濫殺邀功，張獻忠也有濫殺之嫌。繼而是南明與清軍的戰爭，還有吳三桂反清後與清軍的戰爭。四川人民遭到了一次次的戰亂和屠戮。

據官方統計，一六六八年四川成都全城只剩下人丁七萬人。從一些州縣的戶口存損比例可見，原有的人口只剩下百分之十或百分之二十。四川全省殘餘人口約為六十萬人。

這次大規模的移民運動從順治末年開始，一直持續到嘉慶初年，前後長達一百多年。其中康熙中葉至乾隆年間是這次移民運動的高潮，四川人的祖先，絕大部分是在這時候背井離鄉進入四川的。雖然當時共有十幾個省份的移民被捲入這次移民浪潮，比如湖北、湖南、廣東、江西、福建、廣西、陝西、貴州、雲南、山西、河南、山東等，但因為當時移民入川的外省人以「湖廣籍」最多，因而這次事件被歷史學家和民間命名為「湖廣填四川」。所謂「湖廣」，是指湖北、湖南兩地。在明清時期，湖南、湖北合稱「湖廣省」。

■下南洋

南洋的地理概念主要是指包括當今東盟十國在內的廣大區域。而廣義的南洋還包含當今的印度、澳大利亞、紐西蘭以及附近的太平洋諸島。由於地緣上的毗鄰關係，東南亞成為中國移民的遷徙地和避難所。因此這種遷徙歷史上稱為「下南洋」。

中國與東南亞的交往歷史，可以追溯到兩千年前的漢代。據《史記》、《漢書‧地理志》等文獻記載，西元一世紀左右，中國就與緬甸、越南等國互有來往。唐代時，移民人數開始增多，他們被當地人稱為「唐人」。不過中國人的南洋路，一直到了明朝和清朝前期，才越走越寬，歷史上有數次這種大規模的人口遷徙：

⑴西漢末年，一批漢儒學者、軍政官員數千人逃往越南；⑵南北朝時，五胡亂華，中原人士紛紛移居中南半島；⑶唐朝後期，黃巢襲擊廣州時，廣東人爭相逃往東南亞；⑷元滅南宋時，大批遺臣遺民也落難到此；⑸明末清初，大量的難民、被清兵打散的農民軍、抗清失敗的明軍餘部，以及不願侍奉清廷的明朝遺民，掀起了移民東南亞的高潮。明亡後，高、雷、廉三州總兵陳上川、副將陳安平等率領兵將家眷三千餘人、戰船五十餘艘到達越南南部的湄公河三角洲，這塊地方因此被稱作「明鄉」。

一六五九年，跟隨永曆帝流亡緬甸的官兵眷屬，有的逃亡暹羅（今泰國），有的被安置在緬甸邊遠地方，今天緬甸北部的桂家與敏家都是這些官兵的後裔。

其遷徙原因，一是由於中國歷代封建王朝的末年，伴隨著農民起義、外族入侵和王朝更替，不堪戰亂的普通百姓和權力失落的前朝貴族紛紛移居海外；另外一個重要原因是為了改變個人或家族的命運。

據一九三五年中國太平洋學會對流民出洋的原因所作的調查顯示，因「經濟壓迫」而出洋者占百分之六十九點九五。那個時候下南洋的人，既有對未來充滿希望的人，也有在家鄉故土待不下去的人。

其次，英國、荷蘭殖民統治下的南洋，正處於加速開發過程中，對勞動力的需求量非常大。南洋諸國為吸引華工，先後推出一系列優惠政策，如馬來西亞聯邦最大的一個州——砂拉越，在白色拉者（意即國王）二世執政時期，就頒布過一個特別通告：給移民足夠的免費土地種植，政府提供臨時住屋安置移民；免費供給大米和食鹽一年；提供交通運輸工具，建立警察局保護華人安全，華人可永久居住在砂拉越等。

這樣的政策對於中國國內流離失所、喪失土地的無業流民來說，具有強大的吸引力。很多人就是在這個時候，或攜妻帶子，或孤身一人，漂洋過海來到南洋。

第二篇
謎團破解

史冊上記載的事件，有些似乎是矇騙的，
有時後人聽起來覺得荒唐的史實，
其實後頭還有更多為人所不知的陰謀……

秦始皇為何因一句謊言就修建了萬里長城？

張永廷、張馨文

長城是世界建築史上的傑作。它盤踞在重巒疊嶂之間，蜿蜒在沙漠之上，氣勢磅礴，堅固雄偉，被視為世界七大奇蹟之一。曾有權威人士作過統計，修築長城所用的磚石，如果用來修建一道厚一公尺、高五公尺的長牆，這道長牆足以環繞地球一周；而如果用來鋪築寬五公尺、厚零點三五公尺的馬路，則可以環繞地球三周以上。但今天的人們在感嘆其浩大偉岸的同時，不知還有多少人能夠體會出其背後的辛酸。修築長城耗費了大量的人力物力財力，給平民百姓造成了無法估量的損失，更令人啼笑皆非的是，兩千多年前修築長城的起因聽起來頗為荒唐……

一提到萬里長城，人們首先想到的就是秦始皇。儘管秦始皇不是歷史上修築長城的第一人，也不是最後一人，但在人們的印象裡，長城與秦始皇有著不解的淵源，提到長城就不能不說秦始皇。

秦始皇是一個有著強烈危機感和憂患感的帝王。當上皇帝後，他並沒有因一統天下的成就而陶醉，相反卻一直憂心忡忡。大秦帝國是在暴力的基礎上建立起來的，雖然反對的聲浪很小，但大規模爆發從未間斷。如何謀求大秦帝國的長治久安，是他的心願也是他的心病，這件事無時無刻困擾著他。

萬里長城因一句謊言而修

大秦帝國在將新政推向全國的過程中，遇到了意想不到的困難。為了獲得民眾對大秦帝國的認可，安定天下民心，秦始皇在完成統一大業之後的第二年，也就是始皇二十七年（前二二〇年），開始不斷地巡幸天下。他巡遊的地點先是選擇在秦國境內，試行一年後，逐步推廣到秦國以外的領地。始皇二十八年，他從咸陽出發，經齊地也就是今天的山東到達海邊，又轉經江蘇、湖南、浙江、湖北返回咸陽，其行程幾乎遍及整個中國。即便是在交通高度發達的今天，他的旅程仍然漫長得令人生畏。

巡幸天下使得秦始皇的思想意識受到很大衝擊，思維方式也受到很大影響。秦國在戰國七雄中處於西部邊陲，論武力它可以雄霸天下，但若論發達程度，無論是文化還是經濟，與齊國等中原核心地區相比都有著不小的差距。巡幸之旅雖然辛苦卻也令秦始皇大開眼界，一種流行於齊地的方術吸引了他，使他對求仙問道以及尋求長生不老之術產生了濃厚的興趣。

方術帶有強烈的神祕色彩，這可能有助於排解他身心的巨大壓力。也就是在這個時候，一位名為盧生的方士逐漸成為秦始皇的寵臣，他就是那位編造謊言鼓動秦始皇修建長城的主角。盧生原本燕人，雖然僅為一個方士，但對秦始皇的施政產生了非常重要的影響。說到秦始皇的殘暴統治，歷史學家都繞不開兩件事：一是修長城，二是坑儒。這兩樁事的始作俑者都是盧生。

按理說，當時正值壯年的秦始皇不應該對生死問題有那麼緊迫的危機感，但長生不老似乎與長治久安有著天然的關係。為了尋求不死藥，秦始皇花費了大量的精力財力物力，求仙、封禪無所不用其極，最為典型的是派徐福帶三千童男童女到東海求仙，規模之大史無前例，但徐福一去杳無音信。

秦始皇寄予厚望的方術之道沒有收到任何效果，他所面臨的現實威脅反而越來越大。始皇二十九年（前二一八年），他在東巡的過程中遇刺，雖然倖免於難，但受到的打擊非同小可。不過兩年，他在咸陽微服巡行，又一次受到襲擊。這一次的打擊更甚前次，當年遇刺尚在秦地之外，這一次危險發生在首都咸陽。連京城的安全也成了問題，他內心的無奈與恐慌可想而知。

在這樣的背景之下，他對神祕主義的倚重更為強烈，他急於想找出威脅秦帝國的真實原因和有關自身安危的確切答案。始皇三十二年（前二一五年），他派盧生去求仙人指點未來的發展方向。盧生此去沒有任何收穫，回來後，他對秦始皇大肆歌功頌德，吹拍溜鬚，言辭間沒有實質性的東西。

對人們的阿諛奉承，秦始皇已聽了很多年。他需要的不是這些，他強烈渴望的是對鞏固政權真正有益的東西。於是他再派盧生入海尋求仙人指點。總是無功而返的方士這次帶回了一本《錄圖書》，這本讖書上記錄著一個驚天祕密：「亡秦者胡也。」

一直渴望對手的秦始皇終於找到了一個可以打擊的目標，他內心的焦躁與不安便要迅速釋放。盧生一句搪塞責任的話引發了中國一場空前的戰略大震盪。秦始皇立刻派大將蒙恬率領三十萬大軍北征匈奴，把匈奴逐出河套趕到陰山以北。秦始皇仍然不放心，為了防患於未然，又不惜血本，徵用七十萬勞工，歷時多年，起臨洮（今甘肅岷縣）止遼東，綿延萬里大規模修築長城，以絕胡人亡秦之患。

胡人究竟有什麼樣的威脅？

盧生所傳「亡秦者胡也」中的「胡」為何人？他們對秦帝國的威脅究竟何在？秦始皇為何要下此血本豪賭明天？

秦時說的胡人，指的就是後來的匈奴。追溯歷史淵源，匈奴原本是中華民族的一員。就秦國而言，其早期的建國史堪稱一部與胡人的鬥爭史，中間既有失敗的教訓，也有成功的經驗。秦昭襄王時，胡人威脅到秦國的北部邊境，秦國出於東進的考慮，對胡人採取了築城防守的策略。

戰國中後期，胡人的力量進一步增強，他們飄忽不定的作戰方式令中原國家頭疼不已。趙武靈王以胡服騎射革新武裝，在與胡人的鬥爭中大獲全勝。

秦始皇統一全國時，匈奴人逐漸由一盤散沙匯合成一個較為統一的國家，實力又有所增強。匈奴首領稱為「撐犁孤塗單于」，「撐犁孤塗」是「天子」的意思，「單于」是「廣大」的意思，中原人習慣上將他們簡稱為單于。

當時雙方邊境相對穩定，秦軍與匈奴間沒有大規模的衝突。這一方面是因為秦軍善戰，匈奴人不敢輕易挑釁；另一方面也是因為匈奴所處的形勢險惡。他們西臨大月氏，東接東胡，南面強秦，三面都有強敵存在，匈奴不敢輕舉妄動。

按照當時的形勢判斷，如果秦帝國不主動挑起事端，匈奴是絕不敢輕易南下的。秦始皇是個有雄略的帝王，他早有征伐匈奴之心。始皇二十六年（前二二一年），也就是秦國剛剛完成統一，秦始皇就有意趁熱打鐵，一舉收服匈奴。

他在廟堂之上召集群臣廷議此事，遭到丞相李斯的強烈反對。李斯認為與匈奴交戰有弊而無利，他分析雙方的情勢之後，給出了不可攻擊匈奴的幾條理由：

首先，匈奴居無定所，很難將其制伏。這在很大程度上是因為他們沒有城池居住，也沒有財富需要保護，根本不怕攻擊。

第二，攻擊匈奴，大秦將處於兩難境地。如果派輕騎兵速戰速決，糧草供應問題很難解決；而如果派輜重大兵壓境，則部隊的機動靈活程度受損，很可能追擊不上匈奴。

第三，即便打敗匈奴，結果也是無利可圖。匈奴地處蠻荒，經濟文化非常落後，對秦國的發展壯大沒有多少效益。另一方面，俘獲的匈奴民眾也不好駕馭，弄不好還是安全隱患。但若將他們殺掉，那更不是天下蒼生和陛下所願意看到的事。

李斯得出的結論是：勞師遠征匈奴，只會消耗朝廷的力量而無實際收益，不利於秦國的長遠發展。

應該說李斯的分析相當有見地，日後形勢的發展也與他的分析有許多吻合之處。李斯是秦始皇最為倚重的大臣，他的觀點在秦始皇那裡相當有分量。再加上中原剛剛統一，百廢待興，穩定中原局勢顯然比貿然進攻北方更為妥當，秦始皇只好將北擊匈奴的打算擱置下來。

一晃六年過去了，中原的穩定並沒有如期望中的那樣取得很大進展，秦始皇感受的威脅反而越來越大。這種威脅常常是莫名的，因為不知秦國的未來如何，無處發洩內心的恐慌，秦始皇非常焦躁不安。

始皇三十二年（前二一五年），當燕人盧生向他獻上「亡秦者胡也」的圖讖時，秦始皇的情緒為之一振，他覺得大展身手的時機到了，消除大秦帝國隱患的時機來了。在他看來，如果不立即北擊匈奴，秦帝國很可能會亡於日益壯大的胡人之手。他委派能征善戰的大將軍蒙恬率領三十萬精兵強將向匈奴發起了強悍的衝擊，一舉收復了河南與榆中地區。第二年又收復高闕，直抵陰山及河套地區。匈奴受到沉重打擊，他們不僅敵不過蒙恬的攻擊，還擔心東西兩翼受到襲擊，最後乾脆逃往大漠北方去了。

秦軍對匈奴此戰，表面上看應該是大獲全勝，但正如李斯當年所指出的那樣：胡人居無定所，沒有不能放棄的地盤，他們隨時可以遷移，秦軍的勝利並沒有多少實質性的內容可言，反而為自身平添了不少麻煩。

匈奴人打一槍換一個地方的戰法令秦軍非常頭疼，為了防止他們的侵擾，秦始皇決定修築長城。一馬平川的地方適合匈奴人騎射行動，修築城池限制他們的特長不失為一種有效的辦法。

修城禦敵並不是秦始皇的首創，早在西元前七世紀前後，各諸侯為了抵禦對方的進攻，就開始在自己的領地上修築高大的城牆，這些城牆被稱之為長城。西元前四世紀前後，燕、趙、秦等國為了防禦北方游牧民族的襲擾，也相繼修建長城。

修築長城禦敵雖古已有之，但卻被秦始皇發揮到極致，對後世的影響極為深遠。秦代以後，沒有修過長城的朝代寥寥無幾。

秦始皇不僅把趙、秦、燕、韓等國的舊有長城連成一線，又增築擴充了許多部分，形成了長達約一點二萬公里的萬里長城。秦始皇不僅築長城，還修建了直道。他的想法是長城可以抵禦北方胡人的侵略，保證秦不為「胡」所滅。而直道的修成，可以使秦國的騎兵在三天三夜之內直抵陰山，給「胡人」以致命一擊。

在今天看來，長城是一項了不起的奇蹟，但在生產力尚不發達的秦代，修築長城對黎民蒼生來說則是一場徹頭徹尾的災難與浩劫，秦始皇修築長城為秦帝國的最終滅亡埋下了禍根。

秦究竟因何而亡？

秦始皇是中國從奴隸社會進入封建社會的第一位皇帝，是個備受爭議的人物，而他傾力打造的長城也是爭議不斷。關於長城的功過，或褒或貶，歷來有不同的看法。

孫中山先生對萬里長城評價很高，他在《建國方略》中指出，秦始皇這個人雖然不怎麼樣，但修築長城的功勞堪與大禹治水相提並論。如果沒有長城捍衛中原，中國可能等不到宋、明，在楚漢時代就已亡於北狄了，更談不上漢唐時代的興盛。他繼而把漢民族同化蒙古、滿族的功勞也歸到了長城名下，因為長城的存在使得中華民族的同化力得以壯大鞏固，才能夠「雖一亡於蒙古，而蒙古為我所同化；再亡於滿洲，而滿洲亦為我所同化」。

孫中山先生雖然對長城青睞有加，但一些有見地的史學家對此卻並不苟同。他們敏銳地指出，秦帝國看似解決了北患，但戰場上的勝利只是暫時的，秦始皇終其一生，也沒有從根本上解決匈奴問題。游牧民族雖然一時被震懾卻絕對沒有屈服，「亡秦者胡也」是他內心揮之不去的痛。長城的防禦作用也非常有限，漢唐之所以興盛不是因為長城，而是其開放的文化與國力的強大。大明是修建長城最下工夫的朝代，然而最終免不了被外族所滅的命運。

長城從來就沒能擋住北方游牧民族的鐵騎，明朝兵部尚書劉燾對此的感受非常深切。他說修建長城是自古以來沒有辦法的辦法，修長城抵禦外患是一個怪現象，幾乎到了惡性循環的程度。修長城下的工夫越大，人們對外敵入侵的擔心就越強烈，國家的錢財耗費也就越多，部隊的戰鬥力反而更弱。

國家沒有哪一年不為修長城耗費鉅資，但長城的功效與價值並不能體現出來。長城成了消極防禦的代名詞，花費巨大人力物力財力修建的長城，因為防線過於漫長，僵化消極的城牆很難抵得住敵人的突然來襲，其弱點顯而易見。

清朝入關以後，決定不再修築長城。康熙時，邊防總兵蔡元向朝廷報告說長城有許多部分倒塌，要求進行補修。康熙很不以為然，他說秦築長城以來，漢、唐、宋歷代經常修繕，但從來都沒有因此而免除邊患。明末清太祖大兵長驅直入，諸路瓦解，皆莫能當，可見守國之道，不在修城而在修民。他指出：「民悅則邦本得，而邊境自固，所謂眾志成城是也。」

秦始皇死後，其子胡亥設計害死了長子扶蘇奪得帝位，稱為二世皇帝。二世胡亥繼位，橫徵暴斂，變本加厲，終於引發農民起義。大秦帝國最終亡在二世胡亥手中，這使得人們又想起了那句「亡秦者胡也」的預言。漢朝大儒鄭玄曾對「亡秦者胡也」加過注解，稱這裡的「胡」指的不是「胡人」而是「胡亥」。這種事後諸葛般的解釋，我們權且一笑聽之。但笑過之後不免疑惑，大秦帝國究竟因何而亡？是誰滅亡了大秦帝國？

其實杜牧那篇傳誦千古的《阿房宮賦》說得再明白不過：「滅六國者，六國也，非秦也；族秦者，秦也，非天下也。」亡秦者非胡人，也非天下，而是秦自己。

歷史謎團：赤壁之戰的四大懸疑

淡墨青衫

西元二〇八年的四大新聞

如果讓時光整整倒流一千八百年，那就是漢獻帝建安十三年（二〇八年），也就是赤壁戰火從此閃耀於史冊、破曹英雄開始傳誦於人間的年頭。這一年確實不同尋常。它不僅長達十三個月（十二月份之後還有一個閏月）；而且每一季都有轟動天下的新聞：一、春正月，曹操開始在鄴城訓練水軍；二、夏六月，曹操成了漢朝的丞相；三、秋九月，曹軍占領荊州，追擊劉備；四、冬十二月，劉備與孫權的聯軍在赤壁大破曹軍。

新年伊始，曹操就忙於水師的操練，顯然是準備對江漢地區採取大規模的軍事行動。後來的事實表明，這實際上是赤壁大戰的前奏；曹操的水軍這一年年底覆滅於赤壁，可謂首尾呼應。

時值炎夏，曹操讓漢天子任命他為丞相，其意圖也是不言而喻的。這一舉措猶如公然亮出了特大的政治標語：「我已具有取代漢天子的合法地位！」因為世人都了解這樣的背景：早在西漢後期，漢家即將改朝換姓的讖言就流行開來，例如《西狩獲麟讖》說，漢朝滅亡的時候，接班人就是當朝的「丞相」。丞相，漢朝又稱「相國」。針對這種神學預言，不但漢哀帝元壽二年（西元前二年）把「丞相」改稱為「大司徒」，而且東漢從光武帝到漢靈帝（二十五年至一八九年）都不再設置丞相，最高的職官只稱「三公」，即太尉、司徒、司空。

東漢末年，第一個讓漢朝重設丞相的是一心想登上皇帝寶座的董卓。《後漢書・孝獻帝紀》在永漢元年（一八九年）大事記中說：「十一月癸酉，董卓自為相國。」曹操是以討伐董卓起家的，當他在建安元年把漢獻帝這張「政治牌」掌握在手的時候，鑑於袁紹擁有最強大的軍事實力，於是讓天子任命自己為「司空」，而把職位最高的「太尉」讓給袁紹。可是到了建安十三年，曹操自以為具備了天下無敵的資本，就讓漢獻帝「罷三公官，置丞相、御史大夫」。由此我們也不難看出，在上述背景下，曹操繼董卓之後設置丞相並自任其職，實質上就是在代漢自立的道路上邁出了最關鍵一步。下面的事情，無疑是進一步擴大地盤、消滅政敵。

劉備作為曹操的頭號政敵，此時寄寓於荊州牧劉表，屯於樊城，樊城在襄陽（今湖北襄樊市）附近，跟襄陽隔著一條漢水。七月，曹操以奉行天子之命的名義「南征劉表」。八月，劉表病死，他的小兒子劉琮嗣位，屯襄陽；九月，曹軍到達新野（今河南新野縣），劉琮舉州投降。劉備得知這個消息後，只得率眾南奔，往江陵（今湖北江陵縣）方向轉移。

由於劉備一向以仁德著稱，當他路過襄陽時，襄陽城裡的士民大多擁出城來跟隨轉移隊伍。這支兵民同行的隊伍從樊城撤出時，雖然不過數萬，但一路上不斷有人自動加入，到當陽（今湖北當陽縣）時人數已多達十餘萬。

江陵是個富有軍用物資的要地，曹操為了爭奪江陵，親自率領五千精騎晝夜兼程，終於在當陽長坂追上劉備。劉備在長坂敗得很慘，只得從斜路奔往漢津（今湖北荊門市），與劉表長子江夏太守劉琦等會合，同往夏口（今湖北武漢市漢口地區）。這時密切關注戰局的江東首領孫權屯駐於柴桑（今江西九江市）。當曹軍將順江東下之際，劉備與孫權便達成了聯合抗曹的協議，孫權派周瑜等率領三萬水軍前往夏口，赤壁之戰的序幕就此拉開。

至於冬季上演的赤壁鏖兵，則是三國形成之前的一場大規模的群英會戰。孫、劉聯軍在赤壁燃起的沖天大火，把曹軍燒得焦頭爛額，不僅燒醒了曹操急於代漢的美夢，還燒出了三國鼎立的雛形。當年這肯定是特別激動人心的大事，今天這也無疑是歷史上格外引人矚目的一頁。

赤壁之戰的四個懸疑

赤壁之戰結束以後，曹、劉、孫三家的發言人站在不同的立場上各執一詞，其新聞報導及時事評論儘管有所不同甚至互相矛盾，但在明眼人看來，通過這些內容的互相印證，還是不難弄清歷史的真相。

陳壽在《三國志》的《魏志》、《吳志》、《蜀志》中，就分別錄入了三方之聲。《吳志・吳主傳》說，孫權任命周瑜、程普為左、右督，各領萬人，與劉備共同迎擊曹操，結果是「遇於赤壁，大破曹公軍。公燒其餘船引退，士卒饑疫，死者大半」。至於赤壁破曹的戰略、戰術及主要過程，《周瑜傳》的記載更加具體。與此大致相同的記載是，《蜀志・先主傳》說，孫權派遣周瑜、程普等水軍數萬與劉備併力，起先聯軍「與曹公戰於赤壁，大破之，焚其舟船」。接著劉備「與吳軍水陸並進，追到南郡。時又疾疫，北軍多死，曹公引歸」。

然而曹操一方的說法則與孫、劉兩家出入很大。《魏志・武帝紀》說：「公至赤壁，與備戰，不利。於是大疫，吏士多死者，乃引軍還。」這種說法不但隱瞞了曹軍慘敗的真相，而且對周瑜所代表的一方竟然隻字不提，似乎赤壁之戰只不過是曹、劉之間一場小小的遭遇戰，跟孫權毫無關係。如果孤立地閱讀這麼一段，讀者就難免發生這樣那樣的疑問。

如清代學者姚范在《援鶉堂筆記》中問道：「此不言吳人使周瑜，何也？」當然這類問題，今天已不難解決，因為我們只須了解《三國志》「互文見義」的筆法，進而參考常璩《華陽國志》、袁宏《後漢紀》、范曄《後漢書》、許嵩《建康實錄》等有關內容，就不會被某些歷史人物的政治煙幕所迷惑。

不過由於《三國志》等歷史文獻只能勾勒史事的梗概，而小說《三國演義》對赤壁之戰的描述又大量採用虛構的藝術手法，再加上自然地理的演變及歷代傳說的歧異，有關赤壁之戰的地點、時間、規模及戰爭的諸多細節，歷來眾說紛紜。

最近半個世紀以來，隨著學術事業的發展，在三國歷史和三國文化的研究上出現了一系列著述，例如盧弼《三國志集解》（一九五七年），譚其驤《中國歷史地圖集》（一九九〇年），李純蛟《三國志研究》（二〇〇二年），張大可《三國史研究》（二〇〇三年），張靖龍《赤壁之戰研究》（二〇〇四年），天行健《正品三國》（二〇〇六年），于濤《三國前傳》（二〇〇六年），盛巽昌《三國演義補證本》（二〇〇七年），沈伯俊《三國演義大辭典》（二〇〇七年）等。參考上述論著，我們至少在討論以下四個問題時，能夠從最新的起點出發。

第一，赤壁是一座山的名稱，還是某一地段的名稱？傳說赤壁的遺址現有五處，哪一處跟真跡更為接近？在歷史研究與旅遊事業與時俱進的今天，人們對此特別關心是可以理解的。其實赤壁遺址早在宋代已有五處，即南朝宋盛弘之《荊州記》所謂「薄圻」（後來寫作「蒲圻」，今湖北赤壁市）、北魏酈道元《水經注》所謂「嘉魚」、唐《漢陽圖經》所謂「漢川」、宋蘇軾所游「黃州」及宋代傳說的「江夏」。現在看來，最接近三國時代的《荊州記》和《水經注》可信度較高，唐《漢陽圖經》以下的三種傳說均與事實不符。

關於這一點，盧弼在《三國志集解》裡對前人的論述作了很好的總結。最值得參考的是近年出版的《赤壁之戰研究》論證了《荊州記》「蒲圻」之說的可信性，並說明「赤壁」絕不是一座山的名稱，因為它所指的範圍是沿江百里的南岸地區。

第二，火燒赤壁的具體時間，究竟是十月，還是十二月？過去也有不同的說法。《中外歷史年表》（翦伯贊主編）的著錄是：「十月，曹操以舟師攻孫權，權將周瑜大破之於烏林、赤壁，操敗退南郡，留兵守江陵而還。十二月，劉備攻占武陵、長沙、桂陽、零陵諸郡。」這個著錄是誤解南朝宋范曄所撰《後漢書》的結果。《後漢書．孝獻帝紀》在建安十三年的末尾記了兩件大事，一件是「冬十月癸未朔，日有食之」。另一件是「曹操以舟師伐孫權，權將周瑜敗之於烏林、赤壁」。如果參考比《後漢書》撰寫時間更早的《三國志》、《後漢紀》等書，就可以斷定《後漢書》在根據舊史記錄第二件大事時省略了「十二月」等文字。

在這方面，《後漢紀・孝獻皇帝紀》的記載最為詳細，今摘錄如下：「九月，劉琮降曹操。……時孫權軍於柴桑，劉備使諸葛亮說權，權大悅，即遣周瑜將水軍三萬，隨亮詣備，併力拒操。冬十月癸未，日有蝕之。十二月壬午，征前將軍馬騰為衛尉。是月，曹操與周瑜戰於赤壁，操師大敗。」這段記載跟《魏志・武帝紀》相合，可見孫、劉聯軍早在九月份已經備戰，而赤壁交鋒及曹軍敗退的時間是兩個多月以後的十二月份。

第三，關於三方投入赤壁之戰的兵力，特別是曹操一方的人數，《三國志》或《三國演義》的讀者一向有多種猜測。對此，《三國史研究》在《赤壁之戰考辨》中有比較平實的分析，大意如下：曹操號稱「八十萬」是虛張聲勢，他南下率二十萬眾，併荊州兵約十萬，總計四十萬。但曹操駐防新得的荊州，分散了兵勢，用在赤壁之戰的第一線兵力只有一半，且又是「以疲病之卒禦狐疑之眾」，故周瑜說「眾數雖多，甚未足畏」。聯軍方面，劉備有兩萬人駐夏口，孫權有十萬之眾屯柴桑。聯軍用於第一線的兵力，劉、關、張率兩千人助陣，共三點二萬。孫、劉雙方都留有大軍為後援。總之三方動員總兵力五十餘萬，而在第一線陣地上，聯軍以三點二萬之眾，對抗了二十餘萬曹軍。

第四，或者把小說虛構的故事當成歷史的真實，或者用正史《三國志》來校正小說《三國演義》，這種現象不時出現，說明我們有必要弄清史書和小說的區別：史書的價值在於「實」，史家所追求的是「實錄」；小說的精彩在於「虛」，作家的著力點是「虛構」。所以當我們為《三國演義》「草船借箭」、「借東風」等情節鼓掌時，所讚賞的是小說家的虛構能力。

為什麼曹操墓與兒媳墓相連？

岳南

一代梟雄曹操，生前樹敵太多，為防死後被人掘墓焚屍，故建疑塚七十二座。到底哪一座才有他的真身呢？傳言曹操墓與兒媳墓相連，這是真的嗎？他們之間又有著哪些我們所不知的隱情呢？

曹操真身不在七十二疑塚？

在《三國演義》中，曹操被羅貫中寫成了一個生性多疑的梟雄，為防百年之後陵墓被盜或被仇家毀壞，臨終前遂命令下屬為自己建造疑塚七十二座。隨著時間的流逝，本就顯得撲朔迷離的曹操墓愈發湮沒無聞。宋代詩人俞應符針對曹操七十二疑塚，曾設想了一種辦法：「直鬚髮盡塚七二，必有一塚藏君屍。」可惜這種方法被實踐證明是無效的。自元明之後，這些陵墓相繼被盜，但曹操屍體仍未找著。這就應了魯迅所說的話：「安知其屍實不在此七十二之內乎。真是沒有法子想。」

一九八八年三月八日，《人民日報》第一版發表了一篇文章，題目為《「曹操七十二疑塚」之謎揭開》，該文說，「七十二疑塚」實際是北朝的大型古墓群，而墓的確切數量非七十二座，而是一百三十四座。這篇文章的全文如下：

聞名中外的河北省磁縣古墓群最近被國務院列為第三批全國重點文物保護單位。過去在民間傳說中被認為是「曹操七十二疑塚」的這片古墓，現已查明實際上是北朝的大型古墓群，確切數字也不是七十二，而是一百三十四。

磁縣地處冀南，周圍方圓三十多公里的大地上分布著眾多墓塚。《三國演義》第四回記載，曹操「遺命於彰德府講武城外，設立疑塚七十二，勿令後人知其葬處，恐為人所發掘故也」。近年來，考古工作者對這些「曹操疑塚」進行了多次調查，根據多處墓誌銘和墓形建造結構以及壁畫、陶俑、古幣等器物考證表明，從四二四年到五七八年，先後有東魏、北齊在磁縣、臨漳、鄴鎮一帶建都，其間歷代皇親國戚、天子朝臣葬於此地，逐漸形成了大型古墓群。

另據磁縣出土的墓誌看，墓的主人也均為北魏、東魏、北齊時人，所以《磁縣誌》這樣記道：「民國以來，經人盜掘者多有墓誌，都是北朝時的王公要人……疑塚之說不攻自破。」

至此，關於曹操設置七十二疑塚的故事可以畫上一個句號了。但是關於曹操屍骨到底埋於何處的故事並沒有結束。

曹操真身在漳河河底？

隨著七十二疑塚神祕色彩的日益消退，另一個圍繞漳河的神祕故事又將展開。在疑塚之說破滅的同時，就有人提出曹操的真正陵寢不是建造於地上，而是造於漳河河底。持這種觀點的證據是曹操之子曹丕廢漢稱帝後，曾寫過一份題為《止臨淄侯植術祭先王詔》的詔書，其中寫道：「欲祭先王與河上，覽省上下，悲傷感切。」後人多有贊同此說的。如清人劉廷琦曾作過一首《銅雀妓》詩，詩云：「銅雀宮觀委灰塵，魏主園陵漳水濱。即令西望猶堪思，況複當年歌無人！」

清人沈松在其《金健筆錄》一書中，引《堅瓠續集》，敘述了一段發生於漳河河底的逸聞，來證明此說。這段故事是這樣的：

清朝順治年間，漳河發生乾旱，河水枯竭，沙床裸露。一天，一個捕魚人在河床的水窪內捕魚。突然他發現河床上露出了一塊大石板，石板的旁邊有一條裂縫，勉強可進一個人，捕魚人向洞裡一看，洞道很長，深不可測。他想說不定這裡面有魚。於是他先將兩腳伸入洞隙，再緊縮身子，鑽了下去。進去後約走了數十步，他被面前的一個大石門擋住了去路。他用力推門，但門紋絲不動，無奈之下，他返回地面。這件蹊蹺的事令漁夫很激動，他回去後就告訴左鄰右舍。大夥兒聽了，認定這是個發財的機會，於是約定第二天一塊去看看。

第二天，他們依次來到大石門前。在費了九牛二虎之力後，大石門終被推開。大家擁到門口一看，立刻被眼前的景象驚呆了：只見石屋內儘是美女，一個個姿色絕倫，傾國傾城。她們有的坐著，有的互相倚著，還有的躺臥著，分列兩行，一個個栩栩如生。但是這種美景並沒有持續太久。轉瞬間，這些女屍都化為灰塵，委頓於地。石屋很大。走到裡間，只見中間放有一張石床，床上躺著一個老年男子，頭上戴著官帽，身上穿著朝服，像是一個王侯。在王侯的石床前面，立著一個石碑。漁人中有識字者上前一看，原來這個戴著官帽、穿著朝服的死屍就是魏武帝曹操。在他們看來，曹操是個白臉奸臣。於是捕魚人拿起漁叉、棍棒對著屍體亂打亂戳，以發洩心中之憤。

在敘述的最後，沈松對這種現象進行了分析。他認為漳河河底的墓室之中，那些美女是被活生生憋死以殉葬的。由於墓室內地氣凝結，所以一打開石門後，她們看上去像剛斷氣的人一樣，但是漁人進室，洩漏了地氣，所以一進去她們就化為灰塵了。只有曹操是用水銀殮屍的，所以其肌膚並沒有腐爛。

曹操真身另有去處？

就在人們對沈松的敘述真實性還未來得及驗證時，另一位清人蒲松齡又在其《聊齋志異》一書中，寫到了河底發現曹操陵寢的故事，但這次不同的是，他寫的地點是許昌，而非臨漳。文章寫道：

許昌城外有水洶湧，近崖深黯。盛夏時有人入浴，忽然若被刀斧屍斷，浮出後，一人亦如之，

> 轉相驚怪。邑宰聞之，遣人閘其上流，竭其水，見崖下有山洞，中置轉輪，輪上排利刃如霜。去輪攻入，有碑，字皆漢隸，細視則曹孟德也。破棺散骨，所殉金寶盡取之。

沈松所述之事，雖傳得有鼻子有眼，卻經不起推敲，所以只能是一種傳說；而蒲松齡向以虛構見長，加之地點又多有不符，所以其故事的真實性無疑也要大打折扣。基於以上原因，曹操的陵寢是否一定在漳河附近尚難定論。關於曹操安葬的地點，後人也提出了不同的見解。一種說法認為，曹操陵位於銅雀台正南五公里的靈芝村。乾隆五十二年（一七八七年）寫成的《彰德府志》上就明確標著，魏武帝陵在靈芝村，而在其南，緊鄰著甄后的朝陽陵。

甄后，即曹丕之妻甄文昭。她原為袁紹二兒子袁熙之妻。曹操打敗袁紹進入鄴城後，曹丕捷足先登，入袁府，見其美貌絕倫，遂納之為妻。後甄氏失寵，被曹丕賜死，葬於鄴城。難道曹操之墓真的與其兒媳連在一起嗎？他們又為何選在了靈芝村呢？

曹操與甄后有隱情？

曹操之墓為何與其兒媳墓連在一起呢？這中間還有些故事呢！原來曹操在攻打袁紹之前，早已聽說了甄氏的美貌，但其子曹丕捷足先登，作為父親，怎能奪兒子之美呢？再說曹操和袁紹同輩，若娶其兒媳為妻，豈不貽笑於天下！雖然甄氏被兒子娶走，但做父親的還是念念不忘。曹操與甄氏的關係還真有些微妙，至於二人是否有私情，不敢妄加斷語，但從一些現象分析，似乎能找出點線索來。

《後漢書・孔融傳》中寫道：孔融係名門出身，為孔子二十世孫，自少譽滿清流，為人恃才傲物，最後被曹操所殺。這其中最重要的原因是因為孔融給曹操寫了一封信。信中他嘲笑曹丕納甄氏乃是「武王伐紂，以妲己賜周公」。曹操未解其意，詢問之。孔融答曰：「以今度之，想當然耳。」這「侮漫之辭」，揭了曹操家醜，因為曹操一向以周文公自詡。曹操聽了這話，認為孔融是在講自己，所以盛怒之下，孔融人頭落地。

還有一個根據，即是曹丕的表現。曹丕娶甄氏時，是十分喜愛的，但曹操一死，馬上就冷落了她。據《魏書》記載，甄氏對曹丕的新寵說了一些不滿的話，曹丕知道了甚為震怒，對其百般虐待，最後又下詔書，賜之以毒酒，令她自殺。甄氏不喝毒酒，曹丕的新寵妃子郭氏就用糠塞於其口，趁其喘息之時，強行灌下毒酒，將其害死。另外曹操死後，曹丕將其父的妃嬪全部召來，供自己玩樂。一次曹丕生病了，其母卞太后前去看望。她掀起門簾一看，見曹丕床側坐著的女子都是曹操生前的貼心宮妃。太后驚奇地問：「這些人何時被召到你房中來的？」曹丕回答：「父親剛死，我就召她們來了。」說話時臉上毫無羞愧之色。卞太后見此情形，氣憤地說：「你這樣做，死了連狗鼠都不吃你！」

從這兩點看，曹操似乎與甄氏有曖昧之情，所以才導致了孔融之死和曹丕的報復。也許正是因為曹操的這段醜事，清朝的學究們才故意將兩個人的墳墓繪製在了一起。當然這僅僅是一種大膽的假設，並無事實根據。

曹操真身到底葬在哪裡？

另一種說法認為，曹操陵在其故里譙縣的「曹家孤堆」。一九九一年《風景名勝》雜誌第五期刊載了一篇題為〈魏武故里話曹操〉的文章。文章認為，曹家孤堆即是曹操陵，其理由有三：

其一，《魏書・文帝紀》載：「甲午（二二〇年），軍治於譙，大饗六軍及譙父老百姓於邑東。」《亳州志》載：「父帝幸譙，大饗父老，立壇於故宅前，樹碑曰大饗之碑。」曹操死於該年正月，二日入葬，如果是葬於鄴城的話，那曹丕（魏文帝）為何不去鄴而返故里？說明曹丕此行目的是為了紀念其父曹操。其二，《魏書》還說：「丙申，親祠譙陵。」譙陵就是曹氏孤堆，位於城東二十公里處。曹操三十一歲時曾返鄉在此建築了精舍，而曹丕也於一八七年生於此處。

所以曹丕祠譙陵，其意有二：一不忘所生之地，二祭先王之陵。其三，亳州有龐大的曹操宗族墓群，其中包括曹操祖父曹騰墓，其父曹嵩墓等，曹操長女曹憲墓也在此處發現，綜上可知，曹操之陵亦當在此。

但這種說法紕漏甚多。其中一個明顯的錯誤是把曹丕的幾次祭祀作為證明曹操之陵在亳州的證據。其實歷代皇帝的祭祀，並不見得只是祭父，更多的是祭祖，如明太祖朱元璋做了皇帝後，派懂得風水的大官到其出生地泗州選址，為其高祖、曾祖、祖父造陵，所以曹丕之於祠譙，只是一種祭拜祖先的活動，並不能證明曹操墓即在此處。至於曹家祖墳在此，曹操之墓也必在此的說法就更顯得蒼白無力了。

面對「曹墓不知何處去」的尷尬局面，後人不由得發出了「生前欺天，死後欺人」的感嘆，而對曹操為人之奸詐人們也有了更為深入的認識。其實這只是問題的一個方面。從另一角度看，曹操一生節儉，力主並親身實踐「薄葬」，這在歷史上無疑是具有積極意義的。曹操所處的時代，戰亂頻繁，社會動盪，其採用隱祕的辦法處置後事，也是迫不得已。而且這種辦法，不僅保護了自己，也使諸多的盜墓賊無從下手，一次次徒勞無功，從這個意義上講，曹操又是十分明智的。

曹操入葬至今，時光已流逝一千多年，曹操真正的陵寢還未找到蹤跡，也許人們是永遠找不到了。

楊貴妃下落之謎

葉廣芩

因為白居易的《長恨歌》記錄了馬嵬坡兵變的歷史，唐玄宗與楊貴妃的悲劇愛情，也就千餘年一直流傳了下來。很少有人懷疑楊貴妃是否真的死在馬嵬坡，但是唐玄宗作為皇帝，真的會在兵變的時候，眼睜睜地看著自己的愛妃身亡而無所作為嗎？為什麼一個驚人的證據，出現在日本？這個古老的文字記錄，說明當年楊貴妃並沒有死，而是跨越海洋，輾轉逃往日本，這是真是假？難道千年前的悲劇，只是一個出逃的妙計？在危險萬分的兵變現場，面對明晃晃的刀槍劍戟，楊貴妃怎樣平安脫險？她真的沒有死嗎？她逃到了日本嗎？

楊貴妃，中國歷史上著名的四大美女之一。她是唐玄宗的愛妃。在唐朝天寶年間，安史之亂爆發的時候，她隨同唐玄宗逃出京城。在陝西馬嵬坡，軍隊發生兵變，楊貴妃因此成了爭奪權力的犧牲品，她的悲劇令人嘆息……

天寶逸事

西安是唐朝的長安，在長安有很多楊貴妃留下來的痕跡：有馬嵬坡、華清池、仙遊寺等。仙遊寺是唐朝皇家的一個寺院，白居易曾在這裡創作《長恨歌》。《舊唐書》上記載，天寶十五載（七五六年）六月十五日傍晚，楊貴妃被縊死在馬嵬坡。楊貴妃死了以後用紫褥包裹屍體，葬於驛西道側，時年三十八歲。就是說連棺材都沒有，拿褥子把人一裹就埋在了大路的西側。將楊貴妃埋葬以後，唐玄宗就向西逃竄，經過了今天的寶雞，進入大散關，到了秦嶺。

唐玄宗走了以後，當地有一種說法，說是掘墓觀美人。也有「此地縱千天，土香猶破鼻」這種說法。就是說埋葬楊貴妃的墳，土的細膩程度像擦在臉上的粉一樣。在過去，傳說陝西馬嵬坡附近有些婦女要用擦臉粉就到楊貴妃墓裡剮點兒，據說這個土還是香的。

第二年，唐玄宗回鑾，那時候他已經是太上皇，他的兒子當了皇帝了。他曾經下命令，將貴妃的遺體改葬，就悄悄地把墳啟開，再重新埋葬。但是啟開墳以後，《舊唐書》上記載：「肌膚已壞，惟胸前香囊猶存。」就是說肌膚已經沒有了，爛了，只有一個香囊還存在著。這個就為後人提出了疑問：是香囊爛得快，還是肌膚爛得快？肌膚沒了，這個香囊怎麼還有？這裡邊究竟有沒有屍體？

馬嵬坡楊貴妃墓地

年輕的時候，我覺得楊貴妃是個像謎一樣的人物，於是很多年以前我就從西安到馬嵬坡尋訪楊貴妃的墓地。當時天上下著小雨，抵達馬嵬坡司機停車說到了，這就是楊貴妃墓。當時我一看，哎呀！淒風苦雨，一個土堆，基部用磚砌的，周圍是老玉米地，玉米已經收割了，泛黃的葉子，還有殘舊的石碑都倒在地上，沒有院牆。那個雨水不光是把我澆透了，也把整個周圍的土地全部澆透了，濕淋淋的。那個雨打在老玉米的葉子上，我心想，這就是楊貴妃墓呀！此情此景確實和我的心情是非常吻合的，我認為這種哀婉幽冷就是楊貴妃墓的真實寫照。但是在今天，這種破敗荒涼的意境已經尋不到了。

今天的楊貴妃墓是明麗的大殿堂，石頭刻的貴妃像，再加上周邊賣旅遊產品的，小汽車來來往往，已經失去了楊貴妃本來應該有的那種品味了。所以到現在我再也沒去過馬嵬坡，再也找不到過去的感覺了。當然這只是一個文化人對於歷史的幽古之情罷了。

日本楊貴妃故里

幾年前，我在參加日本旅行團的時候，走到路上，我忽然發現前面路邊上有一個大的交通標誌牌：

「楊貴妃故里」，在日本的山口縣。我覺得很奇怪，這兒還有楊貴妃故里？當時我想，楊貴妃怎麼到這兒來了？這麼偏僻的一個地方。可是路邊上，楊貴妃商店、楊貴妃酒館、楊貴妃賓館什麼都有。我說楊貴妃還挺熱鬧的嘛！在這折騰的。

回到家以後，我就調出楊貴妃故里的資料來看，原來這個地方叫山口縣向津具半島油谷町村。當時我通過朋友和油谷町村聯繫，說想看看這個楊貴妃到底在你們那兒是個什麼情況。

有一天我就去了。幾個老頭坐在桌子跟前喝酒，老頭們已經喝得有點醉了，臉通紅。我跟他們說我是從西安來的。他們說西安就是長安嗎？我說就是長安。他說：哎呀，那你就是從楊貴妃她們家那兒來的！我說是。他說你能給我們說一說長安的話嗎？我說可以。於是我就說了陝西話，雖然我的陝西話說得很不道地，我經常在沒有陝西人的時候說陝西話。當時老頭們聽了以後個個激動地說：哎呀，這就是當年楊貴妃說的語言！有幾個人沒聽到，還給叫過來，讓我再說一遍。我就說了好幾遍陝西話。這種語言雖然他們聽不懂，但是他們就覺得這確是楊貴妃說過的話，他們覺得非常親切。

後來我就說這些人，對楊貴妃這麼有感情，好像楊貴妃就是他們這個地方的人一樣。同時還有人說楊貴妃在這兒還有後代，後代姓八木。

他們告訴我，楊貴妃墓就在二尊院裡，我就去了。二尊院的建築跟我們中國的非常相似，廁所都是男廁女廁，蹲坑，就像到了中國一樣。亭子都是中國式的亭子，裡邊也有石頭的雕像，這個雕像是我們西安市的工匠到油谷町來雕的。雕像的樣子和馬嵬坡的一模一樣，但是比馬嵬坡的雕像要瘦了一點，非常美，因為日本人不能接受楊貴妃是胖美人，他們覺得還是瘦些美。

在墓後邊有一個五層的石頭塔，很高，大概有一、兩公尺高，他們說這就是楊貴妃的墓。塔的下邊有很多小的石頭塔，一個一個圍繞著這個大石頭塔，他們說這些塔是和楊貴妃一塊兒來的侍女的墳墓，就埋在這個地方。塔面向大海，說是為了方便貴妃思念家鄉，她能夠遙望長安。

我找到了二尊院當時的長老，我說楊貴妃在你們這兒埋葬，有什麼證據嗎？當時他就拿出了兩本書，藍布的面，油麻紙裡邊墨筆直書，這是二尊院五十五世長老慧學記錄留下來的東西。裡邊說「天寶十五年七月，唐玄宗愛妃楊玉環乘空艫舟於久津唐渡口登岸，登岸後不久死去，里人相寄，葬於廟後」。我說在你這兒埋葬了，這是怎麼個過程？他說您往下看。

下邊跟中國的歷史全不一樣了：「六軍既發，貴妃氣息有所和緩，著人救之，造空艫舟，置數月糧食於舟內，放逐海中，任其漂流。」空艫舟就是沒有櫓的舟。沒有船櫓的舟，能從中國到日本嗎？這有點神話了。到底是怎麼過來的呢？唐代鑑真和尚多次東渡日本，最後雙目失明了才渡過去。但這個長老說這不是神話，油谷町這個地方是一個非常特殊的地方，他建議我到那個唐渡口去看一看。

於是我告別了二尊院。這個海岸高，下邊是海灘，一個石板的小樓，蜿蜿蜒蜒下到了海灘。沿著海灘走，就到了唐渡口。長老說楊貴妃就是在這兒登陸的。在唐渡口我看到的是什麼呢？那麼乾淨的日本，但是在這裡的海灘上遍布著垃圾。仔細一看，大吃一驚，幾乎全是中國的垃圾，有我們的「海飛絲」洗髮膏的空瓶子、「農夫山泉」的瓶子、中國婦女穿的布鞋，裡邊還有韓國漂來的東西。他們說這是一股海流，從中國來的海流，這些東西不用護照、不用船票，自己就漂過來了，長年在這兒漂著。有三、四個日本老太太在那兒的海灘上揀垃圾。她們告訴我說有的時候在這兒還真能揀到點好東西。所以他們說楊貴妃是借助這股海流漂到這兒來的。這個小漁村是一個海流的迴旋。

給這個以證實的還有什麼呢？在這個久津半島附近有一個博物館，叫土井浜博物館。這是一個非常現代化的博物館，建立在沙灘上。從一九五三年至一九八八年大概三十年間，在海灘這塊地方，挖掘出三百具人的骨頭。考證這三百具屍骨，證實是兩千年以前的中國的老百姓。為什麼是中國的呢？因為這些屍體在埋葬的時候，姿勢非常彆扭，脖子都扭著，所有的頭顱全部面向著大海，面向著中國的方向；人們說這是中國最早的移民。

兩千多年前大概是在我們漢武帝時代，那個時候中國造船技術還不發達，人們不可能從中國坐船到日本來：這就是日本有名的漂流學說。

日本人為什麼叫大和民族？它的民族構成是：有朝鮮來的，還有通古斯族過來的，有中國大陸上過去的，有南亞過去的，這些人組成了大和民族，就是今天的日本；所以這個也是一種學說。

還有一種說法，說為什麼這裡叫唐渡口，是因為武則天建立武周朝，她大肆對唐朝宗室皇上的親戚進行迫害，很多唐朝的貴族逃難，就借助這股海流，逃到了油谷町村，從這兒上岸，於是這就叫做了唐渡口。就是說在唐代，這兒也經常有中國的人過來，這個觀點是日本山口大學一位教授的觀點。所以這些就為楊貴妃登陸提供了一個歷史背景。

楊貴妃生死之謎

那麼楊貴妃當時究竟有沒有死？《唐書》上記載說天寶十五年六月十三日，天剛剛亮的時候，因為安祿山造反，潼關已經破了，皇帝攜同嬪妃，包括楊貴妃和他的皇子皇孫，還包括六軍代表陳玄禮，帶領這個大軍一塊兒出了長安的延秋門向西跑了。

西邊就是咸陽，咸陽離西安非常近，現在這兩個城市已經慢慢接起來，很難分清楚了。但是在當時，四十里路，這一行人走了半天，到中午的時候才到咸陽。本來是想叫咸陽縣的縣令接待他們，但是那縣令一聽那邊造反了，嚇得比誰都跑得快。在這種情況下，唐玄宗到了咸陽連飯都吃不上了。當時記載，高力士從街上買了一點帶芝麻的蒸餅給皇上吃，士兵也要飯吃，這實際上是一個契機，是造反的一個最直接的原因。而真正操縱造反的是太子，他想篡奪皇位，於是殺了楊國忠及其兒子。

陳玄禮作為代表跟皇上接觸，要求處死楊貴妃。因為士兵把楊家全家都殺完了，貴妃還在皇帝身邊，士兵心裡不安，認為這是一個禍害。儘管她自己說不問朝政，但畢竟是一種威脅，士兵表示：除非殺楊貴妃，否則就不走。在這種情況下，唐玄宗忍痛割愛：殺吧！

對於這段歷史，日本的藍皮書是這麼寫的：「高力士將貴妃從寢室中叫出，於廟堂前樹下縊死，著六軍代表陳玄禮驗看，確認貴妃已死。」這個記錄好像和我們的記錄沒有太大的出入。有人分析說，陳玄禮強迫皇帝處死了楊貴妃，這件事情實在有損皇帝的尊嚴，這是犯上，是大不敬。他也非常明白，自己做的這件事情是違背皇帝意願的，皇帝非常不高興，所以他心裡也非常膽怯。

我們的史書上也有這樣的記載：「四軍將士聞楊貴妃死訊，即歡呼，陳玄禮免甲胄而拜。」就是說陳玄禮把自己軍裝內的甲胄脫了請罪。這說明了他不可能驗看楊貴妃的遺體。逼死皇帝的貴妃，已經大不敬了，還要去看娘娘的屍體？他不敢。而且執行縊死楊貴妃的實際上是內侍，在逃亡的過程中根本就不可能找到專門縊死人的專家。勒死一個人也不是那麼容易的，更何況內侍們稍稍有意，甚至是無意，都可以致楊貴妃氣絕而未斃命。

於是軍隊、皇帝都走了，楊貴妃慢慢地甦醒。即使她就是甦醒了，也沒必要再勒一遍了。這個事情已經平息，都解決了；於是她活了過來。楊貴妃醒來的時候，周圍只有處理她殯葬的內侍和宮女了。

有人分析楊貴妃沒有死的原因有四點。第一，據說楊貴妃待人非常寬厚，所謂的禍水也是一個厚道人。在宮裡邊可能也不得罪人，大家對她是非常有感情的。第二，在逃難的過程中，調節唐玄宗與軍隊和各方面關係的是他的兒子壽王李瑁，楊貴妃的前夫。愛妻遇到這樣的事情，你說他能不幫一把嗎？第三，高力士幫助。高力士和楊貴妃的關係更不必說，楊貴妃先當女道士，再改嫁唐玄宗，這都是他設計的，他不可能把她再勒死。最後一點，楊貴妃的侄子楊暄幫助。其他幾個侄子都被士兵殺死了，只有楊暄在當時沒死。楊暄是駙馬，萬春公主的丈夫，楊國忠的兒子，官居鴻臚卿。鴻臚卿就是外交部長。這位唐朝的外交部長和那些遣唐使們的情誼是非常深厚的。在隨行的隊伍當中還有遣唐使呢！外交部長的姑姑出了這樣的事，那麼於危難之中得到遣唐使們相助也是情理中的事情。

這就給我們提供了一個楊貴妃不死的話題。那麼楊貴妃到日本必須借助船，她怎麼到的海邊？走的是什麼樣的道路？俞平伯先生在解釋《長恨歌》的時候也提出了貴妃不死的說法。那麼楊貴妃逃亡只有一條道路：先到陝西周至，然後走周至的儻駱道。即從周至縣的駱口驛，現在叫駱口村進山，穿越秦嶺，從陝西洋縣穿出來。這條蜀道修建得最早，是一條最險峻、最近的道路。所有的蜀道都是沿著河谷在山谷裡邊穿來繞去，但是這個儻駱道是遇山翻山，遇水過河，直上直下。

今天從漢中飛往西安的飛機航線還是沿著儻駱道飛。這條道路我考察過六次，因為它荒廢得最早，所以保留得最完好，沿途有各式各樣的石刻。所以說楊貴妃是有可能沿著這條儻駱道從駱口驛進來，洋縣出去，沿著漢江南下，然後到長江，再往南到海邊。

當然這只是一種說法，中國的正史和日本的文字紀錄完全不同，誰是誰非我們姑且不去評判，歷史給我們留下了這樣一個故事。

楊貴妃那看不見的美麗和馬嵬坡以後的這種讓我們抓不住的虛幻，這是藝術的張力，這給了文學藝術發展擴張的一個餘地。所以歷史上自從天寶逸事以後，不管是詩歌，還是傳記，還是在馬嵬坡的楊貴妃墓，都留下了歷代文人墨客的詩篇，還有一些戲劇《長生殿》、《大唐貴妃》、《唐明皇》等這些藝術上的東西非常多。這是老祖先給我們留下的一筆財富。

我們說楊貴妃從「霓裳羽衣舞」，到「宛轉娥眉馬前死」，一直到油谷町裡望家鄉，這是一個故事。可是在故事的背後，它的內涵太豐富。楊貴妃抓不住這種撲朔迷離，或許正是楊貴妃的本意。

「南海一號」南宋沉船之謎

李　垚

十月二十一日，從「南海一號」沉船中出水的兩百餘件珍貴文物，在南宋官窯博物館臨時展廳正式展出。這艘備受中外考古界關注，沉寂海底八百多年的南宋古沉船，從一九八七年被發現，到二〇〇七年十二月二十二日重見天日，二十八日入住「水晶宮」，沉箱的打開，揭開了這艘裝載著無數祕密的古沉船的神祕面紗……

那麼這艘古沉船上的瓷器究竟來自哪些地方，是怎麼發現的，裝載有多少文物，從何地起航又駛向何方，為什麼會沉沒？

沉船簡介

「南海一號」沉沒於珠江口以西、距廣東省陽江市東平港以南約二十海里處，於一九八七年廣州救撈局和英國某潛水打撈公司在廣東上下川島外發現的，一九八九年經國務院批准，被命名為「南海一號」。此沉船為八百年前南宋時期商船，長三十點一公尺，寬九點八公尺，船艙內保存文物總數為六萬至八萬件。這是迄今為止世界上發現的海上沉船中年代最早、船體最大、保存最完整的遠洋貿易商船，也是唯一能見證古代海上絲綢之路的沉船。

已出水完整的可復原器物總計四千五百餘件，文物主要以瓷器為主，此外還包括金器、銀器、錫器、鐵器、銅錢、漆器、動物骨骼、植物果實等。瓷器大部分是產自浙江龍泉、福建德化、江西景德鎮等南宋幾大名窯，品種超過三十種。這些瓷器造型獨特、工藝精美，絕大多數完好無損，是宋朝繁華瓷業的一個縮影，為研究宋朝瓷器提供了珍貴的實物資料。發現的銅錢近萬枚，最早的為東漢的「貨泉」，最晚的年號是南宋「紹興元寶」。金飾品中有鑲嵌珍珠的金戒指，非常精美。沉船上還發現了兩具眼鏡蛇的遺骨，眼鏡蛇一般為印度人飼養的寵物，因此專家推測船上曾有印度商人。

打撈方案

「南海一號」沉沒海底八百多年，歷經海水的沖刷、腐蝕，船體已非常脆弱。專家對「南海一號」的打撈進行了多次研究和論證後，最終確定了「整體打撈」的方案。古沉船整體打撈無論在世界考古界還是在打撈界都屬首創。

「整體打撈」採用了一個巨大的鋼製沉井，將埋藏於海底淤泥之下的古沉船及周身淤泥整體打撈上來。按照這個方案，巨型沉井被壓入海底後，將整體罩住沉船及其周圍淤泥，然後再從沉井底部兩側穿引三十六根鋼樑，形成一個密封的「鋼箱」，把「南海一號」連同海水和周圍泥沙整體打撈出水。

由交通部廣州打撈局歷時一個多月設計和製造的沉井，長三十五點七公尺，寬十四點四公尺，高十二公尺，重達五百三十噸，分上下沉井兩部分。下沉井高五公尺，底部設計為向內收縮的斜角，方便沉井順利地插入海底淤泥中。上沉井的底部預留了三十六對方孔，三十六根底梁從中橫穿而過。

沉船揭祕

■ 船主的身分

從「南海一號」共出水的金手鐲、金腰帶、金戒指等黃金首飾比較粗大推測，船主可能非常富裕，這個人有可能是一名身材魁梧、體型高大的富商。

■ 船上人員是否逃生？

從對「南海一號」文物的打撈結果看，目前還沒有發現古人骸骨。有專家推測，由於「南海一號」上已經出水的腰帶、戒指、手鐲等金器多為飾品，且數量少，應該不會是遠洋貨物，極有可能是船上的富商所佩戴。按照這樣的推斷，「南海一號」沉沒時，船上的富商如果可以及時逃離，應該不會將隨身所戴的金手鐲、金腰帶、金戒指全部拋掉再逃生，所以有可能是與「南海一號」一起葬身大海。

■ 當時船上的生活

考古人員曾從凝結物中清理出了一件較為完整的漆盒，漆盒飾紋華麗，非常精美，透露出它的主人擁有精緻的生活。

沉船中出水了一些大小不一的陶罐，外形樸實。專家認為，這些陶罐很有可能是「南海一號」上的船員所用，其中一些陶罐可能是用於盛酒。如果屬實，宋代文獻中記載的，遠洋途中船員飲酒消遣的生活，就可能在「南海一號」上得到證實。

■ 沉船是否超載？

歐洲有兩條著名的軍艦，一條是瑞典的「瓦沙」號，另一條是英國的「瑪麗・羅斯號」，他們都是因為加裝了大炮造成船身載重量過大而沉沒。那麼「南海一號」也有可能因為超載而沉沒。

■ 南海一號始發地

「南海一號」出水文物大多是江西和福建的瓷器，江西景德鎮位於福建的西北方，船逆流而上去運貨可能性較小。此外史料中曾有記載，在宋代廣東港的船少有向北航行的，多發自泉州及以北港口。所以綜合分析，「南海一號」發自廣州的可能性不大，很可能是福建泉州地區。

生活艙濃縮中國海洋時代「南海一號」的文物價值，有人估計可能會超過千億美金。南宋的疆域狹小，但是南宋是中國最富庶的朝代之一，因為國家財富積累一大部分都是依靠海外貿易，所以南宋甚至可以稱為古代中國的海洋時代。古船生活艙可以說是濃縮了整個時代背景，包含的歷史資訊可能超乎人們的想像。

■木質船為何長年不腐？

「南海一號」位於海面下二十公尺深處，被兩公尺多厚的淤泥覆蓋。令人驚奇的是這艘沉沒海底八百多年的古船船體保存完好，整艘船沒有翻、沒有傾斜，而是端坐在海底，船體的木質比較堅硬。「南海一號」前期探索中，還發現了少量的船體的碎木塊。這些木塊的材質有一部分是馬尾松木。馬尾松多見於福建、廣東、廣西等地。因此「南海一號」的出生地應該是中國南部。

為何「南海一號」能夠長存水下八百年而不腐？「南海一號」水環境課題組負責人、中國中山大學生物科學院徐教授說明了能保存完好主要有兩個原因：

一是「南海一號」所沉沒的水下環境氧濃度低，可以推測船在沉沒後的短時間內周圍很快附著了大量淤泥，從而使船體與外界隔絕，避免了氧化破壞。對沉船周圍淤泥的研究發現，淤泥內有很多生物，但沒有存活的，這說明船體周圍是一個厭氧狀況非常好的環境。

二是「南海一號」所使用的材質是松木。根據廣東民間說法：水泡千年松，風吹萬年杉。這表明松木是抗浸泡比較好的造船材料。

船上文物

■瓷器：海外使用宋瓷成為身分象徵

「南海一號」已出水的完整瓷器，彙集了德化窯、磁灶窯、景德鎮、龍泉窯等宋代著名窯口的陶瓷精品，品種超過三十種，多數可定為國家一級、二級文物。「南海一號」還出土了許多「洋味」十足的瓷器，從稜角分明的酒壺到有著喇叭口的大瓷碗，都具有濃郁的阿拉伯風情，被認為是宋代接受海外訂貨「來樣加工」的產品。中國古陶瓷協會會長、陶瓷鑑定泰斗耿寶昌對著「南海一號」上出水的瓷器連連驚嘆：「搞了一輩子的瓷器研究，卻從未見過如此多的瓷類珍寶，很多連聽都沒聽說過！」

宋代是中國瓷器第一個鼎盛時代，出現了定、鈞、官、哥、汝五大名窯。對比明清時期華麗的琺瑯彩，宋瓷以優雅的單色釉著稱，被不少瓷器愛好者們奉為中華瓷器中的「大家閨秀」。

宋代各地燒瓷名窯迭出，官窯首屈一指。宋徽宗登基後在河南禹州神垕鎮建立鈞瓷官窯，專門為皇宮燒造花盆、盆奩等陳設貢瓷。在他的主持下，鈞瓷表面燒製所出異常奇麗、變幻無常的線條，由於後人難以仿製，故有「鈞瓷無雙」之說。

景德元年（一〇〇四年），宋真宗趙恆命昌南進御瓷，底書「景德年製」四字。因該鎮產青白瓷質地優良，精美絕倫，於是以皇帝年號為名置景德鎮，並沿用至今。隨著宋室的南渡，北方許多著名窯場能工巧匠紛紛趕赴景德鎮，帶來了當時北方先進的製瓷工藝，使景德鎮的製瓷技術迅速發展。宋代，景德鎮因出產「影青瓷器」、「青白釉瓷器」而聞名於世，並通過泉州、廣州兩大商港通達海外，成為當時風靡世界的名牌貨。據說荷蘭、葡萄牙商人最早將瓷器販運到歐洲時，瓷的賣價幾乎與黃金相等。據趙汝適《諸蕃志》記載，宋代的瓷器被運往全球五十多個國家，最遠的包括非洲的坦桑尼亞等地。

在巨大經濟利益驅使下，宋代的泉州、廣州、杭州等著名對外貿易港口附近出現了不少瓷窯，如

「南海一號」上發現的福建德化窯、泉州附近的磁灶窯瓷器等就是當年著名的外銷瓷。考古學家曾在磁灶窯發現過一些瓷雕塑，人物形象高鼻深目，生動地再現了當年貿易口岸「漲海聲中萬國商」的景象。

在宋代，廣東瓷業進入一個空前的興旺期，出現了廣州西村窯、潮州筆架山窯等著名窯場，計有窯址八十多處，年產瓷器達一點三億件，比唐代增加近二十二倍。南宋朱彧《萍洲可談》記載北宋末年廣州商船大量出口瓷器的情況時說：「舶船深闊各數十丈，商人分占貯貨，人得數尺許，下以貯物，夜臥其上。貨多陶器，大小相套，無少隙地。」有專家稱，目前在東南亞各地發現的宋瓷，大部分都是當年廣州的外貿商品。

隨著宋瓷的光芒遠播海外，外國人對宋瓷趨之若鶩。在國外，宋瓷的使用成為階級和身分的象徵，甚至還影響了他們的生活習俗。據記載，東南亞一些國家在中國陶瓷傳入以前，多以植物葉子為食器。宋瓷輸入後，他們改變了過去「掬而食之」的飲食習俗，用上了精美實用的瓷器作為食物器皿。如今在印尼國家博物館，還依然擺放有許多產自宋代德化的喇叭口大瓷碗。

■金器：統一的特點是粗大

金器是「南海一號」出水的最耀眼、最氣派的一類文物。那些金手鐲、金腰帶、金戒指等不但沒有生鏽，還閃閃發亮。它們比較統一的特點是粗大。鎏金腰帶長一點八公尺，鎏金手鐲口徑大過飯碗，粗過大拇指，四兩多重。

■銅錢：「海上絲路」的硬通貨

「南海一號」沉船點發現的銅錢已達上萬枚。其中年代最老的是漢代的五銖錢，年代最晚的是宋高宗主政期的紹興元寶。

這麼多的貨幣一方面可能表明當時中國的國力之盛，中國貨幣可以成為「海上絲路」的硬通貨，另一方面，也表明了船主的富裕。

■鐵器：宋朝出口廣東鐵器

除了陶瓷這類人們熟知的中國特產，那時科技領先的中國，還向世界輸出鐵器，八百多年後，它們已經面目全非。「南海一號」船艙裡面還有兩樣比較大宗的東西，就是鐵鍋和鐵釘，鐵鍋與海水發生作用後，一摞一摞地變成了鐵疙瘩；鐵釘個體較大，二十多公分長，鐵釘都是拿竹篾進行包紮的，數量非常多。而在宋朝，廣東正是鐵器盛產地。

■銅環：「半成品」出口深加工

在「南海一號」裝載的貨品當中，除鐵鍋外還有不少金屬製造的商品，如銅環、銅珠等。對兩者的用途，考古人員表示目前銅珠的用途還不好推測。

在出水文物展示時，專家分析說，從這些製品的外觀看，只是經過初步的鑄造或打磨，像銅環等上面並無花紋等裝飾的痕跡，有可能是「南海一號」的船主將中國製造的半成品運往海外進行深加工。

「南海一號」是唯一能見證古代海上絲綢之路的沉船。學界認為「這是國內發現的第一個沉船遺址，它意味了一個開始」，考古學家認為，「南海一號」的發現和打撈，其意義不僅在於找到了一船數以萬計的稀世珍寶本身，它還蘊藏著超乎想像的資訊和非同尋常的學術價值。因為「南海一號」不僅正處在「海上絲綢之路」的航道上，而且它「藏品」的數量和種類都異常豐富和可貴，給此段歷史的研究提供了最可信的模本。對這些水下文物資源進行勘探和發掘，可以復原和填補與古代中國「海上絲路」密切相關的一段歷史空白，也很可能帶來「海上絲綢之路學」的興起。

康熙為什麼三十多年不葬祖母孝莊皇太后？

高陽

選立六歲的福臨繼承皇位，自然是由於孝莊太后之故。

孝莊與多爾袞的關係，為清初的大疑案之一。疑雲之起，係由於張煌言（蒼水）的兩首七絕，題為「建夷宮詞」，收入《奇雲草》。「建夷」者，建州之夷，為遺民對新朝的稱呼。詩云：

上壽觴為合巹尊，慈寧宮裡爛盈門。
春宮昨進新儀注，大禮恭逢太后婚。
掖庭猶說冊閼氏，妙選孀閨作母儀。
椒寢夢回雲雨散，錯將蝦子作龍兒。

此詩系年庚寅，為順治七年。天下哄傳，太后下嫁攝政王。孟心史先生曾作考證，力闢其非實。相傳孝莊後下嫁，曾有「謄黃」的恩詔，但孟心史遍檢舊籍而無有；又欲得「不下嫁之堅證」，最後讀《朝鮮李朝實錄》，方有確證，其言如此：

私念清初果以太后下嫁之故，尊攝政王為「皇父」，必有頒詔告諭之文；在國內或為後世列帝所隱滅，朝鮮乃屬國，朝貢慶賀之使，歲必數來，頒詔之使，中朝亦無一次不與國內降敕時同遣。不得於中國官書者，必得於彼之實錄中。著意翻檢，設使無此詔，當可信為無此事。既遍檢順治初年《李朝實錄》，固無清太后下嫁之詔，而更有確證其無此事者，急錄之以為定斷，世間浮言可息矣。

朝鮮仁祖李倧實錄：二十七年己丑，即清世祖順治六年，二月壬寅，上曰：「清國諮文中，有

『皇父』攝政王之語，此何舉措？」金自點曰：「臣問於來使，則答曰：今則去叔字。朝賀之事，與皇帝一體云。」鄭太和曰：「敕中雖無此語，似是已為太上矣。」上曰：「然則二帝矣。」以此知朝鮮並無太后下嫁之說。使臣向朝鮮說明「皇父」字義，亦無太后下嫁之言。是當時無是事也。

雖無太后下嫁攝政王的事實，但極可能有孝莊與多爾袞相戀的事實。（清朝創業兩帝，皆得力於政治婚姻。太宗孝端、孝莊兩后母家博爾濟吉特氏，為國戚第一家，累世結姻，關係尤重，不可不作一介紹。）博爾濟吉特氏為元朝皇室之後，屬於內蒙古哲里木盟，共四部十旗，計科爾沁六旗、札賚特一旗、杜爾伯特一旗、郭爾羅斯二旗，當今遼寧北部、黑龍江南部，以洮南為中心，東至伯都納，西至熱河、察哈爾交界，北至索倫，南至鐵嶺，皆其牧地。博爾濟吉特氏即為科爾沁部，向來以右翼中旗為盟長，稱號為札薩克汗。

孝端皇后之父名莽古斯，為科爾沁六旗中一旗之長。此族早已附清，太祖一妃，即康熙接位冊封為「皇曾祖壽康太妃」者，為科爾沁貝勒孔果爾之女；孔果爾後封札薩克多羅冰圖郡王，成為科爾沁六旗的盟長。

清朝與博爾濟吉特氏始通婚姻，在萬曆四十二年甲寅，即莽古斯以女歸太宗。天聰七年，莽古斯已歿，其妻稱為科爾沁大妃，攜子塞桑、塞桑長子吳克善，以及吳克善的妹夫滿珠禮等來會親，進一步大結婚姻。但行輩錯亂，如太祖之於葉赫一族，親戚關係變得極其複雜，《清列朝後妃傳稿・太宗孝端文皇后傳》載：

天聰間後母科爾沁大妃……數來朝，帝迎勞錫賚之甚厚。貝勒多鐸聘大妃女，為皇弟多爾袞娶其妹，吳克善子亦尚公主。

大妃之女即孝端之妹，多鐸為太宗之弟，昆季而為連襟，自無足異；為多爾袞娶「其妹」者，大妃之妹，亦即孝端的姨母，多爾袞成為其嫂之姨丈，憑空長了一輩。吳克善為孝端的內侄，其子為內侄孫，尚公主則成為女婿，此亦是憑空長了一輩。

與此同時，塞桑之女，吳克善之妹，亦即孝端的侄女，為太宗納為妃，即孝莊后。崇德元年，建五宮，孝端稱「清寧中宮后」；孝莊為「永福宮莊妃」；而孝莊另有一姊，則早於天命十年即歸於太宗，封為「關雎宮宸妃」。宸妃有孕，崇德二年七月生皇八子，以其為正式建元後所生第一子，因而以誕生太子之例舉行大赦，但旋即夭殤；半年後，亦即崇德三年正月，孝莊生皇九子，即為世祖福臨。宸妃之子不殤，自應為皇位之繼承人。但我以為不盡然，即因多爾袞與孝莊有特殊感情。

孝莊后崩於康熙二十六年，年七十五，則是生於萬曆四十一年癸丑。《清史稿》說她「於天命十年二月來歸」，計年不過十三，度當時情事，不過依姑而居，「待年」擇配，本不必於此時即定為太宗妾媵。至多爾袞歿於順治七年，年三十九，則應生於萬曆四十年壬子，長孝莊一歲。當太祖崩於靉雞堡，四大貝勒逼迫大妃身殉，兩幼子多爾袞、多鐸由太宗撫養，其時多爾袞十五歲、孝莊十四歲，年歲相當，滋生情愫，是極可能的事。我甚至懷疑，多爾袞與孝莊的這段戀情，至死未已。孟心史《太后下嫁考實》云：

蔣錄（蔣氏《東華錄》的簡稱；下稱王錄亦即王氏《東華錄》的簡略）於議攝政王罪狀之文，有王錄所無之語云「自稱皇父攝政王」，又親到皇宮內院。又云：凡批示本章，概用「皇父攝政王之旨」，不用「皇上之旨」；又悖理入生母於太廟。其末又云：罷追封、撤廟享，停其恩赦。此為後實錄削除隆禮，不見字樣之一貫方法。但「親到皇宮內院」一句最可疑；然雖可疑只可疑其曾瀆亂宮廷，絕非如世傳之太后大婚，且有大婚典禮之文，布告天下也。夫瀆亂之事，何必即為太后之事？

心史先生的考證，推理謹嚴，但上引最後一句，不免強詞奪理，如反問一句：「安知必非太后之事？」恐心史先生亦將語塞。事實上從年歲相當，以及同養於宮中、朝夕相共的情況來說，多爾袞「親到皇宮內院」，為了孝莊的可能性，大於其他可能性。此外如心史先生所指出的自稱「皇父攝政王」，以及孝莊后崩後願別葬，似皆非無故。關於「皇父」之說，胡適之先生於讀「考實」後有一函致心史先生云：

讀後終不免一個感想，即是終未能完全解釋「皇父」之稱之理由。《朝鮮實錄》所記，但云「臣問於來使」，來使當然不能不作模稜之語，所云「今則去叔字」，似亦是所答非所問。單憑此一條問答，似仍未能完全證明無下嫁之事，只能證明在詔敕官書與使節辭令中，無太后下嫁之文而已。鄙意絕非輕信傳說，終嫌「皇父」之稱，但不能視為與「尚父、仲父」一例。

心史先生復函，詞鋒犀利，以為：

夫以國無明文之曖昧，吾輩今日固無從曲為辯證。但中冓之言，本所不道，辯者為多事，傳者亦太不闕疑。此為別一事，不入鄙作考實之內。唯因攝政王既未婚於太后，設有曖昧，必不稱皇父以自暴其惡。故知公然稱皇父，既未下嫁，即亦並無曖昧也。

如心史先生所言，我談此段即是「多事」，但「不做無益之事，何以遣有涯之生」，世事真相，常由多事而來。心史先生對多爾袞頗有好感，故確信其有完美的人格；而我的看法不然，如考證多爾袞與豪格爭權的真相，結論是多爾袞對皇位非不欲也，乃不能也，非如心史先生所說，多爾袞能「自守臣節」。至謂多爾袞與孝莊若有曖昧，「必不稱皇父以自暴其惡」，此是以「君子」之心度「小人」之腹；多爾袞沒有讀多少漢文，於名教禮義，並無多大了解，何嘗以為與太后有曖昧即為惡行？倘非如此，何至於殺胞侄而又霸占侄媳？彭長庚比喻多爾袞為周公，濟爾哈朗駁之云：「多爾袞圖肅親王元妃，又以一妃與英親王；周公曾有此行乎？」如此悍然無忌的亂倫，難道不是「自暴其惡」？

關於孝莊別葬昭西陵一事，尤出情理之外。《太后下嫁考實》云：

> 孝莊崩後，不合葬昭陵，別營陵於關內，不得葬奉天，是為昭西陵。（太宗葬盛京西北十里隆葉山，名昭陵；孝莊葬關內，在盛京之西，故名昭西陵。）世以此指為因下嫁之故，不自安於太宗陵地，乃別葬也。《孝莊后傳》，「後自於大漸之日，命聖祖乙太宗奉安久，不可為我輕動；況心戀汝父子（指順治、康熙），當於孝陵（按：順治孝陵，在遵化昌瑞山，後總稱東陵）近地安厝。」世說姑作為官文書藻飾之辭，不足恃以折服橫議。但太宗昭陵，已有孝端合葬；第二后之不合葬者，累代有之……不能定為下嫁之證。

這話不錯，但心史先生不言孝莊葬於何時，似不免有意閃避。我之所謂「尤出情理之外」者，康熙年間，始終未葬孝莊。

自此而始，到康熙上賓，孝莊梓宮始終浮厝於世祖孝陵之南；直至雍正三年二月十二日，世宗服父喪二十七個月，「祫祭太廟，釋服即吉」時，才動工興修昭西陵。《雍正實錄》載祭告文曰：

> 欽惟孝莊文皇后，躬備聖德，貽慶垂庥，隆兩朝之孝養，開萬世之鴻基，及大漸之際，面諭皇考，以昭陵奉安年久，不宜輕動，建造北城，必近孝陵。丁寧再三，我皇考恭奉慈旨。二十七年四

月己酉，上啟鑾奉大行太皇太后梓宮詣山陵，辛酉奉安大行太皇太后梓宮於享殿。甲子，上詣暫安奉殿內恭視大行太皇太后梓宮；封掩畢，奠酒慟哭，良久始出。

為什麼三十八年不葬？且先看《康熙實錄》在孝莊崩後不久的一道上諭：

> 伏思慈寧宮之東，新建宮五間，太皇太后在日，屢曾向朕稱善，乃未及久居，遽爾升遐。今於孝陵近地，擇吉修建暫安奉殿，即將此宮折運於所擇吉處，毋致缺損。著揀選部院賢能官員往敬謹料理。天氣甚寒，務期基址堅固，工程完備。爾等即傳諭行。

慈寧宮在養心殿之西，乾隆十六年曾經重修，所以原來「新建宮五間」的遺址已無跡可尋。又《康熙實錄》：

> 擇地於孝陵之南，為暫安奉殿，曆三十餘年。我皇考歷數綿長，子孫蕃衍；且海宇升平，兆人康阜，胤禛祇紹不承，夙夜思維，古合葬之禮，原無定制，神靈所通，不問遠近；因時制宜，唯義所在。即暫安奉殿，建為昭西陵，以定萬年之宅兆。

據此可知，昭西陵之名，是到了雍正三年才有的。在康熙年間，並未為孝莊修陵。中國傳統的喪禮，「入土為安」；康熙三十多年不葬祖母，這一層道理，始終是說不過去的，然則其有迫不得已的隱衷，灼然可見。

康熙之孝順祖母，不獨自有帝皇以來所未有，即平常百姓家亦罕見，但細參實錄，輒有微覺不近人情之感，如孝莊崩後，必欲於宮中獨行三年之喪；以及康熙二十八年歲暮，去孝莊之崩將近兩年，三年之喪以二十七個月計算，亦將屆滿，而趙執信、洪昇竟因「非時演劇」被斥逐（《柏台故事》），處分過苛，與康熙的個性不符等，予人的感覺是：純孝之外，似乎康熙對祖母懷有一份非常濃重的咎歉，渴思有所彌補。

這份咎歉，實即康熙不可告人的隱痛。然則他的隱痛是什麼？是孝莊絕不可與太宗合葬；而所以造成不可合葬的原因，在於安太宗之遺孤、存太宗之血食。孝莊不獨無負於太宗，且當為太宗諒解及感激於泉下；但格於世俗禮法，竟不得與太宗同穴，自為莫大之委屈，且此委屈又不得有片言隻字的申訴，則在孝莊實負不白之奇冤。康熙知其故而不能言；貴為天子，富有四海，權力可以決定任何人的生死貴賤，獨獨對祖母的奇冤，無法昭雪，則康熙隱痛之十百倍於常人，亦可想而知。

這到底是怎麼回事呢？多爾袞固曾祔廟上謚，稱「成宗義皇帝」；生前雖無稱帝之名，而有為帝之實，應亦可算作「清朝的皇帝」之一。

蔣氏《東華錄》順治七年八月載：

> 上孝烈武皇后尊謚曰「孝烈恭敏獻哲仁和贊天儷聖武皇后」，祔享太廟，頒詔大赦。內閣舊檔：「奉天承運皇帝詔曰：徽音端範，飭內治於當年；坤則貽庥，協嗚名於萬禩。典章具在，孝享宜崇。欽惟皇祖妣皇后，先贊太祖，成開闢之豊功；默佑先皇，擴纘承之大業。篤生皇父攝政王，性成聖哲，扶翊眇躬，臨御萬方，溯重闈之厚德；敉寧兆姓，遵京室之遺謀。慶澤洪被於後昆，禮制必隆於廟祀。仰成先志，俯順輿情，於順治七年七月二十六日，祇告天地……」

此孝烈皇后即太祖的大妃、多爾袞的生母，以逼殉之故，謚之曰「烈」。

按：「孝烈皇后」祔享太廟，頒詔大赦，既稱「皇祖妣皇后」，又稱「篤生皇父攝政王」，則是世祖竟視多爾袞為父，為太上皇。此為傳說「太后下嫁」的由來。我不信有此說的原因如下。首先以情理而論，孝莊絕不會主動表示要嫁多爾袞；若有此事，必是多爾袞逼嫁。然則多爾袞逼嫁孝莊的目的何在？倘因情之故，自當體諒孝莊的處境，絕不可出此令天下後世譏笑的怪事；若以為太后下嫁，多爾袞便成皇帝的繼父，而獲「皇父」之稱，則何不索性自立，既立而納孝莊，豈不比逼嫁更為省事？

其次，倘謂太后下嫁而有恩詔，則「謄黃」必遍及於窮鄉僻壤，遺民的詩文中一定會有記載，必不致於只有張蒼水那兩首詩的一個「孤證」。

然則「皇父」之稱又何自來？多爾袞為什麼要用這種奇特的方式？我的推論是世祖可能為多爾袞的私生子。而當太宗既崩，多爾袞大權在握，尤其是「一片石」大敗李自成，首先入關，占領北京，清朝天下可說是多爾袞打成功的，如心史先生所說，「清入關創業，為多爾袞一手所為」，能為帝而不為，「以翼戴沖人自任」者，我有一個解釋：由此而確立父死子繼的皇位繼承制度。

此話怎講？不妨先回溯太祖崩後的情況：太祖遺命，國事「共主」；太宗初期亦確是如此。後以代善父子擁立而定於一尊，基本上是違反太祖遺命的。如果多爾袞廢世祖而自立，那就形成了兄終弟及的局面，將來誰能取得皇位，視其功勞地位而定。同時他亦無子可傳。但如「翼戴沖人」，則父死子繼的制度可以確立不移；他本人雖未稱帝，不過由於世祖實際上是他所生，那麼子子孫孫皆為清朝的皇帝了。這就跟明朝的帝系由孝宗轉入興獻帝的情況一樣。照中國傳統的傳說，子孫上祭，冥冥中只有生父可享，所以多爾袞不做皇帝，反能血食千秋。

光緒當年不肯入洞房之謎

根正

根正是葉赫那拉氏的後人，慈禧太后是他祖爺爺的姐姐。他從幾個方面講述了光緒與慈禧一些不為人知的故事……

大家都知道慈禧小時候叫做玉蘭，而在家族裡，慈禧叫做杏兒。後來慈禧入宮，她又有了其他的名號。我們時常可以見到「慈禧端佑康頤昭豫莊誠壽恭欽獻崇熙皇太后」的字句，既不像頭銜，又不是詩句，讀起來頗為艱澀，這正是慈禧太后生前所得的徽號和尊號。

清廷自從進京後，一直沿用的是中原歷代宮廷的舊制，也有上尊號、徽號、謚號的規定。入關後，登基的時候也稱為皇帝，就是上尊號，以後不再加其他的稱號，到死後再加上謚號。新皇帝登基尊稱母親為母后，尊前代的皇太后為太皇太后，都是上尊號。另外遇到朝廷大慶的日子，還要多給皇太后在尊稱上再加一些美好的辭彙，稱徽號。

慈禧獲得尊號的時間是咸豐十一年（一八六一年）七月，時年二十七歲。這一天，咸豐皇帝去世，他的兒子載淳繼位的時候，慈禧與皇后同時被尊為皇太后。實行垂簾聽政後，慈禧在同治元年（一八六二年）上徽號為「慈禧」。

此後，同治十一年（一八七二年）的十月，因為同治皇帝載淳大婚，慈禧又加上徽號「端佑」二字。第二年的二月，因為載淳親政，慈禧的徽號又加上「康頤」二字。同治十三年（一八七四年）十一月十五日生病，寫下「朕於本月遇有天花之喜」，仰蒙西太后「調護朕躬，無微不至，並荷慈懷曲體俯充，將內外各衙門章奏代為披覽裁定，朕心實深欣感」。因此決定給兩宮皇太后各加上徽號兩字。

到了光緒二年（一八七六年）七月，因為新的皇帝即位，所以兩個太后繼續垂簾聽政，連同上次給兩太后各上的徽號，一共四字。慈禧的號上又加了「昭豫莊誠」。光緒十五年（一八八九年）二月，因為光緒帝大婚並歸政，徽號上又加了「壽恭」二字。到了這一年的三月，光緒親政，又加上「欽獻」二字。光緒二十年（一八九四年）八月，因為慈禧的六十大壽到了，所以又加上了「崇熙」二字。

而光緒在其年號三十四年（一九〇八年）十月的時候病死，溥儀繼位，慈禧太后被尊為太皇太后。而誰也沒想到的是，溥儀繼位的第一天，慈禧就死了，所以光緒三十四年十月二十六日上尊諡，決定原徽號的十六字不動，並按照大清的慣例，前面加上「孝欽」，後面加上「配天興聖顯皇后」為諡號。所以這個時候慈禧的全稱為：「孝欽慈禧端佑康頤昭豫莊誠壽恭欽獻崇熙配天興聖顯皇后」。

到慈禧去世的時候，清朝的各代皇后（太后諡號也叫做皇后）的諡號全稱大都為十九字，有的還要少幾個，如慈安太后只有十七字，唯獨慈禧太后有二十五字。慈禧生前權力大過清朝的任何太后，死後的諡號也以二十五個字獨居首位。

咸豐可能死於自殺，人們都說咸豐是死於咳血，這似乎成了一件人所共知的事情。但真實情況是怎樣的呢？我爺爺聽他父親說過這件事。爺爺說：當年咸豐帶著慈安和慈禧以及同治逃到熱河的時候，又驚又怕。但是作為一個男人，作為一個當朝的皇上，這種情緒不能被外人知道。據說開始出逃的時候，咸豐已經有病了，加上一路顛簸勞累，很快病就加重了。由於當時有太醫跟著，所以靠一些藥維持著。

後來到了承德，他還是放不下北京的情況，心裡非常緊張。因為一旦紫禁城被洋人攻進去了，他這個皇上就不是皇上了。而當時朝廷裡也沒什麼可以倚仗的大臣能為他解決這件事情。於是他只好醉生夢死，整天花天酒地，以此來「調整」近乎崩潰的心態。

但即便是這樣，他還是經常睡不著覺，一閉眼睛就做噩夢。他也知道這樣下去不是辦法。但是懦弱無能的他並沒有積極尋求解決之道，也沒有按照太醫給他的處方吃藥，而是開始自己配藥，他說吃哪種藥，太醫必須馬上為他配。但咸豐根本不懂得藥性，因此很快發展到了奄奄一息的地步。這個時候他召集身邊的人，想立遺囑。但慌亂之間，一時想不出什麼話來。這時正好慈禧帶著同治進來，問他繼嗣的情況，他就指著身邊的同治說：「當然是他來繼承。」但一個未成年的孩子能做什麼？而這個時候慈安和慈禧都非常年輕，於是他又對跟隨他一起逃到承德的八大臣說，以後請他們作為輔政大臣，輔助同治渡過難關。

說完這些話，咸豐顯然不行了。等這些人退下之後，咸豐又讓太醫馬上給自己煎藥。他的藥主要以鹿血為主，此時他竟然讓太醫一下煎了三碗。等太醫退下後，他一口氣全部喝光，實在是蹊蹺。咸豐吃完這三碗藥就死了，大臣和太醫趕到時他早就沒了氣息。所以我爺爺一直認為，咸豐是自殺的。

關於咸豐遺囑這件事，後人有很多傳說。人們說：當年咸豐給了慈安一份詔書，讓她在慈禧膽大妄為的時候，拿出這個詔書來降服慈禧。慈禧知道這件事後，就假意和慈安搞好關係，慈安深受感動，最後把詔書燒了。

實際上這完全是後人編造的。我從小就聽爺爺說過，慈禧與慈安年輕時非常好，沒有任何矛盾。慈安這人心胸很寬闊，也很賢慧，不像慈禧有點男人的個性。爺爺說，慈安的死主要是因為她自身多年患心臟病，那時叫心疼病。聽說她娘家鬧了點矛盾，慈安非常生氣，導致心臟病發作而死，也就是現在說的「猝死」。

光緒的皇后隆裕是慈禧弟弟桂祥的二女兒，也是我爺爺的親姐姐。所以在爺爺的描述過程中，這件事情的具體情況大體是這樣的：當年慈禧把隆裕嫁給光緒皇帝，主要是效仿前朝的孝莊皇后。當年孝莊皇后生了順治皇帝，於是她把她娘家哥哥的女兒指婚給了順治。爺爺說，在清朝，帝后婚姻中一直保留了一些落後的婚俗，諸如姑表親婚、婚姻不拘行輩等。

屬於姑表親婚的多是皇太后侄女嫁給太后所生皇帝，即皇帝與自己的表姐妹成婚。按當時的情況，親上加親是非常不錯的一段婚姻。但誰都無法改變一個事實，就是隆裕比光緒大三歲，是光緒的表姐。

說起光緒和隆裕的童年，家裡的大人們都知道。在我爺爺後來的說法中，這兩個人從小就在一起玩，隆裕作為姐姐，對光緒特別照顧，就像對待自己的親弟弟一樣。當年光緒剛剛進宮的時候，每次隆裕到宮裡也都會去看他。光緒也對這個表姐有著說不完的話，兩人經常一聊就是好長時間，氣氛也非常融洽。可是這兩個人誰都沒想到，最後慈禧將隆裕指給光緒。在光緒看來，隆裕本來是自己的表姐，忽然間就變成自己的皇后，非常無法接受：作為姐姐，隆裕長什麼樣光緒都不會嫌棄，可是作為自己的皇后，誰都想找一個漂亮點的。

光緒心裡非常憋悶，大婚以後好長時間心裡不痛快，不跟皇后同床。據後來隆裕對我爺爺說，當時在洞房裡，心情壞到極點的光緒一下撲在表姐隆裕的懷裡，號啕大哭，並對隆裕說：「姐姐，我永遠敬重你，可是你看，我多為難啊！」爺爺說，這樣大概過了半年的時間，光緒一直心灰意冷，對皇后和兩位妃子都非常冷淡。但是在後來的接觸中，突然發現珍妃不是一般的人，聰明又有政治遠見，非常符合他的一些想法，所以光緒就極喜歡珍妃。

在這個過程中，慈禧也發現珍妃的確是一個非常聰明漂亮的人，一時之間好像找到了自己年輕時候的影子，慈禧也想利用珍妃的能力和光緒對珍妃的喜愛，去做光緒的工作，達到「母子」政治上的一致。但是慈禧沒想到，珍妃在接受了她的旨意後，和光緒聊天的時候竟然撞出了火花。因為珍妃的父親跟許多外國使節的關係非常好，她從小就接受了很多西方的思想。

偏偏隆裕是個舊時代的女人，學的是賢淑之道，欠缺的是政治遠見，比起珍妃來就差得更多了。這樣一來，慈禧不但沒促成光緒和隆裕，反而更讓光緒冷落了隆裕。在這種情況下，珍妃曾經懷過孩子。但就在懷孕約三個月的時候，她和光緒與慈禧之間的關係變得更加不好：珍妃頂撞了慈禧，於是慈禧就派人打珍妃。光緒一看情況不妙，馬上給慈禧跪下，並且告訴慈禧，珍妃已經懷孕了。

這消息當然不是慈禧期望的，因為當年把隆裕嫁給光緒的時候，還在懿旨中講明：「他們的兒子就是將來皇位的繼承人。」希望以此達到她「把大清皇帝的血統與自己家族葉赫那拉氏緊緊聯繫在一起」的目的。

珍妃由於懷孕被打，最後又驚又嚇便流產了。後來慈禧又因為一些事情，把珍妃打入了冷宮，直到慈禧出逃，珍妃才死亡。

百年疑案解密：光緒死於砒霜中毒

東方

十一月三日，很多媒體都關注了一件百年前的「命案」。一百年前的那個秋天，清光緒帝和慈禧太后在二十二個小時之內相繼死亡。光緒的死因一直被視為近代史的一個謎案。

通過運用先進的技術手段，對光緒的頭髮、遺骨以及衣服和墓內外環境樣品進行分析，在經過五年的反覆核對總和研究之後，十一月二日，中國國家清史編纂委員會、北京市公安局法醫中心等單位舉行清光緒帝死因研究工作報告會，正式宣布：「光緒死於急性砒霜中毒」。一段糾纏了百年的光緒死因之謎，就此破解……

那麼誰是兇手？歷史真相又是怎樣的呢？

西元一九〇八年十一月十四日（光緒三十四年十月二十一日）的傍晚，北京中南海瀛台涵元殿內，史上著名的「傀儡」皇帝，三十八歲的光緒悲涼地撒手人寰。第二天下午，掌控晚清政權達半個世紀之久的慈禧太后也死在中南海儀鸞殿內，終年七十四歲。消息傳出，震驚海內外。那些逃亡海外的保皇黨，一邊為光緒弔喪，一邊大肆聲討慈禧太后與袁世凱，指責他們是謀害光緒的主犯；國內許多人也狐疑滿腹，流言紛紛。然而猜疑歸猜疑，流言歸流言，誰也無法提供光緒被害的確鑿證據，因此光緒的死因成為歷史上一個無法破解之謎。

百年疑案

■ 各種版本的謀殺說

光緒與慈禧先後死去，相距不到一天。這一「巧合」使得流言四起，謀殺之說不脛而走。「德宗

（光緒）先孝欽（慈禧）一日崩，天下事未有如是之巧。外間紛傳李蓮英與孝欽有密謀，予遍詢問內廷人員，皆畏罪不敢言。」（胡思敬《國聞備乘》）逃到海外的保皇黨人則說慈禧與袁世凱是主謀，嚴詞聲討。

惲毓鼎是翰林院侍讀學士、起居注官，長期陪侍光緒皇帝。他在《崇陵傳信錄》中記載的一則親歷故事很有名：光緒三十四年十月初十日（即光緒死前十一天），慈禧生日，光緒率百官賀壽、探病，他扶著太監的肩頭活動筋骨，以便跪拜。但慈禧竟拒絕和光緒見面。「時太后病泄瀉數日矣，有譖上者謂帝聞太后病，有喜色。太后怒曰：『我不能先爾死。』」清亡後，民國二年，惲毓鼎在《澄齋日記》中進一步說：「清之亡，雖為隆裕（光緒的皇后），而害先帝，立幼主，授載灃以重器，其禍實歸於孝欽也。」

曾經陪侍慈禧太后多年的德齡認為，光緒之死，是在慈禧同意下，李蓮英下的毒。「（李蓮英）想與其待光緒掌了權來和自己算帳，還不如自己先下手為好。」（《瀛台泣血記》）

溥儀則記述過一個老太監的話：「照他說，光緒在死的前一天還是好好的，只是因為用了一劑藥就壞了。後來才知道這劑藥是袁世凱使人送來的。」（《我的前半生》）

此外，還有多種書籍記載了光緒暴亡前身體如常，病情沒有加重的跡象。名醫屈桂庭則說光緒死前三天「在床上亂滾」，「向我大叫肚子痛得了不得」，且「面黑，舌焦黃」，「此系與前病絕少關係」（《診治光緒帝祕記》）。而光緒入殮也一反常規地由宮內太監辦理，諱莫如深。

■ 依據脈案可靠嗎？

種種疑團，種種證詞，使得大多數人長期以來都相信謀殺說。但是二十世紀八〇年代以後，清史研究更加重視清宮檔案。歷史學家、檔案學家、醫學家合作，仔細研究光緒的脈案和藥方，得出的結論是光緒一生體弱，久治不愈，加上慈禧刻意虐待，竟至不得溫飽，而心情抑鬱也會加重病情。因此他是正常死亡，並非被謀殺。

「詳考清宮醫案，用現代醫學的語言來說，光緒是受肺結核、肝臟、心臟、風濕等慢性病長期折磨，致使身體的免疫力嚴重缺失，釀成了多系統的疾病，最終造成心肺功能衰竭，合併急性感染而死亡。」（馮伯祥《清宮檔案揭祕光緒之死》）一九八〇年清理並重新封閉崇陵之時，曾簡單檢測過光緒的遺骨，也沒有發現外傷或中毒的痕跡。

著名清史學家戴逸先生認為：「對這些脈案、藥方，也要謹慎從事，考察它是什麼環境條件下形成的。」如許指嚴的《十葉野聞》就記載了江蘇名醫陳蓮舫為光緒治病的情況，「醫官不得問病，太后乃代述病狀，皇帝時時頷首，或說一二字以證實之……聞太后命診脈，陳則舉手切帝脈，身仍跪地上，據言實茫然未知脈象，虛以手按之而已。診畢，太后又縷述病情，言帝舌苔若何，口中喉中生瘡如何，但既不能親視，則亦姑妄聽之而已」。如果「脈案」不過是記錄慈禧的話，又能在多大程度上反映光緒的病情呢？

當時的著名詩人陳衍則說：「德宗久病未愈，徵醫各省，處方有效則後怒。」（《淩霄一士隨筆》）難道慈禧是刻意造成光緒病重的事實及輿論？

光緒屬自然死亡這一觀點，儘管有人存疑，但還是被廣泛接受了。不過約在二〇〇五年，兩則新史料又引起了研究者對謀殺說的興趣。一則是據啟功先生回憶，他的曾祖父溥良（任禮部尚書）曾看見一個太監端著一碗「塌喇」（滿語，優酪乳），說是慈禧賞給光緒的，送去後不久光緒就駕崩了。另一則材料來自日本，說外務部右侍郎伍廷芳在一九〇四年（皇帝、太后死前四年）就對日本公使內田康哉「預言」，光緒必定會死在慈禧之前。「伍話中之意，皇太后駕崩誠為皇上身上禍起之時。今圍繞皇太后之宮廷大臣，及監官等俱知太后駕崩即其終之時。於太后駕崩時，當會慮及自身安全而謀害皇上。此

時，萬望能以我守備兵救出皇帝。」（孔祥吉、村田雄二郎：《罕為人知的中日結盟及其他》）

其實，在更早的二〇〇三年，一些並不通曉清史的人，採用了一種與查考史料截然不同的研究方法，要來破解光緒的死亡之謎——一切都從皇帝的頭髮開始。

百年查毒：頭髮記錄的歷史

光緒帝及隆裕皇后的葬身之所崇陵在一九三八年被很「專業」地盜掘了。一九八〇年有關部門對帝、后的棺槨進行清理並重新封閉，光緒的若干頭髮、遺骨與衣服被移出，一直保存在清西陵文物管理處的庫房，二十多年從未被檢視翻動過，也就是說，除了自然損耗，基本沒有其他因素的干擾，這對將要進行的「百年查毒」非常重要。

頭髮參與人體代謝，並能記錄特定時期人體積蓄的某些元素資訊。一般成年人的頭髮，一個月生長約一公分，也就是說，一公分頭髮可反映出人體內約一個月的新陳代謝史。

二〇〇三年，研究者採集了光緒帝的兩小縷頭髮，將它們按照國際原子能機構推薦的方法清洗，自然晾乾，剪切成一公分長的截段，逐段分析其中的元素含量。檢測結果顯示：光緒帝的兩縷頭髮中含有高濃度的元素砷（As），且各截段含量差異很大。

砷在自然界分布很廣，多以硫化物和氧化物形式存在，像雄黃（二硫化二砷）、雌黃（三硫化二砷）等，而鼎鼎大名的莫過於三氧化二砷——砒霜，劇毒的砷化合物。砷可能是人體必需的微量元素（正常人每天的攝入量約為二十微克以下），但過量的砷會使人中毒甚至死亡。

研究者將光緒帝頭髮中的砷含量，與精心選擇的物件進行一系列對比實驗及模擬實驗。結果顯示：

光緒兩縷頭髮中砷含量的最高值（二千四百零四微克／克，一微克等於〇點〇〇〇〇〇一克）遠遠高於當代人，而且是清末草料官的一百三十二倍，是隆裕皇后的兩百六十一倍。

那麼這樣異常的含量，會不會是受到周圍環境的影響呢？研究者前後兩次採集光緒棺槨內、墓內和清西陵陵區的環境樣品，分析表明：光緒頭髮中的最高砷含量是其棺槨內物品最高砷含量的八十三倍，是墓內外環境樣品最高砷含量的九十七倍。也就是說頭髮上的高濃度砷並非來自環境的沾染。

研究者還將光緒的頭髮與當代慢性砷中毒患者的發砷進行了對比，是後者的六十六倍，砷含量分布曲線也截然不同。這就排除了光緒因長期服用藥物導致慢性砷中毒死亡的可能。

福爾摩斯說：排除了其他可能，剩下的就是真相。造成光緒頭髮上高含量砷元素這一異常現象的，只能來自他自己屍體的沾染。

■ 遺骨和衣物傳達的祕密

二〇〇六年後，課題組決定擴大取樣分析範圍。由於不能開棺，就再次提取了光緒帝的頭髮殘渣物及散落的頭髮，並首次提取了光緒帝的遺骨及衣物，採樣嚴格按照規範的法醫開棺檢驗的方法進行。

光緒帝的頭髮上局部有結痂物狀的殘渣，砷含量明顯高於頭髮，說明它是光緒帝頭髮高含量砷的來源，而這些殘渣物的唯一來源只能是光緒帝的屍體。

屍體腐敗後，器官組織中的砷可能會沾染到骨骼上。在裝存光緒遺骨的瓶內碎屑、一塊肩胛骨和一塊脊椎骨上，也分別檢測到高含量的砷，表明某些遺骨表面沾染了大量的砷，它們來源於腐敗的屍體。

光緒帝的衣物有五件。在三件較為完整的上衣中，胃腹部位均有多處腐蝕脫落形成的窟窿。檢測結果表明：大量的砷化合物曾存留於光緒帝屍體的胃腹部，屍體腐敗過程會進行再分布，有多個去向，並由裡向外侵蝕衣物。

於是結論出來了：光緒帝的骨骼、內層衣物及頭髮的高含量砷均來自其屍體腸胃內容物含砷元素的直接沾染。

還剩下一件事：判定毒物。也就是說光緒帝腸胃中致命的砷元素究竟來自哪種化合物。一系列分析、比較及白老鼠實驗的結果是：砒霜。人口服砒霜六十至兩百毫克就會中毒死亡。因受條件限制，光緒帝屍體中的砒霜總量難以測算，但僅頭髮殘渣、內層衣物及其殘渣中的砒霜總量就高達約二零一點五毫克，那麼他攝入體內的砒霜總量足以致死，應該沒有疑問。

砒霜中毒，這個小說家熱愛的情節，也殘酷地發生在一位皇帝身上……

科技手段向來是進入歷史的有效途徑。光緒帝死因的破解，涉及「中子活化」、「X射線螢光分析」、「原子螢光光度」、「液相色譜／原子吸收聯用」等一系列現代技術，並有大量的綜合分析和模擬實驗。戴逸先生認為：「這項工作走出了一條超常規之路，是運用現代科學技術和偵查思維解決歷史問題的成功嘗試。是自然科學研究與社會科學研究並肩合作的範例。」這一新結論也將推動清史研究的發展。

一九〇八年（光緒三十四年），瀛台囚徒光緒帝死於農曆十月二十一日酉時（下午五至七時），太后死於農曆十月二十二日未時（下午一至三時）。從那時起，關於光緒是被謀殺的說法就在流傳，而到了二十世紀八〇年代，史學界的研究卻推翻這些小道消息，認定光緒常年體弱，是自然死亡。但如今，歷史再次拐彎。

二〇〇三年起，一項名為「清光緒帝死因」的專題研究就已展開，研究者由中央電視台清史紀錄片攝製組、清西陵文物管理處、中國原子能科學研究院反應堆工程研究設計所、北京市公安局法醫檢驗鑑定中心四個單位的相關人員組成，並作為「國家清史纂修工程重大學術問題研究專項課題」正式立項。

二〇〇八年十一月二日，在北京京西賓館的會場，由鍾里滿、耿左車、王珂、張新威等十三人聯合署名的《清光緒帝死因研究工作報告》正式向外界公布，宣告光緒帝係被砒霜毒殺，百年疑案這回似乎塵埃落定，但是下毒真凶依舊是個謎。

究竟是誰埋葬了北洋水師？

余嶽桐

清北洋水師曾經是一支「龍旗飄飄，威風八面」的艦隊，號稱亞洲第一，世界第六。尤其那有如「龐然大物」的七千六百七十噸的「定遠號」、「鎮遠號」兩艘裝甲艦，堪稱是亞洲最具威力的海戰利器，日本海軍戰前對其曾是談「遠」色變。但是一場甲午海戰，龍旗飄落，艦隊沉沒，留下的是揮之不去的歷史恥辱和深深的思考……

發生在一個多世紀前的甲午海戰一直是中華民族引為恥辱的戰爭，單就軍事而言，甲午戰爭中最令人刻骨銘心的結局，莫過於龐大的北洋艦隊整體覆滅的同時，日方艦隊竟然一艘未沉。就此一點，任何經費短絀方面的探索、船速炮速方面的考證，以致對叛徒逃兵的聲討和對英雄壯烈的謳歌，在這個殘酷的事實面前皆成了蒼白無力的開脫。

就經費來講，清政府投入海軍的經費一點也不比當時日本少。北洋水師從一八六一年籌建到一八八八年成軍二十七年間，清政府一共投入海軍經費一億兩白銀，每年合計三百萬兩，占年度財政的百分之四至百分之十。日本政府從一八六八年到一八九四年三月二十六年間，共向海軍撥款九億日元，折合成白銀才六千萬兩，每年合計白銀兩百三十萬兩，相當於同期清政府對海軍投入的百分之六十。

就硬體裝備來言，無論從數量上看，還是從品質上看，北洋艦隊都不比日本聯合艦隊差。北洋艦隊的裝甲數量和品質都超過了日本聯合艦隊。當時北洋水師與聯合艦隊鐵甲艦方面的數量比是六比一，中國遙遙領先；非鐵甲艦方面則是八比九，日本略勝一籌。定遠號、鎮遠號的護甲厚十四寸，即使是經遠號、來遠號的護甲厚也達九點五寸。日本方面，即使威力最大的三景號艦，也缺乏北洋艦隊這樣較大規模的裝甲防護。而北洋艦隊的定遠號、鎮遠號兩艘鐵甲艦綜合了英國英弗萊息白號和德國薩克森號鐵甲艦的長處，各裝十二英寸大炮四門，裝甲厚度達十四寸，堪稱當時亞洲最令人生畏的鐵甲堡式鐵甲軍艦，在世界也處於領先水準。

就火炮而言，無論大口徑火炮，還是小口徑火炮，北洋艦隊均占優勢。兩百公分以上大口徑的火炮，北洋艦隊與聯合艦隊的比例是二十六比十一，我方遙遙領先；小口徑火炮方面，北洋艦隊與聯合艦隊的比例是九十二比五十。只有中口徑火炮，日本稍稍領先，中日比例是二百零九比一百四十一。就平均船速而言，日艦每小時比我艦快一點四四節，優勢似乎不像人們形容的那麼大。清朝政府正是基於這種力量對比，才毅然對日宣戰。

因此僅從武器裝備、經費投入等方面來看，日本聯合艦隊要戰勝中國北洋艦隊是困難的。但結果卻是：龐大的北洋艦隊全軍覆沒，日本聯合艦隊一艘未沉！「巨額軍餉堆砌起來的一流海軍不經一戰，原因何在？」（中國國防大學戰略教研部副主任、教授金一南語）是誰埋葬了北洋水師？

一、失敗往往首先從內部開始

真正的戰爭，永遠發生在戰爭開始之前！失敗往往首先從內部開始。清政府沒落的專制體制，由此而產生的腐敗政治，進而在軍隊中形成的不良風氣：置民族國家利益於不顧，曲意取寵，一味迎合，追逐個人利益，平日好大喜功，訓練敷衍了事，演習弄虛作假，上下齊心協力搞歪門邪道，北洋海軍的政治素質、道德素質、心理素質、軍事素質低下，軍人缺乏敬業精神和職業意識等等，共同導致了北洋海軍的潰敗。

清政府的專制體制必然帶來政治和經濟的腐敗。在專制體制下，公私不分，朕即國家。老佛爺一個人的喜怒決定著一切。對個人的前途至關重要者，是等級出身，是對老佛爺以及上司的忠誠，是討老佛爺的歡心，討頂頭上司的歡心，並非個人的才華和正當的努力。這種體制限制了人們通過正當合法的途徑、靠真才實學獲取功名前程，反而鼓勵人們拍馬屁、投機鑽營、搞邪門歪道。往往是剛正之士失魂落魄，阿諛奉承之徒青雲直上。

從身居要位的歷屆海軍大臣，到北洋艦隊普通的一員，大家首先考慮的不是民族國家和軍隊的利益，而是個人的利害。久而久之，國家民族和軍隊的事情就蛻變為個人獲取利益的幌子招牌。上行下效，就會在全社會形成一種普遍的猥瑣和鄙俗的風氣，它們像瘟疫一樣毒化著軍隊。再強大的部隊，也難以抵禦這種腐敗的侵蝕。

先看一下總理海軍事務大臣醇親王奕譞。他是光緒帝的生父。多年來他考慮最多的不是海軍的發展，而是其子（光緒帝）的安危。光緒尚未繼位時，他曾經為太后重修圓明園之事兩次上疏，兩次廷辯，不惜失去官爵，在同治面前「面諍泣諫」，淚流滿面地叩頭申辯不已。但當其子被立為皇帝之後，他就開始千方百計討太后歡心，挖空心思挪用海軍經費修園。他要用滿足慈禧一切心願的方法實現自己的心願。騰挪經費造一個園子，既了卻太后夙願，討得太后歡心，也讓慈禧早日住進去「頤養天年」，讓實際權力早日轉移到其子光緒帝手中。這是一種既赤裸又深藏的交換，以海軍換取光緒帝親政。

至於海軍的發展，哪有「閒心」顧及！隨著滿族中央政權的衰弱，漢族官僚李鴻章等人紛紛崛起。他們辦洋務、興局廠、練新軍，轟轟烈烈。在相當一部分滿清權貴們看來，北洋水師就是李鴻章的個人資本。李鴻章兵權益盛，禦敵不足，挾重有餘，不可不防。因此朝臣們為了削弱李鴻章，不惜削弱北洋海軍！限制北洋海軍就是限制李鴻章，打擊北洋海軍就是打擊李鴻章。

戶部尚書翁同龢，以太后修園為藉口，連續兩年停止發放海軍裝備購置費，以限制李鴻章。後來恭親王失勢，李鴻章失去台柱，更加力單勢薄。他不得不面對一個全新的政治考慮：與醇親王以及各位滿族朝臣和好，滿足醇親王挪用海軍經費（實際上削減海軍實力）的要求。總理海軍事務大臣奕譞醇親王欲以海軍換取光緒帝的早日親政，會辦海軍事務大臣李鴻章則欲借海軍重新獲得一片政治庇蔭。就是這些人在掌握著北洋海軍的命運！大家結黨營私，蠅營狗苟，誰也不會將全付精力投入海軍建設，更不要說全付財力了。一八八八年北洋水師成軍以後，軍費投資就越來越少。海軍只是他們各自政治角逐中的籌碼，誰還真正為海軍的發展考慮？

二、上行、下效

在這種體制中，大多數人都暗中削其銳氣，按照狗才的標準來規約自己的言行，並積極為做一個取悅上司的「創造性的狗才」而努力。在這種體制中的民族、國家和軍隊，縱有銅牆鐵壁，最終也會被摧毀；縱有匹夫之勇，終究無力回天。

多種資料證明，北洋水師一八八八年成軍以後，軍風被各種習氣嚴重毒化。當時的《北洋海軍章程》有規定，總兵以下各官，皆終年住船，不建衙，不建公館。一旦教練琅威理離開，操練盡弛。自左右翼總兵以下，爭挈眷陸居，軍士去船以嬉。提督丁汝昌則在海軍公所所在地劉公島蓋鋪屋，出租給各將領居住，夜間住岸者，一船有半。而作為高級統帥的李鴻章，也對這種視軍紀章程為兒戲的舉動，睜一隻眼閉一隻眼。直到對日宣戰前一天才急電丁汝昌，官兵夜晚住船，不准回家。有備才能無患，而這樣的軍隊如何打仗？

章程同樣規定不得酗酒聚賭，違者嚴懲。但定遠號水兵在艦長室門口賭博卻無人過問，甚至提督也置身其間。某洋人偶登其船，見到海軍提督正與巡兵團同坐而鬥竹牌。滿清兵部所定《處分則例》規定，官員宿娼者革職。可一旦北洋封凍，海軍歲例巡南洋，率淫賭於香港和上海。識者早憂之。在北洋艦隊最為艱難的威海之戰後期，來遠號、威遠號被日軍魚雷艇夜襲擊沉的那夜，來遠號艦長邱寶仁、威遠號艦長林穎啟就登岸逐聲妓未歸。靖遠號中炮沉沒時，艦長葉祖珪已先離船在陸。

官員不能以身作則，軍紀就失去效益。士兵即使遵守紀律服從命令聽指揮，也是出於無奈和應付，無自覺和真心實意。規章制度形同虛設。這樣嚴明的表面掩蓋著的是一盤散沙，全然沒有集體凝聚力和戰鬥力。當時北洋軍艦上也實行「責任承包制」，公費包幹，艦長負責，節餘歸己。因此各船艦長平時把經費用在個人前途的「經營」和享樂，無暇對船隻進行保養和維修。「致遠號」、「靖遠號」二艦截門橡皮年久破爛，一直未加整修，兩艦中炮後速即沉沒。英國遠東艦隊司令斐利曼特大發感慨：「中國水雷船排列海邊，無人掌管，外則鐵鏽堆積，內則穢汙狼籍；使或海波告警，業已無可駛用。」

打仗用的艦船不但未保養備戰，反而為了個人私利挪作他用。軍隊參與走私，艦船常年不作訓練，這已不是海軍的個別現象。公家的船艦成為私人的財產：南洋號、元凱號、超武號兵船，僅供大員往來差使，並不巡緝海面。北洋以軍艦走私販運，搭載旅客，為各衙門創收，為自己賺取銀兩。

在這種體制下，大家都唯利是圖，結黨營私，想方設法，捷足先登。當時的海軍大半是閩人。閩人之首劉步蟾則被人們稱為實際上之提督。真正的水師提督、淮人陸將丁汝昌孤寄群閩人之上，遂為閩黨所制，威令不行。甚至在黃海之戰後，有若干命令，全體船員故意置之不理，提督空有其名，令行禁止等於空話。劉步蟾等人還糾集閩人，驅逐督操嚴格的教練琅威理。即使廣東督帶鄧世昌也遭劉步蟾等閩黨嫉恨：致遠戰酣，閩人相視見死而不救。結黨營私的本領真是天下第一！

由於只對上、對個別掌握著自己升遷的權勢負責，而無須對下、對民族國家負責，因此，欺上瞞下，蔚然成風。平日裡訓練，弄虛作假，層層欺騙，邀功請賞。平日演練炮靶、雷靶，唯船動而靶不動。每次演習打靶，總是預先量號碼數、設置浮標，遵標行駛，碼數已知，百發百中。平日操練演習，不過虛張聲勢，取悅上司，應付視察，欺世盜名，以圖加官進爵。不明真相者還以為自己強大無比、不可戰勝呢！

還有一件事情無法解釋：北洋水師發展到一八九四年大閱海軍時，定遠號、鎮遠號兩艘鐵甲艦主炮的戰時用彈僅存三枚（定遠一枚，鎮遠兩枚），只有練習用彈庫藏尚豐！對此李鴻章不是不知：「鴻章已從漢娜根之議，令製巨彈，備戰鬥艦用」，但最終因為他「個人」內外交困，忙於政治周旋，因此正事一直沒有落實。戰爭隨時都有爆發的可能！軍人時刻應該把戰爭放在首位，積極備戰。但大戰一觸即發，卻不見劉步蟾、林泰曾二艦長向丁汝昌報告，也不見丁汝昌向李鴻章報告。為什麼會有如此巨大的不可容忍的致命疏忽？責任誰來負？即使有人來負，又有誰負得起？

這樣一支軍隊，這樣一種軍紀和作風，這樣腐敗和糜爛，一旦打起仗來，如何不敗？

三、戰時亂作一團

先看布陣。當戰場不再是操演場時，面對逼近的敵艦，北洋艦隊首先布陣就陷入混亂。丁汝昌的命令是各艦分段縱列，擺成犄角魚貫之陣。而到劉步蟾那裡竟然變成了「一字雁行陣」。而實際戰鬥時的隊形卻又變成了「單行兩翼雁行陣」。短時間內陣形如此變亂，說明了什麼？即使如此勉強的陣形也沒有維持多久，待日艦繞至背後時，清軍陣列始亂，此後即不復能成形。

再看開戰。戰爭一開始，平日缺乏訓練的官兵在有效射距外慌忙開炮，定遠艦劉步蟾指揮首先發炮。首炮非但未擊中目標，反而震塌前部搭於主炮上的飛橋。丁汝昌和英員泰萊皆從橋上摔下，嚴重受傷。一炮之始北洋艦隊就失去了總指揮！

這場命運攸關的海戰持續四個多小時，北洋艦隊自始至終幾乎在無統一指揮的狀態下分散作戰。劉步蟾、林泰曾二位總兵，無一人挺身而出替代丁汝昌指揮。在戰鬥將結束時，才有靖遠號艦長葉祖珪升旗代替旗艦，而升起的卻是一面收隊旗！收攏指揮殘餘艦隻撤出戰鬥而已。再勇敢的士兵，無人指揮，又有何用？這就是平日嚴陣以待、訓練有素的艦隊？

再看戰場撕殺。激戰中落伍的日艦「比睿號」冒險從我艦群中穿過，來遠艦在相距四百公尺距離時發射魚雷，未中。日本武裝商船「西京丸」經過定遠號時，定遠號向其發四炮，又有兩炮未中。福龍號魚雷艇趕來向其連發三顆魚雷，最近的發射距離為四十公尺，竟也無一命中！平日裡演習不是百發百中嗎？李鴻章不是誇耀北洋海軍「攻守多方，備極奇奧」、「發十六炮中至十五」嗎？戰場上只有由硬體和軟體聯合構成的實力，沒有虛假和僥倖！黃海海戰中，日艦平均中彈十一點一七發，而北洋各艦平均中彈一百零七點七一發。日艦火炮命中率高出北洋艦隊九倍以上！

對軍人來說，很多東西僅憑戰場上的豪壯是不能獲得的。往往最為輝煌的勝利，孕育在最為瑣碎枯燥、最為清淡無味的平日訓練中！

四、層層謊報軍情

軍隊平日腐敗，戰時必然要付出高昂代價。力圖隱瞞這一代價，就要借助謊報軍情。這也是北洋海軍的一個特點。

豐島海戰，廣乙號沉沒，濟遠號受傷，北洋海軍首戰失利。但丁汝昌報告李鴻章「風聞日本提督陣亡，『吉野』傷重，中途沉沒」。

黃海海戰，丁汝昌跌傷，艦隊失去指揮，本因我方在有效射距外倉促開炮，震塌飛橋，奏報卻成為「日船排炮將定遠望台打壞，丁腳夾於鐵木之中，身不能動」！丁汝昌還向李鴻章報稱「敵忽以魚雷快船直攻定遠，尚未駛到，致遠開足機輪駛出定遠之前，即將來船攻沉。倭船以魚雷轟擊致遠，旋亦沉沒」。實則日方艦隊中根本沒有魚雷快船！致遠在沉沒前也未曾「將來船攻沉」！此戰北洋海軍損失致遠、經遠、揚威、超勇、廣甲等五艦，日艦一艘未沉。李鴻章卻電軍機處「我失四船，日沉三船」。

一場我方損失嚴重的敗仗，卻被丁、李二人形容為「以寡擊眾，轉敗為功」；而且「若非濟遠、廣甲相繼逃循，牽亂全隊，必可大獲全勝」。清廷也以為「東溝之戰，倭船傷重」，「鄧世昌首先衝陣，攻毀敵船」，「沉倭船三隻，餘多受重傷」，給予大力褒獎。一時間除參戰知情者外，上上下下多跌進自我安慰的虛假光環之中。不能戰，以為能戰；本已敗，以為平，或以為勝！北洋報沉的日艦後又出現在圍攻威海的日艦行列中。但直至全軍覆滅那一天，清軍謊報軍情未曾中止。

一八九四年十一月，鎮遠號艦在歸威海港時為避水雷浮標，誤觸礁石，「傷機器艙，裂口三丈餘，寬五尺」；艦長林泰曾見破損嚴重難以修復，深感責任重大，自殺身亡。這樣一起嚴重事故，經丁汝昌、李鴻章層層奏報，就成了：「鎮遠擦傷」，具體是「進港時為水雷浮鼓擦傷多處」。以致清政府真以為如此，下諭旨稱「林泰曾膽小，為何派令當此重任？」謊報軍情，使作戰計畫都發生改變。一八九五年二月，左一魚雷艇艦長王平駕艇帶頭出逃，至煙台後先謊稱丁汝昌令其率軍衝出，再謊稱威海已失。陸路援兵得訊，撤銷了對威海的增援。陸路撤援，成為威海防衛戰失敗的直接原因。

五、軍風軍紀蕩然無存

艱難的處境最考驗軍隊。北洋海軍在威海圍困戰後期，軍紀更是蕩然無存。首先部分人員不告而別。「當時醫院中人手奇缺，蓋中國醫生看護，多於戰前離去，自謂文員不屬於提督，依法不必留等語」；「北洋海軍醫務人員，以文官不屬於提督，臨戰先逃，洋員院長，反而服務至最後，相形之下殊為可恥」。

其次是有組織、攜船艇的大規模循逃。一八九五年二月七日，日艦總攻劉公島。交戰之中，北洋海軍十艘魚雷艇及兩隻小汽船在艦長王平、蔡廷干率領下結夥逃循，開足馬力企圖從西口衝出，結果「逃艇同時受我方各艦岸上之火炮、及日軍艦炮之轟擊，一艇跨觸橫檣而碎，余沿汀西竄，日艦追之。或棄艇登岸，或隨艇擱淺，為日軍所擄」。一支完整無損的魚雷艇支隊，在戰爭中毫無建樹，就這樣丟盡臉面地毀滅了。

最後更發展到集體投降。「劉公島兵士水手聚黨噪出，鳴槍過市，聲言向提督覓生路」；「水手棄艦上岸，陸兵則擠至岸邊，或登艦船，求載之離島」；「哨兵已不在崗位，弁卒多離營壘」；營務處道員牛昶炳請降；劉公島炮台守將張文宣被兵士們擁來請降；嚴道洪請降；「各管帶踵至，相對泣」。眾洋員皆請降。面對這樣一個全軍崩潰的局面，萬般無奈的丁汝昌「乃令諸將候令，同時沉船，諸將不應，汝昌復議命諸艦突圍出，亦不奉命。軍士露刃挾汝昌，汝昌入艙仰藥死」。

官兵「恐取怒日人」而不肯沉船，使鎮遠、濟遠、平遠等十艘艦船為日海軍俘獲，喧赫一時的北洋艦隊就此全軍覆滅。

只敢露刃向己、不敢露刃向敵。北洋軍風至此，軍紀至此，不由不亡。親歷戰鬥全過程的洋員泰萊，對這支艦隊評論如下：「如大樹然，蟲蛀入根，觀其外特一小孔耳，豈知腹已半腐。」

軍人生來為戰勝。不錯！但要戰勝敵人，首先必須戰勝自己！

中國近代史上最愛國的反動軍閥

劉秉光

他既是一個窮兵黷武、濫殺無辜、臭名昭著的反動軍閥，又是一位一腔熱血、忠肝義膽、誓死反抗日本侵略者的愛國將領。他究竟是誰？有著什麼樣的傳奇經歷？

當年在對付湘派軍閥時，他曾下令掘開湖北簰州的長江大堤，致使數以萬計的無辜百姓葬身魚腹、無家可歸；當年排斥異己，他到處調兵遣將，挑起軍閥之間的連年混戰，導致生靈塗炭、民不聊生；當年為阻撓和破壞京漢鐵路工人罷工，他一手製造了震驚中外的「二七慘案」，致使大批工人、共產黨員慘遭鎮壓，血流成河。這個肆意踐踏無辜百姓生命，雙手沾滿共產黨員鮮血的反動軍閥，因其兇狠殘暴、荼毒生靈而犯下的滔天大罪，歷來被追求和平、自由的人們所痛恨和唾罵，就連歷史教科書中也把他定性為「反面人物」來批判和譴責。他，就是曾經叱吒風雲、飛揚跋扈、顯赫一時的直系軍閥頭子：吳佩孚。

然而就是這樣一位對芸芸眾生不屑一顧、嗜殺成性、渾身沾滿血腥的反動軍閥，在國家受到外族侵略、主權遭受列強挑釁的危急時刻，卻能出人意料地挺身而出，首當其衝，振臂高呼。尤其是在「抗日救國」問題上，他更是堅韌不拔，義無反顧，嚴守立場，奮不顧身，譜寫了一曲弘揚民族氣節，堅持民族獨立，捍衛民族尊嚴的驚人篇章，堪稱中國近代史上最愛國的反動軍閥。

吳佩孚的愛國思想和抗日情結並非一時興起或心血來潮，而是從他熱血男兒般的骨子裡真切迸發出來的。童年時的吳佩孚就被岳飛、戚繼光抗擊外族入侵的愛國壯舉所震撼，被文天祥的「人生自古誰無死，留取丹心照汗青」、顧炎武的「國家興亡，匹夫有責」的愛國思想所激勵，在幼小年紀就堅定地愛國主義的思想。從手握重兵的軍閥首領淪落為大勢已去的空頭將軍，從「五四」運動延續到抗日戰爭，吳佩孚的愛國主義思想都以不同形式向世人展現著，且終生不渝，至死不休。

反對「凡爾賽條約」，反抗日本染指山東

巴黎凡爾賽「和平會議」上，如果沒有吳佩孚等愛國將領在國內的堅決支持，就沒有中國代表團拒絕在恥辱和約上簽字的國際壯舉。五四運動中，如果沒有吳佩孚對北洋政府義正詞嚴的大聲疾呼和激烈聲討，不知道會有多少愛國群眾和青年學生慘遭毒手，不知道會有多少個青島拱手讓與日本。

吳佩孚絕非一介武夫，他對日本覬覦中國已久的侵略野心和強占動機也早已洞悉明瞭。在給北洋政府的電文中，他冷靜地提出了「日人此次爭執青島，其意不止青島，其將來有希望大於青島數萬倍者」的看法，一針見血地揭露了日本企圖以青島為跳板侵略中國全部領土的狼子野心。後來發生的「九一八事變」和「七七事變」，無不證實了吳佩孚對日本侵略欲望的遠見卓識。

對山東垂涎已久、志在必得的日本侵略者，企圖通過向北洋政府外交部提出《山東問題交涉案》，併發正式通牒，逼北洋政府就範。國難當頭的危急時刻，又是吳佩孚力排眾議、挺身而出，首當抗日先鋒。鑑於北洋政府在山東問題上的優柔寡斷、唯唯諾諾，吳佩孚多次公開表示「謹勵戎行，敬待後命，急難有用，敢效前驅」，不惜以武力與日本幹上一仗。他上書總統徐世昌，請他完全拒絕日本關於《魯案》直接交涉的照會和陰謀。他還呈文國務總理靳雲鵬，請其「拒絕直接交涉，駁還日牒，以釋群疑，而定人心」。由於吳佩孚的堅決抗爭，北洋政府最終未敢就山東問題直接與日本交涉。

吳佩孚的愛國思想和愛國激情，並沒有因為他的數次兵敗、大勢已去而出現滑坡和低落，反而變得更加堅定，更加激昂。雖然實力大減、一敗塗地，但吳佩孚不像其他下台的軍閥政客那樣，腰纏萬貫出洋「考察」或跑到租界去尋求外國人保護，而是不肯離開自己心愛的祖國，仍堅持在國內輾轉流亡。

抗戰中，拒絕日本拉攏，誓死不當漢奸

「九一八事變」後，蔣介石實行「不抵抗」政策，致使日本迅速占領我東北三省。身在成都的吳佩孚「聞報，一夕不寢」。之所以徹夜不眠，是因為他對日軍的侵略行徑憤怒，對東北幾千萬同胞的命運擔憂，更是對國民政府「攘外必先安內」錯誤路線的否定。他發電「抗議倭庭速返關東之地」，隨即返回北京「率師周旋」，同時他還在天津《大公報》振筆直書：「和內攘外」。這種為了國家利益、民族大義而公然與國民政府唱反調的愛國壯舉，有力地支援和促進了「一致對外」、「全力抗日」運動的蓬勃發展，一時間「逼蔣抗日」的呼聲高漲。

他不但致電反對末代皇帝溥儀擔任「滿洲國」皇帝，充當替日本侵略者奴役東北同胞的傀儡，而且還身體力行地向國人表達了自己決不當漢奸的決心。「七七事變」後，日本侵略者為了統治和奴役中國人民，準備在江南江北分別設立親日政權，並美其名曰「自治」。在南面，日本侵略者找到了汪精衛；在北面，他們則把眼光盯在了「中國第一流人物」吳佩孚身上。為了把吳佩孚拉下水，日本人用盡威逼利誘、收買策反、恐嚇造謠等軟硬兼施的下流手段，均被吳佩孚以「自治者，自亂也」和「如要出山，請貴國人等一概退出，連東北也在內」一概拒絕。為表明自己寧死不當漢奸的決心，吳佩孚還命人把自己的棺材擺在院子裡「陳棺言志」，讓那些對吳佩孚「出山」還抱有幻想的日使、漢奸們心存敬畏、望而卻步。

吳佩孚的這種不顧個人安危、不肯屈從於日本人的做法，不僅展示了他那堅定而又強硬的愛國骨氣，同時還影響了一大批良心未泯的中國軍人。北洋各派軍閥中，除了齊燮元等個別將領投靠日本做了漢奸外，大部分將領，如馮玉祥、鹿鐘麟、于學忠等人都積極投身於抗日愛國的運動中去。就連當年憑藉「賄選」當上總統的曹錕，也斷然拒絕了日本人讓其出山的要求，發誓不做漢奸。

為了逼迫吳佩孚就範，日本侵略者在一次中外記者招待會，強迫吳佩孚公開表明對「日中議和」的態度。會上，早已把生死置之度外的吳佩孚把日軍事先為他準備好的「發言稿」扔到一邊，赫然講到：「本人認為今天要講中日和平，唯有三個先決條件。一、日本無條件的全面撤兵。二、中華民國應保持領土和主權的完整。三、日本應以現在重慶的國民政府為全面議和的交涉對象。」不僅如此，吳佩孚還命人把自己的話原原本本地翻譯給所有人，並且「斷乎不能更改一字」！吳佩孚鏗鏘有力的發言和堅定果決的態度，猶如兩記響亮的耳光，扎扎實實地扇在了日本侵略者的臉上。

「甲午恥，猶未雪，民國恨，何時滅。駕長車，踏破扶桑魔窟。壯志饑餐島夷肉，笑談渴飲倭奴血。待重頭收拾舊山河，朝天闕！」這半闕經吳佩孚改過的《滿江紅》，是他臨死前交給朋友曾琦的贈物，雖然看起來有些蹩腳，但字裡行間所澎湃著的愛國熱情和抗日決心，卻絲毫不比當年岳飛「精忠報國」的豪情壯志遜色。「抗戰必勝，日人必敗！」這不僅是吳佩孚送給部下的寄語，更是他一天到晚掛在嘴邊、至死也不停止的對日本侵略者的詛咒。

日本人對吳佩孚澈底失去信心，更失去耐心。為了除掉這塊在他們眼裡「又臭又硬」的鐵骨頭，一九三九年十二月四日，日本人派出特務強行進入到吳佩孚在北京的寓所，借為吳佩孚治療牙痛病之機，殘忍地將其殺害，享年六十六歲。

吳佩孚的一生，是罪惡與光環同在，遺臭與流芳一身，反動與愛國並存的一生，是富有傳奇色彩而又極具爭議的一生。作為北洋軍閥中繼袁世凱、段祺瑞之後的中心人物，吳佩孚與其他軍閥一樣，為了搶奪地盤、擴張勢力而窮兵黷武，鎮壓革命，難免存在著那個特定時代、特殊階段的反動烙印，具有明顯的時代和階級的局限性。但作為一個炎黃子孫，他的身上卻體現著中華民族最優良的品質——愛國主義。這種愛國主義思想，才是堅定國人抗戰必勝信念，激勵國人不屈不撓鬥志，樹立國人自立自強信心，維護國家獨立自主尊嚴，和最終實現中華民族偉大復興的強大動力。

一個雖然在人生歷程上有黑點、有瑕疵、有錯誤，但同時又積極抗日愛國的反動軍閥，必定會得到人們的原諒與肯定。吳佩孚逝世後，蔣介石發唁電弔喪，表彰其「精忠許國」、「正氣長存」、「大義炳耀」。最高國防委員會追贈吳佩孚為「一級上將」。重慶的報紙讚譽吳佩孚為「中國軍人的典範」。最難得的是，治喪期間，自發到吳佩孚寓所弔祭的人竟多達數千之眾；出殯之時更是萬人空巷，哭聲震天。人們用這種特殊的方式，表達對吳佩孚這位中國近代史上最愛國的反動軍閥的祭奠和懷念。

魯迅兄弟的「七年之癢」

三 耳

自然，「喜怒哀樂，人之情也」，然而窮人決（絕）無開交易所折本的懊惱，煤油大王那（哪）會知道北京檢（撿）煤渣老婆子身受的酸辛，饑區的災民，大約總不去種蘭花，像闊人的老太爺一樣，賈府上的焦大，也不愛林妹妹的。

——魯迅：《「硬譯」與「文學的階級性」》

像「安琪兒」、「潘朵拉」一樣，「七年之癢」是「洋詞兒」。其實「七」並不因「上帝七日」而屬於西方人。國粹也早有「五勞七傷」、「七情六欲」、「七出之條」等等。無非是說許多事情發展到第七年就會不以人的意志為轉移地出現一些問題，婚姻、親情或友誼也不例外。魯迅的一九一六年，涉及「七年之癢」。

查新版《魯迅全集》，一九一六年七月十八日：「上午得二弟信，十四日發（56）。得羽太家信，十一日發。……作扎半夜，可閔！」次日就有「寄羽太家信。寄二弟及弟婦函，附與三弟及東京寄來各箋（五十七）」的記載。

「56」是周作人寄來的信的編號，「五十七」是魯迅寄出給周作人的信的編號——魯迅在北京，知堂在浙江，僅僅半年多一點，雙方已經有信一百多封，兄弟之情溢於言表。

研究周作人的師兄告訴我：當初周家兄弟真是好得穿一條褲子，理髮洗澡甚至上廁所都形影不離。二十多年前讀《傅雷家書》，嘆服傅雷夫婦把給兒子的信都謄抄一遍，然後編號，細心與愛心俱足，不料魯迅早已如此。

七年之後，一九二三年七月十八日，周作人給哥哥魯迅寫了研究界與坊間均震驚至今的「絕交信」，次日親手面呈魯迅。信的全文如下：

魯迅先生：我昨天才知道——但過去的事不必說了。我不是基督徒，卻幸而尚能擔受得起，也不想責誰——大家都是可憐的人間。我以前的薔薇的夢原來都是虛幻，現在所見的或者才是真的人生。我想訂正我的思想，重新入新的生活。以後請不要再到後面院子裡來，沒有別的話。願你安心，自重。

七月十八日，作人。

這是「魯迅研究」的著名「疑案」。

有專家痛斥羽太是「醜陋的日本人」，魯迅幾乎將所有的所得金錢都拿出來，連羽太全家都要接濟，可是羽太看病必請日本醫生，生活又不節儉，因經濟問題矛盾爆發。許廣平先生回憶，魯迅曾經慨嘆：我用黃包車馱來的，那裡比得過用汽車拉走的多而快？

或曰一眼就能夠看出是情感糾葛。於是就有「魯迅與羽太有染，終於被弟弟發現」一說。其他還有種種說法。關鍵是當事人後來的閉口不提。

魯迅一九二三年七月十九日的日記說了一句：「上午啟孟持信來，後邀欲問之，不至。下午雨。」其實魯迅十四日已經「改在自室吃飯」，不與弟弟弟媳合夥了，而那天周作人的日記卻隻字不提。

能夠確定的是：即便十四日已經「改在自室吃飯」，但是衝突並未升級。最有權威的是魯迅母親魯瑞老太太的話：「頭天還好好的，弟兄二人把書抱進抱出地商量寫文章……」（許羨蘇《回憶魯迅先生》——寫《魯迅評傳》的曹聚仁先生說，他其實沒有資格為魯迅寫傳，因為他「不姓許」：許壽裳、許廣平、許羨蘇、許欽文都比自己有資格。）

知情人或許也有，如「改在自室吃飯」的當晚就「伏園來即去」，孫伏園的學生加朋友、後來《晨報副刊》編輯，與魯迅過從甚密，也許會知道的。然而周氏弟兄及其親朋均不置一詞，後人亦夫何云？

但那絕交信卻大有潛台詞：「薔薇的夢」說明由來已久。「訂正我的思想」說明不僅僅是男女的因素。王曉明的《魯迅傳》評論：「從頭到尾是一種看清真相、大夢初醒的口氣，還隱約夾雜著一絲諒解魯迅的意思……」我們終於朦朦朧朧地感覺到事件的指向性，卻也僅此而已。

總之，魯迅與弟弟絕交了，他後來的小說裡有「魯四爺」、「趙七爺」、「藍皮阿五」等等，卻從來沒有「老二」。

總之魯迅此後有一點點錢了，不必再「毫不利己」。

一年之後的一九二四年，魯迅寫《〈俟堂專文雜集〉題記》一文，換了一個新筆名：「宴之敖者」。直到一九二六年寫「復仇主題」的小說《鑄件》（竊以為是《故事新編》裡最精彩的篇目）仍舊用「宴之敖者」作為斬掉自己的頭顱以復仇的主人公「黑衣人」的姓名，可見咬牙切齒之態。

「宴之敖者」，按照章太炎先生講的《說文解字》的拆字法，寶蓋頭從「家」，下面從「日」、從「女」，「敖」的繁體從「出」、從「放」——我是從自己的家裡被日本女人趕出來！

袁世凱稱帝前的煙幕彈

陶菊隱

袁世凱作為一個政客、軍閥，為人狠毒和功利，從登州投軍到位極人臣，再到逼清退位，以及最後倒行逆施，恢復帝制，直至最終撤銷帝制，撒手人寰，他的一生，是晚清到民國這段複雜混亂的歷史最真實的寫照。本篇擷取了馮國璋、梁啟超、張一麟逐一被袁世凱矇騙的那段鮮為人知的歷史。

「天下最愚蠢的事情，莫過於做皇帝」

一九一五年年初，日本侵略者向袁政府提出了「二十一條」，中日關係極度緊張，袁世凱從總統變皇帝的大戲自不便公開表演。等到對日交涉以接受亡國條件而告一段落，袁世凱認為日本政府收了這筆厚禮，不會出頭來干涉他做皇帝了，因此帝制運動舊調重彈，且有急起直追之勢。

日本報紙的記者動作真快，首先把中國將恢復帝制的消息揭露出來。袁世凱看了這段譯文，立即發表談話說：「辛亥革命初起時，清室願意讓位於我，我堅決不肯接受。我如乘人之危取而代之，便是欺孤淩寡，不仁不義，不忠不信。為了保障皇室安全，我不惜犧牲一己，勉強出面來擔負艱危之局。我完全懂得古今中外帝王子孫都是沒有好下場的，天下最愚蠢的事情，莫過於做皇帝。我已犧牲了自己，豈忍再遺禍子孫！」

進步黨首領梁啟超非常關心這個謠言。雖然他和進步黨已被打入冷宮，但是他們在政治上沒有出路，只要袁世凱不做皇帝，不論做獨裁總統也好，做終身總統也好，他們都願為袁世凱繼續效勞。

梁啟超知道由共和倒退到帝制，是逆潮流而動，必將自取滅亡。他和某些人一樣，認為袁世凱不會真想做皇帝，而是想做一個皇帝化的總統。但他記起袁克定對他說的一席話，卻又不能不引起疑心。原來這年年初他接到袁克定的一張請帖，請他到湯山參加春宴。他如約前往，一眼看見只有主人和楊度二人在座，別無其他客人，就不免感到驚疑。袁克定滿面春風地迎接他說：「卓如先生，今天沒有邀請外客，我們好隨便談天。」接著，他們坐下來天上一句，地下一句，漫談中外古今，漸漸談到政治問題。袁克定似有意又似無意地問追：「近來外面輿論都認為共和制不適合中國國情，卓如先生有何高見？」這一問問得突然，梁啟超不知道怎麼回答才好，他愣了一會兒，才結結巴巴地說：「我生平只研究政體而很少研究國體。」

梁啟超對政治很敏感，他把袁世凱的話和復辟之謠及袁世凱的一切措施結合起來加以觀察，就肯定袁家父子正在搞帝制自為的把戲。他急忙去南京拜訪馮國璋，想從馮國璋的口中探聽北京的政情內幕。

馮國璋是應袁世凱之召前來述職的。原來對日交涉屈服後，袁世凱打算召集各省將軍進京舉行一次大規模軍事會議，公開宣布劃分軍區以及廢省改道等計畫。此時又有狗頭軍師提醒他：「現在正當籌備開國大典的時候，應使將士歸心，廢督廢省等問題還是以緩提為妙。而且，中日交涉解決不久，如果召開一次大規模的軍事會議，可能引起日本誤會，帶來新的麻煩。」袁世凱聽了這幾句話，又像冷水澆背一樣，於是改變計畫，分批電召各省軍人來京述職，藉以窺探他們對帝制問題的態度。

馮國璋一連見袁世凱三次，袁世凱待他特別親熱，每次都同他共進午餐。馮國璋談到外間關於帝制問題的許多推測。袁世凱說：「華甫，你我是自己人，難道你不懂得我的心事？我想謠言也不是無所本的，往日暴民專政時期，曾經有人說過，共和不適合國情，我在口頭上也曾流露過願意退歸田裡或者還政清室；近來新約法頒布，其中有總統得頒授爵位的一條，有人又認為這是變更國體的一個預兆。我早就感覺到，五族權利一律平等，既然滿、蒙、回、藏各族都可以封王封公，為什麼漢族同胞就不能享受同等權利呢？授爵條文對各民族都應不加限制，我一定要做到一視同仁。可是，為了避免誤解，目前我不打算授給漢族以爵位。」

馮國璋想說幾句話，可是沒有機會開口。袁世凱又往下說：「華甫，你我是自己人，我的心事不妨對你直說。現在總統的權力和責任已經與皇帝沒有區別，除非為兒孫打算，我實在沒有做皇帝的必要。至於為兒孫，我的大兒子身帶殘疾，老二想做名士，我給他們排長做都不放心，能夠叫他們擔負國家的重任嗎？而且，中國一部歷史，帝王家總是沒有好下場的，即使為兒孫打算，我也不忍心把災禍留給他們。當然，皇帝可以傳賢而不傳子。現在總統也可以傳賢，在這個問題上，皇帝和總統不也是一樣的嗎？」

馮國璋急忙擋住袁世凱的話頭說：「總統說的是肺腑之言。可是總統功德巍巍，群情望治，到了天與人歸的時候，只怕要推也推不掉的啊！」

袁世凱把眉頭緊蹙了一下，似乎要生氣的樣子，堅定地說：「不，我決不幹這種傻事！我有一個兒子在倫敦讀書，我已經叫他在那裡置了一點產業，萬一有人一定要逼迫我，我就出國到倫敦，從此不問國事！」

袁世凱說得如此斬釘截鐵，使馮國璋將信將疑。他去找政事堂機要局局長張一麐把袁世凱所講的話照述一番，並且問張一麐對這個問題的看法。這位蘇州才子在小站練兵時就做袁世凱的文案，參與機密最久，跟馮國璋的私交也很深。他說：「有是有這麼一回事，有人想做開國元勳，鼓動老頭子做皇帝，但是老頭子不會這麼傻。他的話是可以信得過的。」

馮國璋把以上談話都轉告了梁啟超，於是兩人同下結論說：「仲仁的話是信得過的，老頭子不會這麼傻！」

梁啟超的周圍經常有新聞記者往來，因此袁世凱、馮國璋二人的談話在上海報紙上發表了一部分，帝制之謠便又突然沉寂下來。

祕密設立籌安會

袁世凱有兩個外國政治法律顧問：一個是美國人古德諾博士，一個是日本人有賀長雄博士。這兩個人都是袁世凱用以推行帝制運動的開路先鋒。袁世凱為什麼要搬出這兩個外國寶貝來唱開台戲呢？這是因為：一個寶貝是美國人，美國為共和先進之國，精通政治學的美國博士尚且看出共和制不適合中國的國情，可見中國確有取消共和之必要。另一個寶貝是日本人，日本為君主立憲制的強國，日本法學博士出面來鼓吹中國改行帝制，更可說明中國確有改行君主立憲制的必要。

一九一五年八月，古德諾將要回國的時候，袁世凱授意叫他寫了一篇《共和與君主論》，命法制局參事林步隨譯成中文，交《亞細亞報》發表。這是帝制運動公開化的第一聲。

這時就有善觀風色的政客，祕密呈請改行帝制，袁世凱命內史夏壽田把他們的意見就商於楊度。袁世凱叫楊度授意徐佛蘇等先組織一個研究國體問題的學術性團體，並且網羅一批大名流參加，先為帝制運動製造輿論。袁世凱對任何重大問題，自己從不出面，叫楊度授意可以不落痕跡。袁世凱叫楊度只做幕後人，不要拋頭露面。但是楊度認為這樣一個改朝換代的大問題，應該讓他親自出馬，如果隱身幕後，將來做不了開國元勳，充其量不過是一名跳加官的小角色而已。

袁氏父子都想拉攏幾個大名流，掛出「學術團體」的招牌，以便欺騙國人。楊度則想包打包唱以免別人分功。為搶奪頭功，立即寫了一篇《君憲救國論》，託夏壽田轉呈。袁世凱親筆寫了「曠代逸才」四個字，製成長匾賜給楊度，並把這篇文章寄給段芝貴，叫他祕密付印，分發各省軍民長官參考。但仍沒有叫楊度出場露面之意。

楊度知道一個人包打包唱是做不到的，必須找幾個知名之士，才能使袁世凱滿意。他找到了孫毓筠、胡瑛、嚴復、劉師培、李燮和五人。這些「知名人士」，有的是楊度的老朋友，有的是被楊度硬拉過來做他的幫手的。

一九一五年八月十四日，楊度、孫毓筠、嚴復、劉師培、李燮和、胡瑛六人聯名通電各省，發表組織籌安會的宣言。宣言把「國家所歷之危險，人民所感之痛苦」，都歸罪到人民自己的頭上。接下去援引拉丁美洲各國內戰不停的惡例，以證明共和制不善。然後把美國「大政治學者」古德諾抬出來作為一塊金字招牌，認為「世界國體，君主實較民主為優，而中國則尤不能不用君主政體」。於是宣言論證說：「博士以共和國民而論共和政治之得失，自為深切明著。」最後宣言又把筆鋒一轉說，他們組織這個學術團體，「以籌一國之安」，「將於國勢之前途及共和之利害，各攄己見，以盡切磋之議」，希望「全國遠識之士，惠然肯來，共相商榷」。

在發表這個宣言的同時，他們六人還聯名電請各省將軍、巡按使以及各公法團體派遣代表到北京，共同研討國體問題。但是他們不等各省代表到來，即於八月二十三日在石駙馬大街成立籌安會，並自行決定以楊度為理事長。

假共和之名行專制之實

馮國璋回到南京不久，活靈活現的帝制機關「籌安會」公然宣告成立。馮國璋打電報問張一麟，張一麟只好承認他自己消息不靈通，事前毫無所聞。馮國璋不禁跳腳發火說：「老頭子真會做戲！他哪裡還把我當做自己人！」

宣言發表後，各省將軍、巡按使看出這個團體的後台老闆就是袁氏父子，因此紛紛派代表到北京，並且填寫志願書加入該會。於是這個學術研究團體進一步成為表決國體的團體，發表了主張「君憲」的第二次宣言。這個宣言雖是滿紙胡說，但在字裡行間也暴露了袁世凱假共和之名，行專制之實，並且對他的實力政治和以武力解散國會，廢除舊約法，頒布新約法等罪行，作了貨真價實的供狀。

該會原擬組織各省代表向代行立法院（參政院）舉行變更國體的請願，以示此舉出自真正民意，但因參政院已定於一九一五年九月一日開會，所謂各省代表來不及全體趕到北京，於是他們採取偷工減料的速成辦法，指使各省旅京人士組織「公民團」，分途向參政院請願，所有請願書都由該會代為起草。一九一五年九月一日，參政院開會時，便有所謂山東、江蘇、甘肅、雲南、廣西、湖南、新疆、綏遠等省區的「公民代表」紛紛呈遞請願書。從籌安會成立到組織請願，為期不到十天，像這種高速度的「改革政治運動」，古今中外尚無其例。

孫中山為何要讓位給袁世凱？

劉照興

一九一一年十月十日，武昌楚望台的槍聲一響，革命的烽火很快燃遍全國，形成燎原之勢。統治中國兩百六十八年的清政府在熊熊烈火中迅速地瓦解了，「中華民國」在一片欣喜若狂的歡呼聲中誕生。然而資產階級革命派的領袖、共和國的創始人孫中山卻讓位於清王朝舊臣、帝國主義走狗袁世凱，這件關係辛亥革命成敗的事一直讓人頗費猜測，這裡到底有什麼玄機？

一九一一年十二月二十五日，孫中山從國外歸來，一九一二年一月一日孫中山在南京就任臨時大總統。誰也沒有料到，一九一二年四月一日，任臨時大總統才三個月的孫中山卻辭去職務，把政權交給了袁世凱。當歷史的幕帳徐徐落下的時候，絕大多數的資產階級，革命派和立憲派都在為他們的這一選擇而歡欣鼓舞，只有當袁世凱稱帝的野心逐步昭然的時候，他們才發現自己的選擇是如此地愚昧。

從那時起，人們就開始進行反思：為什麼當時會把民國的政權拱手讓給袁世凱呢？對這一問題許多歷史學家都曾作過解釋，但眾說紛紜，莫衷一是。我認為孫中山先生讓位給袁世凱，不是某一個人的主觀意願，其中有著複雜深刻的社會歷史背景，是歷史合力作用的結果。

第一種猜測：同盟會政治上的幼稚導致的幻想

首先，南京政府的腰桿不硬，對袁世凱的個人誠信產生了幻想。辛亥革命剛取得勝利，革命營壘內部就已呈現出一派分崩離析的現象。當時領導這次革命的中國資產階級還沒有得到充分發展，十分軟弱無力，它的核心力量——同盟會政治理論上非常幼稚，組織上也鬆散龐雜；他們對帝國主義和封建勢力都缺乏深刻的本質認識；他們同廣大下層勞動群眾的嚴重脫離，使他們在異常強大的反動勢力面前感到自身缺乏力量；而地主階級反動勢力以及反對派的力量卻非常強大，虛偽狡猾、擁有實權的袁世凱成了反動勢力的核心力量。孫中山的「讓位」就是在這樣的階級力量對比下釀成的。

武昌起義時，孫中山正在美國北部哥羅拉多州進行籌募革命經費的工作。他經過再三考慮，認為自己當前的主要工作，不在「疆場之上」，而在「樽俎之間」（指宴席之間），他希望通過外交活動，斷絕清政府的後援，來一個釜底抽薪。結果他沒有立即回國。

這一著棋孫中山沒有走好，他沒有及時給革命黨人以具體領導，也沒有考慮革命政權如何建設。他在國外時，就已經聽到一種輿論，即如果爭取到袁世凱擁護共和制度，可以讓袁出任民國總統。孫中山原來對袁世凱的印象並不怎麼好，覺得此人狡猾善變，不太靠得住。但他又希望避免流血，儘早實現革命的目標，只要推翻清政府，廢除帝制，即使是袁世凱出來當總統也未嘗不可。

一九一一年十二月二十五日，孫中山從國外歸來，面對著第一次各省都督代表會議通過的「若袁世凱反正，當公舉為臨時大總統」這樣的決議，他不得不承認這個既成事實。孫中山當選為臨時大總統後，主張「讓位」的呼聲仍然籠罩著革命黨人，包括孫中山身邊的一些重要人物，如黃興、汪精衛、胡漢民等人，都表示贊成讓位。

汪精衛曾行刺攝政王被捕卻沒有砍頭，袁世凱在暗中進行了一些活動，所以汪精衛從清朝監獄出來後，立即主張「南北議和」，並派人到武漢說服黎元洪和黃興擁戴袁世凱為大總統。汪精衛甚至諷刺孫中山說：「你不贊成議和，難道是捨不得總統的職位嗎？」

革命黨人的二號人物、擔任臨時政府陸軍總長的黃興，對袁既有顧慮，又存幻想。黃興說，袁世凱是一個奸猾狡詐、膽大妄為的人，如能滿足他的欲望，他可以幫助我們推翻清朝；否則他也可以像曾國藩替清朝出力搞垮太平天國一樣來搞垮革命。只要他肯推翻清朝，我們給他一個民選的總統，任期不過幾年，可以使戰爭早停，人民早過太平日子，豈不好嗎？黃興的這種看法，在當時革命黨人中是很有代表性的，也完全符合當時孫中山的思想實際。

孫中山認為清政府統治的結束就是革命的成功，而隨著革命的成功就會到來一個政治民主和工商業繁榮的好時代。他只求民國的招牌早早掛起，革命的形勢早早結束，好讓他在「安定的秩序」下完成自己的實業救國理想。應該說「讓位」是包括孫中山本人在內的大多數革命黨人的意見。「讓位」在當時特定的歷史條件下是不可避免的，歸咎於孫中山個人的失策是不公允的。

孫中山是很善於從實踐中總結經驗教訓的。他後來終於認識到把政權拱手讓給袁世凱是一個歷史性的錯誤。他沉痛地寫道：「我的辭職是一個巨大的政治錯誤，它的政治後果正像在俄國如果讓高爾察克、尤登尼奇或弗蘭格爾跑到莫斯科去代替列寧而就會發生的一樣。」

第二種猜測：袁世凱複雜的面孔讓資產階級產生了錯覺

袁世凱在清末「新政」政績頗著，得到了資產階級的信任。

一九〇五年七月二日，袁世凱在戊戌變法後第一個奏請大清國實行立憲政體：「救亡非立憲不可，立憲非取法鄰邦不可。」九月二日，袁世凱和張之洞聯合上奏：諸立停科舉，以便推廣學堂，咸趨實學。已經延續千年的封建專制的科舉考試，竟然在袁世凱的推動下壽終正寢。十月二十三日，袁世凱又有奏章呈遞：請諭准大清國自造京張鐵路，並保派詹天佑先行查勘。這是中國第一條自力更生建造的鐵路。同時在「新政」時他還曾編練新軍，並運用這支武裝力量，游刃於尖銳複雜的帝國主義和中華民族矛盾之間，並把勢力滲透到朝野上下，成為中外推崇的「強人」。

他任直隸總督兼北洋大臣時，不遺餘力地推行「振興實業」、「獎勵工商」等政策，運用政權力量建立起以一批現代企業為主幹的經濟基礎，並在地方自治、吏治、司法、員警、兵政、教育、路礦、財政等方面進行了系統革新，客觀上促成了直隸民族資本主義的發展和資產階級的成長，洋洋大觀的「北洋新政」得到了各地資產階級的青睞。

立憲運動中，袁世凱與立憲派進一步建立了政治聯盟，為憲政改革而痛切陳詞於皇上，奔走策劃於京津，竭力敦促清廷實行立憲改革，從而贏得了資產階級的喝彩。

在軍事力量對比上，袁世凱控制著訓練有素的北洋六鎮七萬多精兵，再加上仍然忠於清帝國的禁衛軍和其他新軍，總兵力達十四萬多人（新軍總數為二十四點一萬人）。而南京臨時政府方面，號稱革命的各色民軍很多，絕大部分是會黨乃至綠林隊伍改編而成；雖然人數上遠多於北方，武器裝備、訓練、指揮和紀律等都遠遜於對方，從而成了資產階級拉攏的物件。

在經濟力量對比上，南京臨時政府已到了難以支撐的邊緣，已走進了死巷，但袁世凱出任清帝國內閣總理後畢竟仍牢牢控制著東北和華北大部，中央財政的基礎仍在，原有的徵稅系統沒有打亂，軍費比較充足。所以與袁世凱締結和議，以防天下大亂，成了資產階級共同的願望。

加之，袁世凱的陰險狡詐，使革命黨人無法看清他的本來面目。此人的社會政治經驗遠比那些年輕而天真的革命黨人豐富得多。袁世凱原是北洋軍閥的首領。辛亥革命時，他受命為清政府的內閣總理大臣，掌握軍政大權，成為中外反動派所倚重的實力人物。武昌起義後，他知道清朝的垮台已無法拯救，而革命火焰也無法用武力來撲滅。

於是他便採取又打又拉軟硬兼施的反革命兩手策略：他用一隻拳頭來打倒清朝政府，而用另一隻拳頭來對付臨時政府。他用來打倒清朝政府的武器是「革命」，他用來打倒革命民主派的武器是「統一」。「議和」就是袁世凱施展又打又拉的產物。

一九〇九年袁世凱被開缺回籍後，使他在此後的階級鬥爭愈演愈烈的兩三年中，遠離政治鬥爭的旋渦，受到清廷的猜疑，使得資產階級產生袁世凱是清廷對立面的錯覺。更有一部分革命黨人把袁世凱視為「同種」，與「異族」的清王朝區別開來。

正是由於以上諸多原因，使得社會各階層，包括資產階級，普遍產生了「非袁不可」的心理。

第三種猜測：帝國主義對袁世凱的支持，是迫使孫中山讓位的重要原因

在袁世凱與孫中山之間，帝國主義與資產階級，其選擇是一致的，那就是擁袁棄孫。

辛亥革命後，大多數革命黨人並不認識帝國主義真面目，以為中國的積弱只是因為清政府的昏庸腐敗，只要將它推翻了，中國就會逐步走上獨立富強的道路，甚至天真地認為他們既然是資產階級革命，就是以西方為榜樣的，這樣可能會得到西方國家的援助，所以革命起來後總是小心翼翼地避免觸動帝國主義列強在中國的既得利益。

他們在對外宣言中，宣布承認清政府與帝國主義間所簽訂的一切不平等條約，繼續償付賠款和外債，企圖以此來換取帝國主義對革命的同情和對革命政府的承認，只要推翻腐朽的清王朝，中國的根本問題便可解決，殊不知那是革命黨人一廂情願的事。在武昌起義的槍炮聲中，清政府的統治土崩瓦解。為維護自己的侵華權益，帝國主義在「嚴守中立」的偽裝下，一方面，不斷在軍事、經濟、外交上向革命黨人施加壓力，逼迫革命黨人妥協；另一方面，支持袁世凱當政，特別是在外交方面。

英國外交大臣葛壘說：「我們對於袁世凱懷有極友好的感情和尊敬。我們希望出現一個政府，有充足的力量可以無所偏倚地對待各國，並能維持國內秩序以及革命後發展對華貿易的有利條件。這樣的政府將獲得我們所能給予的一切外交援助。」他們積極策劃南北和談，提出所謂「非正式照會」，逼迫南方向袁世凱妥協。

帝國主義看中的是袁世凱，把他作為自己在中國的代理人，對袁竭力支持，而對革命黨人施加壓力。英、美、德、日各國軍艦駛進長江，耀武揚威，俄國軍隊集結於我東北北部，日本軍隊在中國東北南部、內蒙東部蠢蠢欲動；外交上，帝國主義國家不承認孫中山的南京臨時政府；輿論上，帝國主義報紙顛倒黑白，對革命派橫加指責；財政上，帝國主義加緊對南京政府實行經濟封鎖，海關稅收分文不

給，致使南京臨時政府財政十分困難。

一九一一年十二月二十日舉行的「南北議和」過程，也就是袁世凱竊取臨時大總統席位的過程。這個「議和」一開始就是袁世凱與英國公使朱爾典約同德、日、俄、美五國代表密商後，由英駐漢口總領事傳話，向各省都督代表提出來的。帝國主義不僅在整個議和過程中為袁世凱密謀策劃，而且公開告訴革命黨人，只有讓袁世凱當選大總統才能得到他們的認可。為了避免帝國主義的干涉，革命黨人自然只有趕緊讓袁世凱出來做總統，以便儘快結束「戰亂」。

孫中山「讓位」於袁世凱，將政權拱手讓出，使中國資產階級民主革命遭受了嚴重的挫折，給革命造成極大的危害。孫中山在「讓位」的過程中對袁世凱做了一些力所能及的鬥爭，雖然不是無益的，但所採取的防範袁世凱危害民國的措施，則無濟於事。

辛亥革命的果實最終被袁世凱所竊取，大地主、大資產階級的獨裁統治又在中國開始建立起來，「中華民國」成了一塊空招牌。這在歷史上一直被人認為是一大憾事，在令人惋惜的同時，也使人們認識到：革命不會一蹴而就，在通往民主的道路上也必將充滿了坎坷和泥濘。事物的發展是前進性與曲折性的統一，需要人們進行前仆後繼的努力才能成功。

宋慶齡為何不與孫中山合葬？

楊國選

一九八一年，宋慶齡病逝於北京。她會同孫中山合葬或附葬於南京中山陵嗎？出乎意料，宋慶齡遺體火化後的第二天，骨灰就用專機運往上海，安葬於萬國公墓的宋氏墓園。

其實這麼做完全是出於尊重宋慶齡生前的囑託安排。人們不禁要問：宋慶齡為何不與孫中山合葬？

一生為公，不求身後有何特殊？

宋慶齡逝世的三個月前，十六歲就到她身邊幫助料理家務達五十三年之久、被她一直尊稱為「李姐」的李燕娥因病逝世。宋慶齡曾囑咐李的骨灰與她的骨灰要葬在一起。為此她在給私人祕書的書面指示中「畫了一個草圖，標明李姐和她自己墓碑的位置應在她父母合葬墓的左右等距，都平放在地上」。宋慶齡安排與她的父母及家人、與終生為她服務的「李姐」葬在一處，符合她的思想和性格的邏輯，是可以理解的。

宋慶齡為什麼沒有提出與孫中山合葬於中山陵？廖承志在《我的弔唁》一文中解釋說：「她一生地位崇高，但她從未想過身後作什麼特殊安排。台灣有些人說，她可能埋葬在南京紫金山中山陵，她想也不曾想過這些。中山陵的建造構思，她不曾參與過半句，也不願中山陵因為她而稍作增添，更不想現在為此花費國家、人民的錢財。」

依戀雙親，某種歉疚之後的選擇？

《宋慶齡傳記》的作者伊斯雷爾・愛潑斯坦還說：「她認為，孫中山的歷史業績是他的功勳，她不應去分享。另外，她父母的墓地在文化大革命中曾遭破壞，後經周總理下令修復。是不是因此而使她覺得她必須永遠陪伴在她父母身邊？她一生為公，但在她看來，死是私人的事情。」

宋慶齡總是懷著某種歉疚之情依戀雙親，尤其是她的母親。

一九三一年七月二十三日，宋慶齡母親病逝於青島，流寓柏林的宋慶齡立即起程回國。在火車上，當她聽一位親戚講述她母親患病及去世的經過時，十分悲痛，「幾乎哭泣了整整一夜」……

一九四九年，國民黨當局竭力宣揚孫中山早已與之離婚的前夫人盧慕貞才是唯一的、真正的孫夫人時，傳聞說宋慶齡表示：「他們可以說我不是孫夫人，但沒有人能夠否認我是父母親的女兒。」愛波斯坦分析說：「這可能是最早透露出她的一種想法，這種想法使她在病危時提出要同她父母葬在一處的要求。」

對宋慶齡刺激最深的還是「文革」時，上海的紅衛兵「砸爛」了她雙親在萬國公墓的墓地，「推倒石碑，把墓中骸骨挖掘出來，實行『暴屍』」。《宋慶齡傳記》講述：「墓地遭破壞的照片從上海寄到北京時，宋慶齡身邊的工作人員第一次看到她精神上支持不住而痛哭起來。廖夢醒把這些照片送給周恩來。周下令上海市有關部門立即將宋墓修復，並在竣工後拍了照片寄給宋慶齡。但並沒有全部照原樣修復。原來的墓碑上列著所有六個子女的名字，而新墓碑上只有宋慶齡一人。……『文化大革命』結束之後，又重新換了墓碑，完全復原。」

心懷隱憂，一種決絕乃至警示？

一九七九年二月，宋慶齡在寫給一位美國人的信中說：

民主和法制開始占上風並顯示出來……最近舉行的三中全會是一大勝利。

這位滄桑老者，即使乘風破浪之際，也難免對前程的波詭雲譎不無隱憂甚至有某種焦慮。也許瀕危之際的宋慶齡感慨於自己的愛侶和導師的身後命運，以歸葬家族墓園的至囑，含蓄又確定無疑地表示了自己對習於造神和迷信盲從的民族性痼疾的決絕乃至警示？

第三篇
名人新事

那些在史冊裡「流芳百世」的名人當真品格高潔？
而那些「遺臭萬年」的人又當真罪無可恕？
「好人」與「壞人」究竟該由誰來論定？

李白：一生摧眉折腰事權貴

風塵逸士

詩人李白傲岸不屈、輕蔑權貴的品格歷來被知識份子稱頌，有詩說「李白一斗詩百篇，長安市上酒家眠，天子呼來不上船，自稱臣是酒中仙」。然而他真如世人所稱頌的那樣遠離權貴嗎？

李白一生都應酬、周旋、奔走於朱門顯宦之間

從青年時代起，李白就遍訪四川地方要員，拿著當時的「名片」投刺京城來蜀的官僚，得到過以禮部尚書銜出任益州長史的蘇廷頁的賞識。為了「十年寒窗脫青衿，一朝能為帝王師」，他隱居岷山待價而沽。廣漢太守慕名前去看望他，使他的名聲漸大。開元十三年（七二五年），二十五歲的李白走出三峽漫遊東南，展開了廣泛的結交權貴活動，他不僅娶了唐高宗時宰相許圉師的孫女為妻，還先後向各地官員上書拜見，希望他們能向皇上薦用自己，卻大失所望而歸，用他自己的話說就是「酒隱安陸，蹉跎十年」。

十年後，他來到了國都長安，寓居在玉真公主別館，謁見了宰相張說的兒子、駙馬都尉張土自以及一批朝臣大官，期望「攀龍見明主」，然而仍無結果，只好悻悻出京漫遊，憤慨不平中寫下了著名的《蜀道難》、《行路難》等詩歌，以此抒發胸中磊落不滿之氣。於是他改裝換巾趨向山林，隱居蒿廬，交結與皇室有密切關係的道士，試圖走出一條世俗垂青、貴人揄揚的「終南捷徑」。應該說，這條捷徑是以肉體磨難換得的，深山大澤之中結草為廬、鑿穴而居、飲食粗糙、單衣遮體，那種被文人們所詩化的麈尾鶴氅、跨蹇尋詩，或踏雪訪梅、釣竿斗笠的隱士生活是很少見的。中國的隱士大多是揚言孤峰逍遙隱逸，實際上是「欲邀求時譽」，擢居美職。隱士超出塵表的卓異人格固然令人羨慕，但櫛風沐雨的

艱苦生涯絕不像人們幻想的那樣瀟灑超脫。

天寶元年（七四二年）初夏，可能由玉真公主和道士吳筠推薦，隱居的李白被徵召入京。他洋洋得意，作詩曰：「仰天大笑出門去，我輩豈是蓬蒿人。」他認為自己將被重用，代草君言、建立功業，他甚至把玄宗比作漢武帝，把自己比成司馬相如。入京召見於金鑾殿後，李白果然受到皇帝重視，命供奉翰林，在一年多受寵遇的日子裡，演出了「七寶床賜食」、「高力士脫靴」、「楊貴妃磨硯」、「飲酒眠鬧市」、「狂筆草蠻書」等廣為傳誦的奇聞逸事。許多曾譏笑過李白「落魄微賤」的勢利小人，這時都紛紛請謁，與他稱兄道弟、酒宴交歡，這更使李白滿面春風，十分光榮。不得志時拚命想做官，得志後便盡可能明哲保身。於是他出入宮廷獻賦作詞，侍從皇帝討好貴妃，交結王公大官贈詩宴酬……寫了許多摧眉折腰事權貴的無聊詩歌。

但不知是唐玄宗認為他那些歌頌宮廷生活的《清平調詞》、《宮中行樂詞》等不夠清新、俊逸，還是翰林院裡那些候補閒員的同事們讒言詆毀，或是他本人褊狹，十分清高地聲稱要浪跡江湖，反正沒等到他「功成」便被「賜金還山」，實際上就是被皇帝下令驅逐出朝了。唐玄宗見過多少「神氣高朗」的文人，在他眼裡，李白只不過是一個有「窮相」的布衣隱士，充其量和當時的梨園弟子、侍奉樂師是同等的地位，召他入朝只是用其名氣與才華做延攬精英的擺設，並非為了讓他治國參政。

李白對自己忠心報君之心不被理解感到委屈不平。他對奸佞之輩的讒毀極其憤慨，常常表現出浮雲富貴、糞土王侯的清高氣概，但又十分留戀宮廷侍從的生活。所以他不僅在皇帝面前以恭謹小臣禮範的形象出現，而且攀龍附鳳一心嚮往和李唐皇室聯宗結譜，其矛盾百出的庸俗氣簡直不能與他剛正傲岸的性格掛鉤。他頌揚唐王朝的列祖列宗；他謳歌唐玄宗是明主、英君、聖皇；甚至將皇帝比作太陽，從沒有譴責過君王的昏瞶和荒淫；他時時懷念玄宗的知遇之恩和供奉惠渥；他把自己比喻為被阿諛諂媚之流妒害的精衛鳥。因此他是含著熱淚離開長安的。

微妙的問題是李白沒有心思去品咂一下他在政治仕途上的失敗苦澀，儘管這時他已四十四歲了，但仍匆匆忙忙按老路趕行程。每到一處，他就與當地的太守、長史、司馬、縣令等官場人物相互贈詩，參加各種應酬宴請。使人感到驚訝的是，一些連史傳都無記載的人物竟被他美譽為雄才豪傑，其目的是迫切地希望對方賞識自己，很多語氣近於乞求。天寶十四年（七七五年），李白竟執筆代替宣城太守向權傾朝野的右相楊國忠上書，言辭卑下，語多阿諛。儘管是為他人代言，但實在是有損自己的形象與人格，後世研究者對此只好閉口不談。

安史之亂爆發後，李白的干謁自薦活動無人顧及了，他聽到永王李璘率軍經過長江流域，便興沖沖跑下廬山進入永王李璘幕下效力，試圖奮劍運籌立功建業。誰知李璘竟因「叛亂」全軍覆沒，李白南奔自首後以附逆罪被投入監獄，差點被殺頭，最後長流夜郎（今貴州正安）。這是李白第二次慘遭政治上的打擊。本來他滿懷激情報效君王，要與永王李璘共赴國難，結果卻身陷囹圄。所以他一再聲稱自己是被「脅迫」，幸虧御史中丞宋若思將他解脫。之後李白隨宋若思到武昌幕府中協理文案。天真的李白又心血來潮，以宋若思的名義向朝廷寫了一封自薦表，要特請拜一名京官給自己。此後他又兩次向宰相張鎬投詩，交結地方官員，希望能再踏上仕宦之途。上元二年（七六一年），李白聽說太尉李光弼出征東南，雖然這時他已六十一歲了，仍向朝廷「請纓」，準備投身軍幕，但因生病不得不半道還家，後到當塗（今安徽當塗）去依靠「從叔」縣令李陽冰，不到一年便悲涼地病死在這個小縣城了。

李白一生思想上渴求入仕做官，人事上卻幾次難以遇合，在行為上追求功名心強烈，直至乞求權貴，在情感上凹凸不平、憤世嫉俗。在他留下的一千多首詩歌中，充滿了浪漫氣質的誇張之詞，豪言壯語中時時表現出「結交王侯」的幻想；對現實不滿集中於從政之志無法實現上，痛恨厭惡者只是阻塞了他上進之路的小人，而對皇帝、權貴則慨歎他們慧眼沒識他的才幹。

如果說李白一輩子功未成，身也未退，那麼他一生也未真正安安靜靜地隱居過。同樣他在文學創作上的個性解放、傲岸超然、縱情自適，和他獵取功名、強烈從政的委曲求全，使他一生陷入痛苦的矛盾中。詩人李白的崇高和文人李白的庸俗似乎竟能在主觀上統一起來，這就給後代具有個性又頗受壓抑的讀書人，留下了極好的渲染素材與反思榜樣。

真實黃飛鴻：武功到底有多高？

龍文

如今的佛山人說起黃飛鴻總是一臉的自豪，據說以拍黃飛鴻系列影片而聲名大噪的導演徐克，在黃飛鴻紀念館落成那天，率他的製作班底特意趕來，對他們心目中的英雄進行「三跪九叩」大禮。而在一百多年前，黃飛鴻只不過是佛山街頭一個默默無聞的賣藝人，在佛山的酒肆茶館或者尋常小巷，你或許可以遇到他，但你絕不會認為一百年後，他會成為一個世界文化名人。生前寂寞，死後榮光，這就是真實的黃飛鴻。

黃飛鴻原名黃錫祥，字達雲，原籍南海西樵祿舟村，清道光二十七年（一八四七年）七月初九生於佛山，是嶺南武術界的一代宗師，也是一位濟世為懷、救死扶傷的名醫。其父黃麒英乃晚清「廣東十虎」之一，曾先後被提督吳全美、黑旗軍首領劉永福等聘為軍中技擊教練，在武林中享有「虎癡」之雅號。此外黃飛鴻亦善於舞獅，有「廣州獅王」之稱。一九二四年七十七歲的黃飛鴻在香港去世。他身後蕭條，貧無以殮，幸弟子鄧秀瓊為他料理後事，葬於白雲山麓。

習武神童，街頭賣藝

廣東佛山，古稱陶城，有多個歷史頭銜：佛山是絲織品彙集之地，是粵劇的發源地，是中成藥之都，當然最著名的一個頭銜就是武術之鄉，要尋找南派武術的源頭就要到佛山。

一八四七年農曆七月初九，一個非常普通的日子，黃飛鴻降臨於一個貧窮破落的家裡。父親黃麒英用賣藝換來的銅錢為妻子買來一隻老母雞，殺了替妻子燉上。

黃麒英是佛山十大高手之一，但並不像電視上所說的那樣闊綽，黃麒英並不想兒子像他這樣僅僅是一介武夫，窮困潦倒。他希望黃飛鴻讀「四書五經」，考取功名，這樣就不必天天日曬雨淋的，東奔西跑，一年到頭，日子還是那麼拮据。

黃飛鴻既然出生在武術之鄉，父親又是佛山十大高手之一，他想不習武那是不可能的。父親也沒指望黃飛鴻日後能夠繼承他的衣缽，但他沒想到青出於藍勝於藍，黃飛鴻不只繼承了父親的衣缽，還把父親的武術心得發揚光大。

父親用所得的積蓄把黃飛鴻送進了學堂，但黃飛鴻並不專心學習，他的心思早已飛到父親的武功上，於是蹺課跑到大街上看父親的武術表演，放學時再偷偷地跑回去。那時父親雖然不得志，但無疑是小黃飛鴻心目中的英雄。父親的拳腳功夫、刀槍棒法無人能及，黃飛鴻不想念什麼書，就想成為父親那樣的人，走江湖多好。

父親發現了黃飛鴻蹺課，暴打他一頓，那可是他好不容易掙來的血汗錢，他把希望全部寄託在黃飛鴻身上，如今黃飛鴻卻說：

「爹，以後我跟你一起賣藝。」

父親撫摸著黃飛鴻的頭，無奈地搖了搖頭，也許這就是命吧！

從那以後父親再也沒有強迫黃飛鴻學習了，也沒有再打過黃飛鴻。很快地父親開始為黃飛鴻感到驕傲，他發現黃飛鴻有習武的天分。他教黃飛鴻武功的時候，只要教一遍黃飛鴻就會了。而當初他自己卻花了好多時間才學會。

黃飛鴻不僅領悟能力強，還能夠融會貫通，把各種招式的優點結合起來。七、八歲的時候，黃飛鴻就開始跟著父親到佛山街頭賣藝了。

初生牛犢，一比成名

十二、三歲的時候，黃飛鴻開始在佛山嶄露頭角。老百姓對少年黃飛鴻的興趣遠遠勝於那些成人，黃飛鴻的每一次演出都會吸引很多人，遊客們把黃飛鴻圍得水泄不通，不斷地為他叫好、鼓掌。那時，老百姓只知道有黃飛鴻這樣一個少年，卻並不知道黃飛鴻的名字，使黃飛鴻少年成名的是一場比試。

一次，武術大師鄭大雄也在街頭賣藝。鄭大雄擅長左手釣魚棍法，他擺下擂台，和前來挑戰的人比武，沒有人是他的對手。他拱手作揖，問還有沒有人敢上來與他比試的時候，黃飛鴻躍上了擂台。父親大吃一驚，但阻止已經來不及了。

鄭大雄以為黃飛鴻是個頑劣的少年，認為他是來搗亂的，並沒有把他放在眼裡，讓他下去。此時的黃飛鴻眼裡放出一種威嚴的光芒，一字一頓地說：「鄭前輩，晚輩黃飛鴻，是來挑戰你的獨門絕技左手釣魚棍法的。」

圍觀的人熱情高漲，齊聲為黃飛鴻的膽量叫好。鄭大雄吃了一驚，原來眼前這個乳臭未乾的少年就是佛山十大高手之一黃麒英的兒子。

鄭大雄客氣地接受了黃飛鴻的挑戰。黃飛鴻用四象標龍棍法對付鄭大雄的左手釣魚棍法。鄭大雄有意讓著黃飛鴻，黃飛鴻覺察出來了，邊打邊說：「請前輩使出全部的招數。」說著步步緊逼。

鄭大雄倒抽一口涼氣，心想：好大的口氣，今天不給你點顏色看看，你還不知道天高地厚。於是鄭大雄也不讓黃飛鴻了，兩人越戰越勇，越戰越起勁。觀看他們比武的人也排起了一條長龍，圍觀的人們都憋著一口氣，心裡為黃飛鴻捏了一把汗。

出乎所有人的意料，黃飛鴻以微弱的優勢戰勝了鄭大雄，鄭大雄心服口服，歎黃飛鴻初生牛犢不怕虎，後生可畏，來日方長。

那一天，佛山的老百姓都記住了一個少年的名字：黃飛鴻。

幾乎在同一年，黃飛鴻父子在佛山豆豉巷賣藝，快要結束的時候，突然看見鐵橋三的高徒林福成不知為何被一群人追殺。黃麒英素來尊重為朋友兩肋插刀的英雄好漢鐵橋三，見他的徒弟被追殺，二話不說，拔刀相助。

黃飛鴻協助父親把敵人打跑，林福成為表達感激之情，答應傳授黃飛鴻鐵線拳和飛砣等絕技。學成後，黃飛鴻的武藝更上一層樓，甚至連父親都不是他的對手了。

以一敵十，馳名香江

十六歲的時候，黃飛鴻覺得可以去闖蕩江湖，於是告別家鄉，來到繁華都市廣州。夜宿一家客棧，半夜遭遇強盜打劫，黃飛鴻赤手空拳把手持刀棍的十幾個強盜打得落花流水，一時被傳為佳話。這是黃飛鴻來廣州的第一次義舉，此後黃飛鴻在廣州繼續賣藝，名聲逐漸傳播開來。

廣州的礦工生活在水深火熱當中，常常遭資本家的欺負剝削，礦工們敢怒不敢言。聽說黃飛鴻的事蹟後，他們就集體湊錢讓黃飛鴻開了一家武館，黃飛鴻的賣藝生涯也因此而終結。

工人們忙時挖礦，閒時跟黃飛鴻學習武藝。兩年後，開始有點名氣的黃飛鴻又被果欄、菜欄、魚欄中人聘為行中武術教練。

英雄志在四方。少年時的黃飛鴻有一顆不安分的心，總渴望四處闖蕩，為開闊視野，經歷更多的世面，黃飛鴻隻身一人來到香港。

一次有一個盛氣凌人的英國人，牽著一條身材高大的狼狗在鬧市叫囂，說中國人是懦夫，沒有人敢跟他比試。當時已經有幾個有骨氣的人看不過去和他比試，都被狼狗咬傷了。英國人更加肆無忌憚，說中國人連狗都不如。圍觀的人都對外國人指指點點，怒目以對，但懼怕那條凶狠的狼狗，誰也不敢上前教訓英國人。

黃飛鴻挺身而出，以猴行拐腳當場把那條狼狗擊斃了，隨後又三拳五腳把英國人打趴下。圍觀的人無不拍手稱快，交口稱讚黃飛鴻的壯舉。

又一年，香港一個惡霸強占了一個小販彭玉的攤位。彭玉無奈，聽說黃飛鴻有俠士風範，於是帶著僥倖的心理去向黃飛鴻求助。黃飛鴻聽了彭玉的痛訴，二話不說，直奔惡霸的住處。惡霸是一個黑社會組織，有很多幫凶，還有武器。彭玉見黃飛鴻一個人難以敵眾，就勸黃飛鴻說算了，他不要攤位了。但黃飛鴻豈是膽小怕死之人，一個箭步走到惡霸的面前，聲正色厲地要惡霸把攤位還給彭玉。惡霸自然不聽，一場惡戰無法避免。

黃飛鴻以一敵十，惡霸的手下一個個倒在地上，彭玉看得目瞪口呆，這樣驚險、刺激又壯觀的場面他還從來沒有見過。

惡霸見勢不妙，趕緊向黃飛鴻求饒，並歸還彭玉的攤位。至此黃飛鴻的俠名開始在香江兩岸流傳。

六年後，黃飛鴻認為闖蕩夠了，父親也催他早日回家成親，黃飛鴻便離開了香港。

寶劍出鞘，芝草成林

重回佛山的黃飛鴻在父親的安排下結了婚，黃飛鴻對這樁婚姻持中立態度，既不反對也不高興，反正「父母之命，媒妁之言」。但黃飛鴻沒有待幾年又去了廣州，並如父親所願，走上了仕途。黃飛鴻接到了廣州水師的橄欖枝，廣州水師聘他做武術總教練。

在廣州當了六年的水師教練後，黃飛鴻於而立之年時遭遇喪父之痛，之後便萌生退意，辭了水師教練，把妻兒接到廣州，在廣州仁安街開了一家跌打醫館「寶芝林」，門前懸有一副對聯：「寶劍出鞘，芝草成林。」

黃飛鴻的醫館既授武術，又給病人看病。起初老百姓只知道黃飛鴻武功高強，並不知道他還跟父親研究過中醫，不太相信黃飛鴻的醫術。所以有很長一段時間，黃飛鴻的醫館門庭冷落，即使黃飛鴻免費為老百姓看病，老百姓也搖搖頭，寧願花錢去正規醫館。直到有一天，黃飛鴻醫好了一名特別的病人，局面才逐漸好轉。

威震四方的黑旗軍統帥劉永福得了一種腳疾病，奇癢無比，求醫無數，也沒治好。劉永福仰慕黃飛鴻的俠名，一日有空來家拜訪黃飛鴻，談話間說起了自己的苦惱。

黃飛鴻聽了，神祕地笑了笑，說：「如果將軍信得過我飛鴻，我可以醫好你的腳疾。」

劉永福誰都信不過，但對黃飛鴻信任有加，黃飛鴻是老百姓有口皆碑的英雄好漢，不會信口雌黃的，於是放心大膽地讓黃飛鴻去治，還開玩笑似的對黃飛鴻說：「治好了算你的，治壞了算我的。」結果多年的腳疾還真被黃飛鴻治好了。劉永福驚喜萬分，稱黃飛鴻是華佗再世，於是贈送了一塊寫有「醫藝精通」字樣的木匾，大力宣傳黃飛鴻的醫術。

之後來寶芝林看病的人越來越多，超過了來拜師學武的人，醫館裡到處都能聽到老百姓喚「黃師傅」的叫聲。

在廣州只有一個「黃師傅」，那就是黃飛鴻。黃飛鴻非常喜歡這個親切的稱呼。

在為老百姓看病的時候，黃飛鴻從來沒有馬虎過，同時也很仗義，遇到窮困的病人，黃飛鴻不收他的醫藥費。

在廣州的老百姓離不開黃師傅的時候，黃飛鴻卻又要走了。已經是黑旗軍的軍醫官、福字軍技擊總教練的黃飛鴻，再一次燃起了報國的願望：一八九四年，劉永福率領軍隊赴台灣抗擊日本侵略軍，黃飛鴻隨劉永福率九營福字軍抵台，駐守台南。不料劉永福護台失利，黃飛鴻不得不再一次回到廣州。歷經世事滄桑的黃飛鴻心態開始平靜，從此只懸壺濟世，退出武林，不再收徒弟，不再傳授武藝，並在「寶芝林」門前張榜說：「武藝功夫，難以傳授；千金不傳，求師莫問。」

廣東的武林，沒有了黃飛鴻，頓時寂寞不少。又過了二十年，黃飛鴻病逝於廣州城西方便醫院，享年七十七歲。

真實的黃飛鴻

■就這樣平淡嗎？

黃飛鴻的一生比起銀幕上那個黃飛鴻來說，的確要黯淡許多。

■黃飛鴻帥嗎？

銀幕上的黃飛鴻要麼是趙文卓，要麼是李連杰，沒有一個長相一般的，這也迎合了觀眾的需要，或許我們都期望黃飛鴻像趙文卓一樣英俊，像李連杰一樣瀟灑。但事實恰恰相反，真實的黃飛鴻長相很一般，甚至還有我們所不齒的大肚腩。黃飛鴻留存於世的只有一張照片，這張照片也證明了黃飛鴻與帥哥搭不上邊。

更有力的證據來自黃飛鴻的第四任夫人莫桂蘭，她在接受香港《真功夫》雜誌採訪時說：「黃飛鴻生性怪異，壽星公頭，有一副羅漢眉，眉長至垂下，瓜子口面，耳大而長，身材肥壯高大，要穿三尺六寸長衫，行起路來表情淡定，兩手總擺在後面。」

這讓「鴻迷」們大失所望。

■黃飛鴻的武功到底有多高？

七、八十年代出生的人，男孩子與男孩子打鬧，時不時來一句「佛山無影腳」。這是銀幕上的黃飛鴻的看家本領，而事實上武學當中沒有「佛山無影腳」的說法，這一武功純屬虛構。

那麼黃飛鴻的武功究竟有多高？黃飛鴻的功夫主要來自兩個部分，一部分是黃飛鴻的父親黃麒英，另一部分是鐵橋三的徒弟林福成。莫桂蘭認為，黃飛鴻平生絕技有雙飛砣、鐵線拳、虎鶴雙形拳、羅漢金錢鏢、四象標龍棍、工字伏虎拳等，其中最擅長的應該是虎鶴雙形拳和飛砣，虎鶴雙形拳由黃飛鴻集各家之精華融會貫通而創立。

值得稱道的是，黃飛鴻的舞獅技術堪稱一絕，黃飛鴻的獅藝以「獅子出洞」、「獅子上樓台」等著稱，以「飛砣采青」為絕技，在當時的廣東獨樹一幟。黃飛鴻還開創了女子舞獅的先河。

總之黃飛鴻的武功並不像銀幕中那樣無所不勝，資料記載曾好幾次打抱不平時，黃飛鴻都寡不敵眾。

■黃飛鴻的醫術到底有多高？

事實上黃飛鴻會醫的僅僅是一些皮外傷，尤其是跌打損傷。中華武術與中醫一脈相承，所以黃飛鴻會簡單的醫術，但中醫實在博大精深，黃飛鴻又不喜歡讀書，他不可能有很高的醫術。

有一件小事可以看出黃飛鴻的文化水準。他想開一間醫館，但苦於沒有一個好名字。這時他的徒弟考中了進士，送給他兩句詩：「寶劍騰霄漢，芝花遍上林。」黃飛鴻就把第一句詩的第一個字和第二句詩的第一個字以及最後一個字合在一起，用作醫館的名字。

■黃飛鴻是否真有十三姨這樣一位紅顏知己？

答案是否定的。歷史中的黃飛鴻愛情與婚姻非常慘澹。他一共結過四次婚，三任妻子相繼死去，直到第四任妻子莫桂蘭，才陪他度過了最後的歲月。

也有人說莫桂蘭或許就是十三姨。但莫桂蘭直言不諱，說黃飛鴻對她的感情一般，她嫁給黃飛鴻的時候才十九歲，但黃飛鴻卻已經五十多歲，老夫少妻，沒有什麼浪漫，有的僅僅是陪伴。

李鴻章：夾縫中的悲情英雄

老末

「吾敬李鴻章之才，吾惜李鴻章之識，吾悲李鴻章之遇。」——梁啟超

翻開中國近代史，李鴻章是最繞不過去的人物之一，又是爭議最大的人物之一。身處危機四伏、矛盾深重的時代，他的性格特徵也不可避免地呈現出複雜的矛盾性和多樣性。

血性與忠誠

梁啟超認為李鴻章「有才氣而無學識，有閱歷而無血性」，同他一樣，許多人也都只看到李鴻章中年之後的窩窩囊囊，而不知道他年少時的血性賁張。李鴻章以書生帶兵，留下的是「專以浪戰為能」的紀錄。他敢愛敢恨、敢作敢為，曾因恩師曾國藩待友李元度不公而毅然脫離曾府，也曾因常勝軍統領戈登不服管治而力除其軍權。

但這樣一種血性，慢慢地就被恩師曾國藩以儒學精神化解和消磨了。而曾國藩的利器只有一個字：「誠」。如李愛睡懶覺，曾則每日清晨必等幕僚到齊後方肯用餐，逼李早起；又李好講虛誇大言以譁眾取寵，曾多次正言相誡。最為典型的是有一次曾國藩問李鴻章怎樣與洋人交涉，李回答不管洋人說什麼，只同他打「痞子腔」（就是說大話，先聲奪人的意思）。曾沉默了很久說：「依我看來，還是在於一個『誠』字。誠能動人，洋人也是人，只要以誠相待，也一定會受感化的。」李鴻章頓表衷心接受，此後嚴加奉行。

如果說血性意味著對於自我、自身個性的忠誠，是「第一種忠誠」的話，那麼曾國藩所說的

「誠」，更多地意味著對於朝廷、群體和他人的忠誠，不妨視為「第二種忠誠」。李鴻章對清廷的忠心耿耿，自不待言；他還特別講義氣，「李一生中對於朋友的忠誠幾乎具有傳奇色彩」（英國學者福爾索姆語）；而對於洋人，李鴻章仍然是「誠」字當先。例如李鴻章在任北洋大臣時，一位德國海軍將領到訪天津，邀請他參觀軍艦，李鴻章欣然同意。不巧參觀那天刮大風，海上航行不便，那位將領就建議取消約會。不料李鴻章為顯誠意，毅然只帶一名翻譯登上小艇到達德艦，令那位德國將領感動不已。李鴻章的種種表現曾獲得西方列強的廣泛讚揚，美國南北戰爭中的名將、後來曾任總統的格蘭特對李鴻章更是惺惺相惜，稱他為「遠東第一名相」。

在李鴻章身上，隨著「第二種忠誠」取代了「第一種忠誠」，他逐漸喪失了血性和個性，成為龐大的政治機器上的一個忠實的零件，儘管這是一個最大最重要的零件。他是一個日薄西山的帝國謹小慎微的看門人；而在列強眼裡，他誠信、可靠，甚至有幾分迂腐，這樣「溫柔敦厚」的對手夫復何求？

重任與瑣屑

李鴻章是有大抱負的，他曾留下這樣的雄奇詩句：「胸中自命真千古，世外浮沉只一謳。」「一萬年來誰著史？三千里外覓封侯。」現在讀來，我們仍然會被其中充溢的豪情壯志所感染。可以說這樣的詩句放到龔自珍、李賀甚至李白的集子裡，也毫不遜色。

李鴻章又是敢於擔當的，福爾索姆指出：「鑒於大多數中國官員逃避責任，李似乎是追求責任，他從不逃避不愉快的任務，並總能指望他採取主動。」從青年時代的投筆從戎，一直到年近半百之際接替曾國藩主持晚清對外軍事、外交和經濟大政，李鴻章每每「於危難之時顯身手」，這顯然是「天將降大任於斯人」的強大內驅力使然。在義和團活動時期，一名外國記者告訴李鴻章，普遍認為在中國他是唯一能對付這種局面的人，他回答說：「我相信自己。」當仁不讓之意溢於言表。

樹大招風，李鴻章還要時刻面對官場的傾軋和仕途的險惡，「受盡天下百官氣，養就胸中一段春」，正是他的自我寫照。李鴻章有度量、有涵養，擁有比一般的封建官吏更為飽滿、更為充沛的政治情懷；同時他也深諳官場權術，有相當的政治手腕，儘管在宦海中幾度沉浮，但基本上可以看做是一個「不倒翁」。

蔣廷黻有言：「一看李之全集，只見其做事，不見其為人。」但李鴻章的精力和才華，也都消耗在那些繁複的事務性工作中去了。這一方面是由於封建體制的「制度性內耗」，另一方面也由於他本身才幹有餘而見識不足。他一生做了無數的事，可那些最重要的大事，卻似乎都是別人做的。例如，鎮壓太平天國的事，主要是曾國藩做的；開辦重工業和民用工業的事，主要是張之洞做的；收復新疆的事，則是左宗棠做的。有人甚至毫不留情地指出：「凡是只要閱讀過李鴻章的奏稿、家書、朋僚信函達三十份以上的人，基本上就可以判斷出李鴻章這個人實際上只具備典型的『小公務員』素質……他的所有文稿幾乎都表達出他非常在乎具體事件的拉雜算計和工於小心計，始終透出了一種對上和對外的個人猥瑣人格氣質。」話雖說得刻薄，但恰好是梁啟超所謂「有才氣而無學識」的註腳，也是對李鴻章本人巨大抱負和高昂責任感的強烈反諷。

改造與裱糊

李鴻章自有其因循守舊的一面，但他絕不是腐儒，他趨新求變，虛心向洋人學習，積極操辦洋務，成為中國近代化的先行者之一。在推動中國經濟與外交的近代化過程中，他既有想法，更有辦法，是個身體力行的人。

曾國藩評價李鴻章「才大心細」，恰好可以用來形容他在對待西方文化上的雙重性。在軍事、經濟、文教等方面，李鴻章敢於創新，顯示了「才大」的特點；在政治方面則顯示了「心細」的特點，比較保守。李鴻章一向是西方器物文明的崇拜者，直到自己的風燭殘年，才意識到西方制度文明的重要性，但此時留給他的時間已經不多了。況且即便他傾慕西方政治，他所能接受的極限也不過是半吊子的君主立憲而已。如果我們把對一個社會形態的變革分為革命、改革、改良、修補等四種層次的話，那麼他所認同的只比修補高一點，還沒達到改良的層次。

正如他自己所說，終其一生，他「只是一個裱糊匠，面對一個破屋只知修葺卻不能改造」。既不能，也不願，更不敢。

毛澤東曾說晚清政府與李鴻章的關係是「水淺而舟大也……吾觀合肥李氏，實類之矣」。李鴻章這艘航船曾迎著朝陽，豪情萬丈地張開風帆，但在處處受制、時時碰壁後，只好滿懷惆悵地駛向夕陽，留下了孤獨而淒涼的背影……

但艱難的航程中，畢竟留下了他務實的腳印。美國人曾這樣評價李鴻章的事功：「以文人來說，他是卓越的；以軍人來說，他在重要的戰役中為國家做了有價值的貢獻；以從政來說，他為這個地球上最古老、人口最多的國家的人民提供了公認的優良設施；以一個外交家來說，他的成就使他成為外交史上名列前茅的人。」

艱難的航程中，更留下了太多的悲情。李鴻章生逢大清國最黑暗、最動盪的年代，他每一次的「出場」無不是在國家存亡危急之時，清廷要他承擔的無不是「人情所最難堪」之事。這樣一個人物，一輩子在夾縫中生存，委曲求全，忍辱負重。中國政治文化和倫理文化歷來推舉忍辱負重者，甚至超過了那些決絕抗爭者，所以李鴻章也由此贏得了後人的同情和敬重。

李鴻章去世後兩個月，梁啟超即寫出煌煌大作《李鴻章傳》，其中說他「敬李鴻章之才，惜李鴻章之識，悲李鴻章之遇」。這句話至今仍是許多人的共同心聲。

宋徽宗的另類解讀

李亞平

宋徽宗在當上皇帝之前，是一個多才多藝、好學上進、相當討人喜歡的好青年，在宮廷內外、朝野上下的口碑很不錯。登基之初他也曾銳意進取、除舊布新。到底是因為什麼使他沉淪，最終斷送了北宋王朝？是無邊的享樂，是用人不當，還是天生的藝術家氣質……

意外登極

西元一一〇〇年，即哲宗元符三年正月，宋徽宗的哥哥宋哲宗病死。此時宋哲宗只有二十四歲，應該正是生龍活虎的年齡。他的死，很有可能與放縱的兩性關係有關。有證據顯示，這位皇帝十四歲時，就有大臣上書，勸諫皇帝不要過多地陶醉在女色之中。據說當時皇帝已經大量徵集民間適齡女子進宮，每天要有十位年齡在二十歲左右的美貌女子，侍奉這位尚未婚娶、沒有皇后的少年皇帝，這使得大臣們十分煩惱，也使皇帝的祖母，當時統攝國政的宣仁太后相當煩惱。

根據現代生理學和現代醫學的研究成果表明，成年男子具有生殖能力的精子，需要三十六個小時以上才能發育成熟。過度的性生活，很有可能是導致這位青年皇帝正當盛年死去及沒有子嗣的重要原因。

然而不管怎麼樣，宋哲宗的死，無疑為宋徽宗登上帝位掃除了最大的障礙。

歷史記載顯示，宋哲宗死前，並沒有安排好皇位的繼承事宜，只能由皇帝的母親、宋神宗的正宮娘娘向太后，召集幾位朝廷重臣討論選擇繼位新君這一重大問題。這位向太后是河內人，就是今天河南沁陽人。她出身名門，是宋真宗朝名相向敏中的曾孫女，與宋神宗結為夫妻後，兩人感情極好。西元一〇八五年，即神宗元豐八年，宋神宗崩於福寧殿。向皇后與神宗的生母宣仁太后一起，冊立趙煦為帝，就是宋哲宗。

後來，宣仁太后命人修繕慶壽宮給向太后居住，向太后堅決拒絕。原因是慶壽宮在宣仁太后住所的東面。按照帝國的習俗，東面為上。向太后不肯亂了婆媳上下之分。哲宗即位後，挑選皇后，並為諸弟娶妻。向太后告誡向氏家族的女子，不要汲汲於富貴，不得參與其間。家族中有求官者，也一概拒之門外，不肯通融。因此這位正直而賢淑的太后，在朝野上下臣民之中相當有威望。此時向太后認準了端王趙佶仁孝端正，且有福壽之相，因而堅決主張由趙佶就是後來的宋徽宗繼位。誰知向太后的主張，遭到宰相章惇的抵制。這位後來名聲很糟、被認為是奸臣的宰相認為：趙佶太輕佻，不適合做皇帝君臨天下。正在此時，宰相的反對派知樞密院事曾布當場厲聲指責宰相「所發議論，令人驚駭，不知居心何在」，言外之意是說他目無尊上、別有用心、居心叵測，搞得這位宰相乖乖閉上了嘴。

就這樣，後來證明絕不僅僅是「行為輕佻」的趙佶，變成了宋徽宗。於是我們很快就有機會看到，那位被認為是奸臣的宰相章惇，不幸而言中，趙佶不光是不適合做皇帝。那些自以為不是別有用心的人們，包括當時人們很尊敬的向太后，和後來同樣被列入宋朝奸臣行列的曾布，為帝國選擇的根本就是災難與死亡。所謂「輕佻」云云，顯然太看輕了這位皇帝禍國殃民的本事。

翰林天子

宋徽宗或許是中國帝王中藝術天分最高的皇帝。如果沒有坐上皇帝寶座的話，他可能會成為中國歷史上一個相當完美甚至偉大的藝術家。至少在中國書法史和中國美術史上，他都會享有無可爭辯的崇高地位。

這位皇帝獨創的「瘦金體」書法獨步天下，據說直到今天也沒有人能夠超越；這種「瘦金體」書法，挺拔秀麗、飄逸犀利，即便是完全不懂書法的人，看過後也會感覺極佳。他的楷書作品《穠芳依翠蔣詩帖》亦堪稱楷書傑作，其筆法犀利遒勁，鐵畫銀鉤。趙佶的草書書法爐火純青，用大師稱呼不算過分；人們甚至認為其水準絲毫不亞於盛唐時期的草書「書聖」張旭與懷素，可見其功力之深。

此人作了不少詩詞，不過似乎沒有達到他書畫的水準，他的詞讀起來雖然還算過得去，但顯得過分雕琢，能讓人傳誦的顯然不算很多。

徽宗皇帝與書法家交往的故事，為歷代文人騷客津津樂道。如他與大書法家米芾交往就很有意思。

米芾與徽宗一樣酷愛石頭，曾經在一塊怪石面前納頭便拜，尊稱此石為兄，人稱「米癲」，就是米瘋子的意思。一次，徽宗令人在瑤林殿張掛兩丈長的畫絹，擺上極珍貴的筆、硯、墨、鎮、紙等，召米芾寫字。米芾上躥下跳、筆走龍蛇，並大呼：「奇絕陛下！」皇帝一高興，把所有眼前寶物全部賞賜給了米芾。有一次在崇政殿奏事，米芾手執書笏，皇帝讓他放在椅子上，他大叫：「皇帝叫內侍，要唾壺！」也不知是要皇帝用，還是自己用。大約是一種抗議自己受怠慢的意思。管宮廷風紀的官兒要治他的不尊之罪，皇帝制止說：「對俊逸之士，不要用禮法拘束他。」米芾曾經為皇帝書寫過屏風，幾天後，皇帝派宦官賞賜給他白銀十八笏，十八笏為九百，當時的人們以九百為傻，和我們今天罵人二百五是一個意思。米芾興高采烈地對來者說：「知臣莫若君，皇帝真了解我。」皇帝聽說後大笑。某宮修完後，徽宗命米芾去寫字，當時米芾已經身兼書、畫兩學博士，他用完皇帝御用的一塊珍貴硯台後，一本正經地說：「這塊硯台被臣濡染過，已經不堪再讓皇帝使用了。」宋徽宗放聲大笑，將硯台賞了他。他怕皇帝反悔，抱著硯台就跑，結果弄得滿身墨汁淋漓。

在繪畫領域，宋徽宗也當之無愧地可以躋身於中國歷史上最優秀的大畫家之列。他的丹青造詣堪稱登峰造極，蔚為大家。據說龍德宮建成後，徽宗召來各路著名畫家作畫。作畫者都是一時之選，徽宗看後無一句誇讚之辭，偏偏對一位並無名氣的新近畫家所畫的斜枝月季大加讚賞，並特賜該人緋服。當時，只有官居六品方可穿緋色袍服。徽宗的理由是：月季花四時朝暮的花葉均不相同，極其難畫；而此人畫的是春天正午時分的月季，一絲不差，所以重賞。出自宋徽宗手筆的山水畫傑作《雪江歸棹圖》，意境清奇高遠，不同凡俗，一般的山水畫作品，根本無法望其項背。

按照現代心理學的解釋，像宋徽宗這樣才華橫溢、具有高度靈氣和素養的藝術天才，很有可能也是一個充滿詩人氣質和浪漫情懷的人。通常情況下，這種人不認為蔑視傳統價值觀念和世俗行為規範有什麼不對；他們只服從自己內心感受的召喚，按照自己的喜怒好惡行事；他們不知冷靜、理智、理性為何物，為人處事衝動而情緒化，具有極為濃厚的感性色彩。假如再加上皇權帝制所賦予他無上權力的話，我們就應該比較容易明白發生在宋徽宗身上的許多故事了。

從現有資料上看，宋徽宗趙佶並不是個紈褲子弟，這從他的勤奮好學、多才多藝與諸多藝術成果上可以看出；他也並不昏庸，從他當政之初的情形判斷，的確稱得上出手不凡，「粲然可觀」。當時他大刀闊斧地整頓朝綱、平反冤獄、貶竄奸佞、提拔賢良，一時間，很有除舊布新的氣象。他曾經發布一份詔書，相當謙恭地希望天下人能夠暢所欲言地品評朝政，其誠懇平和、推心置腹在歷代帝王詔書中十分少見。從這份詔書中，可以清楚地看到一位青年天子涉世未深的坦誠和帶有理想化浪漫氣息的良好願望，讀來很是感人。

宋哲宗在位時，也曾經發布過一份讓天下人上書言事的詔書，獻言者數以千計。結果章惇做宰相後，斷章取義地摘錄這些上書，憑隻言片語來整治上書者，搞得人們怨聲載道。宋徽宗為了解除人們的顧慮，索性下令撤銷了這個專門從事羅織的「編類臣僚章疏局」，這顯然是一個極為開明、大受歡迎的舉措。

大臣之間

在徽宗初政中，已在哲宗朝當了六年宰相、在徽宗朝繼續當了九個月宰相的章惇遭遇了重大打擊。

這位章惇是蘇東坡的老朋友，年輕時以富有才華、豪爽大方出名，屬於和蘇東坡意氣相合的一種人。他們兩人曾經一起結伴外出遠遊。在前往蘆關的深山老林裡，馬上就要到達黑水谷的時候，他們碰到一處萬丈深淵，下面急流咆哮，上面只有一座獨木窄橋。章惇提議兩人過到對面的峭壁上去題字留念，蘇東坡不肯，章惇若無其事地走過深淵上的獨木橋，然後把長袍掖在腰間，抓住一根老藤蕩到急流對岸，在峭壁上寫下「蘇軾、章惇遊此」六個大字，然後從容回到此間岸上。蘇東坡對此的反應是，拍著對方的肩頭說：「今後你這傢伙會殺人不眨眼。」章惇問：「何來此說？」蘇東坡回答：「不在乎自己性命的人，肯定不會拿別人的性命當一回事。」

以王安石變法為契機，章惇漸次成為變法派的主力戰將，蘇東坡則立即加入到反對變法的陣營，並以自己如日中天的文名與官聲，成為令變法派特別難受的主要對立者之一。哲宗親政的時間，掐頭去尾大約只有六年多一點時間，這位章惇就做了六年宰相。他果然無情地不給任何人包括他自己留退路，證明了蘇東坡當年的判斷沒錯。當初為了推行自己的政治理想，王安石也曾經放逐過政敵；如今與章惇所做的一切比較起來，我們馬上會發現王安石已經可以用溫柔敦厚來形容了。在章惇那裡，人們才終於明白，什麼叫政治迫害，什麼叫政治謀殺。

於是這位以不擇手段地打擊反對派著稱的宰相，也就理所當然地成了徽宗初政的第一個被清算的對象。以往的時日裡，章惇整治過的人實在太多，現在就有幾乎同樣多的人要求懲處他。最後他終於被流放到了雷州島，就是今天的海南省。在那裡，章惇遇到了可能是他一生中最後一次自己給自己招來的屈辱。當初他將自己的老朋友蘇東坡及其弟弟貶到這裡時，曾經立了一個新規矩，下令不許他們居住公家的宿舍。於是蘇東坡的弟弟、曾經擔任過副宰相的蘇轍只好租賃民房居住。誰知宰相依然不依不饒，硬說蘇轍強奪民居，命令地方政府官員給予懲治。逼得蘇轍只好拿出租賃契約對簿公堂，才算躲過此一劫。如今這位曾經不可一世的前任宰相也被貶到此地，當他按照自己立下的規矩去租賃民房時，得到的回答是：當初蘇相公來租房，章宰相差一點要了我們的命；我們已經沒有人敢租房子給你了。我們無法揣摩他當時的心境，想必是不會好過。這位前宰相從此再也沒能返回京城，悄無聲息地死在貶居之地。

與此同時，深受這位宰相賞識與提拔的蔡京兄弟兩人也成為眾矢之的，被貶黜出了京城。蔡京被奪職，令在杭州居住。

在此期間，宋徽宗做了兩件頗有象徵意義的事兒，一件是將被貶到永州的老宰相范純仁請回京城；另一件則是赦免蘇東坡，實際上是為他平反昭雪，並恢復官職。與他同期被貶的三十多位官員也恢復了名譽與原有官職。可惜其中的大部分人已經不在人世；而此時的蘇東坡也貧病交加，不久就病死在江蘇常州。

范純仁是著名的北宋宰相范仲淹的兒子。他也當到了宰相，享有很高的名望。本來老先生是可以退休林下，在京城安度晚年的。但是當時有另外一位七十多歲的老臣被章惇宰相流放在外，滿朝文武沒有人敢為他說句公道話。同樣年近古稀的范純仁不顧全家人的阻攔，挺身而出，結果得罪了當道者，也被章惇流放出去。就這樣一家人跟著老先生走上流放的道路。每當子女痛罵章惇時，老先生總要制止他們。一次翻船，老先生被救上來，他抖著濕淋淋的衣服問子女們：「這次翻船也賴章惇嗎？」在這位老先生身上，人們會不由自主地想起他父親范仲淹的千古名句：「先天下之憂而憂，後天下之樂而樂。」范純仁返回京城後，雙目失明，已經是風燭殘年。宋徽宗不得已讓他頤養天年，並且感慨萬千地說：「像范純仁這樣的人，能夠見一面認識一下，就已經令人感到十分滿足了。」令人遺憾的是范純仁和蘇東坡的逝去，似乎成為一個時代消逝的象徵，從此以後，我們所能看到的就完全是另外一種景象了。

除舊布新

徽宗執政之初，虛懷若谷地聽取各種不同意見，相當令人讚歎。宰相張商英勸告他要克勤克儉，防止奢華，不要大興土木，抑制僥倖取寵的小人。他表示完全接受。有一次，他讓人整修升平樓，還特意告誡工頭：如果張宰相經過這裡，須速把工人們藏到樓裡去，不要讓他看到。曾經有一個很敢說話的臣子，抨擊童貫等宦官胡作非為，引經據典，侃侃而談，一直談到暮雲四合時分。徽宗饑腸轆轆，餓得受不了，他站起來邊走邊說：「今天先到這兒，我餓壞了，找機會再聽你說吧！」誰知，這位臣子上前一把拉住皇帝的衣服，不讓他走，以致把衣服都撕壞了。徽宗大叫道：「有話好好說，我的衣服被你撕碎了。」這位臣子立即回答：「陛下不惜衣服撕碎，臣子我何惜粉身碎骨報答陛下！」徽宗相當感動，說：「有這樣的臣子，我還有什麼可憂慮的。」皇帝的侍從過來為他換衣服，他說：「給我好好保留起來，將來用它表彰正直有節操的大臣。」

此時的徽宗，表現得似乎特別喜歡廉潔正直的大臣。有一次，一位為政清廉的縣官被推薦，他把這個人召來談話，發現此人確實不錯，就破格提拔他做了殿中侍御史，並對他說：「方今士大夫寡廉鮮恥，你懂得義理，這就是我特別召你來的原因。」有一位中書舍人，相當於為皇帝起草詔書文告的機要祕書，為人坦率耿直，徽宗對他說：「我每次聽這幫臣僚們談話，總覺得不是內含奸詐，就是馬屁撲鼻；而你耿直正派，我只能倚賴你這樣的人。」

登極之後，徽宗曾經覺得皇宮建築過於豪華，容易讓人沉淪喪志，對宰相說：「仁宗皇帝製作了一個寶座，覺得太華麗了，於是放到大相國寺去，自己不用。今非昔比，外人哪裡會知道宮中如此過分的情形呢？」種種資料顯示，這位青年皇帝聰明、敏銳，很有一股子銳意進取的勃勃生氣。

西元一一〇〇年，即元符三年十月，徽宗向全國發布詔書，表示自己對於元豐、元祐沒有成見，一切只看對國家是否有好處。任何傷害國家利益者，不論是元豐還是元祐，必與國人共同唾棄之。一個月後，徽宗又一次下令：「欲以大公至正，消釋朋黨，遂改元為建中靖國。」表示出一種不偏不黨、除舊布新的氣魄。

徽宗初年，氣象萬千；青年皇帝，奮發有為，給人留下了深刻印象和無窮希望。這一切是怎樣發生變化的？又如何變化得面目全非，走上了完全相反的道路？宋徽宗趙佶為什麼在未來的歲月裡整個變了一個人？與登極之初的他比較，怎麼會變得讓人根本就無法辨認？這實在是一個相當令人困惑的問題。

四百七十年以後，大明天子萬曆皇帝也發生過類似的變化。但是萬曆皇帝的變化有明顯的蹤跡可以追尋。當時的首輔張居正死後，萬曆皇帝突然發現，自己一向崇敬甚至敬畏的「師相」張居正，原來過著兩面人的生活：在公眾面前和私下裡、當面所說的和背後所做的兩者之間，有著巨大的差距。於是這位性格相當單純，而且也還算富有才華的皇帝大受刺激，終於由一個好學上進的青年，一步步變成中國歷史上最糟糕的荒怠加貪婪的帝王之一。

然而，在徽宗皇帝身上，無論如何也找不到這種變化的理由。找來找去，我們相當無奈地發現：只能把這種變化的原因，歸結於這位皇帝身上天生的輕佻、藝術家氣質和後來蔡京等人的影響。正是這些因素雜糅在一起，彼此強化著發生效力，遂使這位皇帝變成了後來人們心目中的那副模樣。

淳于髡：如何給領導者提意見？

郭燦金、許 暉

淳于髡（西元前三八六年至西元前三一〇年），戰國時期齊國人。齊國贅婿，齊威王用為客卿。他學無所主，博聞強記，能言善辯。他多次用隱言微語的方式諷諫威王，居安思危，革新朝政。還多次以特使身分，周旋諸侯之間，不辱國格，不負君命。西元前三四九年，楚國侵齊，他奉命使趙，說服了趙王，得精兵十萬，革車千乘，楚國聞風，不戰而退。政治思想上，他主張益國益民的功利主義。在同孟軻就「禮」與「仁」的兩次論戰中，鮮明地表現了他這一立場。司馬遷稱讚他說：「其諫說慕晏嬰之為人也。」所著《王度記》今已失傳。司馬遷《史記》說他：「齊之贅婿也，長不滿七尺，滑稽多辯，數使諸侯，未嘗屈辱。」並將之置於《滑稽列傳》之首。

提意見引出「一鳴驚人」典故

齊威王當政之初，「好為淫樂長夜之飲」，喜歡摟著後宮佳麗們徹夜長飲、交歡，白天躲起來睡覺，哪裡有處理朝政的時間。上梁不正下梁歪，百官一看國君帶頭不上班，樂得清閒，也都躲在家裡尋歡作樂。別的諸侯國趁機入侵，搶占了大片國土。眼看國將不國，又沒有人膽敢給齊威王提意見。齊威王這位國君還有一個很奇特的愛好：喜歡說隱語。隱語就是有什麼話不直說，非要曲裡拐彎地用比喻的方式說出來。這個喜好給齊國的大臣們出了個難題，人人都得學習隱語，否則國君跟你說話你卻聽不懂，那豈不糟了？

淳于髡因為個子矮，做了齊國的入贅女婿。跟隨齊威王時間久了，說隱語的本事練得比誰都強。針對齊威王好隱語的特點，淳于髡於是挺身而出，給齊威王來了一段隱語：「國中有鳥，止王之庭，三年不飛又不鳴，不知此鳥何也？」意思是說：京城出現了一頭大鳥，翩翩落到了大王的牆角，三年不飛也不叫，大王您說牠是隻什麼鳥？齊威王一聽不甘落後，也應了一段隱語：「此鳥不飛則已，一飛沖天，不鳴則已，一鳴驚人。」

齊威王從此振作起來，治理朝政，宣召全國七十二個縣的縣令入朝奏事，賞一個，殺一個，然後出兵向入侵的諸侯宣戰。諸侯一看齊威王這隻大鳥竟然飛起來了，趕緊歸還了齊國的土地。齊威王一鳴驚人，收復失地，使齊國又強大起來，從此橫行了三十六年。「一鳴驚人」也成為典故流傳下來。

出使不辱使命

幾年後，楚國發兵攻打齊國。齊威王給淳于髡置辦了一百斤黃金和十輛四匹馬拉的車子，作為禮物，派他去趙國求救兵。臨出發前，淳于髡看到這些禮物，立刻仰天大笑，笑得眼淚都出來了，連繫帽子的帶子都崩斷了。齊威王被淳于髡笑得心中直嘀咕，問他：「你是嫌禮物太少嗎？」淳于髡回答說：「不敢。」齊威王又問：「那你笑什麼？」淳于髡強忍住笑聲，回答說：「今天我從東邊過來的時候，看見有個人在田裡祈禱豐收，地上擺放著一隻豬蹄和一杯酒，向天祈禱說：『高地上打下的糧食裝滿篝籠，低田裡打下的糧食裝滿大車；五穀繁茂豐熟，糧食堆滿糧倉。』現在我想起來他祈禱得到的那麼多，可是願意付出的才一隻豬蹄、一杯酒，忍不住大笑起來。」

齊威王一聽臉都紅了，趕緊重新置辦禮物，增加到一千鎰黃金、十對白璧、一百輛四匹馬拉的車子。淳于髡這才動身。趙王收到這麼昂貴的禮物，大喜，二話不說借給了淳于髡十萬精兵和一千輛戰車。楚國聽到這個消息，連夜退兵而去。

齊威王這回心放到了肚子裡，在後宮設宴，犒勞淳于髡。酒酣耳熱，齊威王詢問淳于髡：「你喝多少酒才能喝醉啊？」淳于髡回答：「我喝一斗就能喝醉，喝一石也能喝醉。」齊威王一聽糊塗了，知道淳于髡肯定又在耍花招，問：「你喝一斗就醉了，怎麼還能喝一石？你倒是說說看。」淳于髡說：「如果是大王賜酒給我，執法官站在旁邊，御史站在身後，我膽戰心驚，喝酒的時候頭都不敢抬，不過一斗就喝醉了。如果是父母家裡來了尊貴的客人，我作為晚輩，捲起袖子躬身侍奉客人飲酒，客人一高興賞我幾杯殘酒，舉杯向客人祝壽，也不過兩斗就喝醉了。如果是多年不見的好朋友，久別重逢，互訴衷腸，大概五六斗就喝醉了。如果是鄉里之間的聚會，男男女女雜坐在一起，隨便喝，也沒有時間的限制，再做一些六博、投壺之類的小遊戲，呼朋引伴，握手言歡、眉目傳情都沒人干涉，哪怕美人的耳環和髮簪被我動手動腳碰掉了也不會生氣，這是我最快樂的時候，喝上八斗也不過才有兩成醉意。天黑下來了，酒也快喝盡興了，把剩下的酒宴合併到一起，男女同席，促膝而坐，醉意朦朧，摟摟抱抱，杯盤狼藉，繼而散席，主人送走了別的客人，獨獨把我留了下來，派一個美人陪我過夜，這時她已經解開了綾羅短襖的衣襟，身上的香味陣陣，只往我鼻子裡鑽，當此之時，我神魂顛倒，能喝一石酒而不醉。可見酒喝得太多了就會出亂子，樂極則生悲。世間所有的事情都是這樣，勝極則衰。」

說來說去，原來淳于髡還是在諷刺齊威王的長夜之飲。齊威王這回服了，淳于髡的隱語簡直無處不在，爐火純青。於是齊威王此後就取消了長夜之飲，封淳于髡為接待外國使節的賓禮官。

個性點評

《紅樓夢》裡，賈寶玉曾經諷刺過「文死諫，武死戰」：文官拼死進諫，武官拼死作戰；即使沒有任何效果也要拼死留名。淳于髡是一個提意見的高手，他不是直接批評國君的過失，而是用別人的幽默故事間接勸說，在古代這叫「諷喻」，是專制社會中下級對上級的典型態度，講究的是溫良恭儉讓，溫柔敦厚而不觸怒統治者。

《滿江紅》遭質疑：是岳飛的傑作嗎？

李夢然

岳飛的《滿江紅》詞從明代中葉以後開始流布，四百多年來廣為流傳，婦孺皆知，從未有人對它的著作權產生過懷疑。直到上世紀三十年代末，余嘉錫先生的《四庫提要辨證》印行出來，其中有辨證四庫館臣對明人徐階編《岳武穆遺文》提要的一篇，首次斷言徐階收入《岳武穆遺文》（即《岳集》）的這首《滿江紅》詞並非岳飛所作。那麼，先看看岳飛的人生經歷：

岳飛（一一〇三年至一一四二年），字鵬舉，南宋軍事家，相州湯陰（今屬河南）人。少時勤奮好學，練就一身好武藝。十九歲時投軍抗遼。不久因喪父，退伍還鄉守孝。一一二六年金兵大舉入侵中原，岳飛再次投軍，開始了他抗擊金軍的戎馬生涯。傳說岳飛臨走時，其母在他背上刺了「精忠報國」四字。

岳飛投軍後，很快因作戰勇敢升秉義郎。不久金軍攻破開封，俘獲了徽、欽二帝，北宋王朝滅亡。次年，趙構建立南宋王朝。一一二九年，金將兀術率金軍渡江南侵，攻陷建康（今江蘇南京）。岳飛堅持抵抗，攻擊金軍後防。第二年，岳飛在牛頭山設伏，大破金將兀術，收復建康，金軍被迫北撤。之後，岳飛升任通州鎮撫使，擁有人馬萬餘，建立起一支紀律嚴明、作戰驍勇的抗金勁旅「岳家軍」。

一一三九年，高宗、秦檜與金議和，岳飛上表反對。次年，兀術進兵河南。岳飛奉命出兵反擊，相繼收復大批失地，在郾城大破金軍精銳鐵騎兵「鐵浮圖」和「拐子馬」，乘勝進占朱仙鎮，距開封僅四十五里。兀術被迫退守開封，金軍士氣沮喪，發出「撼山易，撼岳家軍難」的哀歎，不敢出戰。在朱仙鎮，岳飛招兵買馬，積極準備渡過黃河收復失地，直搗黃龍府。這時高宗、秦檜卻一心求和，連發十二道金字牌，命令岳飛退兵。岳飛壯志難酬，只好揮淚班師。岳飛回臨安後，即被解除兵權，不久被誣謀反下獄。一一四二年十二月二十九日，以「莫須有」的罪名與其子岳雲及部將張憲同被害於臨安風波亭，年僅三十九歲。孝宗即位後，追諡「武穆」，寧宗時被追封「鄂王」。

岳飛善於謀略，治軍嚴明，在其戎馬生涯中，親自參與指揮了一百二十六仗，沒有一次敗績，是名副其實的常勝將軍。再從岳飛的戎馬生涯來分析這首詞：

一、從「三十功名塵與土」這一句，說明這首詞是岳飛三十歲或三十歲前後有感而作。岳飛三十歲時（一一三三年）受到朝廷的恩寵，開始執掌指揮大權，因責任重大，身受殊榮，感動深切，於是作此壯懷述志之《滿江紅》詞。

二、岳飛從二十歲離開家鄉，轉戰南北，到三十歲由九江奉召入朝，計其行程，足逾八千里。所以詞中有「八千里路雲和月」之句。

三、岳飛三十歲置司江州時，適逢秋季，當地多雨，所以詞中有「瀟瀟雨歇」之句。

從以上三點可以看出：《滿江紅》詞是岳飛表達其本人真實感受的，岳飛於宋紹興三年（一一三三年）九月下旬，作於九江。

關於詞中「駕長車，踏破賀蘭山缺」的賀蘭山，應是「長安」、「天山」一類地名，詞中是用作比喻性的泛稱。岳飛是把賀蘭山比作黃龍府。那時西夏與北宋向來都有戰事，派范仲淹經略延安，就是守邊陲、防西夏的。這種局面直至真宗、仁宗賄賂求和，才暫告安定。岳飛對這一發生在五十餘年前的歷史當然十分熟悉。《滿江紅》一詞提到的賀蘭山，是借指敵境也未嘗不可。另外文學史上也有過作品歷久始彰的先例，如唐末韋莊的《秦婦吟》湮沒九百多年才看到全文；《滿江紅》不見於宋、元人著錄，直到明代才發現，也不足為怪，且詞中「還我河山」義正詞嚴。綜上，《滿江紅》是千古絕唱，是岳飛的傑作，為世代傳頌。

妲己：千古第一惡女？

段戰江

在《封神榜》中，妲己豔如桃花，妖媚動人，美麗多姿，是女媧娘娘派來迷惑商紂王、斷送商紂王江山的，相當於西施這種女間諜。可惜最後寸功未表，反被割掉了一顆如花似玉的大好頭顱。當周人滅商殺妲己時，連劊子手都被其美色迷住，不忍下手，願替其死。那麼妲己到底是個什麼人物？

妲己，有蘇氏的女兒，商紂王辛的寵妃，具美色。紂王極寵愛她，對她言聽計從，荒理朝政，日夜宴遊。後周武王乘機發動諸侯伐紂，經牧野之戰，一舉滅商。紂王逃到鹿台自焚，妲己也被武王所殺。說來妲己真是冤枉。歷代文人，僅憑臆斷和想像，便一步步地坐實了妲己的罪孽，讓她背負起千古第一惡女的罵名。

一對惡男女？

中國歷代的「紅顏禍水」裡，最惡毒的恐怕莫過於殷商時代紂王的寵妃妲己了。而且兩個人犯起「渾」來，簡直算得上「夫唱婦隨」，驚人地合拍。按《史記・殷本紀》裡的說法，紂王已經可謂殘暴，若按民間《封神演義》裡的演繹，簡直就是變態，有嚴重的「施虐狂」傾向。照《封神演義》的說法，妲己是千年狐精附體，受女媧之命來禍亂殷商，紂王也因此變得如此怪戾，做出那些殘忍的事來。

當然這是迷信的說法，不足為信。這位叫妲己的美女自然不是狐精附體。《晉語》記載：「殷辛伐有蘇，有蘇氏以妲己女焉。」這就是說妲己是紂王征戰得勝的「戰利品」。據說有蘇氏是以九尾狐為圖騰的部落，所以才會有《封神演義》這般附會。雖然妲己沒有狐精附體，可照樣把紂王迷得魂不守舍，唯「妲己之言是從」。

根據正史記載，紂王不但投妲己所好，作「新淫之聲、北鄙之舞、靡靡之樂」，還搜刮百姓錢財，修建起高大宏麗的鹿台，裡面置滿奇珍寶物。同時「積糟為丘，流酒為池，懸肉為林，使人裸形相逐其間」，徹夜長飲，歡嬉達旦，可謂荒淫之極。

最過分的是，他耳根子特別軟，最聽妲己的話，甚至到了「妲己之所譽貴之，妲己之所憎誅之」的地步。這樣一來，天下就無法太平起來，老百姓埋怨，各諸侯反叛。這時妲己又給紂王出了一個「狠」招，發明了一種懲治犯人的刑法，曰「炮烙之法」。就是把一根粗大的銅柱橫放，下面架起炭火炙烤，然後命「有罪者行其上」，沒走幾步，就紛紛掉進火紅的炭火裡，活活燒死。每次看到犯人在炭火裡掙扎慘叫，妲己「乃笑」。如何笑，是大笑還是冷笑，就不得而知了。對於這種冷酷而變態的做法，紂王的叔叔比干實在看不下去，就向他進諫說：「不修先王之典法，而用婦言，禍至無日。」這話戳到紂王的痛處，他非常生氣，覺得這是妖言惑眾，給他難堪。這時妲己又在一旁添油加醋，櫻桃小口一開，吐出一句血淋淋的話來：「我聽說聖人心有七竅……」紂王一聽，愛妃有如此求知之心，那就打開看看吧！於是「剖心而觀之」。

史書記載，他還將九侯、鄂侯兩位臣公一個剁成肉醬，另一個做成肉乾；另一位臣公西伯昌（即周文王姬昌）本也要「炮烙」，但他很聰明，馬上服軟，並獻給紂王「美女、奇物、善馬」以及自己的洛西領地，紂王這才鬆口，把他放了。後來有點頭腦的大臣裝瘋的裝瘋、賣傻的賣傻、投敵的投敵、流放的流放，這樣一來，自然民心背向、諸侯離心。很快地西伯昌的兒子周武王就起兵造反，將他打敗。他不願投降受辱，便穿上最漂亮的衣服，戴上最好的寶物，一把火把自己燒死了。而他的美人妲己，結果更慘，被砍頭不算，砍下的頭還被掛在小白旗上，給天下人看，要讓天下的女子都引以為戒。

「瘋狂」的想像

無論正史典籍，還是稗官野史，都說妲己是一個蛇蠍美人。這種論調已經家喻戶曉，深植人心。但問題是歷史的真實情況就是這樣嗎？

先說紂王，歷代史書已經把他符號化成一個暴君的形象了，可這個形象離他真實的情況還是有很大的距離。

早在春秋時期，子貢就有點看不過去，他憤憤為紂王鳴不平，說：「紂之不善，不如是之甚也！是以君子惡居下流，後世言惡則必稽焉。」

在春秋時期，關於紂王的罪狀還只限於「比干諫而死」；到了戰國，比干的死法就生動起來，屈原說他是被投水淹死，呂不韋的門客則說他是被剖心而死；到了漢朝司馬遷寫《史記》的時候，已經有了更生動的演繹，說紂王剖開他的心是為了滿足妲己的好奇心，想看看「聖人」的心是不是七竅；而到了晉朝，皇甫謐因為職業是醫生，寫些文史文章的時候，也不免會犯些「職業病」，又演繹出紂王在妲己的慫恿下解剖了懷孕的婦女，要看看胎兒形狀。紂王縱是不好，也不至於如此之壞。後世書生們根據個人好惡，紛紛加工演繹，以訛傳訛，其謬豈不大哉？

而關於紂王最著名的「酒池肉林」、「炮烙」的傳說，周時的文獻沒有記載，春秋時也沒有，可到了戰國末期，韓非子突然很生動地描繪起來：「昔者紂為象箸而箕子怖，以為象箸必不加於土，必將犀玉之杯；象箸、玉杯必不羹菽藿，則必旄、象、豹胎；旄、象、豹胎必不衣短褐而食於茅屋之下，則錦衣九重，廣室高臺。居五年，紂為肉圃，設炮烙，登糟丘，臨酒池，紂遂以亡。」據說韓非子口吃，可文章非常雄辯，這樣充滿想像力的文字便是明證。但那時「諸子百家」個個口才了得，為了推銷個人的主張、論證自己的觀點，不免只顧激揚文字，「強」詞奪理。很多論據，也多是「想當然耳」。便是

「不虛美，不隱惡」的司馬遷，有時也會潤潤筆。譬如他在韓非子「酒池肉林」的基礎上，又加上「男女裸奔其間」的合理想像。當然在他之前，已經有人在酒池面積上大做文章，說可以「回船糟丘而牛飲者三千餘人為輩」，這樣的想像力只能用「瘋狂」來形容。

也許在他們看來，反正紂王不是個好人，形容得再淫蕩、再荒唐也無妨。歷史的另一個目的便是警示後人，於是他們的想像和潤色，便常常顯得坦然而大方。譬如司馬遷之後的史學大家劉向，就把紂王鹿台的面積升級為「長三里，高千尺」；而晉朝的皇甫謐覺得還不過癮，一咬牙，把鹿台的建築高度提高至十倍，達到「高千丈」的地步。

同時，妲己的妖孽和毒辣形象也逐步升級。從《尚書》裡討伐紂王的一句「聽信婦言」開始，到《國語》裡的「妲己有寵，於是乎與膠鬲比而亡殷」，再到《呂氏春秋》裡的「商王大亂，沈於酒德，妲己為政，賞罰無方」都還是不太離譜的合理推斷；再到後來，年代越久，想像力就越豐富，寫出來的史料也就越生動，直到後世的《封神演義》，因為沒有史家的顧慮，加上歷代文人提供的諸多素材，演繹起來更是神乎其神。千古惡女的罪名，也終非她莫屬。

對此不禁要捫心自問：那些關於妲己近乎變態的行為，雖是後世杜撰，但我們為什麼一直津津樂道，而且好像還很樂意把這些髒水潑在一個女人身上？

一個悲劇人物

那麼，為什麼紂王會被描述得如此不堪呢？

這不得不從紂王本人談起。《史記・殷本紀》說他「資辨捷疾，聞見甚敏；材力過人，手格猛獸」，自然是個有勇有謀、文武雙全的大丈夫。只可惜，也正因為具備這些過人的才能，他便驕傲自大，聽不進別人意見，有著「矜人臣以能，高天下以聲」的壞毛病，「以為皆出己之下」。

同時他還有「好酒淫樂，孌於婦人」的毛病。身為一個君王、一個英雄、一個男人，這些毛病也不算太大的毛病，絕非後人誇張得那麼荒淫無恥。商朝人好酒，喜歡以酒佐餐、聚眾豪飲，這是那個朝代一貫的風氣。從出土器物來看，商朝後期的飲酒器具明顯激增，這表示社會飲酒之風蔚然。也就是說這可能是個嚴重的社會問題，但也不足以亡國。

如果說他的時代刑罰過重，也欠客觀和公正。每個時代都有自己的文化特徵，我們總不能要求他文明執法，用槍決或靜脈注射吧？在此，不妨以事實說明。《尚書・大禹謨》裡載，夏朝已有「五刑」制度和「夏台」監獄。除了砍頭外，那時還有烹煮、醢刑（把人剁成肉醬）、車裂、腰斬、絞殺、燒死、棄市、滅族等各類殘酷的刑罰。也就是說，這些刑罰並不是商紂王獨創的。該不該對他的政敵或罪犯處以這樣的刑罰，那就是司法制度的問題了。

再舉個例子，有助於我們了解當時的刑罰。《韓非子》記載：「殷之法，棄灰於公道者斷其手。」這是輕罪重判，當時子貢以為罪輕而罰太重，便去問孔子。孔子卻認為制定此種刑罰的人是了解治國道理的。因為如果揚灰時恰遇過路人，使其滿面蒙塵，那此人必定發怒，怒就會鬥毆，因毆鬥罪，按當時法律要滅三族。所以棄灰於道看來過錯輕，實則重，這樣的重刑很有道理。因此《尚書・康誥》才會贊曰「殷罰有倫」。這就說明商朝的刑罰看似野蠻，但有合理之處，符合當時的社會背景。

也就是說，紂王絕不是無道之君，可他為什麼還是失敗呢？

根據史料分析，除卻諸多不確定因素外，最大的可能就是周武王發動的政變成功有很大的偶然性和投機性。當初紂王殺比干、囚箕子，可能只是政見不同罷了，但對微子（他的親哥哥）沒有防備。後來微子竟背叛了他的兄弟和國家，引狼入室。

實事求是地講，紂王是一個很有作為的君主。當時商朝擁有一支強大的軍隊，他的軍隊都裝備著先進的青銅兵器和盔甲，而且他的作戰部隊中還有「象隊」這樣的特種部隊。古書上就有「商人服象為虐於東夷」的記載。因此他的部隊所向披靡，可謂戰無不勝，攻無不克。當時他有兩個主要的對手，一個是西部的周方國，另一個就是東部的夷人部族。紂王曾在山西黎城與文王惡戰一場，把文王打得大敗（文王被俘，囚於羑里，很可能就發生在這場戰爭中），若不是來自東夷的軍師姜子牙在商王國東部策反東夷作亂，恐怕姬昌早被紂王處死，而不是像史書上所說的那樣被釋放回家。

稍作休整後，紂王立刻發兵東夷，計劃一勞永逸地除掉東部威脅，永絕後患。憑著優勢兵力，商軍如秋風掃落葉一般，一直打到長江下游，降服了大多數東夷部落，俘虜了成千上萬的東夷人，取得大勝。從《左傳》記載的時間看，他很可能是在這次征伐東夷的戰爭中，路過有蘇氏部落擄獲了妲己。

但是這場曠日持久的征戰也幾乎拖垮了商王朝。卜辭記載商征人方往返一次需要兩百天左右的時間，這是一件非常勞民傷財的事。安陽殷墟出土了一塊刻有「人方伯」字樣的人頭骨，顯然是商軍殺死了人方的君長並帶回其頭骨作為戰利品。雖然商最終戰勝了人方，但商的國力也因此而大大消耗，因此《左傳》評曰：「紂克東夷而損其身。」

緩過神來的周武王根據紂王親哥哥微子的告密，得知紂王大軍盡出，都城內防禦力甚弱，遂發兵奇襲商紂，在牧野展開決戰。而當時商王的精銳之師遠征東南，不可能及時趕回，因此只好將七十萬東夷戰俘及奴隸臨時武裝起來應戰。牧野之戰打得異常慘烈，正如《尚書》上所描述的那樣，「流血漂杵，赤地千里」，絕非後世史書上所說的什麼奴隸臨陣倒戈，周武王兵不血刃贏得勝利。

紂王不肯投降，他選擇有尊嚴地死去，所以自殺了。後來商朝的遺民很不服氣，在紂王的兒子武庚的帶領下起來造反。周人用了三年的時間，才把這場暴亂鎮壓下去，由此可見商朝遺民的團結與紂王的威望。對於紂王的死，孔子有一句發人深省的評價：「不聞王死，只聞一莽夫死矣！」大概也是感嘆他太過尚武，忽略以德服人的重要性了吧！對此，仁者見仁，智者見智，不好評判。但有一點很明確，那就是不能總「以成敗論英雄」。最最無能的就是把無辜的女人也扯進來，恣意塗抹，胡亂辱罵。

歷史，終不是任人打扮的小姑娘；女人，也不是隨意擺弄的塑膠花。

給妲己翻案，也是給歷史上所有曾是男人附屬品的女人翻案。關於她的史料有限，年代又太過久遠，所以講她的歷史，也就只能講她如何被描黑的歷史；講她的失敗，也只能討論她依附的男人怎樣失敗。古代的女人，只是男人的陪襯罷了。成功了，享受榮華富貴；失敗了，不但要搭上性命，甚至還要背負許多歷史的罵名。那麼，這是誰的悲哀？

「另類」奇才：東方朔那些事兒

王立群

漢武帝一朝人才濟濟：衛青拓土開疆，霍去病克敵制勝，汲黯心憂社稷，張湯嚴刑峻法……唯有一人難以定義：他滿腹經綸卻沒有幾句治國安邦之言，他放浪形骸卻又疾惡如仇；皇上對他百依百順，群臣眼中他又無足輕重。他是誰？是曠世奇才還是跳樑小丑？是喜劇之王還是悲情智聖？這位匪夷所思的人物就是東方朔。

當時社會沒有人能夠理解他，現代價值多元，倒是有一個詞差可比擬：另類。「另類」這詞好。首先，它沒有褒貶。我們要講的是東方朔如何與眾不同，為什麼與眾不同；至於他這樣對不對，好不好，要不要模仿，就見仁見智了。其次，就字面看，「另類」就是「別一類」，既然「別一類」，我們就要跳出各種古典的或現代的條條框框去看他。

東方朔到底有什麼本事將「另類」進行到底？

功名俸祿一擔挑

■ 求職

漢武帝喜歡「海選」。大家記不記得那個鑿空西域的張騫？他就是藉一次「海選」當上全權大使的。「海選」，就是「不設門檻地選人才」；「海吹」自然就是「不著邊際地吹大牛」。

漢武帝繼位之後，於建元元年（前一四〇年）下詔，要求各地廣泛推舉賢良方正之士。這次「海選」活動，四方士上書言得失者以千數，盛況空前。而且一旦選中，待以不次之位，不拘輩分授予官職，待遇優厚。

果然，「海選」中漢武帝挖到兩個寶貝。

第一個寶貝就是董仲舒。董仲舒是公羊派《春秋》的大師，他的《天人三策》以儒家學說為基礎，引入陰陽五行理論，建成「天人合一」的「大一統」思想體系；他才華橫溢，思維縝密，提出一系列治國方略。因此董仲舒的入選是中規中矩，武帝對他是相見恨晚。

第二個寶貝就是東方朔。這次「海選」只比文章，不比才藝，文章不是東方朔的最強項，但他依然能夠在數以千計的謀位者中脫穎而出。

他憑什麼令當朝天子「一見傾心」？東方朔的辦法是「海吹」。

且看東方朔怎麼吹的吧！

草民東方朔，爹娘早逝，由兄嫂養大。十二歲讀書，三個冬天讀的文史已經夠用。十五歲學擊劍，十六歲學《詩》、《書》，讀了二十二萬字。十九歲學兵法，也讀了二十二萬字。如今我已二十二歲，身高九尺三寸（兩公尺多）。眼睛亮得像珍珠，牙齒像貝殼一樣整齊潔白，兼有孟賁（古代衛國勇士）之勇，慶忌（先秦以敏捷著稱的人）之敏捷，鮑叔（齊國大夫，與管仲分財，自取其少者）之廉潔，尾生（先秦人名，與女友約於橋下，友人不至，河水上漲，尾生堅守不離，被淹死）之誠信。我是文武兼備，才貌雙全，夠得上做天子的大臣吧！

東方朔這番個人簡歷，實在是先聲奪人，讓漢武帝一下子記住「東方朔」這三字，並大加讚歎。

若說董仲舒的《天人三策》是一劑大補丸，利膽養心；東方朔的這篇文章就是一瓶辣椒醬，開胃醒腦。東方先生的「另類」自不待言：一是不談治國，二是自我標榜。從頭到尾，無一句經緯之論。

但是漢武帝卻被東方朔深深吸引，視之為奇才。不過漢武帝非常有分寸，畢竟這只是「高自稱譽」

的小打小鬧，沒有提出任何治國之道。比起董仲舒，東方朔當然不在同一個重量級上。漢武帝對董仲舒是連發三策，而對東方朔只給了一個待詔「公車」（就是在「公車署」這個衙門裡等待皇上的詔令，實際上就是一個下級顧問）的待遇。比起同年級的董仲舒、公孫弘，東方朔地位低、待遇差，平常也難得一見漢武帝。

東方朔這第一次亮相，的確讓人大跌眼鏡。武帝一朝，言辭放肆的不止東方朔一人，汲黯也常常令武帝哭笑不得。但汲黯因為不會說話，才出言不遜；而東方朔這番「海吹」，引經據典，鋪陳比喻，還基本在理，如果不是「老王賣瓜」，也稱得上一篇美文。他這是有意給集中閱卷、審美疲勞的漢武帝製造一次感官衝擊。東方朔的「另類」透著一股詭詐之氣。

■ 提職

東方朔不是一個中規中矩的讀書人，他的身上不僅充滿詭詐之氣，而且還有一股詼諧之風。

東方朔剛剛待詔「公車」時非常興奮。可是時間一長，東方朔就犯嘀咕了。眼看董仲舒、公孫弘官居顯赫，東方同學還是一個小小的「公車」待詔，無權無勢，跟天庭裡的弼馬溫一樣，不過是個擺設，說晾就晾起來了。怎麼辦？難道也來一次「大鬧天宮」？自找死路，不成。東方朔不管三七二十一，沒有人提拔自己，就自己提拔自己！

東方朔思來想去，就從「弼馬溫」入手。他找來為皇帝餵馬的侏儒，聲色俱厲地對他們說：「皇上說你們耕田沒有力氣，當官不能治理百姓，打仗又不勇敢，一點兒用處也沒有，還白白消耗國家的糧食；準備把你們這些白吃白喝的人通通殺掉！」

侏儒們嚇得號啕大哭，求他出手相救。東方朔想一想說：「假如皇上路過這裡，你們就跪下來求饒，或許會有點作用。」

過了一會兒，漢武帝從這兒路過，侏儒們齊刷刷、黑壓壓跪了一大片，哭哭啼啼，高呼「皇上饒命」。漢武帝莫名其妙。侏儒們說：「東方朔說皇上要把我們這些人全殺了！」漢武帝一聽，知道是東方朔搗鬼，便質問他：「你把侏儒們嚇得半死，到底為什麼？」

東方朔理直氣壯地說：「那些侏儒們不過三尺，俸祿卻是一袋米和兩百四十錢。我身高九尺三寸，俸祿也是一袋米和兩百四十錢。他們吃得肚皮都要撐破，我卻餓得前胸貼後背。如果陛下覺得我的口才還有用，就先讓我吃飽飯。如果覺得我沒用，請立即罷免，也好為長安節約點米。」漢武帝一聽，樂不可支，立即讓東方朔從「公車」待詔轉到金馬門待詔，這樣東方朔收入提高了，和武帝接觸的機會也明顯多了。

■ 檢討

有一年伏日（三伏天的祭祀日），漢武帝下詔賞賜諸大臣鮮肉。大臣們早早來到宮中，一直等到太陽偏西，主持分肉的官員也不來。大傢伙兒都在苦等。東方朔可沒有那麼好的涵養，拔出刀來就割肉。一邊割一邊說：「不好意思了，今天熱浪襲人，我先走一步！」說著，把一大塊肉揣在懷裡，大搖大擺地走了。在場大臣目瞪口呆，眼睜睜看東方朔將肉席捲而去。

第二天上朝，主持分肉的官員將東方朔擅自割肉一事上奏給漢武帝。漢武帝便問：「你為什麼不等分肉官員來，就自己切下肉跑了？」東方朔立即脫下帽子請罪。漢武帝佯裝生氣，板著臉說：「先生起來吧，當眾作個自我批評，朕就不治罪了。」東方朔一聽，張口就來：「東方朔啊東方朔啊，不等皇上分賞，你擅自拿走賜物，真是無禮至極！拔劍割肉，多麼壯觀！只切了一小塊，多麼廉潔！一點不吃，全部帶給老婆，真是愛妻模範。」

東方朔話音未落，漢武帝已笑彎了腰。漢武帝又賞東方朔一石酒和一百斤肉，讓他回家送給太太。

■浪得知識換財富

東方朔奉旨顧問的故事首載於《史記‧滑稽列傳》中褚少孫的補傳。原來，《史記》自流傳以後，一直有人為其作補，其中最有名的是褚少孫的補傳。

據《史記》褚少孫補傳記載：有一天，長安的建章宮跑出來一個怪物，外形很像麋鹿。消息傳到宮中，驚動了漢武帝，他想知道這個「不速之客」來自何方，緣何而來？武帝想起了東方朔，立即傳旨叫東方先生來長長見識。

東方朔看過之後，胸有成竹地說：「我知道牠是什麼東西，但是您一定要賜我美酒、佳餚，讓我飽餐一頓後才說。」漢武帝立即同意。東方朔喝完酒，吃完飯，並沒有馬上回答，又對漢武帝說：「有一塊地方，有公田、魚塘、蒲葦，加起來好幾頃，請陛下把這塊地方賞給我，我就回答您的問題。」東方朔得寸進尺，漢武帝急火攻心。無可奈何，只好馬上傳旨：「可以賞給你。」東方朔酒足飯飽，又得了皇上賞賜，半生有靠，這才不疾不徐地說：「這個東西叫『騶牙』。牠滿嘴的牙齒完全相同，排列得又像騶騎一樣整齊，所以叫做『騶牙』。如果遠方有人前來歸降大漢，『騶牙』就會提前出現。」

一年多後，匈奴渾邪王果然帶領十萬之眾前來歸降，漢武帝再次重賞東方朔。

東方朔的確聰明過人，但比他聰明、優秀的也有很多。比較於朝廷百官誠惶誠恐，為博龍顏一悅，公孫弘曲意逢迎，張湯機關用盡，實在是提著腦袋在皇上身邊過日子。為什麼一個東方朔可以如此囂張而得喜愛呢？

一句話，東方朔最大的「另類」就是敢要。

既然已經戴著油滑不恭的帽子，東方朔更加無所顧忌，及時行樂。這位「愛妻模範」的婚姻觀也驚世駭俗。

樂得避世在朝堂

■婚姻

《史記・滑稽列傳》記載：「取少婦於長安中，好女，率取婦一歲所者即棄去，更取婦。所賜錢財盡索之於女子。」

東方朔娶妻有三條鐵律：一是專娶京城長安的女人，二是專娶小美女（好女、少婦），三是一年一換。皇上賞給他的錢財，他全都用來打發舊美女，迎娶新美女。

群臣看不慣他這一套，都說東方朔是「狂人」。漢武帝說，假如東方朔沒這些毛病，誰能趕上他？其實封建社會的男人即使妻妾成群，旁人也不能說一句不是。厭倦了可以放在家裡養著，沒必要離婚。東方朔不同，他偏要放愛一條生路，看來這個「情場浪子」還是懂得憐香惜玉的。

■遭嫉

一天，漢武帝在宮裡玩，他把一隻壁虎放在盆下讓大臣們猜是何物，大臣們都猜不出來。東方朔說：「說牠是龍吧，牠沒有角；說牠是蛇吧，卻有腳；能在牆壁上爬，這不是壁虎，就是蜥蜴。」皇上說：「猜得好。」賞他十匹絹帛。接著讓他再猜其他東西，結果東方朔是連連猜中，得了一大堆賞賜。

武帝另一個寵臣郭舍人不服氣，大喊大叫：「東方朔是矇對的，不算猜中。我找個東西讓他猜，他如果猜中了我情願挨一百大板；他猜不中請皇上賞我絹帛。」郭舍人在樹上找了一片長有菌芝的樹葉讓東方朔猜，東方朔應聲而答。漢武帝馬上令人打郭舍人一百大板，郭舍人吃了啞巴虧。

東方朔見郭舍人挨打，只管袖手旁觀，冷嘲熱諷。郭舍人還不服氣，又出了個謎語，東方朔又猜了出來。眾人慨歎。

這次猜謎之後，眾大臣對東方朔無不佩服得五體投地，漢武帝也十分高興，提拔東方朔任常侍郎。

東方朔從進入仕途，到與漢武帝相處，他始終「另類」，留給人無盡的欽佩與感嘆。原因其實就在於他的赤子情懷，他的天真狂妄。他從未把朝堂看得很神聖，他也不是懷著敬畏之心在朝堂上供職，人生求一「樂」字，他用調侃贏得了與漢武帝的和諧相處，也留下了美名。

「護國」名妓賽金花的波瀾人生

段戰江

中國有兩個「寶貝」：慈禧與賽金花。一個在朝，一個在野；一個賣國，一個賣身；一個可恨，一個可憐。——劉半農

賽金花（一八七二年至一九三六年），閨名趙靈飛，乳名趙彩雲（一說姓鄭），安徽黟縣人。幼年被賣到蘇州「花船」上為妓，改名傅（富）彩雲。她一生三嫁。第一次是一八八七年嫁給前科狀元洪鈞為妾；第二次是嫁給滬寧鐵路稽查曹瑞忠做妾；第三次是一九一八年與參議員、江西民政長魏斯靈正式結婚。她因此改回閨名趙靈飛，晚年自稱魏趙靈飛。庚子之後，因虐待幼妓致死而入獄，遣返蘇州原籍，後重返上海。晚年生活窮困潦倒，一九三六年病逝於北京。

從妓女到「狀元夫人」

自從有了照相術以後，歷史便少了幾分浪漫的想像，文字的描述也開始大幅度縮水，少了幾分詩意的張揚。當歷史更接近真實的時候，我們反而有了幾分失落和索然。譬如說晚清名妓賽金花，她有著「公使夫人」、「東方第一美女」、「第一位出入歐洲上流社會的中國公關小姐」、「最後一位裹著小腳具有明星氣質的交際花」等能激起我們豐富聯想的稱號。但是當你看過現存的一些老照片後，你會發現不過爾爾。

除卻當時照相術不發達，可能部分失真外，更重要的原因也許是每個時代有每個時代的審美標準和流行偏好。當年寫《賽金花本事》的商鴻逵先生曾在回憶賽金花像的文章裡寫道：「我見著她的時候，

已是花甲之歲，望之猶如四十許人。記得劉半農先生向余上沅（戲劇家）說，看這個女子當是清末時期的標準美人。」就是這樣一個無法用現代審美眼光來衡量的美人，有著不一般的坎坷人生和傳奇經歷。

光緒十三年（一八八七年），前科狀元洪鈞回蘇州守孝，與賽金花初見，為其美色傾倒，隨即納為三姨太。賽金花嫁給洪鈞，於是便又有「狀元夫人」的美稱。賽金花嫁給洪狀元時大概也就十幾歲，而狀元公洪鈞已五十開外，兩人年紀相差極大。同年，清廷派洪鈞出使俄、德、澳、荷四國，可以攜帶夫人同往。由於洪鈞的大夫人年齡太大，加上思想守舊，不願意隨其出國，於是年輕貌美的賽金花便以「公使夫人」的身分隨洪出使。後在柏林居住數年，並到過聖彼德堡、日內瓦等地，見過不少世面。

光緒十八年（一八九二年），洪鈞任期滿，奉命回國，不久病逝。也許太過年輕，賽金花剛滿二十歲，又受了西洋文化的影響，所以她不願從此獨守空房，為一個死去的男人守節；也許早已料到洪家容不下她這個當過妓女的小妾，遲早會將她掃地出門，因此就在「扶柩南歸」的時候，賽金花攜帶細軟跑到上海去了。在那裡，年輕的「狀元夫人」掛起「趙夢鸞」、「趙夢蘭」的牌子，重操妓女舊業。據說在雲屏繡箔間，特意懸掛一幀洪鈞的照片，使得走馬王孫與她相依相偎之際，可一睹狀元的丰儀，從而生出些別樣的情調來。

不久賽金花對上海失去興趣，又於光緒二十四年（一八九八年）夏天移住天津，再次亮出「狀元夫人」的招牌，一時車馬盈門，生意極其紅火，可謂紅極津沽一帶。那時，二十六歲的她已經升為鴇母級別，有了自己的妓院。她以自己的名氣招募了一批漂亮的女子，在江岔胡同組成了有南方韻味的「金花班」，「賽金花」的名號也就是從這時開始叫響。

「護國娘娘」和賽二爺

賽金花的人生傳奇，在八國聯軍入侵北京之後達到一個高峰。後世傳說有多種版本，大致意思是說她曾以使節夫人的身分去過柏林，懂得一些德語，還與一名年輕的陸軍尉官瓦德西發生過一段浪漫的故事。後來八國聯軍統帥便是她的老相好瓦德西，她正是利用這層特殊的關係，吹了許多枕邊風，不僅制止了聯軍的大屠殺，而且保護了皇宮，使之沒有被焚毀。甚至在議和過程中，連李鴻章都束手無策時，也是由她出面，成功勸說了克林德夫人（克林德是義和團運動時的德國駐北京公使，在運動中被殺）接受了立碑道歉的條件。這個「妓女救國」的故事，雖然老套，但大多數人都信以為真，民間甚至把她尊稱為「護國娘娘」。對於這件事情，賽金花向來持曖昧態度，不承認也不否認。後來在老年潦倒不堪時，為了求得生計、迎合時人口味，編了不少假話、瞎話，而且前後矛盾，實在不足為信。

其實，時任聯軍統帥的瓦德西官至陸軍上將，還是德皇威廉的侍衛長，當時已年近古稀。即使假定是十年前在德國和賽金花相識，也是近六〇歲的年紀，以這樣的年紀判斷，不可能還是一個「年輕的陸軍尉官」。因此以上種種說法靠不住。另外以賽金花的文化素養判斷，可能她也只是粗通幾句德語罷了。曾親歷「八國聯軍禍亂」的同文館學生齊如山回憶說，那時賽金花想和德國人做生意，還要找齊如山幫忙，而齊如山的德語「僅能對付弄懂而已」，可見賽金花的德語實在是「稀鬆得很」。齊如山也直言賽金花與德國軍人的確有點來往，但都是中下級軍官，連上尉都很難搭訕上。因為上尉已算很大的官，「言行上便需稍微慎重」。以此推斷，結交聯軍最高統帥瓦德西更是不可能的事。而另一位親歷禍亂的丁士源在所著《梅楞章京筆記》中說賽金花只是在遠處望見過瓦德西一眼。

當初北京被占領以後，八國聯軍統帥瓦德西曾特許士兵公開搶劫三天，然後各國對北京實行分區占領，著手恢復秩序。頗有諷刺意味的是北京最早恢復的商業活動，竟然是娼業。而賽金花當時就住在京城著名娼寮集中地八大胡同之一的石頭胡同。而石頭胡同又恰歸德軍管轄。也就是說，她是有機會和德國軍官接觸的，當然也可能裡頭有一個同姓瓦德西的尉級軍官。

三十年後的一個秋天，她應邀去「世界學院」接受德國記者採訪，當問及她與瓦德西將軍的關係時，她只是含混地搪塞過去。而問她在八國聯軍進駐北京時做了哪些事情時，她舉的兩個例子也不太可信。她說，有一次，聯軍把北京很多老百姓趕到一個大寺院裡，準備了許多磚頭、瓦塊，叫老百姓用磚頭去打佛像。凡是打了的老百姓站在一邊，不肯打的站另一邊。她聽到此事後，急忙趕到現場。經了解，原來聯軍想用這個辦法判斷誰是義和團成員。他們認為凡是不肯打佛像的都是義和團的人，準備一律處死。於是她就給他們解釋，說這個廟是關帝廟，裡面供的是關老爺，不是佛像，關帝最講義氣，老百姓對他十分崇敬欽佩，怎能用磚頭去打呢？不打又怎能就是義和團成員呢？經過她的這番質問和解釋後，聯軍就把這一批老百姓放走了。靠她那「稀鬆得很」的德語，也不知是如何解釋清楚的。

另一件事，是說聯軍與清廷「議和」時，長時間達不成協議，主要矛盾就是德國要求恢復和賠償克林德名譽，並且條件十分苛刻。後來是她出面與德方交涉，說服了克林德夫人。她的原話是這樣的：「『你們外國替一個為國犧牲的人作紀念都是造一石碑，或鑄一銅像；我們中國最光榮的辦法卻是樹立一個牌坊。您在中國許多年，沒有看見過那些為忠孝節義的人立牌坊嗎？那都能夠萬古流芳、千載不朽的！我們給貴國公使立一個更大的，把一生的事蹟和這次遇難的情形，用皇上的名義全刻在上面，這就算是皇上給他賠了罪。』經我這樣七說八說，她才點頭答應了。這時我心裡歡喜極了，這也算我替國家辦了一件小事。聽說條約裡的頭一項就是這事！」

不管如何，賽金花懂得些外文，又曾是清朝的公使夫人，由她出面去勸說另一個公使夫人，也算合理。國難當頭之際，那些迂腐的權貴也需要這樣一個女人進行非正式的「外交斡旋」。依她的口述，她認識的清末當權人物很多，如載勳（莊王）、奕劻（慶王）、李鴻章、立山、蔭昌、孫家鼐等。「賽二爺」的稱呼，據說就是立山戲弄出來的。而那座克林德紀念碑就建在今北京東單大街，第一次世界大戰結束後被遷移到中山公園。據說在拆遷克林德牌坊的儀式上，辜鴻銘曾對賽金花說：「妳過一些義舉，於社會有功，上蒼總會有眼的。」

沒有可靠的史料佐證賽金花的說法，歷史的真相依然離我們遙遠。不過我們情願相信她曾有過類似的善舉；她也可能見過瓦德西，和德軍做過生意；勸過聯軍不要隨意殺戮……但絕沒有她後來描述的那麼傳奇和誇張。不過許多文人倒是相信她曾起過莫大的作用。蘇曼殊《焚劍記》裡記述：「庚子之役，（賽金花）與聯軍元帥瓦德斯（西）辦外交，琉璃廠之國粹，賴以保存……能保護住這個文物地區，不使它遭受搗毀破壞，也應算她做了一樁好事。」林語堂的《京華煙雲》裡也有這樣的話：「北京總算得救，免除了大規模的殺戮搶劫，秩序逐漸在恢復中，這都有賴於賽金花。」

倒是魯迅先生在《這也是生活》裡冷冷地說了一句：「義和團時代，和德國統帥睡了一段時間的賽金花，也早已被封為九天護國娘娘了。」這話給我們當頭棒喝的警醒。如此津津樂道於妓女捨身救國的故事，是不是說明我們這個民族男人的某種心理情結？

最後的「魏趙靈飛」

庚子年的風光之後，賽金花可謂是厄運連連。先是在辛丑年（一九〇一年）因為毆殺一名妓女而被監禁，雖托人打通關節，終因人命關天，被遣送回原籍。回到家鄉的賽金花，還是扮演起鴇母的角色，繼續她的賣笑生涯。後來賽金花又回到上海，先給滬寧鐵路稽查曹瑞忠做妾，但不久老公便暴病身死，她再度為娼。一九一八年，她與時任民國政府參議員的魏斯靈結婚。過了三年幸福、平靜的生活後，再次孀居。

十三年後，當商鴻逵為編寫《賽金花本事》而採訪她時，年過花甲的賽金花「最愛談嫁魏事」，而且「每談起」，就要「刺刺不休」。為她作傳的商先生很厭煩她這樣，以為她「嫁魏後之一切生活，已極為平凡，無何足以傳述矣」！當時商還是個學生，很年輕，不懂得這個經歷過大起大落的女人，最羨慕、最需要的恰是這「極為平凡」的生活。而那位寫《賽金花故事編年》的瑜壽，同樣不懂。他譏諷地寫道：「賽氏晚年，特別珍視他們（賽金花）與魏斯靈所照的結婚像，懸在房中，逢人指點。在這張照片中，魏著大禮服，胖得像一口豬，賽氏披紗，（著）繡花服，面色蒼老。」在這位瑜先生內心深處，這樣一個風塵女子絲毫激不起他一點同情心和憐憫心。賽金花晚年只稱自己是魏趙靈飛，不再自稱是那個獨占花魁的「狀元夫人」，也不是名滿京城的「賽金花」。她只願歸於平淡，安靜地守著一個男人曾給予的名分和幸福，在回憶中打發餘生。

然而世人感興趣的還是她前半生做妓女的傳奇。大家要聽的只是色情的故事，把玩的只是臆想的傳奇，沒有人懂得尊重她，更談不上真正了解她。但有一個人是例外，他就是商鴻逵的老師——劉半農教授。他不同於那些一心從她那裡獵奇換錢、沽名釣譽的人。他對她多有同情，寫書動筆之前就確定了一個原則，以她本人做敘述人，盡量忠實於她本人的回憶。那時有許多人反對他給妓女寫傳，認為有失學者尊嚴。後來劉半農急病暴卒，但在胡適先生的支持下，《賽金花本事》還是得以寫成問世。在劉半農的喪禮上，賽金花獻上了一副由別人代筆的輓聯：「君是帝旁星宿，下掃濁世秕糠，又騰身騎龍雲漢；儂慚江上琵琶，還惹後人揮淚，謹拱手司馬文章。」以此表達她的敬重和哀悼。

賽金花的晚年，生活相當淒涼。她和一名叫顧媽的老僕在居仁里一處平房內閉門寡居，靠著典當和借債度日。當時有位叫陳觳的記者過去採訪，看到的情況是：「時天已甚冷，無錢加煤，爐火不溫，賽擁敗絮，呼冷不已。顧媽伴賽，同居此室凡十五年，賽有臥榻，顧媽則對榻睡於一極狹極狹之春凳上，十五年如一日。此時卻唯有與賽同臥偎抱以取暖。」那時賽金花雖然已是江西民政廳魏斯靈的妻子，她卻連一個月八角的房租都付不起，當時報紙以《八角大洋難倒庚子勳臣賽二爺》為題作了詳細的報導。

民國二十五年（一九三六年）冬天，賽金花終於油盡燈滅，病逝於居仁里十六號的家裡，時年六十四歲。她死後，經社會各界捐助，得以落葬於陶然亭錦秋墩南坡上。她的墓表，原擬請金松林撰寫，可金深以為恥，說「賽之淫蕩，餘不屑汙筆墨」，「我有我之身分，不能為老妓諛墓」，斷然拒絕。那時倒是有許多人願意給這名奇女子寫墓表，但最後被一個叫潘毓桂的爭得。他是個漢奸，一九三九年上任後不久，便特意為賽金花寫了一篇志文，文中恭維她在庚子年間的作為「媲美於漢之『明妃和戎』」，「其功當時不可知，而後世有知者」。這明顯是借人喻己，為自己的漢奸行徑辯護。

不知被人利用了一輩子的魏趙靈飛，若在天有靈，對此會有何感想？對於這樣一個離我們並不遙遠的奇女子，不知該是贊還是歎。因為離我們太近，所以史料豐富，演繹也非常豐富。然而那些史料的記載，依然多是獵奇的產物；那些生動的演繹，也是毫無新奇之處。罵她也好，贊她也好，說到底還是在重複著一種變味的文人情結。難道每逢國難當頭之際，我們能指望的就只是以身報國的女人嗎？

美人地理

■歸園（賽金花故居）

在安徽省黟縣建有賽金花故居，建築的設計都有其歷史依據，除了圍牆是新的，內部一磚一瓦、一切構件和設置都按原樣布置。除了依據原貌恢復舊的賽金花故居外，還修復了賽氏祖居：歸園。

■陶然亭（賽金花墓）

賽金花去世後，被葬在北京陶然亭香塚和鸚鵡塚之間。墓為大理石砌成，墓前立有高一點八公尺的花崗岩巨碑。一九五二年，中國北京市人民政府修整陶然亭時，將賽金花墳墓和墓碑一併遷走，後在「文革」中遭破壞，現存墓碑，陳放於慈悲庵石刻陳列室內。

金聖歎：從「問題學生」到「問題人士」

劉誠龍

金聖歎（一六〇八年至一六六一年），名采，字若采，明亡後改名人瑞，字聖歎。一說本姓張，名喟。江蘇吳縣人。清初文學家、文學批評家。金聖歎幼年生活優裕，後父母早逝，家道中落。他富有正義感，痛恨貪官汙吏；為人狂放不羈，能文善詩，但絕意仕進，以讀書著述為樂。金聖歎博覽群籍，好談《易》，亦好講佛，常以佛詮釋儒、道，論文喜附會禪理。他評點古書甚多，批註的小說極富學術價值，被後人視為珍品並廣為流傳。可沒想到這個大名鼎鼎的金聖歎先生曾經也是一個「問題學生」……

從小看大，三歲看老，真是不錯的，「問題人士」金聖歎之所以一直是「問題人士」，是因為他從小就是一個「問題少年」，讀書時是個「問題學生」，沒有教育過來，此後「狗改不了吃屎」啦！

頑皮少年挑戰老師的智慧

小的時候就別說了，剛出娘胎，誰都製造過一大堆麻煩事。讀書三年知禮儀，父母把孩子往學校裡一塞，忠孝禮義信，天天把孔老夫子的話「學而時習之」放在嘴邊，是頭牛也教育過來了。又加上老師那舞蹈起來呼呼響的戒尺一敲桌子，誰都老實了。但「問題學生」就不同，怎麼教都是問題成堆，要不怎麼叫做「問題學生」呢！金聖歎讀書不認真，老師在場不在場都一個樣：頑皮。不是東張西望，就是交頭接耳，還與同學傳紙條，好在那時沒女孩上學，不然不知會鬧出什麼亂子來。當然金聖歎腦瓜子還是靈活的，不是「雙差生」，在校表現差，但成績還是好的，是「單差生」。

金聖歎讀書時最大的問題是不「代聖人立言」，還經常與老師抬槓，有時甚至挑戰老師的智慧，與老師過不去。比方說，有次老師出了一個帶點「科幻」味道的作文，題目是「如此則動心否乎？」老師的意思是，人到中年萬事休，老師恰好到了四十歲，他就想叫學生「代老師立言」。老師說，如果你到了四十歲，設想碰到某個場景，你還是否動心？

作文的這當口，金聖歎還是小小少年，要設想四十歲的情景，對於少年來講，當然有點兒科幻，但對金聖歎來說，這事就不算什麼，他就寫了：「空山窮谷之中，黃金萬兩；露白葭蒼之外，有美一人。試問夫子動心否？曰：動動動動動動動動動動動動動動動動動動動動動動動動動動動動動動動動動動動動動動動。」他這作文的意思是，在野外，空曠無一人，看到地上掉了萬兩黃金，誰不「拾金就昧」？在蘆葦蕩裡，站著一個漂亮姑娘，四周無人，誰不大唱「大姑娘美，大姑娘浪」，一把抱著「大姑娘走進青紗帳」。好傢伙，金聖歎一連寫了三十九個「動」，這是什麼思想？文學水準再高，思想不對，打「零」分。老師給金聖歎吃了個大鴨蛋，金聖歎不服，還去找老師理論：老師，您的「材料作文」說的是「四十不動心」，我完全符合題旨，思想也正確的。老師差點抽戒尺了，金聖歎說：我是三十九「動」，到了四十就不動了啦！老師一個一個地數，確實只有三九個「動」字，差點兒背氣。

高考白卷英雄

最要命的是「高考」。那時作文題目是「孟子將朝王」，他怎麼做的？在試卷的四角各寫了一個「吁」就交卷了，還不是白卷？老師敲了他幾腦殼，問他這是什麼態度？他說我作文啊！老師你看：孟子是聖人，誰都知道的，哪用得著我說？朝王有梁惠王、有齊宣王，都是朝王，亦不必做，要做的是一個「將」字。舞台演戲，王將視朝，先有四太監，左右立而發「吁」聲，我在卷子四角各書了「吁」字，不是把「將」這個意思表達出來了嗎？我的文章出萬古之新，獨步眾生，應該給我高分。

老師一聽，氣暈了：還給你高分啊，你蔑視科舉，該當何罪？你小子運氣好，千古以來，你這種情況是第一回出現，法律還來不及制定律條，而且考慮你是學生，學生以教育為主，要不然將你定死罪。

好發怪論的問題人士

金聖歎不好好讀書，科舉考試又是這樣交白卷，在神聖的科舉上搞惡作劇，這「問題學生」就這樣落榜了，從此「流入社會」，成了「問題人士」。這「問題人士」第一樁罪是不在「體制內」生活。本來要你參加科舉，國家制定這個根本制度，就是要把你引進套子裡來，要你規規矩矩過體制生活。金聖歎天生反骨，像孫悟空一樣「跳出三界外，不在五行中」，這是最大的「問題」所在。

第二樁，你不過體制生活就不過吧！你別搞破壞，別來添亂子。但金聖歎既然是「問題人士」，自然就常出「問題」。偷雞摸狗，倒也算了；甚至偷香竊玉，也可算了；這金聖歎啊，怎麼說呢！經常弄雜文，好發奇談怪論，擾亂人民思想。比方說，仇富心理特別強，看到城中巨富去世，拍掌大笑：「晨起，聞城中第一有心計富人死了，不亦快哉。」比方說宋江帶領「反革命分子」投安，改邪歸正，重新回到「體制內」生活。這是體制制定者們最高興的，但金聖歎不准。他把《水滸傳》宋江招安一節全砍掉，金聖歎本來也是把宋江當皇朝敵人的，但他不准宋江浪子回頭，只讓宋江他們造反到底。金聖歎的本意是對宋江這號人不能給「出路」，只能給「死路」。這也說明金聖歎是「人民」，最多是皇朝的「問題人士」，不是皇朝的「敵人」。但他的思想不與皇朝保持一致，這不是煽動亂臣賊子死心塌地造反嗎？金聖歎的熱臉就這樣貼到冷屁股上了。

清朝有大制度，不准聚眾講學，金聖歎卻經常在其住所經堂中，設高座，招高徒，發自以為高的謬論，這不存心「製造問題」嗎？佛是忌諱狗肉的，他說是好佛，天天談佛經。但每談，一邊廂打坐談佛，一邊廂大啖狗腳：「如遇酒人，則曼卿轟飲；遇詩人，則摩詰沉吟；遇劍客，則猿公舞躍；遇棋客，則鳩摩布算；遇道士，則鶴氣橫天；遇釋子，則蓮花繞座；遇辯士，則珠玉生風；遇靜人，則木訥終日；遇老人，則為之婆娑；遇孩赤，則啼笑宛然。」總之是坐沒坐相站沒站相，沒個人人樣。他的好朋友王斫山看到他窮，有心扶他的貧，借他三千兩銀子，說利息不要，本錢還我。他三五天把本錢花個精光，跑到好朋友那裡，說：「銀子在你家，徒增你守財奴的名聲，我給你花掉了，替你長名。」他以為是「政府扶貧」，錢是人家個人的啊！可是碰上這個「爛豆子」，有什麼辦法，好朋友笑笑算了。這粒銅豌豆，大錯誤不犯，小問題不斷，真是個問題。但是那富人死了，是天殺的，又不是他殺的；他不准宋江招安，他又沒造反；皇朝有心要辦他，卻一時還真拿他「切不爛煮不熟」。

狗咬耗子——出大問題啦！

金聖歎終於出大問題了，我大皇清朝「不亦快哉」。順治十七年底，酷吏任維初擔任吳縣縣令，他上任看到這裡的老百姓幾乎都犯了罪，根本上的罪是「窮困」罪。大家都富了，你們都還這麼窮，討打。把柄上的罪是：犯了「抗稅罪」。租也不交，稅也不交，這怎麼得了？任維初於是「嚴格執法」，拿他們一個一個暴打一頓，打得他們鮮血淋漓震天哀號，亂世出重典，要下重手才讓他們長點記性。

這事本來跟金聖歎沒關係，被打的既不是其小舅子，也不是其小姨子，整個沒有「直接利害衝突」的，但他就是狗咬耗子，多管閒事。這點兒，是「問題人士」尤其是金聖歎這類形而上的「問題人士」的本質特徵。形而下的「問題人士」偷隻雞摸條狗，別的都不管，至多是在治安上出亂子，壞不了什麼事；而金聖歎這類「問題人士」不偷雞不摸狗，專挖制度牆腳，專代被牧者與牧民者過不去，這就非同小可。

金聖歎為此夥同吳縣那些「問題人士」向上反映，說任縣令不但「對民暴政」，而且貪賄，監守自盜，曾經偷賣公糧一千石。但都被「批示」後再「轉批」到「任縣令」這裡，「請任縣令酌處」。眼看沒有成效，「問題人士」金聖歎就打算來個更有影響力的。恰好這時順治駕崩，舉國默哀。金聖歎他們先約好大夥到孔廟裡造聲勢，辦一個「集體哭泣」；然後浩浩蕩蕩找巡撫大人朱國治去「集體請願」，請求驅逐縣令。但包庇下屬的朱國治不管三七二十一，給金聖歎他們定以「震驚先帝、聚眾倡亂、情同謀反」之罪上報朝廷。朝廷於是大怒，下了批示：「殺無赦！」

超然世外──刑場教子

剛逾知天命之年的金聖歎，雖然即將和死神「接吻」，告別相伴一生心愛的筆硯，但他泰然自若，臨刑不懼，昂然地向監斬官索酒酣然暢飲，邊酌邊說：「割頭，痛事也；飲酒，快事也；割頭而先飲酒，痛快痛快！」

心愛的兒子風風火火、呼天搶地地趕到了刑場，與慈父訣別。愛子淚流滿面，痛不欲生。他看到兒子哭得淚人似的，勸慰道：「別哭了，告訴我今天是什麼日子？」兒子哽咽著說：「八月十五日，中秋。」聽到「中秋」兩字，金聖歎突然仰天大笑，高興地說：「有了！有了……」

此時他超然世外，神馳遐想。舞文弄墨了大半生的金聖歎，到此即將告別人世的臨危之時，仍惦念著一段未了的文字緣──原來，三年前，剛剛批點完《水滸傳》、《西廂記》的金聖歎，走進報國寺信步小憩。一天夜裡，已批書成癖的他，躺在床上輾轉反側，到了半夜仍毫無睡意。於是就披衣秉燭去見寺內方丈，想借佛經予以批點。鶴髮童顏、長鬚飄飄的老方丈得知其來意後，慢條斯理地說道：「我有一條件在先，我出一上聯，你如能對出下聯，我即刻取出佛經讓你批點。」當時正值半夜子時，忽聽外面「篤篤」幾聲梆子響，老方丈靈機一動，脫口詠出「半夜二更半」。可金聖歎冥思苦想，絞盡腦汁，怎麼也對不出下聯來，只得抱憾而歸，佛經自然沒能到手。

今天，他在斷頭台上，看到城內張燈結綵，百姓歡度中秋。他突發奇想，靈感閃現，大呼一聲：「中秋八月中！」，並要兒子馬上去寺院告訴老方丈，他對上了下聯。

刑場上，劊子手磨刀霍霍，手執寒光閃閃的鬼頭刀，令人毛骨悚然，不寒而慄。眼看行刑時刻即到，兒子望著即將永別的慈父，更加悲戚，淚如泉湧。金聖歎雖心中難過，但他從容不迫，文思更如泉湧。為了安撫兒子，他泰然自若地說道：「哭有何用，來，我出個對聯你來對，上聯是『蓮子心中苦』。」兒子跪在地上哭得氣咽喉乾肝膽欲裂，悲痛欲絕，哪有心思對對聯。他稍加思索，說：「起來吧，別哭了，我替你對下聯。下聯可對『梨兒腹內酸』。」

旁聽者黯然神傷，不禁為之動容。上聯的「蓮」與「憐」諧音，意為他看到兒子悲戚慟哭之狀深感可憐；下聯的「梨」與「離」諧音，意即離別兒子心中酸楚難忍。這一副絕對，可謂對仗嚴謹，字字珠璣，出神入化，動人心魄。

「死」時「死」際——又弄出問題

就在皇朝準備從肉體「澈底解決」「問題人士」金聖歎的時刻，這傢伙仍死不悔改，死到臨頭了，還要弄些問題來。具體來說，就是「死」時「死」際，他還要戲弄、侮辱公務員。「上路」的路上，他寫了一封家書給兒子：「字與大兒看，酸菜與黃豆同吃，大有胡桃滋味，此法一傳，我無遺憾矣。」你看看，死到臨頭還這麼吊兒郎當，這麼油嘴滑舌，這麼滿不在乎，這一點就足可證明他是一個「有問題的人士」。

跟金聖歎一塊被正法的有十多個人，這麼一排人站在那裡，挨個挨刀子，真嚇死人。一刀掄下去，那血噴得丈把高，那黑糊糊血糊糊的頭在地上滾，誰都嚇得不敢死了。看到人家頭被砍，想到自己被砍頭，那慘狀誰敢看啊？於是金聖歎就向「劊子手」招手：「來來來，我這裡有兩百兩，我事事都喜歡爭第一的，你先砍我頭，讓我第一個到閻王那裡報到，我這兩百兩就給你。」劊子手忙不迭地問：「真的嗎？一言為定。」

「不騙你不騙你，我要死的人還騙你幹麼？」於是劊子手首先就從金聖歎頭上「開刀」。刀起頭落，看到那頭往地上滾，劊子手趕緊去扳開手掌，空空如也，哪裡有什麼金子銀子？劊子手氣得要死，給他又補了一刀，「你以為我們個個都是貪官啊？」劊子手向上級彙報說：「金聖歎死尤侮人。」他把我們個個當汙吏看。上級聽了，開始還覺得這麼殺金聖歎是不是有點太過份，聽到劊子手的這個彙報，最後那點同情心就都沒了。他的牙也咬得咯咯響：跟我們過不去，沒你好果子吃。

就這樣，這位「問題人士」，一代才華橫溢的飽學之士、文壇巨星過早地隕落了。

一對青春正妙的大好青年，頓時陷入到「少年維特的煩惱」中了。之後，高陽公主便把自己的寢具搬到辯機的禪房內。可笑的是，駙馬房遺愛居然像盡忠的良犬，在外面給他們看門。投桃報李，高陽公主特別送給房遺愛兩名年輕美麗的侍女。

中國的電視劇《鑒真東渡》，似乎喚起人們對唐代迤邐風光的回憶。鑒真、玄奘都是唐朝一代名僧，其成就自然無須多說。然而當時還有一位年輕有為的僧人，身為玄奘的弟子，卻在二十九歲那年被腰斬於市。他就是辯機。

抓到一個小偷

唐貞觀末年，在長安街上抓住一名小偷。繳獲的贓物特別，是一個鑲金飾銀、豔麗奪目的女用豪華玉枕，這可不是平常人家用的東西。經過嚴厲的審問，小偷招供，玉枕乃是從弘福寺內一個沙門的房間裡偷出來的，這個沙門就是辯機和尚。此時辯機正在弘福寺從事他的譯經工作。

關於辯機的經歷、俗名、出生地、家世、父母等，我們已無從知曉。只是在《大唐西域記》的卷末語中，有辯機稍作自我介紹的謙辭，說他繼承遠祖隱逸之士的血統，自小懷著高操的志節，專心學問。十五歲時，出家為僧。可以看出，辯機其實打心眼裡是熱愛佛祖的，只是命運的事情，誰也無從預料。

如果小偷盜去的是香爐或文具，也就不會有人懷疑，但豪華豔麗的女用玉枕跟高僧生活似乎差得不是一星半點兒。御史台立刻召辯機詢問。起初辯機態度強硬，堅不吐實，但在巧妙而又嚴格的審問下，他終於無法隱瞞，坦白說出這是高陽公主親自賞給他的東西。

高陽公主的初戀

高陽公主是唐太宗的第十七女，天性活潑，「性聰慧，備受寵」。在後宮中，高陽像鮮花一般驕傲。但是高陽公主還是被許配給宰相房玄齡之次子房遺愛。

公主嫁人，嫁的不是人，嫁的是家世，房玄齡是凌煙閣上的大功臣，唐太宗把高陽公主嫁給他的兒子是出於對房玄齡的抬愛。可惜房遺愛和他以學、識、才知名的父親大不相同，不學無術，只有一身蠻力。看清楚自己婚姻的最終目的之後，氣憤之餘，高陽公主從結婚那天起就不接納丈夫。

多情人總是會遇上煩惱的。婚後高陽在領地打獵時遇到了辯機和尚。那時公主十六歲，辯機二十一歲。當時兩個人之間是如何「電光閃爍」，已無史料可考，但我們確定的是，一對青春正妙的大好青年，頓時陷入到「少年維特的煩惱」中了。

一個枕頭引發的血案

在這場驚世駭俗的愛情中，高陽公主始終是主動、熱烈、癡情的那一方。相對於她在愛情中得到的幸福，辯機可能要掙扎和痛苦得多。因為從史料中我們可以猜測，辯機其實還是一心向佛的，不然當時，他完全可以選擇還俗。在兩人來往的六年時光裡，辯機應該一直在努力讓高陽公主離開自己，或者讓自己離開高陽公主。畢竟於人於己，這都是一個明智的選擇。

這個機會終於來了，《西遊記》中的唐僧原型玄奘從西天取經回來了！這些經書用了二十多匹馬載回來，而且全是梵文（古印度文字），「唐僧」奏請唐太宗批准後，在全國的寺院裡招聘修為學養最好的僧人，共同把這些經書翻譯出來。玄奘共招聘了九位僧人，其中來自長安會昌寺的辯機是年紀最輕的，只有二十六歲，他風神俊朗，文采斐然，最受玄奘器重。

在自我情感中四處逃避的辯機被選去譯經後，再也沒見過高陽公主。這段時間，他回歸佛祖懷抱，成績斐然。後世流傳的《大唐西域記》便是玄奘口述，辯機撰寫而成；而《瑜伽師地論》之卷五十一至卷八十譯文成為辯機絕筆。

如果沒有那個小偷，他和高陽也許就這樣散了。但是佛祖似乎不願意這樣輕易放過這對不遵守世俗規範的男女。

御史公的奏文送到唐太宗的手裡，太宗怒髮衝冠，咬牙切齒，立刻下詔，將辯機處以腰斬的極刑：腰斬（將赤裸的罪人放在大木板上，從腰間斬成兩段）。

辯機處死後，高陽公主的奴婢數十人被處斬刑，太宗表面上對公主和房遺愛沒有處罰，卻無限期地禁止公主入宮。此後悲慟至瘋的高陽，是純粹為活著而活著了。半年後，最疼愛她的父親去世了，高陽一滴眼淚都沒有掉，由此可見她的怨恨。弟弟李治當上了皇帝，高陽更自由了。她開始公開納其他和尚為面首，穢亂春宮，甚至縱容和信任他們，打算發動宮廷政變。最終房氏兄弟出賣了高陽公主，她終致毀滅。這一切距離辯機之死，不過四年。

新好男人：唐中宗李顯

蒙曼

中國古代一直講男尊女卑，夫為妻綱。但是在實際生活中，怕老婆的傳統也是源遠流長。唐太宗時的宰相房玄齡就是有名的怕老婆，還衍生出「吃醋」這個盡人皆知的典故。中國山東甚至還總結出來一個說法，叫做「怕婆子，有飯吃」。就是說一個男人如果怕老婆，可能日子會過得更加安穩。

唐朝最怕老婆的人

唐中宗是個什麼樣的人呢？首先他是個賢夫良父。他的賢良還是從流放開始的。那是在六八四年二月，剛做了三十六天皇帝的中宗李顯被母親武則天廢黜，流放到房陵。此後政壇一有風吹草動，母親就派人來「慰問」他，而李顯一聽說母親又派人來，就不由得心驚膽寒，想要自殺。幸虧妻子韋氏一次次地鼓勵他，才讓他有了活下去的勇氣。而流放途中生下來的小女兒安樂公主，從小聰明伶俐，也給他帶來無窮的快樂與希望。正因為在患難中，李顯曾經深深體會到太太和女兒帶來的溫暖，所以復位後，他對太太和女兒都是出名地好。也許愛之深，才會懼之切，反正當時宮裡宮外都知道唐中宗怕老婆。

有一天中宗在宮裡舉行宴會，叫了好多藝人來助興。有個藝人自告奮勇上來說，我想唱個曲子，曲名叫「回波辭」，詞是新編的，有點得罪皇帝，不知道皇上聽了會不會不高興。唐中宗鼓勵他唱。這個藝人唱道：「回波爾時栲栳，怕婦也是大好。外邊只有裴談，內裡無過李老。」這是什麼意思呢？《回波辭》是樂府的一個曲名，有固定的格式。第一句中的「回波爾時」是開頭固定的一句套話，「栲栳」是一種竹筐，在這裡沒有意義，就是確定一個韻腳。第二句就有意義了，說怕老婆也是一件大好事。接著第三句就舉了一個怕老婆的典型例子，說宮外怕老婆最有名的人是裴談，第四句說宮裡也有一個典型，那就是李老，唐中宗李顯。

裴談和李顯為什麼能得到「李唐王朝最怕老婆的人」這樣的榮譽稱號呢？我們看看裴談的先進事蹟就知道了。裴談當時是御史大夫，三品高官，在外面也是威風凜凜、吆五喝六的。可是到了家裡，對夫人總是俯首帖耳、唯唯諾諾。好多人都覺得費解，就問他，你怎麼這麼怕老婆啊？他便說了一段非常經典的名言。他說：「妻有可畏者三：少妙之時，視之如生菩薩。安有人不畏生菩薩？及男女滿前，視之如九子魔母，安有人不畏九子魔母耶？及五十六十，薄施妝粉或黑，視之如鳩盤茶，安有人不畏鳩盤茶？」什麼意思呢？他說，我怕老婆那可是一以貫之，從來都怕。我老婆讓我害怕有三個原因：當她是妙齡少婦時，看起來就像菩薩般模樣，哪有人不怕菩薩的呢？等到她為我生兒育女、兒女繞膝之後，她就像九子魔母，哪有人不怕魔母的呢？等到她年老色衰，臉上施了脂粉，黑白不勻的，活像一個鬼，哪有人不怕鬼的呢？「鳩盤茶」是梵語，意思是啖人精氣的鬼。

藝人唱完這首曲子，惹得大家哈哈大笑。那藝人便笑嘻嘻地看著唐中宗夫婦。唐中宗在一旁也只能嘿嘿乾笑，不敢有別的表示。看看中宗尷尬的模樣，韋皇后發話了，說：「唱得有趣，賞！」馬上賞給藝人好多絲綢。李顯也無可奈何。這樣看來，把李顯和裴談相提並論，真是一點兒都沒冤枉他。

支持皇后干政，縱容皇后包養情人

既然怕老婆，那在工作和生活方面就得服從太太需要了。工作方面，他不僅讓韋皇后公開參政，而且還幫助她大張旗鼓地發展勢力，讓她和自己處於並尊的地位；在生活上，就更有水準了，他居然容忍韋皇后包養情人！有人懷疑：你說的情人是不是武三思？武三思跟她的關係不是工作關係嗎？這沒有錯，問題是在武三思死後，韋皇后真的有情人了。她的情人在史書上留下名字的有兩位：楊均與馬秦客。這兩個人各有優勢。楊均特別擅長烹調，想來韋皇后比較喜歡美食，所以愛屋及烏，也喜歡個能做美食的；美食吃太多了難免會得消化系統方面的疾病，正好馬秦客是醫生，可以負責調理保健。那麼韋皇后有這麼好的老公，為什麼一定要包養情人呢？而且好像品位也不怎麼高，一個是廚師，一個是醫生。想來在韋皇后的心目中，婆婆武則天就是榜樣，只要是婆婆曾經做過的，她也要一樣不漏地模仿一遍。武則天包養情人，韋皇后也要包養情人。只不過武則天是在唐高宗死了以後才開始包養男寵的，而她迫不及待，把什麼事都提前做了。唐中宗不是怕老婆嗎？風聲傳出來，他也唯有聽之任之，雖然綠帽子戴了一頂又一頂，他卻表現出大海一樣寬廣的胸懷。

極度嬌縱女兒

對夫人如此，對女兒安樂公主，中宗就更嬌縱了。安樂公主想要辦什麼事，都是自己直接擬好了詔書，讓中宗簽字。政治上的大事都可以這樣決定，生活上的瑣事就更不在話下了。安樂公主不是漂亮嗎？人靠衣裳馬靠鞍，美人還得靠靚裝。安樂公主最著名的衣服叫做「百鳥羽毛裙」。這可是在中國服裝史上占據一席之地的漂亮裙子。一共做了兩件，都是用各種鳥的羽毛織成的，五彩斑斕，材料稀罕就不用說了，做工更是考究得出奇。裙子織出來後，從正面看是一個顏色，從旁邊看又是一個顏色；放在太陽底下看是一個顏色，放在陰影裡看又是一個顏色。一條裙子可以當四條穿。而且再仔細看，裙子上織的是花、鳥、獸的圖形，每一隻鳥、獸只有小米粒那麼大，難得的是微縮之後還能栩栩如生。把整個成本算下來，比打一條金裙子還貴。當時為了給安樂公主織這條裙子，唐中宗動用國家力量到嶺南去採集熱帶鳥的羽毛，經過一番圍剿，好多珍稀鳥類都不見了蹤跡，簡直就是一場生態災難。

中宗對安樂公主的寵愛也延續到了外孫子身上。安樂公主跟武崇訓生的兒子才四、五歲，就官拜太常卿，爵封鎬國公，實封五百戶。武崇訓被李重俊兵變殺死後，安樂公主再嫁武延秀，他們的孩子滿月那天，中宗和韋皇后又親自到她的宅第祝賀，並且在安樂公主的府邸頒布大赦令，大赦天下，讓全國人民都沾染一下公主降誕麟兒所帶來的喜悅之情。

翻遍史書，唐中宗只在兩件事上沒答應安樂公主的要求，一件是「皇太女事件」，另一件則可以叫做「昆明池事件」。安樂公主不是請求中宗立她當皇太女嗎？中宗雖然覺得為難，但還是答應和大臣商議。第二天，中宗就找到宰相魏元忠，把事情跟他說了一遍。魏元忠在武則天時期就以耿直出名，一聽這事就火了。說陛下您怎麼這麼糊塗呢？且不說自古從來沒有「皇太女」這個職銜，就算您打定主意自我作古，獨創這麼一個位置，也要考慮一下後果啊！您若立安樂公主當皇太女，那讓駙馬當什麼呀！中宗一想也對，畢竟當時還是父系男權社會，講夫為妻綱的，要是讓安樂當皇太女，以後這天下不又成了武家的！沒辦法，只好轉回來跟安樂公主講：「不是我不願意讓妳當皇太女，是宰相魏元忠那裡通不過。」這可把安樂公主氣壞了。她破口大罵：「魏元忠這個山東老木頭疙瘩懂什麼！連阿武子（武則天）那樣的人都能當皇帝，我是皇帝的女兒，為什麼就不能當皇帝！」真是不知天高地厚，要多傲慢有多傲慢。

那麼「昆明池事件」又是怎麼回事呢？當時安樂公主和她的同胞姊姊，也是韋皇后的親生女兒長寧公主比富，比誰的家更豪華。兩個人競相燒錢圈地，把房子都建得像宮殿一樣。但是這樣鬥來鬥去很難分出勝負，怎麼辦呢？安樂公主就想出奇制勝。她請求唐中宗李顯把屬於皇家的昆明池給她。

這昆明池在長安城可是歷史久遠，池子本為漢武帝所開鑿。當年漢武帝好大喜功，想征伐少數民族政權昆明國，因為昆明國內有滇池，方圓三百里，極為險要。所以武帝特地在長安開鑿了這個昆明池，讓士兵適應水戰。昆明池經過歷代帝王的經營維護，在唐朝也是著名的風景名勝區，長安城裡找不出第二片，如果能成為她的後花園，長寧公主可就沒法比了！可是這昆明池在唐朝的地位太重要了，相當於清朝的北海，是祖業，而且昆明池旁邊還有好多老百姓靠捕魚、撈蝦為生，這麼多人，往哪兒搬遷啊？綜合考慮一下，李顯沒敢答應。這下安樂公主可生氣了。怎麼辦呢？她決定化憤怒為力量，充分發揚人定勝天的精神，挖一個比昆明池還大的人工湖！說做就做，安樂公主在長安看中了一塊地皮之後，強行趕走了當地的老百姓，當真挖出一個廣袤數里的人工湖，確實比昆明池還大。這個人工湖就取名「定昆池」，明擺著跟老爸示威。在定昆池裡，安樂公主還仿照西嶽華山造了一座假山，說是假山，個頭比真山也小不了多少，上面棧道縈迴，下面碧水曲折，儼然人間仙境。為了讓工程保質保量，朝廷三品大員司農卿趙履溫脫下朝服，挽起袖子，把韁繩套在自己的脖子上，親自給安樂公主拉車。這都不是斯文掃地的問題了，簡直就是拿人當驢使。看到愛女這麼折騰，中宗也照樣不氣不惱。不僅如此還帶領著文武大臣給安樂公主助興，與眾人在池上泛舟。可見他對安樂公主不是一般地縱容。

能這樣忍辱負重哄妻子和女兒開心，中宗李顯絕對是個賢夫良父，跟時下流行的新好男人比也毫不遜色吧！

第四篇

個人隱私

無論是手握大權的帝王將相，
還是叱咤風雲的風流名士，
台面上的光鮮亮麗，
往往不如私下的明爭暗鬥、用盡心機、空虛寂寞來得
更貼近真實人生。

探密女皇「後宮」：武則天男寵知多少

楚楚

武則天是中國歷史上唯一的女皇帝，也是一個傳奇。她是封建時代傑出的政治家。李唐王朝兩百九十年的歷史，有近半個世紀是由武則天導演的。她的美貌、智慧、狡詐、狠毒、領導藝術與魅力、卓越的洞見力，都為後世百姓和文人津津樂道，千百年來無休止。

在一個幾千年來一直教導女子順從的世界裡，她雄飛高舉，君臨天下。在她的時代，禁區可以突破，命運可以改變，激情和夢想造就了千古流芳的大唐氣象；在她的身後，正史和野史，留下了種種撲朔迷離的記載，給這位傳奇女子平添了許多神祕色彩。

她一生的功過，經受一代又一代人的評說。由於她曾擁有男寵，這便成為她千古難泯的「緋聞」，也成為文人墨客顛來倒去的話題。那麼在武則天的生命中，她究竟有多少男寵，她的情感生活又是怎樣的呢？

作為中國歷史上唯一的女皇帝，武則天一向飽受爭議。她君臨天下，威儀萬方，殺戮、告密、酷吏曾是那個王朝的標誌；她聰穎多情，雍容典雅，愛人、情人、男寵曾是她一生的記憶。有人說她篡唐代周，信用酷吏，淫亂後宮，罪不可赦；有人說她統禦有術，政治開明，國勢強大，四邊安靖，功在千秋。

對權力的執著欲望貫穿了武則天的一生。她先肆意誅殺李唐宗親，接著又用嚴行峻法，排除異己，到後來幾廢幾立兒皇帝，目的都是為了維護她唯我獨尊的權力需要。這在夫權至上的封建社會，其「牝雞司晨」早已觸犯了幾千年的戒條，而其一系列的「維權」則成了後人詬病與抨擊的焦點。

對情感的饑渴欲望則是貫穿武則天複雜人生的彩色鏈條。她先是太宗的才人，後又與太子暗生情愫，踏著感業寺青燈古卷的跳板，一躍成為新皇帝的寵妃、皇后。能得到父子兩代帝王的臨幸與憐愛，這折射出了她的心智機巧及嫵媚可人。丈夫的去世並不能關閉她情感的閘門，她的天生霸氣與欲望橫流讓她的後半生春色滿園。無論是風采卓然的御醫，還是天生膂力的薛和尚，再有那貌賽潘安的張氏兄弟，都成了她慰藉心靈的甘飴。正是這種對情感生活的無休止索取，為她的有為政績抹上了一縷不倫不雅的烏雲。與史上其他帝王不同的是，武則天不僅是唯一的一位女性皇帝，也是私密隱情被「曝光」最詳細、最大膽的。

寂寞歲月：十二年中未獲太宗一絲恩露

作為一個女人，武則天也需要男女之情，這個需要她卻永不滿足。武則天十四歲入宮的時候，被唐太宗賜名為「媚」，千嬌百媚，含苞待放，情竇初開，渴望皇帝的寵愛，可在太宗身邊十多年，她僅是個「才人」，與一個侍女的作用差不多。武則天作為太宗的才人，在宮中度過了整整十二個年頭，她從一個初涉世事的少女逐漸變成成熟女人。不過這一時期，她並沒有得到太宗的寵遇。唐太宗比她大二十七歲，她和唐太宗並沒什麼感情，武則天既沒為太宗生養子嗣，自己也沒有得到升遷。深宮生活的寂寞，使武則天慢慢品味到宮廷生活的方方面面，這對於一個不甘於現狀的人來說，倒成了一種受用不盡的財富。然而當她還未來得及為自己前途作打算的時候，便同其他未生養子女的宮人們一起被剃度，進了感業寺。削髮後的武則天忍受著寺內各種清規戒律的制約，但是她堅信這樣的日子不會很長，她把感業寺當成了蟄伏之地。

從情人到高宗的皇后

武則天等待著、期望著、準備著。歷史的機遇，使太宗的兒子李治成了她的選擇。高宗李治好色多情、體弱多病、優柔寡斷，對她又一往情深。李治為太子時，因為來宮內侍奉病榻上的父皇太宗，有機會見到了比他年長四歲的武則天。李治被武則天的美貌與多情的目光所吸引，也因她的聰明才智而心動，他們一見便不由自主地私下往來。

武則天入寺為尼，李治對她也是一直未能忘懷，然而新君即位之始，他並沒有多少機會去見她。永徽元年（六五〇年），太宗周年忌日時，李治以行香祈福為名去了感業寺，在那裡見到了已經落髮近一年的武則天。武則天乍見高宗，不由得淚如雨下，一年中尼庵的清苦寂寞實在難以忍受，她向高宗皇帝訴說心中的思念，高宗李治也同樣感慨萬分。但是身為帝王的李治還沒有合適的理由把武則天接出寺外，只得仍舊讓她在感業寺中暫住。

高宗與武則天暗中通情的事，早就傳到了宮中。中宮王皇后沒有向皇帝撒潑使野，而是慫恿高宗把武則天納入宮中。原來此時王皇后正與蕭淑妃爭寵而鬧得不可開交，她為了討好高宗，不惜藉召武則天入宮之舉來博取高宗歡心。王皇后的建議自然深合高宗本意，武則天不久即被徵召入宮，由感業寺尼成了正二品的昭儀。

武則天重回宮中後，極力討好王皇后，對皇后是卑躬屈順，恭恭敬敬。為此王皇后也時常在高宗面前誇獎她。這樣一來，高宗越發覺得武則天可愛。高宗在武則天這裡得到了無比的歡愉，而且他發現與武則天之間有很多的共同語言。漸漸地，隨著宮闈鬥爭的擴大，武則天已不再滿足於做一個昭儀，她的目的是要入主中宮，取代王皇后。

不久，武則天生了一個女兒。她利用王皇后按禮制規定探視新生嬰兒之機，親手悶死了自己的女兒，然後嫁禍王皇后。對此飛來橫禍，王皇后縱是渾身是嘴，也無法說清了。不久武則天又誣告王皇后與她的母親行厭勝之術，詛咒自己，更讓高宗大為惱火，聯繫到小女兒的死，他下定決心要廢王皇后而改立武則天。

永徽六年（六五五年）十月，高宗下詔廢王皇后冊立武則天。武則天終於以她的美貌與才智，如願以償地入主中宮。不久，她就將已被打入冷宮的王皇后和蕭淑妃害死。對於那些反對立她為后的大臣，也同樣大動干戈，進行了報復。

武則天的情感

武則天一生寫了很多詩，這些詩大部分和政治有關，但是也有一首寫個人感情的詩，這首詩叫《如意娘》，據說是她在感業寺為尼的時候寫的。詩中寫道：「看朱成碧思紛紛」，就是看著我原來穿的石榴裙，把紅顏色都看成綠顏色，因為思念弄得眼淚嘩嘩流，眼淚模糊得顏色都看錯了；「憔悴支離為憶君」，為了思念你，我自己都很憔悴了；「不信比來長下淚，開箱驗取石榴裙」，我流下的眼淚都滴到石榴裙上，我不知道你相信不相信，如果我們再見面的時候，你來開箱子看看這石榴裙上面斑斑的淚跡就說明了我對你的思念。這首詩寫得很有感情。由此看她和高宗可能還是有感情的，所以唐高宗李治才能不顧亂倫的指責，依然把武則天接回宮中，最後立她為皇后。

武則天的晚年：一批男寵走進她的生活

在武則天統治時期，有兩個話題最讓後人詬病，一個是酷吏政治，另一個就是男寵。任用酷吏使武則天迅速穩定了統治，但隨著政局的穩定，酷吏也慢慢退出了歷史舞台。而又有一批新的勢力興起了，那就是男寵。武則天晚年，一批男寵慢慢走進她的生活。

唐高宗死後兩年，也就是她在六十一歲的時候有了第一個男寵薛懷義。薛懷義本是走街串戶的街頭混混，卻上演了一幕男裝版的灰姑娘傳奇，一躍成為武則天的第一個男寵。

薛懷義，原名馮小寶，鄠（今陝西省雩縣）人，闖蕩江湖（販賣藥材），練就了健壯的身體，粗獷中不失幾分英俊，而且又能說會道。後來被武則天的乾女兒千金公主家的侍女看中了，做了侍女的情人。這個侍女常把馮小寶引到公主府去相會，後來被公主發現了。公主很生氣，想從重發落一下，可是她一看小寶生得偉岸、一表人才，馬上派人把他召到宮中，親自為他沐浴更衣，留待數日，把他包裝成禮物，獻給了寡居多年正寂寞上火的武則天。小寶剛過三十，侍寢有術，深得武則天的寵愛。為了能讓馮小寶合乎情理地往來後宮，武則天接受公主計策，把馮小寶變為僧人，將洛陽的白馬寺修飾一下，讓他出任主持，並讓他學習佛教經典，既掩飾身分，又可陶冶性情，培養參政的能力；又將他改名為懷義，賜給薛姓，讓太平公主的駙馬都尉薛紹以叔父之禮相待。

武則天的家族有些特殊性，可能有長壽基因。武則天活了八十一歲，她媽媽楊氏活了九十二歲，周圍的人也都不覺得武則天有多老。另外，可能與社會風氣和她家庭生活影響有關。她這個家族，可能在性生活方面比較開放，她的媽媽楊氏在她八十多歲的時候，就喜歡上了她的外孫子，而她姊姊韓國夫人，後來和唐高宗也好了，而且韓國夫人的女兒魏國夫人也跟唐高宗好，所以武則天最後把魏國夫人也給毒死了。

武則天的女兒太平公主，也是跟很多人好，從這兩方面說，武則天在六十一歲的時候有男寵並非不可思議。武則天雖然非常膽大自信，但是她終究不敢像男性皇帝那樣，公開地設四個妃子，三十六個嬪婦，她為了掩人耳目，還是把薛懷義變作一個僧人，讓他進宮幫她搞建築，以此名義讓他到宮中來。

薛懷義不滿足於專任侍寢，他對任何事都有過人的聰明。垂拱四年（六八八年），薛懷義受命督建明堂和天堂，耗資巨萬，建築物雄偉華美，令人瞠目。薛懷義因功被擢升為正三品左武衛大將軍，封「梁國公」。他還多次擔任大總管，統率軍隊，遠征突厥。他利用當時流行的對彌勒佛的信仰，和僧法明等僧人編寫了《大雲經》四卷，獻給武則天，稱武則天是彌勒佛下生，應當取代唐朝成為天子，從而為武則天提供了對抗儒家男尊女卑理論的思想武器，更助她名正言順地登上皇位。

薛懷義憑藉皇帝的寵愛，為所欲為，不但不把朝廷官員放在眼裡，還公私不分。武則天大概寵了薛懷義十年左右，後來御醫沈南璆成為武則天的第二大男寵，薛懷義受到冷落，這使他妒火難忍，一把火燒掉了自己督造的耗資巨萬、象徵天子身分的明堂。大臣們紛紛要求嚴懲薛懷義，武則天不加追究，但薛懷義日益驕橫，終被武則天指使人將其暗殺。

薛懷義死後，已過中年的沈南璆溫和有加，卻身心虛弱，滿足不了武則天的要求。七十多歲的武則天又陷入了寂寥煩悶之中，喜怒無常，脾氣暴躁，動不動就責罵侍女。

還是女兒理解母親的心事。太平公主便將美貌少年張昌宗帶給武則天。張昌宗聰明伶俐，通曉音律，當場獻上一曲，然後相擁入內室。侍寢一宿，武則天非常滿意，當夜封張昌宗為「飛旗將軍」。半月後，張昌宗向武后透露他有一個親哥哥張易之，善制春藥，服之使人返老還童，侍寢更有經驗。武則天把張易之召來，試之，果然滿意。張易之幹練精悍，才貌雙全，弟弟張昌宗生得迷人。後來張易之被封為「恒國公」，在王宮裡號稱「五郎」；張昌宗被封為「鄴國公」，在王宮裡號稱「六郎」。

萬歲通天二年（六九七年），武則天七十三歲的時候，又有了第三大男寵：張易之和張昌宗兄弟。從此兩人同入宮中侍奉武氏，儼若王侯，每天隨武皇早朝，待女皇聽政完畢，就在後宮陪侍　女皇。

在武則天女皇近似溺愛的寵幸下，這對美少年的勢力迅速膨脹。朝中的當權者武承嗣、武三思、武懿宗、宗楚客、宗晉卿等人，爭先恐後獻媚二張。張易之、張昌宗兄弟，是定州義豐（今河北安國）人，其祖父輩的張行成在貞觀末當過宰相，也算得上名門出身、世家子弟、宰相之後，被稱為面如蓮花的張昌宗是太平公主推薦給武則天的，張昌宗又引進其兄張易之，因此兩人先被任為中郎將和少卿，此後屢屢加官。這兩兄弟年少，長得很白，武則天也不敢把他們公開弄到宮中，就讓他們到宮裡頭寫書。

她寵了張易之和張昌宗八年，這兩個人一直陪她到最後。

武則天晚年很得益於男寵張易之、張昌宗兄弟的悉心侍奉，她很感謝張家兄弟的奉獻，授予其高官，委以國政，使之成為晚年最親信的人。因武氏年事已高，政事多委易之兄弟，兩人權傾朝中，連武則天的侄兒武承嗣、武三思等人都爭著為兩人執鞭牽馬。後來卻因為恃寵逞威，到了神龍元年（七〇五年），武則天病重，大臣崔玄、張柬之等起羽林兵迎中宗李顯復位，發動復辟唐朝的政變，他們兩兄弟都被殺死在「迎仙院」了。

武則天的第四大男寵是天下美少年和大臣。鑒於歷代皇帝有三宮六院，武則天也想仿效。據《舊唐書》記載：「天后令選美少年為左右供奉。」有名的就有柳良賓、侯祥、僧惠範等多人。

武則天享樂特權制度化：設立頗似「後宮」的控鶴府

絕對的權力造就絕對的享受，皇帝從來都是最貪婪的享受者。他們不僅擁有世間最好的財物，同時也擁有世間最極品的後宮佳麗。作為中國歷史上空前絕後的女皇，武則天自然也不例外，她對男人的享受幾乎到了登峰造極的地步。

聖曆二年（六九九年），武則天有意使自己的特權制度化，讓男女在相互壓迫上處於她認為的平等地位，她在這方面的一大傑作就是設立了一個頗似「後宮」的控鶴府，由張易之做長官，裡面任職的官員大多是女皇的男寵及輕薄文人。這一機構為武則天聚集男孌以娛晚年的宮制之一。這一府內的官員，除了曲宴供奉之外，另一重要職能是向女皇提供「男性溫存」。「每因宴集，則令嘲戲公卿以為笑樂。」內殿設宴，則由張氏兄弟和諸武侍坐，陪女皇玩樗蒲戲或說笑話，老人家高興了，便賜給眾人賞物。試想這一場面：武則天置身於比大觀園更為富麗堂皇的庭院內，周圍雲集著無數獻媚者（大多數是男性），他們按女皇的心願大肆嘲弄另一群男人（朝廷的大臣們），又接受女皇的評頭品足。為了武則天的開懷大笑，他們不僅要奉承女皇本人，還要大肆吹捧她的男寵，說張昌宗仙姿瀟灑，是周靈王太子王子晉的後身，一升仙太子的轉世等等。如此多的男人拜倒在她的腳下，屈辱地接受她的調笑和玩弄，並心甘情願地充當奴才，作為女人，她以一花獨放的形式提高了女性的聲望。不過這所有的一切，對她來說都不是自覺的。由此可見作為一個女皇帝，武則天擁有與歷史上眾多的男性皇帝相比亦毫不遜色的後宮大軍。

武則天身邊最有才的男寵：張易之

武則天的男寵雖多，但真正才貌雙全的少之又少。就拿第一大男寵薛懷義來說，他出身小販，乃市井之徒，大字都識不得幾個。另一個男寵沈南璆，只是個御醫，也就能看看病，診診脈，別無長處。所以時間長了，武則天也就膩了，其結果是薛懷義被縊殺，沈南璆身心虛弱，且年過中年，逐漸被打入冷宮。所以想討武則天歡心，並長期保持下去並不是一件容易的事。武則天身邊最有才的男寵就是赫赫有名的張易之。此人有詩人、美食家、醫藥學家、美容專家以及孝子的頭銜。正是這一大把的頭銜讓他和弟弟張昌宗長期受寵，直到武則天被迫退位。下面是他的幾首詩詞，至於品質，能從一千多年前一直流傳到今天，足以說明一切。

■ 泛舟侍宴應制

平明出御溝，解纜坐回舟。
綠水澄明月，紅羅結綺樓。
弦歌爭浦入，冠蓋逐川流。
白魚臣作伴，相對舞王舟。

■ 侍從過公主南宅侍宴探得風字應制

逐賞平陽第，鳴笳上苑東。
鳥吟千戶竹，蝶舞百花叢。
時攀小山桂，共挹大王風。
坐客無勞起，秦簫曲未終。

■橫吹曲辭．出塞

俠客重恩光，驄馬飾金裝。
瞥聞傳羽檄，馳突救邊荒。
轉戰磨笄地，橫行戴鬥鄉。
將軍占太白，小婦怨流黃。
騕裛青絲騎，娉婷紅粉妝。
一春鶯度曲，八月雁成行。
誰堪坐秋思，羅袖拂空床。

張易之白皙貌美，兼善音律歌詞。初以門蔭遷為尚乘奉御。他能夠受寵，全仗他的弟弟張昌宗大力推薦。而張昌宗最初是太平公主發現的，太平當時喜不自勝，不願自祕，獻於武則天。張易之在滿足武則天的基本欲望的同時，也充分發揮了醫藥學家和美容專家的特長。他最擅長的技能之一就是煉製春藥，武則天經過長期服用，不僅皮膚恢復彈性，許多白髮變回黑色，而且在六十九歲時，又長了一顆智齒。在七十六歲時，也許是張易之真的回春有術，武則天脫落已久的兩眉又重新生出。

除了為中國古代的醫藥學和美容研究作貢獻，張易之與他兄弟張昌宗、張昌儀三人還都是「美食家」。據唐代張鷟《朝野僉載》：「張易之為控鶴監，弟昌宗為祕書監，昌儀為洛陽令，競為豪侈。易之為大鐵籠，置鵝鴨於其內，當中取起炭火，銅盆貯五味汁，鵝鴨繞火走，渴即飲汁，火炙痛即回，表裡皆熟，毛落盡，肉赤烘烘乃死。昌宗活欄驢於小室內，起炭火，置五味汁如前法。昌儀取鐵橛釘入地，縛狗四足於橛上，放鷹鷂活按其肉食，肉盡而狗未死，嚎叫酸楚，不復可聽。易之曾過昌儀，憶馬腸，取從騎破脅取腸，良久乃死。」唐代武則天的男寵張易之、張昌宗兄弟都是虐食的熱衷者。兄弟倆互相比賽，看誰在虐食上更有創意。張易之的發明是在鐵籠內放置多隻鵝、鴨，鐵籠周圍燒上一盆盆火炭，鐵籠內一個銅盆煮著滾開的五香調料汁，鵝、鴨受不了炭火的煎熬，就在鐵籠裡亂竄，渴了就喝滾燙的五味汁。就這樣，外面火烤，裡面汁燙，不用多長時間，整隻鵝、鴨就被烤熟，羽毛脫盡，熱騰騰、香噴噴，端上桌來，大家群起食之。張昌宗則把鵝、鴨換成小驢：他將驢子拴在小屋裡，四周擺滿火炭，銅盆內盛滿滾燙的調料汁，小驢外烤內燙，直至活驢內外烤熟，這時食客拿個碟子，愛食哪個部位，就自己動手割而食之。

但想不到，張易之還是個頗有孝心之人，不僅為他母親建造豪宅，陳設豪奢之至，而且還十分關心她的生理健康，把英俊不亞於他的鳳閣侍郎李迥秀介紹給母親做情人。而據野史所言，其母醜陋不堪且有口臭，李迥秀自然不勝其苦，於是終日飲酒無度，據張鷟《朝野僉載》：「張易之為母阿臧造七寶帳，金銀、珠玉、寶貝之類罔不畢萃，曠古以來，未曾聞見。鋪象牙床，織犀角簟，鼲貂之褥，蛩虻之氈，汾晉之龍鬚、河中之鳳翮以為席。阿臧與鳳閣侍郎李迥秀通，逼之也。同飲以碗盞一雙，取其常相逐。迴秀畏其盛，嫌其老，乃荒飲無度，昏醉是常，頻喚不覺。出為衡州刺史。易之敗，阿臧入官，迴秀被坐，降為衛州長史。」

剖析帝王心理：武則天為何要養男寵？

至高無上的皇帝一個常為人樂道的優越方面是對美色的享用。占有數以千計的美貌女子的身體，剝奪她們與其他男子性愛的權利，正是皇帝的特權和威嚴所在。武則天當了夢寐以求的女皇，自然不會放棄這一特權，即便僅僅是為了炫耀或應一個皇帝的威名。事實上她倒不是為了炫耀，她的確需要男人，全身心地需要。

武則天的父親叫武士彠，娶的第一個夫人叫相里氏，為他生了四個兒子，有兩個兒子早死了，還剩下兩個兒子，一個叫做武元慶，一個叫做武元爽。相里氏死了以後，武士彠在四十八歲的時候娶了第二個妻子，就是武則天的母親楊氏。這個楊氏，為武士彠生了三個女兒，大女兒是韓國夫人，第二個女兒就是武則天，第三個女兒沒有名字留下來，她死得很早。武士彠娶楊氏的時候武元慶和武元爽已經很大了，他們對後母特別不好，包括對後母的孩子也特別不好，經常欺負她們。

這樣，武則天的幼小心靈裡面就留下了傷疤。現代心理學認為，一個人的幼年經歷對他的成長是很重要的。在至為關鍵的幼年階段，武則天家道中落，得以充分體會女性的柔弱和卑賤，因而慢慢形成了男性崇拜心理。後來她入宮侍奉唐太宗，與她衷心傾慕的男人身心交合，時間雖短，可她體驗到的是無法用言語表達的性愛快樂和身神合一。以後的歲月裡，儘管有許多不如意，有一點卻成為那段記憶的遺物：她發現自己漸漸無法克制對男人身體的渴望，曾經有過的性愛狂放構成記憶折磨著她。從更深一層的意義上來講，熱衷於性愛，是她男性崇拜心理的體現。武則天既然是個男性心理占據上風的女人，她的性愛方式自然也像男人一樣具有進攻性。據史載，目前世界上許多風化區流行的在臥榻四周安上鏡子，以便觀賞自己嬉戲、交歡的色情花樣，早在武則天時代就已經流行了。這位身體豐腆、精力充沛的女人，就在李治臥室的四周安上許多鏡子，時常和皇上不分白天黑夜地嬉戲其間。有一次還鬧出了這樣的笑話：李治獨自坐在臥室裡，名卿劉仁軌求見。劉仁軌見高宗坐在鏡間，大為恐慌，曰：「天無二日，土無二王。臣獨見四壁有數天子，不祥莫大焉。」

從歷史年表上看，武則天當寡婦是在她六十一歲那年，但她與李治的「枕席之樂」早早就絕緣了。李治原本一懦夫，人近中年又害上了頭痛的怪病，時常劇烈發作。在疾病和焦慮的雙重折磨下，他的腸胃系統也受到影響，吃不下飯。現代醫學認為，一個人長期神經緊張，焦慮重重，便容易得腸胃系統的疾病，如胃潰瘍、胃癌等。不吃飯，常噁心，又無法戒除色欲，故而身體急劇衰竭。儘管他在皇帝裡還算長壽，在位三十五年也不算短，但生命品質如同他在位時的政治作為一般，不過庸常而已，最後二十年則完全像個廢物。他一天的生活多是聽聽樂曲或躺在御榻上閉目養神，時常陷入回憶往事的悲傷之中，宛如時時預感到遲暮將至的頹唐老人。再加上他的視力陡然下降，看不清遠近的物體，長期生活在一個模糊和混沌一片的世界裡，必然加重他的悲觀情緒。試想這樣一個懦弱、幼稚、病魔纏身、唉聲歎氣的巨型嬰兒，怎麼能夠喚起武則天的情欲？他在這位執掌朝廷大權的女主眼裡，除了名分上的利用價值，無其他用途。武則天對他的厭惡沒有發展到置他於死地，都算是他的造化，何談共用雲雨？

那麼武則天是如何滿足性欲的呢？高宗當權的後期直到垂拱初年（六八五年），大約十個春秋，武則天的性生活一片空白，不見史傳，這一有意的疏忽某種程度上倒反映出事實的真相：她處於自我性禁錮狀態。即便淫心蕩漾，打起野食，也多搜羅的是無名之輩，沒有長期固定的「性伴侶」。更多的時候，滿足的主要途徑是通過性妄想和手淫。不過這一階段她的興趣主要集中在誘人的權力上，平息叛亂，消除隱患，實施酷吏政治，大造天意佛言，耗費了她過多的時間和精力。追逐權力本身就是一針強烈的興奮劑，使武則天容光煥發、青春常駐，而鉤心鬥角又是人與人之間時而積極，時而消極的一種刺激，能夠最大限度地消除人內心的孤寂感。所以在這一階段，武則天並沒有對男人產生強烈的需求。

可是人專心致志做一件事情，即便是興趣最大的事情，時間長了，也難免感到枯燥和疲憊。武則天的特殊處境決定了她的感受更為強烈一些，因為專制制度下的大多數決策都是在絕對孤獨的情況下做出的。在實施酷吏政治、大規模掃除異己的血腥歲月裡，武則天腦子裡的弦繃得緊緊的，神經處於高度興奮狀態，無疑這是一種緊張而充實的生活。處境的險惡反使她全身心地投入到這場政治角逐當中，不是名垂青史，就是遺臭萬年，在這裡，政治生活和私生活合而為一。可當她揮舞專制的刀斧，鎮壓了短命的「匡復」，踏著李唐皇族的屍體心情坦然地走向女皇的寶座時，神經猛地鬆弛帶給她的是疲憊的感受，長期獨自決斷的習慣中她體驗到的是孤獨，政治使命的完成刺激了她私生活的渴望，這位六十多歲、威權顯赫的老太婆，迫不及待地想從年輕貌美的男人身上追回她失去的青春和歡樂。

西蒙・波伏瓦說：「女子的個人生活史，和男人的生活史比起來，受生理命運左右的幅度大得多。」這一特點也充分反映在成熟女人的愛情上。她不再像無知少女一樣害怕，也不像年輕婦女那樣總是為懷孕和生產提心吊膽。到了武則天這樣的年齡（她的心理年齡比實際年齡起碼小十歲），她才能夠無所顧忌地把性愛當做真正的歡樂來享受，而不是為了生殖或其他的目的。同樣，在前一階段，她雖然全身心地投入到爭權奪利當中，可打野食的經歷為她分辨男人在性事方面的優劣提供了寶貴的經驗，當她真正打算享受性愛時，她懂得應該選擇什麼質地的對象。

處於性苦惱中的武則天，在六十一歲得到高大魁偉、肌肉發達、身材勻稱、體力充沛，通體散發著濃重的情欲氣息，而且陽具壯偉，十分鮮見，屬「非常材」的馮小寶。儘管她已是六十多歲的人了，可仍像虎狼盛年的少婦一樣樂此不疲。沒有別的原因，就因為這能使她煥發青春，尤其是衰老日漸迫近，武則天急於模糊想像和真實之間的界線。

從武則天迫不及待地召見馮小寶，隨後兩人「恩遇日深」的情況來看，完全可以推斷出當時的武姓女皇處在什麼樣的心境之中。強烈的孤獨感和瘋狂殺人之後那種特有的空虛，構成了一個恐怖的背景，即便沒有讓她惴惴不安，也多少讓她感到煩惱。鋪天蓋地的煩惱到後來已不是變換髮型和服裝、玩玩鸚鵡這類輕度刺激就能驅除得了的，她需要實實在在、伸手即觸的男人的身體，需要激發自己身體內旺盛的情欲，需要鬆弛、忘卻現實的麻醉。馮小寶的到來，正合這位孤寂寡婦的心願，可謂久旱的禾苗逢甘霖。《舊唐書》記載：「懷義出入乘廄馬，中官侍從，諸武朝貴，匍匐禮渴，人間呼為薛。」性欲激發起來的熱情如果說不等同於愛情，至少也和愛情極為相似。這種感覺誰又說得清楚呢？

武則天需要這位美男子，一刻也離不開他，像歷代帝王寵幸愛妃一樣地寵他，千方百計滿足他驕橫的要求，這也許可以稱作愛情，只是消極一點的愛情罷了。

武則天自從獲得了這一建立在性欲滿足基礎上的「愛情」，身上的妻性和母性再次復甦，她變得溫和起來。儘管薛懷義的胡作非為讓她非常生氣（因為她有了新的男寵），但情感的羈絆和對往日銷魂歲月的記憶，使她不願意再聞到血腥味兒。她「傀而隱之」。下令重建明堂，仍由薛懷義督建。薛懷義因未受懲治而更加驕橫放縱、膽大妄為，武則天命令太平公主挑選數十名身體強壯的婦女做他的護衛，對他進行嚴密防範。這一工作與許過於勞累，有人告發薛懷義圖謀不軌，「太平公主乳母張夫人趁機令壯士縛而繞殺之」。

對薛懷義這位「小寶」的死亡，武則天並不感到悲痛。因為接替他的人比比皆是，這是一批更年輕、更有幹勁、質地更為精良的「大寶」。武則天在暢快勞作之後，選定的新的男寵是張易之、張昌宗兄弟。武則天似乎特別喜歡「陽道壯偉」的男人。這種過分的「喜歡」，顯然超出了一般的意義，這與她的男性崇拜心理有關。武則天的這一崇拜不是祕密，因為她是最高統治者，她不加掩飾地將其傳揚出去，猶如召喚，使得左監門衛長史侯祥等人恬不知恥地公然宣稱自己「陽道壯偉」，要到武則天身邊侍奉，以求像薛懷義和張氏兄弟一樣飛黃騰達。

當時，張氏兄弟不過二十來歲，「白皙美姿容，善音律歌詞」。武則天，一個面皮鬆垮、牙齒脫落、皺紋密布、白髮稀疏的老嫗，占有著兩位美貌少年，既有煥發青春的實際意義，又有虛榮的滿足。她一定想起了自己十四歲陪伴太宗皇帝的情形。如今她「面首三千」，可與男性帝王後宮嬪妃的數目媲美，專門「選美少年為奉哀供奉」，猶如隋煬帝之寵愛處女的怪癖。

名妓李師師的「二奶」風月政治學

李光閣

李師師是北宋名妓，她攀上了皇帝，深受士子、名流追捧。她不同於酒樓賣唱的輕浮女子，她們沒有名字，被人狎玩。可是李師師被人記得卻是因為她「俠妓」、「飛將軍」、「公關能手」的稱號，這是真的嗎？她又是否真的有傳說中的武功？

李師師美顏下藏有纖指功

李師師原本是汴京城內經營染坊的王寅的女兒，三歲時父親把她寄名佛寺，老僧為她摩頂，她突然大哭。老僧認為她很像佛門弟子，因為大家管佛門弟子叫「師」，所以她就被叫做李師師。過了一年，父親因罪死在獄中。她由鄰居撫養長大，漸漸出落得花容月貌，經營妓院為業的李媼將她收養，教她琴棋書畫、歌舞侍人。一時間李師師成為汴京名妓，是文人雅士、公子王孫競相爭奪的對象。

在當時的市井社會裡，關於李師師的緋聞漫天流傳，如果那時有小報，她可以輕鬆地上頭條。一說她和宋徽宗感情甚篤，地道裡談情；二說她武功了得，和梁山好漢均能搭上關係、說上話。

張邦基《墨莊漫錄》載：「政和間，汴都平康之勝，而李師師、崔念月二妓名著一時。」當時的著名文人周邦彥、秦觀等都與她有過交往，有的感情還很深。《汴都平康記》說她「慷慨飛揚，有丈夫氣，以俠名傾一時，號飛將軍」。

周邦彥描述李師師接待宋徽宗的情景，曾云：「並刀如水，吳鹽勝雪，纖指破新橙。」「並刀」，就是西夏進貢的寶刀，宋徽宗是鑽地道跑來的，大老遠的當然不會扛著口刀，李師師接待皇上，自然也不會亮兵器，這只能是宋徽宗保鏢的武器。宋朝皇帝的保鏢，那都是「御貓」一流人物。「吳鹽」，這玩意兒吃水果的時候用得著嗎？其實，這應該是一句隱語。「吳」者，吳越也，吳越何處？錢塘也，「塘」者通「唐」。實際上，「吳鹽」，就是「唐鹽」啊。「唐鹽」是什麼？參看溫里安先生的《碎夢刀》便知是西川唐家的毒火鹽，天下知名的暗器。

這段話翻譯過來，就是宋徽宗和李師師搶水果吃，皇上怕搶不到，讓大內侍衛出手。結果侍衛揮刀攔截順便打出了唐門化學暗器，依然不是李師師的對手，水果還是讓李師師抓去了。正是「纖指破新橙」，簡直是出手如風啊！這樣看來，李師師的「飛將軍」名號絕不是浪得虛名。而且李師師手指上的功夫，在《水滸傳》第八十一回「燕青月夜遇道君，戴宗定計賺蕭讓」中，也是有描述的。後來燕青拜了李師師為姊，誰上誰下那就不問可知。從燕青後面急急穿衣看，這一「摸」刺激不小。想那浪子燕青，小廝天下第一，反應可算極機敏的，一級警戒之下還著了師師一抓，「飛將軍」名不虛傳。

李師師有如此的通天本事，能成為天下第一「二奶」，這也說明了她遠不是一只花瓶。宋徽宗能置後宮佳麗三千不顧，而寧願鑽地道來取李師師這一瓢飲，顯然迷戀於她的過人魅力。而宋江想藉浪子燕青這張船票搭上李師師圖的又是什麼呢？

宋江尋李師師，醉翁之意不在酒

宋宣和三年（一一二一年）正月十四傍晚時分，水泊梁山領導班子幾位成員來到了東京。宋江擔任首領之後就奔首都，顯然不是為了遊山玩水，「私去看燈一遭便回」。這次出差目的是想看看招安的項目能不能拿下來。儘管上年九月初九重陽節前聚會時，宋江將企盼朝廷招安的想法寫成歌，隱約地表達出來，引起了部分領導班子成員的反對，李逵甚至藉著酒勁踢碎了一張桌子，但宋江把自己這些草匪納入朝廷正式編制的願望並沒改變。

在主張招安的御史大夫崔靖被拿入大理寺，唯一的出路也被堵死後，選擇非正式管道便成為必然。

因此宋江才拍板決定「要見李師師一面，暗中取事」。

正所謂「條條道路通羅馬」。宋江能坐上梁山第一把交椅，自然是黑白兩道滾過來的。他明白實際上很多事情的決斷都不是在正襟端坐的談判桌上完成的，更多是在觥籌交錯、耳鬢廝磨中談成的。宋江試圖走「二奶路線」完成招安大業，無疑是低成本的戰略選擇。需求資訊一旦通過「枕邊風」傳入決策中樞，將會直接切換成現實生產力。李師師為人「慷慨飛揚，有丈夫氣」，並且「和今上打得熱」，是天下第一「二奶」。打通了這一關節，招安工作也就完成了一大半。小吏宋江的確具有戰略眼光。

宋江很快就領教了李師師的魅力。他先派燕青去公關，燕青向李師師的經紀人李媽媽許下重金，宋江就有了第一次見李師師的機會，只是還沒說幾句話，徽宗就從地道裡爬了進來。工作雖然沒談成，但宋江看到了李師師的潛在價值。金錢和美酒可以縮短世俗人物之間的距離。第二次見面，宋江輕鬆地拿出了一百兩金子，謙虛地說「山僻村野，絕無罕物」，意思是俺那旮旯也沒什麼好東西，就這點土產意思意思吧。李師師表現出了嫻熟的交際手腕和通達的處世態度，不卑不亢地拜謝道：「員外識荊之初，何故以厚禮見賜，卻之不恭，受之太過。」禮物照單全收，還拿得有理有節，也算是本事。

這次見面，宋江被李師師鎮住了。宋江先是在縣裡待了三十年，而後又跑到梁山上和一幫大老爺們住在一起，現在居然混到能和當今皇上「二奶」一起吃飯的地步，激動得酒有點喝大了，吆五喝六、指指點點的，連在梁山「大塊吃肉，大碗喝酒」的草匪作風都使了出來。儘管柴進忙不迭地打圓場，閱人無數的李師師也通情達理地表示，「酒以合歡，何拘於禮」，但這也有失梁山首領的身分。

有個小插曲，顯示了李師師的幽默。李逵不滿宋江在那裡吃花酒，而讓自己守大門，就闖了進來。宋江介紹李逵說：「這個是家生的孩兒小李。」李師師道：「我倒不打緊，辱沒了太白學士。」風流倜儻的李白，芳華絕代的李師師，粗鄙醜陋的李逵，簡單一語，竟勾勒出一幅美妙的漫畫。也難怪李逵生氣，宋江只顧與美人喝酒，還故意弄首詞來顯示自己的文采，結果又被從地道爬進來的徽宗打斷了招安工作的洽談。李逵一怒之下，打了負責警衛工作的楊太尉，驚了聖駕，宋江給皇帝專題彙報的計畫也破滅了。儘管宋江是兩次話到嘴邊都無奈地嚥了下去，但他又派燕青打頭陣求得引見。

自從上次驚了聖駕，李師師對宋江等人已經有了懷疑。見了燕青後說：「你不要隱瞞，實對我說知；若不明言，決無干休。」事已至此，燕青講明了自己的意圖：「只是久聞娘子遭際今上，以此親自特來告訴衷曲，指望將替天行道，保國安民之心，上達天聽，早得招安，免致生靈受苦。」

李師師俠義下巧公關

李師師早就明白宋江的禮金不是白收的，知道自己是時候出手了。對於自己的「風月」她還是很有自信的。同時她對梁山的意圖既不懷疑，也不反感，而是表示出了信任、理解和熱情：「你這一班義士，久聞大名，只是奈緣中間無有好人，與汝們眾位作戰，因此上屈沉水泊。」李師師相助水泊梁山完成了由體制外向體制內的轉軌，除了接受禮金、喜歡燕青等原因外，其根本原因是她和梁山英雄一樣生存在體制外的江湖，「同是天涯淪落人，相逢何必曾相識」，有著不同於主流社會的道德觀、價值觀和不為外人道的人生際遇。所以儘管李師師受到徽宗寵幸，「風雷聲價，播傳寰宇」，但前兩次宋江等人出現在她家裡的時候，她不僅熱情相待，還主動邀請：「來日駕幸上清宮，必然不來，卻請諸位到此，少敘三杯。」同樣，燕青雖然是草匪，卻贏得了李師師的垂青，結為姊弟。

與李師師的談判工作，並沒有大兵壓境的緊張感，也沒有討價還價的扯皮感，一切都是滑著輕鬆的舞步向前推進。在賓主盡歡的會談氣氛中，李師師向皇帝引薦了燕青。燕青憑藉幾首小曲打動了宋徽宗，不僅為自己討來了免於處罰的聖旨，還讓徽宗全面地掌握了宋江對招安的渴望。路線確定以後，人才是關鍵因素。沒有李師師的引見，宋江就不可能實現招安的目標。對宋江招安的成功，李師師的「風月政治」實在了得。

換妻如換衣：劉備私生活祕史

華濁水

劉備是英雄。桃園三結義、三顧茅廬、漢昭烈帝說的都是他，但他作為帝王，也有凡人的一面。所謂「食色，性也」，從他的私生活更能看出他龍袍下的真實。他真身到底如何？私生活又是什麼樣呢？

白手起家，事業生活兩不誤

劉備少年孤獨貧困，與母親以販鞋子、織草席為生。他所住的草屋東南角籬笆邊有一棵高五丈的桑樹，遙望像個車蓋，往來的人都奇怪此樹非凡的姿態，有的就說此地當出貴人。劉備小時候與其他的小孩子在樹下遊戲時說：「我將來必定乘這樣的羽葆蓋車。」羽葆蓋車是皇帝才可以乘坐的，叔父劉子敬告誡劉備說：「你這樣胡說難道要滅我們全家嗎？」

劉備才不理會別人的鼠目寸光，鄉里的少年都依附他，他也自稱是漢景帝兒子中山靖王劉勝的後代。他自己反覆這麼說，見人就說，於是史書上也這麼說了，至於真假沒有人知道。我們十分熟悉劉備的那句開場白：「在下劉備，中山靖王劉勝之後。」根本就沒人問他是誰的後代，仔細一想劉備的舉動，他應該是早就有所謀算了。中山大商人張世平、蘇雙可能被「中山靖王劉勝之後」的話打動，覺得劉備不同尋常，便給了他許多金銀財寶，這樣劉備招買了一批人馬，開始實現他奪取天下的計畫。

三國時代是個英雄輩出的光輝年月，但劉備特殊之處就在於白手起家，不像曹操與孫權倚靠先輩打下的堅實基礎，他所倚靠的只是一個虛無縹緲的「中山靖王劉勝」。他後來能打下江山，自是了不得的人物，史書上都有記載。但孟子說過：「食色，性也。」意思是食和色都是人的本能，劉備也不例外，在情色上我們能夠見到劉備更真實的另一面。

新人、舊人，劉備一個不落

劉備的夫人沛國人甘氏是三國時代著名的美女之一。劉備起兵後在豫州小沛納甘氏為妾。劉備好幾個嫡妻先後喪生，甘夫人便以嫡妻的身分攝掌內事。後來隨劉備到了荊州依附劉表，生下兒子阿斗（即後來的蜀後主劉禪）。

曹操大軍在當陽長坂追到劉備一行人時，劉備丟下老婆、孩子一個人跑了，全靠趙雲的保護，甘夫人才倖免於難。而那句有名的「朋友如手足，妻子如衣服」的話就是劉備說的。可見在他眼裡妻子不過是隨時脫、隨時換的衣服、鞋子一類的東西，所以此時拋下甘夫人一個人逃命，符合劉備的性格。

後來劉備從陶謙手裡接管了徐州之後，用糜竺、陳登為輔佐。袁術自接鄰的揚州起兵與劉備爭奪徐州。建安元年呂布襲取徐州的治所下邳，守將張飛嗜酒誤事，劉備的家眷都陷落在城裡。劉備潰退到廣陵收集敗兵散卒，以圖後舉。糜竺與陳登輾轉找到了劉備。糜竺在廣陵遇到劉備，劉備問及自己的家眷，糜竺說還在下邳城裡。劉備丟了城池失去了甘夫人，弄得兩手空空，無奈只有歎息一番。

糜竺有一個年已及笄的妹妹，長得很美豔。為了安慰劉備，他便將妹妹送給了劉備，並將家產傾囊而出充作軍資。劉備正是窮困潦倒的時候，好像天下掉下一個餡餅，不僅使危軍復振，而且還得到一名美女相伴。他寫信給呂布請他送還家眷，互釋嫌疑。呂布只是為了得到徐州的地盤，與劉備本來沒有什麼個人恩怨，便得做個人情，將家眷送還了劉備，並且還格外開恩，讓沒有地方安身的劉備駐紮在徐州的小沛。

甘夫人回來後，卻發現劉備戰場失意情場得意，又娶了一個小妾。不過她沒有表現出不快的神情，古代男子三妻四妾本來是很平常的。甘夫人與糜夫人相見後寒暄了一番，然後暗中彼此偷偷打量對方，再將自己與對方做了一番比較。不過這是妻妾心中的小波瀾，外人不得而知。

做劉備的女人不容易

雖然呂布歸還了甘夫人，但是劉備與呂布已經互生嫌怨。建安三年春，呂布派人去河內買馬，半路上被劉備將馬匹都搶走了，呂布正好有藉口，便遣部將高順、張遼率兵攻打小沛。劉備知道自己的力量不敵，飛書向許都的曹操求救。曹操立刻派遣夏侯惇領兵往援小沛。

夏侯惇來到小沛還沒來得及安營，就被高順部下的銳騎沖得四散，急得他腳忙手亂。夏侯惇左目中了一箭，鮮血直流，多虧親兵救護才逃出險境。劉備帶著關羽、張飛前來接應夏侯惇，劉備正與高順相遇，不料被張遼襲擊背後，劉備全軍陷落。他前後都沒有了去路，不得已跑往梁地。小沛裡只有孫乾、糜竺等幾個文士，甘、糜兩位夫人被呂布劫去。看來當劉備的老婆真是不容易，三天兩頭被人家搶走。

劉備跑到了梁地，正倉皇窮蹙的時候，曹操親自督兵前來救他。救劉備是假，奪取地盤是真。曹軍首先攻下了彭城，並將彭城的守兵、平民全部殺戮一空，然後再引軍進攻下邳。呂布作戰失利，聽信妻子嚴氏的話，又懷疑屬下的謀士將領，導致將士離心，被部下侯成、宋憲、魏續出賣給曹操。這樣劉備又找回了妻妾甘、糜兩位夫人。

建安五年曹操打敗了劉備，甘、糜兩位夫人再一次被搶走，關羽也被擒。後來關羽聽說劉備流落到袁紹那裡，遂帶著兩位夫人離開曹操回到劉備的身邊。

曹操南取荊州以後，劉備從襄城跑到江陵。荊襄士民見劉備仁慈，害怕曹操的殺戮，便都攜兒帶女隨劉備同行。到了當陽的時候，士民多到十餘萬，輜重也有好幾千輛。走的速度很慢，每天只能走十餘里。劉備每次大敗的時候，妻子、家眷都棄之不顧，此時庇護十萬百姓純屬沽名釣譽。明顯的是置百姓於死地，使對手得到惡名，可見其內心之殘忍，實為三國狡詐第一人。曹操親率大軍長驅直追，劉備讓張飛斷後，趙雲保護家眷。

曹軍五千輕騎日夜追殺劉備，一日一夜行三百多里，在當陽長坂追到了張飛的斷後部隊。張飛兵少抵擋不住，甘、麋兩位夫人被亂兵沖散不知去向。趙雲不見兩位夫人，急忙持槍又從亂軍中殺出一條血路，好容易才找到了甘夫人，將她帶到長坡。張飛見到趙雲便問及嬰兒阿斗，才知道阿斗被麋夫人抱著，卻不知道麋夫人在什麼地方。趙雲只好又一次衝進曹軍陣中救出了麋夫人。此時麋夫人身體已受重傷，她奄奄一息地抱住阿斗。見了趙雲後，為了讓阿斗脫身，不連累趙雲，她一躍跳入井中而死。趙雲悲傷之餘，推倒土牆掩蓋水井，以免麋夫人的屍體受辱。

劉備見到趙雲救回甘氏母子心裡大喜，聽到麋夫人已死又不禁大悲，一時間百感交集，又落下許多淚。甘夫人因為受驚成疾，一年後，二十二歲的她也離開了人世。可憐甘、麋兩位夫人一生跟隨劉備東奔西走，被人搶來搶去，幾乎沒享過什麼福。

敢給劉備顏色看的孫夫人

荊州地處西川與東吳之間，歷來是兵家必爭之地。當初劉備沒有立足的地方，向東吳借荊州暫時棲身，約定以後歸還。赤壁之戰後孫權想討回荊州，劉備以各種理由再三推託。而且魯肅一提起歸還荊州的事，劉備就放聲大哭。周瑜勸孫權將妹妹嫁給劉備，以婚姻關係羈絆住他。孫權實在沒有辦法，就想趁劉備喪妻之機會，以其妹孫尚香送給劉備做繼室為誘餌，藉口吳國太夫人特別疼愛這個最小的女兒，不願意遠嫁，所以請劉備去東吳完成婚禮。名為東吳與劉備聯姻，實則趁劉備過江之機加以拘禁，好逼諸葛亮拿荊州換回劉備。劉備有意聯吳，便遵從了東吳的婚議，建安十四年冬天由趙雲、孫乾陪同進入吳境。

不想孫權反弄巧成拙，吳國太夫人是丈母娘看女婿，越看越喜歡，就真的招他為婿。結婚時劉備已年過半百，孫尚香也就二十來歲。結婚的那一天，一百多個侍婢簇擁著一位珠圍翠繞的婀娜佳人與劉備參拜天地。待到入了洞房劉備不禁吃了一驚，洞房裡面刀槍劍戟、殺氣騰騰，侍婢都佩劍侍立在一旁，好像要出兵打仗的樣子。劉備忙哆嗦著問：「這是做什麼？」侍婢說：「我們郡主從小喜歡練武，一向是隨身不離兵器。」劉備說：「今夜是洞房花燭的好日子，還是將這些暫時拿開的好。」孫夫人撇嘴說：「你打打殺殺了大半生，難道還怕兵器嗎？」

不滿歸不滿，孫夫人還是脫下戎裝，丟下兵器。這時劉備仔細端詳，這個孫夫人神采奕奕，長得也很端正，於是緊張害怕的心情也消失了一大半。孫夫人橫眉立目的時候確實嚇人，但溫柔起來也是驚天動地的銷魂。於是兩人攜手進入幃帳。

劉備一連住一個多月，這才從溫柔鄉中醒過來，想起了荊州的部下。他對孫權說曹操眈視荊州不能不回去。孫權不好說不放的話，況且劉備早將吳國太夫人哄得團團轉。另外他也想讓劉備在荊州作為曹魏和東吳之間的緩衝。等到劉備攜孫夫人回到了荊州以後，周瑜從江陵來見孫權，問起孫權為何放劉備回去，孫權說是防備曹操。周瑜只好無奈歎息。他給孫權分析了形勢，孫權也很後悔，真是「賠了夫人又折兵」。

劉備取得益州後根本不想歸還荊州，孫權便趁劉備西征入川的時候，悄悄給妹妹寫信謊稱吳國太夫人病重，想將孫夫人和阿斗騙到東吳，然後用阿斗換回荊州。孫夫人不辨真偽，匆匆攜阿斗登船回吳國，諸葛亮派趙雲勒兵斷江留住了阿斗，只放孫夫人一人回東吳。孫夫人到了東吳後才知吳國太夫人根本沒有病。從此以後，孫夫人留在了東吳，被迫還是自願不得而知，只是與劉備再也沒有見面，他們的夫妻關係大約就持續了三年。

當初孫夫人雖然也有溫存的一面，但日常倚仗兄長的勢力不把劉備放在眼裡，一向說一不二，不僅左右大將都怕她三分，劉備也不敢違逆。而且孫夫人從東吳帶來一批吏卒，在蜀地縱橫不法，誰都無法約束，好像是閨中的敵國，時刻還必須加以防備孫夫人手中的刀劍。等孫夫人回到了東吳，劉備回想起的只有那種提心吊膽的感覺，所以也不派使者去東吳迎接孫夫人。

最後一位吳夫人

劉備最後一位夫人吳氏是陳留人，少年時失去雙親，她的父親一向與益州牧劉焉有舊交，因此舉家隨劉焉進入蜀地。劉焉心有異志，他聽看相者說吳氏以後會大貴，便想納吳氏為妾，但是苦於自己與吳氏的父親是莫逆之交，與吳氏的輩分不相當，就只好讓自己的兒子劉瑁娶了吳氏。劉瑁死後吳氏寡居。建安十九年夏天劉備取得益州城，群臣勸劉備聘娶吳氏。劉備心疑自己與劉瑁同族在禮法上不妥。法正說：「若論起親疏，您與劉瑁比得上晉文公與子圉的關係嗎？」於是劉備決定納吳氏為夫人。吳氏雖然寡居再嫁，但豔麗不減當年，劉備重新領略了空曠已久的溫柔滋味。

建安二十四年，劉備稱漢中王，立吳夫人為漢中王后。章武元年夏五月，劉備稱帝立吳后為皇后。孫權難以收回荊州，又想與關羽結為兒女親家，但關羽不僅拒絕了孫權，還以「虎女焉配犬子」的話來鄙夷孫權。孫權遂派呂蒙攻打荊州。關羽大意失荊州敗走麥城，以至於身首異處。

劉備一心要為二弟報仇，不顧諸葛亮等大臣的勸阻，傾全蜀的二十萬兵力連營七百里進攻東吳。孫權提出「歸還荊州，送還夫人」的講和條件，孫夫人也附密箚，敍述夫妻之情與相思之苦，但都被報仇心切的劉備一口回絕了。東吳大將陸遜用計火燒劉備的連營，劉備與剩下的那不到一萬名士兵潰逃回白帝城。在彝陵之戰劉備被東吳一把火燒了連營之後，孫尚香聽到傳言以為劉備已經死了，她在長江邊祭奠完劉備後投江殉情而死。

劉備聽到噩耗不禁又想起了孫夫人的好處，加上這一仗使勤苦半生建立起來的蜀國元氣大傷，於是他慪慪成病。六十三歲的劉備自知不起，將阿斗託付給諸葛亮等五個大臣後離開了人世。劉禪即位，謚劉備為漢昭烈皇帝，秋八月葬於惠陵。

夏姬祕史：一個傾倒眾生的人間尤物

夢子

「北方有佳人，絕世而獨立。一顧傾人城，再顧傾人國」，夏姬就是這樣一個傾國傾城的美人。沒人能確切描述夏姬的美貌，但發生在她身上的一連串故事似乎可以表明，中國歷史上，都難找出第二個像她這樣吸引男人的女人。她兼具驪姬、西施的美貌和妲己、褒姒的狐媚。由於她與陳靈公等三位國君有不正當關係，人稱「三代王后」；她曾先後七次結婚，史載「七為夫人」；有九個男人因她而死，又稱「九為寡婦」。儘管如此，追求她的男人還是前仆後繼、無怨無悔……

夏姬是鄭穆公的女兒，自幼就生得杏臉桃腮、蛾眉鳳眼，長大後更是體若春柳、步出蓮花，一直是各國君臣追逐的對象。夏姬小時候由於母親管教嚴格，對男女之事便沒有私相授受的機會。但她異想天開地編織了不少綺麗的夢境。也許是幻想，或者是真有其事，在她及笄之年，曾經恍恍惚惚地與一個偉岸異人同嘗禁果，從而也得知了返老還童、青春永駐的采補之術。之後她曾多方找人試驗，當事者無不對外宣揚，因而使她豔名四播，同時也讓她聲名狼藉。父母迫不得已，趕緊把她遠嫁到陳國，成了夏御叔的妻子，夏姬的名字也就由此而來。

遠嫁陳國

夏御叔是陳國君主的後代，有封地在株林。夏姬嫁給夏御叔不到九個月，便生下了一個白白胖胖的兒子，雖然夏御叔有些懷疑，但是惑於夏姬的美貌，也無暇深究。這個孩子取名夏南。夏南從小就喜歡舞槍弄棒，身體結實得活像一頭小牛犢，十多歲就能騎在高頭大馬上馳騁如飛，時常跟著父親在森林中狩獵，有時也與父親的至交孔寧、儀行父等人，一起騎馬出遊。

夏南一邊讀書一邊習武，十二、三歲便顯示出一股逼人的英爽之氣，為了承襲父親的爵位，他被送往鄭國深造，以期將來能夠更上一層樓。如果夏御叔能好好地活著，兩人也是才子配佳人的一對兒，一家三口其樂融融。但命運常常在我們不經意處轉彎，夏御叔壯年而逝，夏姬成了小寡婦。她是散漫隨意的女子，怎可能獨自看花開花落，寂寞數月圓星稀呢？所以夏御叔去世沒有多久，他生前的同事孔寧與儀行父，先後都成了夏姬的情人。

夏姬年近四十的時候，還像個二十來歲的少婦。孔寧、儀行父與夏御叔關係不錯，到夏御叔家喝酒時，曾窺見夏姬的美色，心中念念不忘，卻忘記了「朋友妻不可欺」的道理。孔寧與夏姬交歡之後，把從夏姬那裡拿來的錦襠給儀行父看，以此誇耀。儀行父心中羨慕，也私交夏姬。夏姬見儀行父身材高大，鼻準豐隆，也有與之交好的心思。儀行父廣求助戰奇藥以媚夏姬，夏姬對他越發傾心。這種三角關係一直持續了數年，孔寧終於在長時間的爭風吃醋心態下，把當時的國君陳靈公也拉了進來，使得彼此的關係進入白熱化的高潮。

靈公偷歡

大約是孔寧遭受了冷落，他為了抵制情敵儀行父，向陳靈公盛讚夏姬的美豔，並告訴陳靈公夏姬有嫻熟的房中術，不可失之交臂。

陳靈公是個沒有威儀的君主，他為人輕佻傲慢，沉於酒色，逐於遊戲，對國家的政務不聞不問，專門研究女人的「技術」問題。靈公對孔寧說：「寡人久聞她的大名，但她年齡已及四旬，恐怕是三月的桃花，未免改色了吧！」孔寧忙說：「夏姬熟曉房中之術，容顏不老，常如十七八歲女子模樣。且交接之妙，大非尋常，主公一試，自當魂銷。」靈公一聽，欲火中燒，恨不得立刻見到夏姬。

此時正值風調雨順，國泰民安，政簡刑清，閒來無事。於是陳靈公的車駕在陌上花開、陽春送暖的季節裡來到了株林，一路遊山玩水，薄暮時分到了夏姬的豪華別墅。夏姬事先已經得到通知，她命令家人把裡裡外外打掃得乾乾淨淨，簡單地清水潑街、黃土墊道，並預備了豐盛的酒饌，自己也精心梳洗，準備停當。等到陳靈公的車駕一到，夏姬婀娜出迎，招呼之聲如黃鶯啼鳴，委婉可人。靈公一看她的容貌，頓覺六宮粉黛全無顏色，哪個都比不上她。陳靈公見軒中筵席已經備好，就坐了下來。孔寧坐在左邊，夏姬坐在右邊，酒擺在中間，靈公目不轉睛，夏姬也流波顧盼，兩人真是心有靈犀一點通。陳靈公方寸大亂，酒不醉人人自醉，又有孔寧在旁敲邊鼓，靈公喝得大醉。夏姬嬌羞滿面，頻頻敬酒，兩人越靠越近。

當夜，靈公擁夏姬入帷，解衣共寢。靈公雖然喝得酩酊大醉，但懷抱夏姬，只覺肌膚柔膩，芬芳滿懷，歡會之時，宛如處女。當然，伺候一國之君，夏姬使出了渾身解數——有少女的羞澀，表現出羞不勝情的模樣；有少婦的溫柔，展示出柔情萬種的態勢；有妖姬的媚蕩，流露出分外的新鮮與刺激；有中年女人的成熟等。整夜風月無邊，不覺東方既白。靈公領略到真正的房中之術，不由歎道：「寡人遇天上神仙也不過如此而已！寡人得交愛卿，回視六宮猶如糞土。但不知愛卿是否有心於寡人？」夏姬猜想靈公已知她和孔、儀二大夫之事，於是回答說：「賤妾不敢相欺，自喪先夫，不能自制，未免失身他人。今日得以侍侯君主，從此當永遠謝絕外交，如敢再有二心，當以重罪！」靈公欣然說：「愛卿平日所交之人能告訴寡人嗎？」夏姬說：「孔、儀二大夫，因撫遺孤，遂及於亂，再沒有其他人了。」靈公大笑說：「難怪孔寧說卿交接之妙，大異尋常，若非親試，怎麼會知道？」靈公起身，夏姬再施心機，把自己貼身穿的汗衫給靈公穿上說：「主公看見此衫，如看見賤妾。」陳靈公本是個沒有廉恥的人，在表揚孔寧忠心耿耿、善解人意、薦舉夏姬辦事有力後，又佯裝批評儀行父說：「如此樂事，何不早讓寡人知道？你二人占了先頭，是什麼道理？」孔、儀二大夫一聽，他們與夏姬之事國君已知，但還不敢承認，說：「臣等並無此事。」靈公說：「美人親口所言，你們也不必避諱。」孔寧回答說：「這好比君有食物，臣先嘗之；父有食物，子先嘗之。倘若嘗後覺得不美，不敢進君。」靈公笑著說：「不對。比如熊掌，讓寡人先嘗也不妨。」三個人完全忘記了君臣禮儀，竟然會心地大笑。從此陳靈公有事沒事便經常跑到株林夏姬的豪華別墅中來，夏姬事實上已成了陳靈公的外室。

夏南弒君

時光荏苒，夏南已經學成歸國，不但見多識廣，而且精於騎射。陳靈公為了討好夏姬，立刻讓夏南承襲了他父親生前的官職與爵位，夏南成為陳國的司馬，執掌兵權。但是夏南已經懂事了，不忍聽到有人說母親的壞話，但是礙於靈公，又無可奈何。每次聽說靈公要到株林，就托詞避開，落得眼中清靜。

有次酒酣之後，君臣又互相調侃嘲謔。夏南因心生厭惡，便退入屏後，但是還能聽到他們說話。就聽靈公對儀行父說：「夏南軀幹魁偉，有些像你，是不是你做的？」儀行父大笑：「夏南兩目炯炯，極像主公，估計還是主公所做。」孔寧從旁插嘴：「主公與儀大夫年紀小，做他不出，他的爹爹極多，是個雜種，就是夏夫人自己也記不起了！」之後，三人狂笑。

夏南聽到這裡，羞惡之心再也難遏。是可忍孰不可忍，他暗將母親夏姬鎖於內室，從便門退出，命令隨行軍眾，把府第團團圍住，不許走了靈公和孔、儀兩人。夏南戎裝披掛，手執利刃弓箭，帶著得力家丁數人，從大門殺進去，口中叫道：「快拿淫賊！」一箭射中靈公胸口，陳靈公即刻歸天。孔、儀兩人見靈公向東奔，知道夏南必然追趕，就往西跑，倉皇逃到楚國去了。

夏南弒君，然後謊稱「陳靈公酒後急病歸天」，他和大臣們立太子午為新君，就是陳成公，同時請陳成公朝見晉國，找個靠山。這時陳國人倒沒計較，但楚莊王偏聽逃亡的孔寧與儀行父一面之詞，起兵討伐，殺了夏南，捉住夏姬。楚莊王見夏姬容顏妍麗，對答委婉，楚楚動人，不覺為之怦然心動，但楚莊王聽說在她身旁的男人都會被詛咒身亡，便將這個女人賜給了連尹襄老。

不到一年，連尹襄老就戰死沙場。夏姬假托迎喪之名回到鄭國。此事原本可以就此結束，不料楚國大夫屈巫久慕夏姬美豔，於是藉出使齊國的方便，繞道鄭國，在驛站館舍中與夏姬成親。

歡樂過後，夏姬在枕頭旁問屈巫：「這事曾經稟告過楚王嗎？」屈巫也算一個情種，說道：「今日得諧魚水之歡，大遂平生之願。其他在所不計！」第二天就上了一道表章向楚王通報：「蒙鄭君以夏姬室臣，臣不肖，遂不能辭。恐君王見罪，暫適晉國，使齊之事，望君王別遣良臣，死罪！死罪！」屈巫帶著夏姬投奔晉國的時候，也正是楚王派公子嬰齊率兵抄沒屈巫家族之時。夏姬以殘花敗柳之姿，還能使屈巫付出抄家滅族的代價，可見其能量之大，古往今來獨此一人而已。

隋煬帝死後，老婆的「戰俘生活」

張繼合

大隋開皇二年，也就是西元五八二年，由雙方父母作主，十三歲的「晉王」楊廣娶了十二歲的蕭氏。他們共同生活到楊廣被殺。六一八年春天，隋煬帝被勒死，作為「戰俘」，蕭皇后落在了權臣宇文化及手裡。

《隋書》交代得非常藝術：「化及於是入據六宮，其自奉養，一如煬帝故事。」勝利者霸占六宮，和隋煬帝生前一模一樣。蕭氏的處境可想而知，俘虜還能怎麼樣？甭耍娘娘脾氣了，休說什麼尊嚴、高貴，想活，就得逆來順受。這個儀態萬方的女人定然成了宇文化及的囊中之物。

常說女人四十一枝花。女人到這個歲數，就開始走下坡路了。從「二八妙齡」起，十年就能消耗了她們一大半青春。只有非常奇特的女性例外，比如，埃及豔后克莉奧佩特拉，她生完孩子之後，仍讓凱撒和安東尼兩位羅馬英雄神魂顛倒。蕭氏就是這種奇女子，步入中年，仍舊端莊、秀美。宇文化及從這位大美人身上獲取了帝王的幻覺。六一九年，他居然跑到魏縣，關起門來當皇帝。

皇帝，永遠是天下的「頭彩」，除非足夠強大，否則誰覬覦，誰挨揍。宇文化及的狂妄行為，馬上招來滅頂之災，爭頭彩的竇建德殺上門來。竇建德是農民義軍的領袖，如今兵強馬壯，腰杆兒粗得很呢。他自稱「大夏王」，口口聲聲為死去的楊廣報仇。聊城一仗，竇建德動用拋石頭的「撞車」，四面攻城。這種原始「土炮」，殺傷力強大，聊城隨即失陷。

蕭氏再次面臨當俘虜的厄運。這回，她想死了。既不哆嗦，也不哭鬧，面無表情地等待死亡。所幸及時搶救，而且碰上了「忠於大隋」的竇建德。蕭氏用不著投井上吊抹脖子，戰勝者居然對她非常「禮遇」。《舊唐書》裡說：「建德入城，先謁隋蕭皇后，與語稱臣。」儘管沒上繩索，未遭關押，竇建德還畢恭畢敬地給她施君臣大禮，蕭氏依然未獲自由。與其說她被解救，還不如說被「接管」。一個徒有虛名的前朝皇后，有什麼資格在義軍營寨裡養尊處優呢？

傳聞竇建德霸占了蕭氏，惜乎尚未見到過硬的文獻。單憑《舊唐書》這段記載，就能猜個大概：「建德每平城破陣，所得資財，並散賞諸將，一無所取。又不啖肉，常食唯有菜蔬、脫粟之飯。其妻曹氏不衣紈綺，所使婢妾才十數人。至此，得宮人以千數，並有容色，應時放散。」有理由相信，在竇建德那兒，蕭氏似未受辱。這是義軍的政治需要，也受周圍條件的制約。其一，竇建德人品正派，還沒墮落到霸占女俘的地步；其二，竇建德身邊蹲著一隻「母老虎」，老婆曹氏幾乎寸步不離，看得很緊；其三，蕭氏留駐時間並不長，約莫兩三個月後，就被突厥人接走了。

突厥，野蠻的「胡俗」令中原人心驚肉跳。在沒有血緣的前提下，兒子可以繼承父輩的女人，弟弟能夠再娶兄長的妻妾。胡俗當頭，女性就更像牲口了。

突厥的義成公主，從竇建德手上要走了蕭氏。二十年前，楊堅把這位宗室之女，嫁給啟明可汗。後來，丈夫死了，便改嫁「兒子輩」的始畢可汗、處羅可汗和頡利可汗。從楊廣那兒論，義成公主得叫蕭氏一聲「嫂子」。姑嫂重逢，也算有了依靠。

《隋書》一筆帶過：「突厥處羅可汗遣使迎后於洺州，建德不敢留，遂入於虜庭。」不管情願不情願，蕭氏就這麼身不由己地走了。一個孤苦伶仃的落難寡婦，沒有挑揀的權利，命把妳推到哪兒，就落到哪兒。誰都能猜到，可汗身邊的女人必須無條件地「從其胡俗」，蕭氏和義成公主共同納入了處羅可汗的寢帳。後來處羅可汗死了，姑嫂兩個又順理成章地嫁給他的弟弟頡利可汗……

蕭氏早就斷了重返長安的念頭。既已國破家亡，江南春雨、中原杏花對自己還有什麼意義呢？不如在這荒蠻的塞外，了此殘生吧！所幸還有個小孫子楊正道做伴。楊門骨血，是她最後的一點安慰了。西元六三〇年，年屆花甲的蕭氏，含淚回長安。此時突厥大敗，義成公主死了，頡利可汗遭擒。按理說，蕭氏仍屬「戰俘」。她因特殊的身分，居然贏得大唐禮遇。長安城裡的蕭氏，深居簡出，又孤獨地生活了十八年。

貞觀二十一年（六四七年），「庚子，隋蕭后卒。詔復其位號，謚曰湣；使三品護葬，備鹵簿儀衛，送至江都，與煬帝合葬」。《資治通鑒・唐紀》裡說，蕭皇后死後，還是回到了丈夫身邊，她當了半輩子「戰俘」，心裡想的還是楊廣。倘若隋煬帝泉下有知，也該滿足了。

太平公主的喪夫之痛

熊肖春

武則天的女兒太平公主本來是個熱衷於愛情、渴望過甜蜜夫妻生活的可愛女孩，但是她後來為何角逐於政治，並落得個不得善終的下場呢？這恐怕要從她的喪夫之痛說起。

盛大的婚禮

從史書上的資料來看，太平公主的父親唐高宗李治只有四個女兒。年長的兩位公主稱義陽、宣城。她們的生母是蕭淑妃。蕭淑妃因與武則天爭寵而死於非命，她生的這兩個女兒從此被幽閉在深宮裡，直到三、四十歲才因異母兄弟的關心而得到出嫁的機會，卻也只能嫁給禁軍侍衛。她們同母的兄弟李素節更在不久之後被武則天鴆殺。兩位公主能保下活命，已是意外之喜，何談富貴恩寵？剩下的，就是武則天為李治生的兩個女兒了。長女還在襁褓中時，就被親生母親掐死，成為母親用於爭寵的犧牲品。在這樣的情形下，李治和武則天的小女兒太平，當然就成了他們的心肝寶貝。

太平公主八歲的時候，武則天向李治請旨，要女兒出家為道士，為外祖母楊氏祈福。「太平」其實是她的道號。但是小公主並沒有離開皇宮，還是一直住在父母的身邊。直到她十六歲這年，吐蕃向大唐求婚，要求迎娶唐帝的女兒太平公主，武則天才正式安排太平公主入住她的太平觀，以此向吐蕃拒婚。

時間一久，李治和武后似乎對女兒「出家」的狀況已看得眼熟，忘記女兒已經不知不覺地長大、懂得兒女之情了。父母忘了，太平公主可沒有忘，她決定提醒一下糊塗的爹娘。有一天，太平公主穿著紫袍，束著玉帶，戴著巾幘，在父母面前既歌且舞。李治和武后一見之下，不禁大笑起來，說：「孩子，妳又不做武官，弄成這樣子做什麼？」太平公主趁機向父母撒嬌：「孩兒雖然不適合穿這樣的衣衫，但是可以把它送給自己的駙馬呀！」一語驚醒夢中人，李治和武則天這才發現女兒已經長大了，而吐蕃那邊也不再來尋她的麻煩，於是立即大張旗鼓地著手為太平公主尋找佳婿。

就這麼一耽擱，太平公主直到二十歲（六八一年）的夏天，才得以順利出嫁。她的第一位駙馬是薛紹，光祿卿薛曜的小兒子。作為「二聖」的獨女，太平公主的婚禮是空前地盛大。點燃在路兩邊照明的火炬，居然把一路的綠樹都烤焦了。而裝著嫁妝的車子規格超大，連過路的縣府的牆都被推倒了。不過無論如何，這超豪華的婚禮倒也實至名歸，薛紹與太平，應該是一對恩愛夫妻，短暫的七年姻緣生育了四個孩子，不恩愛恐怕不太可能。

但是這段本該美滿的姻緣中途卻夭折了。說起來，災難的製造者還是身為母親的武則天。

第二次婚姻

早在太平公主出嫁以前，武則天就對準駙馬的兩個哥哥的妻子大為不滿，說這兩個嫂子出身寒微，怎配做自己女兒的嫂子呢？便逼著薛紹的大哥、二哥休妻。幸虧有人力勸，說她們也是出身世家大族的，只是不夠豪貴而已。武則天方才作罷。後來武則天將馮小寶納為男寵，為了給情人長些身分，又硬逼著薛紹認馮小寶為叔父。這個窩囊氣就更讓薛家的長子受不了，於是他密謀造反，結果事泄。薛紹雖然沒有參與此事，但是由於他認馮小寶為叔父很勉強，武則天早已對這個女婿心有怨氣，此時趁機一併發洩出來。結果薛紹被關進大牢，活活餓死。太平公主被母親關在宮裡嚴密監視，只有每天以淚洗面。

事過之後，武則天也覺得自己有點過分了，於是把太平公主的封邑增了將近十倍，甚至超過了親王的規格。但即使如此，太平公主也不肯向母親表示謝意。武則天知道女兒是哀傷駙馬的慘死，為了彌補，她又大張旗鼓地為女兒重選丈夫。

選來選去，武則天看中了侄兒武攸嗣。在武氏男兒中，武攸嗣是才貌俱佳的人選，但是他有妻子。

這對武則天來說根本不成問題：她派人把從前的侄媳毒死，強行把女兒嫁到了武攸嗣的身邊。這樣淒慘的初戀、初婚結局，這樣荒唐無稽的第二次婚姻，處身其中的太平公主會如何想？

從前閉處深閨中陶醉於愛情的太平公主消失了，而熱衷政治、沉湎色欲的太平公主從此出現在中國的歷史舞台上。但是如果說駙馬之死改變了太平的人生，還不如說是她從此深切感受到了權勢的利害，並沉迷於此，而她正好具有這方面的天賦，於是迷得一塌糊塗。

初試牛刀

大約在四、五年後，那個間接造成薛紹慘死的假和尚薛懷義，終於失去了女皇的歡心，武則天想要除掉這個驕橫放縱的舊情人，卻又苦於這男人知道太多宮闈祕事，兼且耳目眾多，一時不知如何下手。

太平公主聽說要殺掉這個連累駙馬的傢伙，大力贊成，自告奮勇將這件事攬了下來。她在宮中選了幾十個身強力壯的中年婦人，由專人領著訓練了一段時間，然後又選了一批勇士，埋伏在瑤光殿。接著，太平公主讓一個從前與薛懷義關係不錯的心腹出馬，去宣薛懷義入宮。薛懷義聽說女皇宣召，大搖大擺地就入了宮。

剛剛踏入後宮，幾十名壯碩的婦人就一擁而上，將這個假和尚按倒在地上，捆得動彈不得，唐時以豐腴為美，年輕時豐滿的美女上了年紀，那可是加倍地身強力壯，早已被酒色掏虛了的薛懷義豈能是她們的對手？幾名隨從也被埋伏的勇士們制服了。太平公主想到自己心愛的駙馬，再看看面前這個狼狽的假和尚，不由冷冷一笑，下令將他亂棍打死，屍體燒灰之後，再混上泥燒磚造屋。如此乾脆的處理手法、如此殘忍的處置，顯露出太平公主與她母親如出一轍的手腕與毒辣。史書形容太平公主「廣額方頤，多陰謀」，連武則天都經常喜滋滋地說：「真像我！」

但是太平公主真正像母親的，是她韜晦的本領。她從哥哥們的遭遇中，敏銳地感覺到：母親的至高權威不容侵犯。因此在武皇當權的時候，太平極少參與政事，絕不染指母親手中的權力，所有的注意力都放在尋歡作樂、享受富貴上面了。尤其是對於才貌俱佳的男人，她更是樂此不疲。

薛懷義原是李淵幼女千金公主的男寵，由她推薦給武則天的。現在這個傢伙死了，女皇枕邊寂寞，太平公主自然看在眼裡。於是她效仿千金公主，把自己的男寵張昌宗推薦給了母親。張昌宗為了鞏固女皇的寵愛，再將自己的哥哥張易之推薦給了女皇。年已七十四歲的武則天，對這兩兄弟百般寵愛，言聽計從，不停地給他們加官晉爵。

太平公主很快就發現，由自己推薦上去的這兩個小男人，成了自己的勁敵。這兩個傢伙甚至還殺害了她的情郎，令她傷心、頭痛不已。無奈之下，太平公主只好和哥哥李顯、李旦聯名上書，請封張昌宗王爵。這個馬屁正中武則天下懷，遂封張昌宗為「鄴國公」。太平公主這一著棋果然高明，張氏兄弟立即對太平公主態度大為轉變，對太平公主的話也不再多所違拗。後來太平公主想要擁立哥哥李顯復位太子，也是由二張辦成的。

來俊臣是中國歷史上少有的酷吏之一。他以「請君入甕」的辦法，消滅了另一位酷吏周興之後，越發地忘乎所以，甚至想要誅殺太平公主及其兄長李顯、李旦及諸武。這可惹毛了太平公主。在她的運作之下，諸武與諸李聯起手來，聯名上書女皇，揭發來俊臣的各種罪狀。最終想要殺掉太平公主的來俊臣先被太平公主幹掉了，並被仇人們剝皮吃肉。

擁立皇帝

神龍元年（七〇五年）正月，發生了「五王政變」，五位異姓王合力誅殺了張氏兄弟，放逐他們的黨羽。在這件事情發生的前後，太平公主看清時勢，對殺二張一事，採取參與、幫助的態度；並在二張被誅之後，親自來到武則天的床前勸說母親，得到了一張武則天認可的傳位詔書，將皇位傳給哥哥李顯。中宗李顯即位後，立即對妹妹的大力幫忙投桃報李，將她的采邑增加到一萬戶之多。

中宗李顯是一個性格溫和懦弱的人，因此造成妻子韋后、女兒安樂把持朝政的情況。本來太平公主和上官婉兒聯手是可以制得住她們的，但是太平公主卻看上了上官婉兒的情夫崔湜。於是上官婉兒與太平公主反目成仇，反而成了韋氏的幫兇。

太平公主意識到韋家班是自己的死敵，於是大力培植親信人馬，想與韋后一分高下。但是韋后先出手了，她誣陷太平公主與相王李旦，說他們相互勾結，想要謀奪皇位。李顯一時大驚失色，想要嚴辦。幸虧御史中丞力諫，太平公主與李旦這才死裡逃生。經此一役，太平公主更是與韋家勢不兩立。而此時，韋后與安樂的謀反已漸漸顯露。

西元七一〇年，欲為皇太女而不得的安樂公主與其母韋后，連同情夫，用毒餅殺死了中宗李顯。五天後，傀儡李重茂登基為帝。太平公主派長子薛崇簡與相王李旦的三兒子李隆基合謀，在十二天後發動政變，一舉誅滅了韋后與安樂公主。

韋家班垮台了，但是李重茂還坐在皇帝位上。誰都不甘心讓他繼續為皇，但是誰也不敢出頭做這個主。結果還是太平公主，在這天早朝時，走到李重茂面前，說：「這不該是你這個娃娃的座位。」說完，抓著李重茂的衣領把他拎了下來，擁立哥哥相王李旦登基為帝。

李旦當上了皇帝，對這個妹妹更是感激涕零，不但大加封賞（連她的三個兒子都一律成了郡王），而且許多政事都要由太平公主來參與決策。從此太平公主越發權傾朝野。

後來甚至出現了這種局面：每當宰相有事要請皇帝蓋印頒行時，李旦只問宰相：「跟太平商量過沒有？」如果商量過了，就再問一句：「跟三郎（太子李隆基）商量過沒有？」如果也商量過了，李旦連看都不看，便取出玉璽，一蓋了事。

與李隆基爭權

太平公主權勢熏天，朝中官員，如果不在她的門下走動，官升不了還是小事，已有的職務做不做得長都要成問題。於是大小官員都想方設法地想要和太平公主攀交情。別的不說，單是當時唐王朝的正副宰相七人，就有五人出自太平公主的門下。凡事沒有經過太平的應允，沒有人敢於實施。假如她因為某些原因不能上朝的話，宰相們就拿著文書趕到她的公主府裡請教。漸漸地，朝廷裡太平公主與太子李隆基兩股勢力便互不相容了。

當初為了剷除韋家班，太平公主在侄兒間選中了最為果斷的李隆基，但當李隆基因為這樁大功勞而被李旦立為太子，太平公主卻十分震驚，她知道這個有膽有謀的侄兒，遲早要有和自己不相容的一天。

果然李隆基成為太子後，朝中大臣們漸漸向他依附，太子黨有了與公主黨相抗衡的意識。不能容忍這種情形的太平想要哥哥更換皇儲，但是李隆基的親信大臣們都強烈抵制，甚至要求李旦放逐太平公主。太平公主怒不可遏，跑到太子府裡，當面斥罵了李隆基一頓，指責他過河拆橋，不知感恩。李隆基只好賠罪道歉，並將自己的親信姚崇、宋璟貶謫。

為了擺脫令自己煩擾不堪的國政，從家、政不分的狀況中脫身，李旦不久就決定將帝位提前傳給自己的兒子李隆基。這個決定自然更讓太平公主難以接受。但是這一次，不管她怎麼搗騰，李隆基還是提前當上了皇帝。太平公主受不了李隆基過於英明的表現，決定廢了這個侄兒皇帝，還策劃讓宮女元氏在李隆基的補品裡下毒。

當初與李隆基共同起兵的薛崇簡對母親的所作所為深感不安，力勸她放棄謀反的計畫。太平公主見兒子不聽話，怒火中燒，常常打罵他。但是太平公主的起兵計畫，卻因丈夫武攸嗣逝世而耽擱了下來。事情就此發生轉變。

西元七一三年，得到消息的李隆基突然出兵，擒獲了太平公主的親信及家人。太平公主逃入南山，躲藏了三天，請求侄兒放自己一條生路。太上皇李旦也為妹妹向兒子求情。但是李隆基不為所動，將太平公主賜死在公主府裡。她的兒子們只有薛崇簡一家被饒過。這一年，太平公主大約五十出頭。

相比之下，忍不住讓人羨慕蕭淑妃的兩個女兒。當初她們雖然下嫁低等禁軍，卻總算苦盡甘來。

義陽公主下嫁權毅，早死，沒有經歷後來的風雲變幻。

宣城公主後封高安公主，下嫁王勖。王勖頗有才幹，一直官至潁州刺史。天授年間，王勖與薛紹一樣，因為觸怒武則天而被殺。宣城公主雖然失去了丈夫，卻平平靜靜地一直生活了下來。李顯再次即帝位後，晉封姊姊為長公主，享邑千戶，賜居公主府，並設立自己的官員僚屬。李旦即位後，再次給姊姊增加了一千戶的封邑。

宣城公主一直平靜地生活到開元盛世之時，年過七十方才去世。玄宗對最後一位姑母的喪禮十分盡心，登上暉政門舉哀哭泣，並派遣大鴻臚代表自己持節前去追悼，京兆尹攝鴻臚主持喪儀。

義陽和宣城公主雖然沒有享受過太平公主那樣的頂極權勢，卻能夠壽終正寢，得以善終，這恐怕才是帝王之家最重要的福氣吧！

李白與楊貴妃到底是什麼關係？

桂　昉

天寶元年（七四二年）八月，唐玄宗下令徵召李白進京。李白接到命令，以為可以從此仕途通達，不再灰頭土臉地生活在蓬蒿之間，「仰天大笑出門去」，從山東兗州起程奔赴長安。到達長安不久，在金鑾殿受到了玄宗的隆重接見。雖然李隆基並沒有給李白安排什麼官職，只是讓他待詔翰林，但是這個臨時、候補的身分，卻讓李白有了接近玄宗、接近楊貴妃的機會。

「謫仙人」李白進宮

從李白的詩歌中可以看到，玄宗每次攜楊貴妃遊玩，都喜歡讓李白跟隨左右，吟詩佐興。天寶元年十月，玄宗攜楊貴妃往驪山泡溫泉，李白跟著去寫了《侍從游宿溫泉宮作》等詩；次年初春，玄宗在宮中娛樂，李白奉旨作《宮中行樂詞十首》（今天只能看到其中的八首）；仲春，玄宗游宜春苑，李白也去了，奉詔作《龍池柳色初青聽新鶯百囀歌》；暮春，玄宗與楊貴妃於興慶宮沉香亭賞牡丹，玄宗想要聽新詞入曲的演唱，命李白作《清平調詞三首》；入夏，玄宗泛舟白蓮池，李白作了《白蓮花開序》；此外，《春日行》、《陽春歌》等詩，大約也是陪侍應制之作。不難想見，「謫仙人」李白進宮，給奢侈而沉悶的宮廷生活吹進了一股清新的空氣，玄宗見到李白，一定是覺得新鮮有趣的。一時之間，玄宗對李白優禮異常，也完全是可能的事情。史書記載的「御手調羹」、「貴妃捧硯」、「力士脫靴」，未必是後人的憑空杜撰。

但是好景不長，天寶二年春夏之際，李白開始在《望終南山寄紫閣隱者》、《下終南山過斛斯山人宿置酒》、《題東溪公隱居》等詩歌裡流露出悵惘之情。當年秋天開始，寫了多首表現憂讒畏譏、怨尤失望的作品，例如《玉階怨》、《古風四十四・綠蘿紛葳蕤》、《怨歌行》、《妾薄命》、《長門怨二首》等。到了天寶三年春天，李白就離開朝廷，離開長安。李白並非主動離開長安，他是被放逐的。

李白與楊貴妃的關係

李白在朝廷充當文學侍從的一年多裡，陪著玄宗和楊貴妃到處遊玩。據此可以推測，李白是見識過楊貴妃的美貌與歌舞才藝的。史書上說，楊貴妃是「資質天挺」、「善歌舞，邃曉音律」，琵琶彈得非常好。天寶二年暮春，玄宗與楊貴妃在興慶宮沉香亭賞牡丹，李白奉詔作《清平調詞三首》，「雲想衣裳花想容」、「可憐飛燕倚新妝」、「名花傾國兩相歡，長得君王帶笑看」，很可能寫的就是楊貴妃，就是李隆基、楊貴妃相親相愛的情景。倘若說，擅長歌舞、精通音律的美人楊貴妃對才華洋溢的李白無動於衷，恐怕也不合情理。才子與佳人相遇，雖然沒有傳出任何緋聞（楊貴妃當時的緋聞男友是安祿山），但是合理想像一下，惺惺相惜之情應該是有的。

李白被「賜金放還」之因

因此對於《新唐書・李白傳》所說，李白沒有得到玄宗的任用、被逐出長安，根源在於楊貴妃的屢次阻止，令人深表懷疑。那時李白的身分不過是「翰林供奉」，說白了就是「娛樂人士」，用詩詞娛樂皇帝及后妃，高力士、楊貴妃還犯不著跟他計較。再者，高力士是一個對玄宗十分忠誠、言聽計從的宦官，為了玄宗的遊玩高興，他竭力操辦唯恐不及，哪裡還會去拆牆腳呢？說高力士因為一次李白酒醉後在玄宗等人面前寫詩，讓他脫靴，他便引以為恥辱，然後在楊貴妃面前說李白壞話，排擠李白，這未免也太小看高力士的肚量，而太高看高力士的膽量了！這點娛樂度量都沒有，怎麼能在玄宗身邊做弄臣？李白當時不啻是玄宗的開心果，竟然要排擠他？一個宦官，難道他吃了熊心豹子膽？更重要的是當時的玄宗李隆基，雖然沉溺於愛情之中，但是他在治國上仍不失其鐵腕風格，他是不允許臣屬在他面前替人說情或詆毀他人的。

《明皇雜錄》（輯佚）有一條，安祿山暗地裡賄賂楊貴妃，希望「帶平章事」，即掛一個宰相之職，玄宗沒有答應；駙馬張垍以為玄宗在一次造訪他的私宅之後會任命自己為宰相，可是遲遲沒有得到任命，私底下向安祿山說過抱怨的話，安祿山又告訴了玄宗。結果玄宗大怒。

玄宗寵愛楊貴妃，「三千寵愛在一身」，堪稱千古佳話，但是，他並沒有允許楊貴妃干政。楊貴妃兩度被逐出後宮，貴妃身分幾乎被廢掉，也可以說明玄宗並沒有被愛情沖昏頭腦。楊貴妃大概也不敢隨便在他面前說李白的壞話，阻止李白的仕途。

宋人洪邁根據《新唐書》記載，高力士摘出李白詩中以趙飛燕影射楊貴妃的句子以挑撥楊貴妃這一情節，舉出李白諷刺歷史上的亂政婦人的《雪讒詩》作為例證，說李白是在影射和揭發楊貴妃跟安祿山的淫亂祕密（《容齋隨筆》卷三）。這種說法也難以置信。李白儘管對自己的遭遇很不滿意，但是他不至於在詩歌中進行如此直接、露骨的影射和揭露。如果真是這樣，李白得到的恐怕就不是「賜金放還」的待遇了。

李白被「賜金放還」的原因，還有其他的一些說法。魏顥《李翰林集序》說「（玄宗）許中書舍人，以張垍讒逐，遊海岱間」；李陽冰《草堂集序》說「醜正同列，害能成謗，格言不入，帝用疏之」；劉全白《唐故翰林學士李君碣記》說「同列所謗，詔令歸山」。這些人雖然都是李白生前有過交往的親友，但是所說的理由未必全然可信。他們均有所顧忌。李白的供奉翰林，還不是正式的公務員，對駙馬張垍沒有多大威脅，他用不著冒風險「讒逐」李白；同列之人，也許有嫉妒李白才華和皇帝隆遇的，但是按照玄宗的性格和處事手法，他們未必膽敢在他面前說李白多少壞話。比較可信的是范傳正《唐左拾遺翰林學士李公新墓碑序》所說的：「……玄宗甚愛其才，或慮乘醉出入省中，不能不言溫室樹，恐掇後患，惜而逐之。」也就是說，李白的離開朝廷、離開長安，主要原因在唐玄宗本人：他擔心經常喝醉酒的李白在外面洩露宮闈祕聞。這是玄宗最忌諱的事情。

唐朝皇帝在許多方面學習漢朝，這是眾所周知的事情。漢朝法律，外傳朝中言語是大罪。例如，著名西漢學者夏侯勝一次出了朝廷，告訴外人宣帝跟他說過的話，遭到了宣帝的嚴厲斥責，從此不敢再說；京房（西元前七七年至西元前三七年，西漢學者），把漢元帝跟他說的話跟御史大夫鄭君說了，鄭君又跟張博說了，張博悄悄記了下來，後來因此被殺了頭。其實恐怕不獨漢朝、唐朝如此，任何朝代都會對朝廷內幕嚴加保密。玄宗之所以打消了一度有過的「任命李白為中書舍人」的念頭，主要原因應該是李白太愛喝酒、太容易喝醉，喝醉後嘴上又缺少把門的。

美女宰相「上官婉兒」石榴裙下的極致風流

逸名

在權力問題上，男女並無本質不同。熬到「一言興邦，一言喪邦」的顯赫位置，不論男女都會起到改變歷史進程的作用。儘管女人掌權只是千載難逢的偶然性事件。

中國歷史上，武則天是獨一無二的女皇帝，追隨女皇左右、深受信賴的上官婉兒，儘管沒有明確的封號，但實際屬於手握實權的「女宰相」。翻翻中國歷史，這種權傾朝野的鐵腕女人，簡直是鳳毛麟角。一方面，她資質絕佳，天賦靈犀，具有卓越的學識和文才；另一方面，她玩弄權術，駕馭政治，石榴裙下掩藏著極為淫蕩的私生活。

和其他爬上權力巔峰的人物一樣，上官婉兒也曾有過淒苦卑賤的出身。因為爺爺上官儀政治上排錯了隊，西元六六四年，他們全家獲罪——殺！包括上官婉兒的父親在內，很多親人都掉了腦袋。這時候，可憐的小婉兒剛剛誕生，還沒吃幾口奶，便隨著母親鄭氏做了朝廷的「官奴」。雖說僥倖保全了性命，可是處境極為低賤。母親拼死拼活地幹苦力，跌跌撞撞地拉扯自己的小女兒。當然敗落的官宦人家也很有見識，母親千方百計讓婉兒接受全面而嚴格的正統教育，這可是將來安身立命的資本。小姑娘太聰明了，一點就透。剛四、五歲，就做得漂亮的詩詞。

《舊唐書》在列傳中講了一個半真半假的故事：鄭氏懷孕期間，夢見一名巨人送來一桿秤，囑咐說：「持此，稱量天下！」「稱量天下」，豈不就是皇帝身邊說了算的人物？大概要生兒子吧！孰料，呱呱墜地的是個肥白的女嬰，鄭氏不免失望。做夢的事只能姑妄一笑了。

後來，武則天終於給了破敗的上官家族一個翻身解放的機會。她久聞上官婉兒的才學，便將那對可憐的母女召進皇宮。現場考試滿意極了，於是除了她們母女的「賤籍」，還把婉兒留在身邊工作，擔任掌管詔書的貼身祕書。那年上官婉兒剛剛十四歲。從此她涉足政壇，一步步接近當朝的權力核心。

新手總有拿不准的時候。上官婉兒也需要宦海沉浮，不斷歷練。因為不聽話，武則天差一點宰了她，礙著根深蒂固的「愛才癖」，武后只在姑娘粉嫩的額頭上刺了一個烏黑的犯罪標誌，這種近乎毀容的刑罰叫做「黥面」。雖說額頭不完美了，上官婉兒依舊是光彩照人的大美女。她利用兩種最厲害的東西在宮裡混：頭腦和姿色。

才華固然重要，但做得好不如嫁得好。十六歲，大約是念高中的年紀，上官婉兒嫵媚地倒在皇太子李顯懷裡。她深知這種「政治投資」的重要意義。此後李顯被廢，遠戍鈞州、房州，上官婉兒又坐到了武則天親侄子武三思的大腿上。她利用皇帝祕書的便利，大講武三思的好話，甚至有意排擠李唐皇室。李家的人，怎能不恨這個多事的女人！

風水輪流轉，李顯鹹魚翻身。七〇五年，唐中宗李顯又從衰老的武則天手裡接過皇權，「老相好」上官婉兒隨即投靠。她被冊封為「昭容」，其實就是皇帝的小老婆。按《舊唐書》的說法，她的地位僅次於皇后一人、妃子三人，屬於「九嬪」的第二名。婉兒擔當的具體職務，類似於今天的內閣祕書長。有了政治靠山，她仍覺不穩固，便在李顯大老婆韋皇后身上押了寶。最奇妙的手段，便是引薦情人：很快，細皮嫩肉的武三思順著婉兒的牽引，做了韋后的情人。對此天性懦弱的「氣管炎」——李顯，總是睜一隻眼、閉一隻眼。

這一時期，是上官婉兒紅得發紫的巔峰階段。在她倡議下，天下大興文學之風，各種各樣的賽詩會像今天的選秀節目一樣如火如荼地展開。皇宮裡更熱鬧，帝后王公率先垂範，文采飛揚的婉兒理所當然成了焦點人物。她當仁不讓地主持會議，不但代帝后捉刀作詩，還充任考評裁判，並對文才絕佳者實施獎勵。據說第一名可以榮獲黃金鑄造的「爵」一尊。

女人成為炙手可熱的人物，投機鑽營的人便紛紛投靠。提拔個把行政官員，對於婉兒來說，簡直是小事一樁。話又說回來，她畢竟是有七情六欲的健康女人，環顧人生，她美中不足的還是「私生活」。於是，婉兒祕密購買私宅，在宮外和一些風流倜儻的花花公子們勾勾搭搭。《新唐書》說：「邪人穢夫，爭候門下，肆狎昵……」要命的是，婉兒還為這幫傢伙謀求政治利益，很多人踩著她溫柔的肩膀，做了顯官。

她最著名的情夫就是崔湜。小夥子模樣好，兩人初相識也就二十三、四歲。那時婉兒已不是情竇初開的小姑娘了，紅顏易老，一眨眼，居然四十多歲了。按年歲，徐娘半老，差不多可以當小崔的姑姑、阿姨了。為了報答婉兒的垂青，小崔厚顏無恥地引薦了自己的三個親哥們兒：崔涖、崔液、崔滌。很快，崔湜被她弄到了副部級主管。即便崔湜犯錯誤也沒關係，她在皇上跟前一嘀咕，隨即豁免，而且一步一步升到了宰相的高位……

清朝有位詩人感嘆：「妻子豈應關大計？」其實這與「紅顏禍水」的說法遙遙相對，都是強調女人在政治問題上作用的大與小。在權力問題上，男女並無本質不同。熬到「一言興邦，一言喪邦」的顯赫位置，不論男女都會起到改變歷史進程的作用。儘管女人掌權只是一種千載難逢的偶然性。

上官婉兒總算踢到鐵板。她的剋星就是政治新秀李隆基。畢竟樹敵太多，一切哀告都無濟於事了。景龍四年（七一〇年）夏天的一個晚上，李隆基操縱的宮廷政變爆發。夜幕中刀光一閃，上官婉兒慘叫倒在血泊裡。那年她剛剛四十七歲。

古時男人們在青樓裡都做些什麼？

黛　琰

今天所說的青樓指的是妓院，其實古代「高級的妓院」才叫青樓。青樓原本指的是富貴人家豪華精緻的青磚青瓦的樓房，後來由於貴族之家的許多姬妾、家妓大多住於這些樓房之內，到了唐代的時候，就逐漸成了煙花之地的專稱。大詩人杜牧的名句「十年一覺揚州夢，贏得青樓薄倖名」裡面的青樓指的就是妓院。

古時的青樓並不是我們平常以為的那樣俗麗庸華，只不過是一棟樓房、幾個房間而已。實際上，大多數的青樓是一個大庭院的總稱，裡面的建築一般都是比較講究的，門前有楊、柳等樹木，窗前也少不了流水之景，至於院子裡的花卉、水池等也是必不可少的，姑娘們的雅閣內，陳設也不寒磣，琴棋書畫、筆墨紙硯是必須要有的，其他如擺設的古董瓷器，床前的屏風等也都是很精緻的。

古代青樓裡的女子不乏極品，而極品的大多是藝妓，賣藝不賣身，她們大多數才貌雙全。像蘇小小、魚玄機、嚴蕊、李香君等都是非同一般的女子。她們跳舞唱曲、吟詩誦詞也是極為風雅的事情。

一般來說，要見青樓裡面的頭牌或紅牌姑娘，並非很容易的事情，也並不是有錢就能如願。這些花魁之類的青樓女子，一旦成名之後，背後大多都有權勢富貴人物作為靠山，即使客人們見了這些女子，大多也是客客氣氣的，所以一般的色鬼餓狼也是不敢動手動腳的。

古時青樓女子也並非全然都是無情的，也產生了一些可歌可泣的情愛故事，歷史上如唐代的崔微、段東美，宋代的劉蘇哥、陶順兒等人都為了愛情身死。所幸他們的戀人也都是深情之人。不過儘管如此，青樓裡面的女子和進入青樓裡面的男子大多都不容易動真感情。

男人們進了青樓到底在幹什麼呢？由於青樓是比較高級的妓院，普通人一般也進不來，客人的素養或者社會地位一般都很高，主要以文人士大夫、富商、江湖豪客為主，尤其以文人居多；他們中間有的遊戲人生、笑傲江湖，有的寄情於紅粉知己，享受溫香軟玉。不過也不是每個上青樓的男子就會和那裡面的女子們發生性關係，其實裡面的許多人不過去坐一坐，喝幾杯清茶、吃幾塊點心、聽幾首小曲，有的還下下棋、吟吟詩、喝點小酒，然後就離開了。

男子為何要上青樓？首先，有的男子的家庭生活不是很溫馨、浪漫。古時的女子大多信奉「女子無才便是德」，再加上大多不是自由戀愛，有感情的夫妻不多。還有古時的賢妻良母要端莊，做事不能不合體統，也就沒什麼風情可言了，而最好的夫妻關係是相敬如賓。「賓者」哪還有親密感、浪漫感可言？青樓裡面的女子就不一樣了，相對而言，哪個更有誘惑力可想而知了。更何況有的妻子從來就沒有和丈夫溝通的欲望和想法。

其次，有的男子上青樓是由於事業的關係。功名不成時，來青樓逃避現實，醉生夢死，獲得一份或虛情或真意的安慰；功成名就時，則是為了來青樓尋求享樂和刺激，或者尋求一兩個紅粉知己，得到身心放鬆。有的男子上青樓，則是為了交際應酬，朋友聚會，或商人談論合作事宜，進行資訊的交流和交換。當然還有一類男子本來就花心好色，他們來青樓的目的就不言自明了。

雖然如今青樓這個詞已經成了歷史名詞，它所有的風花雪月都成了昨日煙塵，但是關於愛情的忠貞、家庭的和諧、知己的貼心，這些話題永遠不會結束。

李白是入贅女婿嗎？

康震

李白在四川生活了近二十年，遍遊蜀中山川。唐玄宗開元十二年，二十四歲的李白走出巴蜀，開始了遊歷天下、施展抱負的路途。李白沿長江水路東下，從今四川樂山清溪出發，經渝州（今重慶市），經荊門東下，過今湖北江陵、湖南洞庭、江西廬山，到達金陵（今江蘇南京），又到廣陵（今江蘇揚州），最後落腳在今浙江紹興地區。

兩年的時間裡，他幾乎遊遍了長江中下游的大部分地區。在揚州，他「不逾一年，散金三十餘萬」，這說明他出川的時候帶了一大筆錢。可是錢再多也有花完的時候，所以等到他從浙東地區返回時，身上的錢財已所剩無幾。在《淮南臥病書懷，寄蜀中趙征君蕤》一詩中，他說：

吳會一浮雲，飄如遠行客。
功業莫從就，歲光屢奔迫。
良圖俄棄捐，衰疾乃綿劇。
古琴藏虛匣，長劍掛空壁。
楚冠懷鍾儀，越吟比莊舄。
國門遙天外，鄉路遠山隔。
朝憶相如台，夜夢子雲宅。
旅情初結緝，秋氣方寂歷。
風入松下清，露出草間白。
故人不可見，幽夢誰與適。
寄書西飛鴻，贈爾慰離析。

這首詩大約作於開元十四年（七二六年）。詩中慨歎光陰易逝，功業難成，並抒發了自己病中思鄉的情懷。這個詩的格調非常蕭瑟，正是他精神上、經濟上陷入窘境的寫照。也就是在這一年，二十六歲的李白來到安州（今湖北安陸），在這裡他娶妻生子，結束了單身生活。

入贅相門

開元十五年（七二七年），李白跟許氏結婚。許氏的祖父叫許圉師，是當年唐高宗時期的宰相，許圉師的父親許紹曾與唐高祖李淵為少年同學，是高祖、太宗朝的重臣。開元十五年前後，許圉師已經去世多年。但是不管怎樣講，許氏家族算是權貴之後、相門之後。

李白跟許氏的結合符合當時唐代知識分子一般的擇偶觀念。唐代知識分子在政治生活當中有兩個重要的主題：一個是婚；一個是宦（就是做官）。對於唐代知識分子而言，迎娶的妻子最好是名門之女，不然會被人看不起。當時知識分子結婚娶妻，主要是瞄準五大望族：清河、博陵崔氏，范陽盧氏，趙郡、隴西李氏，河南滎陽鄭氏，還有太原王氏。如果能與豪門望族攀上親戚，會對以後的政治發展有很大的推動力。許氏當然不是豪門望族，只不過因為她爺爺做過宰相，算是一個權貴之門。但是對李白來講，這也行。看起來在注重姻親和仕途的時代氛圍下，李白也不能免俗。

然而李白並非將許氏迎娶回家，他是入贅到許家，做入贅女婿：「許相公家見招，妻以孫女。」（《上安州裴長史書》）這在當時是不尋常的舉動，一般的知識分子不會這麼做，但是李白這麼做了。李白這麼做可能是受到西域地區突厥文化的影響，也許在異族文化觀念中，對於男方入贅女方的行為並不介意。而且反過來再一想，連武則天都能當皇帝，李白做個入贅女婿也沒什麼了不起。如此看來，一方面有他自身深受異族文化思想影響的原因，另外一方面，也是由於整個唐代的社會觀念比較開放。而李白當時的經濟處境的確也是較為窘困，必須依靠許家這樣的大家族才能繼續宦遊的生涯。

婚後他們住在安陸的白兆山桃花岩，這名字很浪漫。結婚後許氏給他生了一兒一女，兒子叫伯禽，女兒叫平陽。在安陸，他的家庭生活看來很不錯：「三百六十日，日日醉如泥，雖為李白婦，何異太常妻。」（《贈內》）他在詩中使用了一個典故：東漢太常卿周澤病臥齋宮，妻子去看望他，他卻認為妻子冒犯了齋禁，將其投入監獄。當時的人認為周澤不懂得維護夫妻感情，作歌說：「生世不諧，作太常妻。一歲三百六十日，三百五十九日齋，一日不齋醉如泥。」李白這首詩無非是說自己開懷暢飲，不免冷落了妻子，但詩意的重心在於暢飲，而並非冷落。題目本是《贈內》，可見是順手拈來周澤的典故與妻子開小小的玩笑，這恰恰說明他們夫妻之間感情深厚，關係融洽。

天涯飄零

然而這段婚姻持續的時間並不算長。在李白與許氏結婚十年之後，也就是在他四十歲左右的時候，許氏去世了。李白作為入贅女婿，不便繼續在許家養育子女。而且根據李白這一時期所作詩文判斷，他與安州當地官員關係不睦，似乎還得罪了不少人。所有這些原因促使他不得不遷居他鄉。許氏的去世對李白來說是一個家庭悲劇，但也成為他新生活的開始。

李白決定把家遷到東魯兗州地區，也就是山東兗州，時間大約是開元二十八年（七四〇年）左右。天寶元年，李白四十歲左右的時候，他接到了唐玄宗召他進京的詔書，所以他不得不趕緊安排、安頓他的一兒一女。李白給兒女寫了一首詩《南陵別兒童入京》，就像留言一樣，說：「呼童烹雞酌白酒，兒女嬉笑牽人衣……」我們能從這首詩裡看出當時他的孩子還很小，他要走了，這一雙兒女笑著牽他的衣服，還不太懂得父親要離開家，不太懂得悲傷。那麼許氏去世以後，李白的家庭生活是怎麼安排的呢？

有一段時間，他把兒女安頓在了安徽的宣州，後來又托人將子女接回東魯兗州，直至李白在李陽冰家去世之前，他的子女一直在東魯地區。

關於他這段時間的感情生活，魏顥在《李翰林集序》裡談到了這點，這也是現在能依據的很重要的一項資料，他說：「白始娶於許，生一女一男，曰明月奴，女既嫁而卒。又合於劉，劉訣。次合於魯，一婦人生子曰頗黎。」意思是李白最初娶許氏，許氏給他生有兒子伯禽、女兒平陽，「明月奴」很可能是伯禽的乳名，這一點後面我們會談到。「合於劉」，是指李白在許氏去世之後，曾與一劉姓女子住在一起。值得注意的是，這裡沒有說李白「娶」劉氏，說明李白與劉氏不過是一種同居關係。「劉訣」，後來兩個人分手了，劉氏沒有生育子女。「次合於魯一婦人」，李白後來又在東魯與一名女子同居，這位東魯女子給李白生育了一個孩子，取名頗黎。最終李白娶了第二任正式夫人宗氏。

我們前面提到李白將子女暫時寄放在宣州南陵，後來又寄放在東魯。現在看起來李白雖然去了長安，但還是一直有女子來照顧他的孩子。只不過李白的情感生活並不順利，那個劉氏看來是跟他感情不和，很快便分手了；東魯的女子給他生了一個孩子，也許他們的感情還不錯，但是李白的詩文裡並沒有具體說他們到底是怎樣的結果。

在李白寫給兒女的那首《南陵別兒童入京》中，他用了朱買臣的典故：「會稽愚婦輕買臣，余亦辭家西入秦。」朱買臣是漢武帝時候的一個大臣，他年輕的時候家裡很窮，妻子看不起他，最後離開了他，但是後來這個朱買臣做了會稽太守，詩中這個「會稽愚婦」也許指的就是那個劉氏，那個女子看李白一天到晚在外頭漫遊，錢也拿不回來多少，官也沒做上去，可能是看不起他。李白很討厭別人看不起他，尤其讓這女子看不起他！他還看不起別人呢！後來的資料裡再也沒出現過劉氏和東魯女子的消息。

再次入贅

李白在長安不到兩年就離開了，後來又繼續在各地漫遊。西元七四九年，四十九歲的李白在梁園（今河南開封）迎娶宗氏，他的家庭生活又發生了一次變化，他擁有了第二次正式的婚姻。

特別有意思的是，宗氏也是一個宰相的孫女，看來李白結婚的對象總是離不開宰相的孫女。宗氏是前朝宰相宗楚客的孫女。宗楚客是武則天堂姊的兒子，他們兄弟三人都曾是武則天的親信，後來因為奸贓事發，被發配流放嶺外。宗楚客在武后、中宗時代曾三次被拜為宰相，後來因為依附韋后與武三思，唐玄宗起兵誅滅韋后一黨的時候，也殺了宗楚客。這段經歷雖說不上光彩，但宗氏畢竟是宰相之後，多少有一些政治資本。

李白的這次婚姻很可能還是入贅妻家，因為有的學者認為，李白的《自代內贈》（清康熙繆曰芑刊本《李太白文集》）一詩透露出一線資訊。這首詩是李白模擬宗氏口吻，寫夫人對自己的相思之情。其中有兩句：「曲度入紫雲，啼無眼中人。女弟爭笑弄，悲羞淚盈巾。」意思是說，自己（指宗氏）聽到熟悉的樂曲婉轉入雲，眼前卻不見心愛的丈夫，禁不住哭哭啼啼。女弟們看到我思夫心切，都爭著前來取笑戲耍，我又難過又害羞，淚水點點滴落手巾。女弟，指宗氏的妹妹。按照當時的風俗，姊姊出嫁後，妹妹不能住在姊夫家中，而此詩描寫的卻是姊姊與妹妹們戲耍取笑的尋常生活場景，因此推測李白也許就與宗氏家人住在一起，也就是入贅宗家。看起來在擇偶方面，李白不像別的士大夫、知識分子有很多的忌諱，只要能夠選擇到適合自己的妻子就好。

這位宗氏跟李白有一個共同的愛好，就是都信仰道教。李白曾經在一首詩裡說：「拙妻好乘鸞，嬌女愛飛鶴。提攜訪神仙，從此煉金藥。」（《題嵩山逸人元丹丘山居》）這首詩是寫給他的好朋友元丹丘，詩裡說，我們夫妻倆帶著女兒跟你一起煉丹藥，我們準備全家都飛到天上去成仙。宗氏的確是個虔誠的道教徒，她曾與唐代宰相李林甫的女兒李騰空一起求仙訪道。對此李白有詩（《送內尋廬山女道士李騰空二首》）為證：

君尋騰空子，應到碧山家。
水舂雲母碓，風掃石楠花。
若愛幽居好，相邀弄紫霞。
多君相門女，學道愛神仙。
素手掬青靄，羅衣曳紫煙。
一往屏風疊，乘鸞著玉鞭。

宗氏和李白的感情很好，李白常年在外漫遊，尋找政治機遇，他也寫詩給自己的妻子：「我今潯陽去，辭家千里餘。紅顏愁落盡，白髮不能除。」（《秋浦寄內》）李白還模仿宗氏的口吻寫妻子對丈夫的相思：「妾似井底桃，開花向誰笑。君如天上月，不肯一回照。」（《自代內贈》）詩中用愛妻的口氣絮絮叨叨地撒著嬌，埋怨丈夫久客不歸，字裡行間可見夫妻兩人的深厚情意。

「安史之亂」爆發後，李白帶著妻子逃出梁園，隱居廬山。他派自己的門人武諤前往東魯接應兒女，但似乎沒有結果。所以「安史之亂」期間，李白一直跟自己的子女是隔絕的，他跟宗氏就待在廬山上。這時候永王李璘派他的使者韋子春來請李白下山，李白給妻子寫了一首詩告別：「出門妻子強牽衣，問我西行幾日歸。歸時倘佩黃金印，莫學蘇秦不下機。」（《別內赴征》）這個典故是說戰國時代著名的縱橫家蘇秦當年求取功名不得，回家後他的妻子織布不理他，不下織布機，嫂子不給他做飯，父母不跟他說話，都挺討厭他的，覺得這個人沒出息。而李白在這裡是反其意而用之，說我哪天要真是佩戴了相國的黃金印回來見妳，妳可不要嫌我過於庸俗而不理我。詩中字裡行間充滿了夫妻之間依依不捨的感情和幽默的情趣。從「問我西行幾日歸」一句可以看出宗氏對李白前途的擔憂。

果真厄運降臨到李白身上。由於複雜的政治鬥爭，永王軍被肅宗擊敗，李白由於參加了永王李璘的軍隊，遭了罪，被投到監獄裡。當時李白被關在潯陽，也就是現在的江西九江市。宗氏當時在豫章，也就是現在的南昌市。得知李白的情況後，宗氏開始為他四處奔走，疏通關係，想把丈夫救出來，表現了患難夫妻的深情。所以李白於《在潯陽非所寄內》中說：

聞難知慟哭，行啼入府中。
多君同蔡琰，流淚請曹公。
知登吳章嶺，昔與死無分。
崎嶇行石道，外折入青雲。
相見若悲歎，哀聲那可聞。

在詩中他稱讚妻子像當年的蔡文姬一樣，為了要救她的丈夫在曹操面前求情。李白出獄後，被流放夜郎，宗氏的弟弟宗璟，對這位姊夫也相當不錯，陪同姊姊送別李白直到潯陽江畔。從這一點來看，我們覺得李白的最後一次婚姻還是相當幸福的。

兩鳳擁一龍：影響中國歷史的「一夜情」

張劍鋒

中國歷史上曾發生過因為「一夜風流」而影響歷史進程的重大事件，而這一事件的男主角便是大唐王朝的開國皇帝李淵。

李淵（六一八年至六二六年在位），靜寧成紀（今甘肅省靜寧縣治平鄉）人，祖父李虎，西魏時官至太尉。父李昞，北周時歷官御史大夫、安州總管、柱國大將軍，隋時封唐國公，死後諡唐仁公。母為隋文帝獨孤皇后姊，李淵是隋煬帝的姨表兄弟，他曾深受隋煬帝的重用。隋煬帝即位後，李淵任滎陽（今河南鄭州）、樓煩（今山西靜樂）兩郡太守。後被召為殿內少監，遷衛尉少卿。大業十一年（六一五年），拜山西河東慰撫大使。大業十三年，拜太原留守。當時隋末農民起義遍布全國。李淵自知無力鎮壓農民起義，又深曉煬帝猜忌嗜殺，政局動亂，難以自保，便與次子李世民在大業十三年五月起事。

李世民黑白兩道通吃

李世民作為一名自幼在軍旅中長大的孩子，他的性格中充滿了堅毅、果敢和叛逆，他反觀自己的父親，認為父親在避禍，在韜光養晦，但絕不會扯旗造反。為此他決定不再等待，他要做個時代的強者，絕不做大隋王朝的陪葬品。

李世民利用自己的身分，黑白兩道通吃，長孫順德、劉弘基等殺人亡命之徒，都被他藏起來，以備不時之需。他也知道，這群人光膀子掄菜刀那是沒得說，但想奪取天下，靠這群「古惑仔」肯定不行，必須要蕭何、張良一樣的謀臣方可。

他找到了這樣的謀臣，他的摯友劉文靜，大隋朝原晉陽市市長，同李世民交情深厚，由於不小心和瓦崗軍的領導者李密聯了姻，所以光榮入獄。此人極富韜略，性情狂傲，眼高於頂，但正所謂輕狂者必有過人之能，就是這個孤傲的劉文靜，在未來的日子裡，為李唐江山立下了不朽的功勳。

除了善於識人，李世民還有一個比李淵強的地方就是心胸寬闊。李世民找到劉文靜，他還沒說話，劉文靜就開了腔：「要收拾現在局面，非學商湯、周武王、漢高祖、光武帝不可！」言下之意沒別的：造反。李世民更不廢話：「那你說怎麼造反？」

謀臣劉文靜的想法

劉文靜立刻全盤托出他的想法：

一、舉事可以，但不宜大張旗鼓，以防被人所乘。畢竟這年頭造反的太多了，你就算登高一呼，也沒人答理你，不如悄然行事，一鳴驚人。

二、籌集兵馬。我劉文靜當了這麼多年市長，晉陽市誰強誰軟，我再清楚不過，只要放我出去，我給你招個十萬八萬的亡命徒沒問題。

三、你老爹李淵手握重兵，我再給你招個十萬亡命徒，我們合兵一處，直取長安，俘虜隋王室，各地的中小股義軍為了生存，必來歸附，那時再號令天下，誰敢不從？大業定基矣！

一番話，說得李世民茅塞頓開，大喜過望。什麼叫謀臣？所謂謀臣，就是你還在琢磨下頓飯吃什麼，他已經幫你把食材、佐料都準備齊全了。劉文靜對唐朝有開國定策之功，功不可沒。

李世民買通李淵最信任的人——裴寂

但李世民還有一個障礙沒有解決，那就是他爹李淵。作為兒子，他深知李淵這老頭兒的秉性。

李淵這個人對皇權一向不敢造次；對國家一向恪盡職守（曾經擊退突厥）；對農民起義，他敢於鎮壓（鎮壓歷山飛農民軍）；對兒子，特別是能幹的兒子，只要日常生活中沒有時刻討他歡心，他就不是很信任。估計自五胡十六國到隋朝，殺君弒父的事情實在太多，給李淵造成的心理陰影很大。

李世民是個幹才，自然不精於阿諛奉承，李淵平時不是很待見他，如果貿然提出擁兵自立，老頭子不但不同意，可能還會招來一頓臭罵。所以李世民買通了李淵最信任的人：裴寂，時任晉陽宮副監，從職位看，這就是個奉行拍馬政策的人。楊廣為了能隨時遊歷，在各處興建行宮，包括這個晉陽宮。搞工程是個肥缺，如果裴寂沒有一定的吹捧功夫，怎能謀到這個職位？

裴寂和李淵兩人非常對脾氣，經常通宵達旦地飲酒、下棋、做遊戲，不分晝夜地玩。說李淵和裴寂是同朝為官，倒不如說他們是一對很要好的哥們兒。裴寂知道，要想在晉陽這個地界吃得開，就得和李淵處得好。他在李淵面前始終都是響噹噹的人物，終李淵一朝都是李淵的人。這麼個大紅人，別說旁人惹不起，就是李世民也不能輕易結交。

裴寂自小清貧，父母雙亡，看慣了他人的白眼，巴不得有一天飛黃騰達，這種環境使他的性格變得非常狹隘，屬於有奶便是娘的類型。他仗著和李淵的關係，在李世民面前一向以長輩自居，這類人想買通他，可不是一步到位的。

裴寂拉上兩個宮女，直奔李淵處

李世民自有辦法，他經常結交一些有用的朋友，有個叫高斌廉的朋友經常和裴寂一起賭博，李世民就從高斌廉身上下手了。於是這段日子裴寂賭錢總是贏，高斌廉總是輸，裴寂越來越高興，心裡舒坦，一舒坦，什麼事兒都好說。所以李世民想和他說說話，搞個一日遊什麼的，裴寂一般都很賞面子。李世民終於和裴寂掛上了鉤。裴寂很快答應，扯旗造反一事，他來跟李淵說，就不信這麼多年的交情，還說不服他？於是裴寂去了。話雖然吹得很大，裴寂可不傻，他回到行宮，拉上兩個宮女，直奔李淵處。

於是裴寂趁著李淵高興，說了李世民的打算，並勸李淵：「你兒子早準備好了，你不做，他自己也得做，到時候你還左右不是人，反正現在大隋朝四面起火八面冒煙，不如反了吧！」這一席話恰似給了李淵一悶錘，李淵先是傻在那裡，半天才歎氣說，既然這小子已經準備好了，我也只有做了。

李淵只是缺少點勇氣

李淵並不傻，只是缺少點勇氣，他知道隋朝快完蛋了，但總要有人推他一把他才敢下決心。現代人一提起李淵，面前就浮現出一個上嘴唇直哆嗦，就知道幫李建成、李元吉變著法兒地害李世民的昏君，其實這不公平。李淵作戰勇敢，武藝十分高強，他曾經連發七十箭，射退農民軍騎兵，在對農民軍歷山飛的作戰中，他身先士卒殺入敵陣，鏖戰於數萬人中。李世民能有此剛毅的性格，不能不感謝李淵，是李淵給了李世民軍旅生涯，是李淵自小教李世民習練武藝、殺敵報國，是李淵教他兵書戰策、行軍布陣。沒有李淵的教誨，就沒有後世的唐太宗李世民，不能因唐太宗的光環太盛，而盲目地否定李淵。

隋大業十三年三月，李淵起兵於太原，兵鋒直指長安，起兵名義：幫助隋室匡復天下。

此時楊廣被困在江都，齊郡杜伏威義軍渡過淮河，直指江都，而於大業六年起義的瓦崗軍，也在李密的領導下攻破隋朝的大糧倉（興洛倉），隨後李密稱魏公，瓦崗軍數十萬，攻陷河南各郡。群雄逐鹿的局面形成了。

康有為晚年的異國黃昏戀

霍建生

流亡歲月，四海探花

東南亞夏季熱帶風光是綺麗旖旎的，海天一色，一艘艘海船從地平線上冒出來。海船靠岸發出了巨大的聲響，在獅城新加坡的碼頭，每天都能聽到這樣嘈雜的聲音。又有一艘來自中國的客船開始下客、卸貨。「嘩」的一聲，三等客艙中黑壓壓地擠出了一大群下南洋的中國勞工，這些被煤煙熏得髒兮兮的黃皮膚男人們腦後都拖著一條辮子，這些人先是貪婪地大口大口呼吸著新鮮空氣，然後目光呆滯地打量著這個陌生的世界，接著開始不安地騷動，領班趕忙大聲吆喝，裹著白色頭巾的印度巡捕不時地向空中甩動皮鞭，劈啪作響。隊伍慢慢地挪動，向四周散去。不遠處的洋面上，停泊著一葉精緻的小篷舟，上面坐著一名表情凝重的五、六十歲中國男子，旁邊陪伴著一名面目姣好的少婦，男子不動聲色地望著這一切。他就是康有為，身旁是他的三姨太何旃理。

一九一一年，辛亥革命前夕，康有為仍然在世界各地遊歷，來到新加坡繼續為保皇會向海外華僑募捐籌款。長期的流亡生涯，不僅沒有消磨這位廣東漢子的意志，反而使得他大開眼界、精神矍鑠，成為晚清為數不多的環球看世界的中國人之一；西太后追殺的懿旨，沒有奪去康舉人的生命，卻幫助他獲得了世界性的聲譽，同情中國變法的國家和人民，無不將其待為上賓；官府將康家的產業全部沒收，並沒有令這位變法失敗的亡命客貧窮，康有為成立了「保救大清光緒皇帝會」，面向海外籌集了巨額款項，其中的一部分明確是為支付康「遊歷各國，考察政治」的費用。另外他還註冊「保救大清皇帝公司」，用於經營活動。幾乎在同時，革命先驅孫文也在北美註冊了一家「推翻滿清光復中華有限公司」。在那個時代，無論是保皇黨還是革命黨，都操著流利的英語、日語和廣東話在海外不遺餘力地籌款，從海外僑商腰包裡流出的錢，一會兒是花在保全帝制，一會兒是用於建立共和，同時清政府又在不斷地向列強割地賠款，這種現象是晚清獨特的政治景觀之一。

當初戊戌變法失敗，康有為孤身一人倉皇逃上英國艦船，開始了顛沛流離的生活。在流亡前，康有為的妻子和兒女滯留在國內和港澳。後來大女兒輾轉來到海外陪伴父親，照顧他的生活。康有為曾經和弟子梁啟超一道，倡立「一夫一妻一世界」運動，提倡婦女解放和建立現代家庭制度。但其後師徒相繼食言，各自開始納妾。梁啟超是由於原配不能生育，靠納妾來延續香火，與梁有所不同的是康有為的妾大部分是其在流亡後納娶的。中國傳統士大夫文化以「詩酒文化」為主要基調，而「詩酒文化」的潛意識是英雄美人相伴的圖景，所以康有為作為一個有深厚文化積澱的文人，和具有豪放情懷的客家人（章太炎記載其「目光炯炯，如岩下之電」，並且遇事愛走極端，喜歡辯論，甚至不惜靠大聲說話來壓倒對方），在世界各地生活優裕地遊歷之時，順勢將美人收入帳下，自然是順理成章的事情。

四年前，康有為在北美巡迴演說，同時也是順道打理其在墨西哥的地產投資。在美國西部的夫勒斯諾市，其風采讓當地富商、華僑種植園主的十七歲女兒何旃理深深折服，不顧一切地以身相許。何旃理成為康的第三位姨太並隨同丈夫來到新加坡。

康有為在新加坡面對當地華人，心情沉痛地發表演講，因為光緒皇帝和慈禧太后都已經在兩年前駕崩，「保救大清光緒皇帝會」已經無皇可保，從而將重點放在了保國和保教上。連日來康有為不斷地會見殖民地總督、僑領、商會領袖等名流，對他們講中國不能搞大規模暴力革命的道理，強調用「舊瓶裝新酒」的社會成本最小。但是眼見革命黨人的聲勢越發浩大，康有為的觀點越發被冷落，他本人也有些意興闌珊，於是用更多的時間偕新婦到獅城各地觀光，興致好的時候還泛舟爪哇諸島。就在這年六月份時，梁啟超拍來電報，極力敦請先生赴日本暫住些時日，同時日本的出版界和書道同人也來函就其舊著《廣藝舟雙楫》的日譯本事宜討教。康有為認為日本的政治變革恰恰也是「舊瓶裝新酒」的典範，當年他撰寫的《日本變政考》就極大地激發了光緒皇帝變革的欲望，其東遊之志久矣，遂欣然接受邀請，買舟北上，不經意間又為另一場異國之戀拉開了帷幕。

客居日本，納第四妾

康有為曾經三次客居日本，住了三年時間。康有為對日本有著說不出的複雜情感。文化上，日本是中華文化的養子，在這個狹長島國，竟然保存了那麼濃郁的大唐遺風，置身於此，他仿佛回到魂牽夢縈的故國，確切地說是比故國還要具有中國原汁原味的感覺，看到這些，每每讓他對自己拖著一條辮子感到極不自在。另一方面，日本在政治、經濟上又是中國的逆子，對中國權益鯨吞蠶食、敲骨吸髓式地榨取戰爭賠款，讓中國進一步滑向災難的深淵。內憂外患之際，革命浪潮不可遏止，康梁的改良主張澈底破產，西望神州，他仿佛預見到了華夏社會將來百年動盪、生靈塗炭的局面，每思及此，康有為總要對大街上看到的比他要矮一個頭的日本男人投射出憎惡的目光。

當年的維新變法，很大程度上是對日本明治維新的一次學習。變法失敗後，日本朝野又關注和救護了包括自己和梁啟超在內的流亡人士。流亡初期，康有為前往美洲，也曾取道日本。日本輿論中，一部分學習西方、聯合中國對抗西方的聲音也讓康有為感到十分受用。他發現雖然語言不通，但在和日本人的交往中，用書寫漢字交談基本可以勝任，他們將康有為這位知名書法家的手跡視若珍寶，並將《廣藝舟雙楫》的日譯書更名為《六朝書道論》，一下子將這本書中最有價值的部分突顯出來，讓康有為欣喜不已，更加體會到大和民族善於學習的一面，感到日本之崛起不是偶然的，激發了他對日本進一步了解的熱情，於是他選擇在風景如畫的須磨「奮豫園」長住下來。

搬到「奮豫園」之後，適逢何旃理懷孕，康同凝等孩子又年幼，生活多有不便，朋友便介紹了一名十六歲的神戶少女市岡鶴子做女傭。市岡鶴子出身寒門，為了補貼家用，也為了賺份嫁妝，有人介紹工作是求之不得，她再三向中間人鞠躬道謝，滿心歡喜地背著小布包來到了「奮豫園」。這時鶴子本人也不曾想到，這一腳步的跨出，改變了她一生的命運。

第一次來到康家，鶴子拘謹地低著頭，用眼角悄悄地打量屋子裡豪華的陳設，大氣也不敢出，康有為看到她稚氣未脫的樣子，哈哈一笑，便讓她坐下，通過翻譯和她聊起了家常。為了舒緩氣氛，康有為命何旃理打開留聲機，播放起唱片來。鶴子驚訝地望著這個能發出聲音的盒子，不敢相信自己的耳朵。望著鶴子手足無措的樣子，康有為笑得前仰後合，鶴子微微地抬起頭，仰望著這個五十多歲的男人，竟然有種父親般的親切感，因為他和她認識的那些不苟言笑的日本男人比起來，有那麼的不一樣……

在何旃理的調教下，聰明的鶴子很快就熟悉了康家的工作。康有為逐漸將一些原本是何旃理來做的近侍工作交給了鶴子，開始讓她研墨、展紙，代為購買圖書等，這樣何旃理也有更多的時間來從事她所喜歡的繪畫愛好。

康有為在「奮豫園」居住期間，日日高朋滿座，鶴子雖然不懂迎來送往的貴客在忙碌什麼，但還是盡心盡力地做好分內的工作。鶴子知道康先生是清國的舊臣，遂尊稱其為「大臣」。鶴子還驚訝地發現這位大臣對日本的歷史竟然瞭若指掌，他是那樣地博學和見多識廣，到過世界那麼多地方，並且大臣也喜歡和自己聊天來了解日本的風俗，說到投機的地方，他們倆還拋開翻譯，手腳並用地夾雜廣東話交談起來。鶴子小時候家附近住著許多從中國廣東來的商人，和他們的孩子玩耍時，她還學會了些廣東話，沒想到在這裡派上了用場。

康有為也對日本文字發生了興趣，他饒有興致地解讀日文，並向鶴子請教發音。康有為對同樣是方塊字卻能拼讀的日文羨慕不已。中國漢字不能直接拼讀，無論對學習還是使用來說總是一大遺憾。當年他遊歷埃及時，特意留心考察了古埃及的楔形文字，發現也是可以拼讀的。世界各國的文字大多數是字母構成，拼讀十分方便，遺憾之餘，他萌生了將漢字拉丁化的想法。現在來到日本，受日文的啟發，他又產生了將漢字統一加以字母注音的設想。

鶴子也奇怪地發現，來康家做客的中國人，南腔北調，每個人說話都不太相同，有時大臣和他們交談還要借助紙和筆，那中國究竟是多大的國家呢？想到鄰居家參軍去中國服役的小夥子，以及從中國戰場退伍的老兵，一談到征服中國便慷慨激昂、兩眼發光的樣子，鶴子越發對中國充滿了好奇，望著康有為搖頭晃腦學習日語一副童心未泯的樣子，鶴子感到是那樣的開心、有趣。兩顆心跨越了年齡、種族，越走越近了。當然這一切都沒有逃過何旃理的眼睛，何旃理也從心裡喜歡這個殷勤的日本女孩，只要她能讓深愛著的丈夫快樂，她的心經過一番曲折的翻騰之後也是快樂的。

「奮豫園」附近有座淨土真宗觀光寺，康有為在鶴子的陪同下，經常去那裡漫步。康有為每每在此流連忘返，因為觀光寺的景物讓他想起這座寺廟的祖庭：中國廬山東林寺。在觀光寺，供奉著中國淨土宗的鼻祖慧遠和尚的牌位。二十多年前，在東林寺的遠公墓塔前，留下過康有為的足跡，他還為當時的東林寺住持灑下了翰墨辭章。那時的康有為自認為「吾年三十，學已成」，正是經世大用的時候，睨視千古，為了成就一番「內聖外王」的理想，讀萬卷書、行萬里路，遍訪名嶽，汲取大地山川之精華；遍參名士，定文字之交；遍訪名宦，做投石問路之舉；遍搜名書，以展眼底煙雲；遍拓名碑，使筆端生出萬象。觀光寺大殿角下的風鈴在海風的伴奏下聲聲入耳，陣陣松濤滾過，此情此景讓康有為慨然發起思鄉之情。

一九一三年二月，康有為最後一次攜家眷和鶴子遊歷觀光寺，和寺廟的管理人員在大殿前話別，就在這裡，康有為和何旃理正式告知鶴子他們即將歸國的決定。鶴子聽到這個消息，一言不發，只是身著和服虔誠而又寧靜地面向佛像久久合掌禱告。鶴子的內心深處已經認為自己的生命和康家緊緊聯繫在一起了，她仰慕大臣，喜歡他的孩子們，她現在已經無法接受和康家分離的現實，只有在內心默默地向佛菩薩禱告，請求佛菩薩為她點化這個難題。

康有為與何旃理仿佛一眼看穿了鶴子的心事，何旃理說：「鶴子，妳如果捨不得和我們分開，那就和我們一道生活吧？我們也覺得離不開妳啊！」何旃理遂向她提出將其納為康氏第四妾並一同回到中國的想法，鶴子聞言，默默地抬起頭來，臉上泛起陣陣潮紅。康有為隨後向鶴子父母備出厚禮提親，鶴子的家長感於康家的誠意，也就同意這門親事。於是鶴子回家做好出閣的準備，而康有為一家先期回國。

在回國之前，康有為和梁啟超一道漫步在日本街頭，恰逢日本陸軍年度應徵新兵的入伍儀式。在火車站旁搭著一個兵站，風展旌旗，人聲鼎沸。送兵的隊伍形成了兩堵人牆，新兵精神抖擻地從中魚貫穿過。送兵的人們在聲嘶力竭地喊著鼓勵的口號，眼中含著淚水，那分明是喜悅的淚水，兵站的上方插著一面巨大的旗幟，上書「祈戰死」三個大字。梁啟超見狀極為驚訝，對康有為說：「南海先生，吾國軍興既久，戰事亦頻，漢唐邊塞軍旅詩歌中，有氣勢雄強之作，然多出於文人騷客之筆。南宋稼軒之詞，雖有振作但徒作壯士途窮之歎；平常百姓向來視從軍為畏途，弗論護國勤王、平叛驅胡，官府亦只能以抓丁為配伍之方，杜工部《兵車行》、《新婚別》、《垂老別》道盡其中辛酸，豈有如日人之全民尚武、視死如歸若此哉？」康有為聞言，不住地頷首稱是。望著日本男子極其好鬥、尚武的場景，又聯想起日本婦女極度細膩柔媚的一面，這表面上的矛盾似乎蘊涵著某種必然的聯繫，想到這，也想起鶴子，康有為禁不住撚鬚長歎起來了。

築廬上海，琴瑟相和

康有為一家先期回到了中國。康有為先返回了闊別十多年的廣東家鄉，祭掃了先人的陵墓，隨後在上海、青島、杭州等地租賃和購置了別墅，開始了他悠然閒逸的晚年生活。

康有為回國不久，鶴子也來到了上海。在辛家花園的遊存廬，康有為和鶴子舉行了婚禮，從此鶴子正式成為了康有為的第四妾。婚後不久，康有為來到後屋書房探望何旃理，適逢何旃理在作畫，畫的是一棵遒勁的梅花樹，上面開了朵朵新花。何旃理見到康有為也十分高興，笑著請他為畫題名。康有為想起了宋人梅堯臣的詩句，便脫口而出說道：「我看那就叫『老樹著花無醜枝』吧！」何旃理不假思索，在畫面上題款一行：「老樹著花亂新枝」，老夫少妻遂相視莞爾一笑。

築廬上海的生活是舒適和充實的，鶴子的青春活力和如雪肌膚激發了康有為的生命熱忱，康有為攜鶴子優遊於各地名勝之間，有時也會聊發少年之狂，扔掉拐杖跳到海中暢游一番。鶴子也滿心歡喜地陪侍著自己的夫君，盡著自己的心思去照顧他的生活，為他調試可口的飯菜，同時也為他漫天飛舞如潮之思找一塊著陸的地方。

在鶴子的精心照料之下，康有為心態安逸地檢點、回顧自己的一生。中國人講究丈夫處世有立德、立功、立言之說，佛家也要求菩薩遍學所學，然後造論渡生。康有為前半生叱吒風雲，始終是站在時代的浪尖上，也始終是大眾矚目的焦點，雖然進入民國了，各界名流仍然無不對他優禮有加。但因為前段時間曾經北上紫禁城叩見了前朝廢帝溥儀，並參與了張勳的復辟事件，引得一些後生小子群起攻之，給他扣上種種「守舊」、「老古董」、「保守勢力」的罵名，甚至有激進的左翼直稱他為「絆腳石」，幾乎要把他當做革命對象了。

其實康有為何嘗不知道共和的好處，在美國遊歷時，他就深刻地感受到了這一點。但歷史悠久的傳統東方國家搞共和，鮮有成功的例子，西方人搞共和的，如法國也是血雨腥風好長時間。最好是能像英國和日本那樣「虛君共和」，否則社會顛覆起來成本太大，到頭來吃虧的還是老百姓，而且容易搞得不倫不類。這一點，留洋多年的嚴復先生與辜鴻銘先生倒是和他有很多共同的地方。雖然在戊戌變法時他也曾有過「圍園殺后」的主張，但是一直反對大規模的社會暴力革命。那些指責他「守舊」的人，又何嘗知道他的思想也是常變常新的呢？從萬木草堂到天遊館，他始終在探求、在變化，從撰寫《大同書》到創辦天遊學院，他總在想給國人、給世人開一劑太平處方；對兒女們，他也是鼓勵他們修身內省，故理新學，不可偏廢，並且眼睛要朝外，要多去異國他鄉參訪闖蕩，不要裹足在國門之內，一家人哪怕像星星一樣散落在全球各處也無妨，只要能發出光芒。想到這裡他決定把剛在上海創辦的雜誌《不忍》月刊移交給自己的學生去經營，讓他們代替自己申張政治主張，自己則可以留出更多的時間整理著作，能給後人留存更多的完整言論。

鶴子也希望丈夫能減少些政治活動，能有更多的時間精力來從事寫作等文藝活動，這樣有利於他的健康，自己也能更多地陪伴他。康有為由於在定居上海的初期投資了地產，獲得豐厚的回報，加之多年海外經營的盈餘和再版著作的版稅，使得康氏大家族能維持上流的生活水準，但還是有吃力的地方：康家長年供養著大批門生故舊，間或有不菲的饋贈支出，每遇國是，康有為還要通電全國表態，費銀可觀。這些虧空的地方都需要靠康有為靜下心來賣文鬻字填補。

平時，鶴子精心地為康有為準備好筆墨與上等的紙張和硯台，以備他能在興致來時隨時揮毫濡墨。為了爭取更多的定單，康氏在各大報紙刊登賣字潤格廣告，也在上海、北京各大書店放置「康南海先生鬻書潤例告白」，中堂、楹聯、條幅、橫額、碑文、雜體，有求必應，無所不寫。康有為的書風古樸，落拓不羈，雖然遠不如他的書法理論成就高，後人也對此貶褒不一，但其是傳承魏《石門銘》的磅礴氣勢，在書法史上也屬於別開生面之筆。當時的官宦軍閥、名流富商，附庸風雅、趨之若鶩，紛紛收藏康有為的手跡，此項收入每月能達到一千銀圓左右。

在鶴子的照料下，康有為樂此不疲，但也有忙不過來的時候，於是通常就會找來年輕的門生劉海粟幫忙。一般是讓劉海粟模仿「康體」把正文寫完，然後由康有為來簽上大名、蓋章，這樣產量頗高而又天衣無縫，能夠基本滿足客戶的需求。多年後，劉海粟已經是百歲老人了，還饒有興致地回憶起這段往事，說市場上流通的許多康有為簽名、蓋章的手跡其實是屬於康、劉合作，戲言這些書法作品不僅不屬於贗品，反倒屬於「特級品」，並提到了師徒聯合「造假」過程中鶴子忙碌的身影。

在鶴子的悉心陪侍之下，康有為在晚年致力於文化藝術領域的教育啟蒙工作，為民族文化的保存和發展做出了許多天才貢獻。居滬其間，康有為見到徐悲鴻的繪畫作品，認為孺子可造就，便勸告出身寒微但天分頗高的徐悲鴻不要坐井觀天，要走出國門去學習西洋畫法以改造、振作中華畫壇，並幫助當時的這個窮小子突破重重阻力與大家閨秀蔣碧薇完婚。康有為注重國民的美學教育培養，認為美育對人身心極其有益，是取代宗教造就健康國民之利器，鼓勵劉海粟在此方面多有作為。康有為對於中國書法理論造詣極深，立論既高，眼光亦非同尋常。其卑視唐宋，於時人之筆更鮮有首肯，但對自己的老朋友、大學士沈寐叟之弟子少年王蘧常獨具青眼，為日後王蘧常取得在中國書法史上里程碑式的成就起到了重要鞭策作用。

康有為晚年以上海為基地，時而北上青島，時而南下杭州，過著輕鬆愜意的生活。「談笑有鴻儒，往來無白丁」，書畫大師吳昌碩、詩人陳三立、教育家蔡元培等，都是其座上客。在青島，他見到了五四運動的精神導師之一胡適，用風趣的語言告誡他「不要打倒孔家店，孔聖人是打不倒的」，反倒使得胡博士手足無措。在上海，和猶太富商哈同一道，在哈同花園籌劃著開辦大學事宜。

康有為和鶴子夫唱婦隨，琴瑟相和。在一個夏日的夜晚，康有為像往常一樣手執一卷，吟詠諷頌（康有為有夜讀的習慣），鶴子在燈下為其研磨第二天所需要的墨汁。讀倦後康有為踱著方步來到花園漫步，望著不遠處鶴子勞作的身影，康有為不由得對比起中國和日本的男女之異同來：中國婦女大多是能為家庭奉獻、犧牲，日本婦女也能做到，然而更加細膩與柔和；日本的男子大多能為國、為集體犧牲，並且謹嚴而又富有自律精神，而中國的成年男子大多數無法做到這些，否則中國就不會一而再、再而三地淪落於異族鐵蹄之下。

當年的變法運動，不就是大多數的實權男子不肯為國家大局放棄些許既得私利而夭折的嗎？過去有岳武穆、文天祥、史可法，現在有譚嗣同和自己的胞弟康廣仁等為大義捐軀，但還是不能挽狂瀾於既倒，究其原因還是因為大多數男子的麻木與私欲在作祟，不知不覺地他來到供奉著戊戌六君子靈位的堂前，望著冰冷的牌位，康有為又想起那一張張熟悉的面孔：譚嗣同、林旭、楊銳、劉光第、楊深秀、康廣仁……這些人能捨生取義、捨家為國，都是中國的真丈夫、真男子，是國家的真正棟梁，卻慘遭屠戮，現在中國又是一片混亂，大家都在靠槍桿子說話，耕者無田，官場腐敗，社會矛盾空前激化。自己矢志保皇、保教、保國，可帝制已廢，孔子的言教被許多年輕人指為糞土，國家亦被日本虎視，國人相鬥不斷，內憂外患，岌岌可危！

想到這，康有為悲從中來，淚水奪眶而出，撫著譚嗣同等的牌位，恍惚之間，仿佛看到這六個人一字排開，渾身血淋淋地從靈案上走下來，面對他們，康有為悲慟地問道：「壯飛（譚嗣同的字號），你說變法應流血，可是流了血之後為何法還未變成啊？暾谷（林旭的字號），莫非真如同你說的君子死，正義盡嗎？鈍叔（楊銳的字號），模糊一握手，未得親右左；裴村（劉光第的字號），你不惜一死以醒國人，可現在還有多少人在睡大覺？儀村（楊深秀的字號），春風無不到，真見幾英雄？幼博（康廣仁的字號），你說如果自己死了而中國能強，死亦何妨，你是死了，但中國到何時才能變強，我愧當兄長，九泉之下不能直面母親！」康有為情緒激動，想去抓他們的手，但撲了空，把持不住平衡，一個踉蹌，即將摔倒。一隻手從背後伸過來迅速把他攙扶住，康有為回頭一看，原來是鶴子一直尾隨在身後。鶴子攙著丈夫，為他拭去淚水，然後走出了屋子，兩人漫步到後花園，在鶴子的安慰下，康有為的心浪平息了許多。

康家的後花園著實花費了一些心思經營。院子裡挖了一個大池塘，上面架有兩處木橋，池內可以蕩舟。挖出來的泥土堆成一座大假山，山腰裝點有草亭。散落在各處種有一千兩百多株樹，其中有應鶴子的要求從日本運來的四百株櫻花，還有產於蘇州的數十株紅梅，另有桃花四百株，還有不多見的開綠色花的梨樹。池旁邊、屋簷下搭有爬滿葡萄和紫藤的棚架，種植很多菊花和玫瑰。園內有五百尾大金魚，還別出心裁養了兩隻孔雀、一隻麋鹿、一隻猴子和一頭驢子。康有為和鶴子徜徉其間，走累了坐在籐椅上歇息，清涼的晚風拂面，幾對鴛鴦在水上閒游，鶴子隨意地給麋鹿餵著青草，望著這幅圖景，檢點這輩子的進退得失，康有為又記起童年啟蒙時背誦的千字文，其中有幾段描寫中國士大夫理想的晚年生活狀態：「索居閑處沉默寂寥求古尋論散慮逍遙」、「耽讀玩市寓目囊箱」，兒時背誦到這總是對這幾句話不甚了了，現在算是有了些體會。

大家難處，鶴子返國

一晃，鶴子已經在中國居住了十多年。和康有為在一起生活的初期是甜蜜而又愉快的，然而美好的時光總是那麼短暫，漸漸地大家族常有的那些煩惱像陰雲一樣開始籠罩在鶴子的天空。

康有為家中的成員十分龐雜。家中除有元配夫人張雲珠，先後迎娶了包括鶴子在內的五位妾（康有為在一九一九年又將西子湖畔的浣紗女張光納為第五妾），同住的有六個未成年的子女，另外還有常住的「食客」二、三十人左右。加上日常侍候他們的僕役四十多人，通常是維持一百人左右的居住保有量，大門口也是由兩名上海大戶人家流行雇用的印度錫克族門衛把守著。「大有大的難處」，在這個大家裡，鶴子小心翼翼地扮演著自己的角色，但總是有難合人意的地方。鶴子愛乾淨，總將自己的周圍收拾得一塵不染，所到之處也是盡力而為，時間久了，僕從們漸生怨氣，覺得她不如其他太太、少爺好侍候，其他姊妹、妯娌中有的也覺得和她在一起對比顯得自己邋遢，乾脆就回避她。有的僕從也常常反過來和鶴子暗中較勁，在為鶴子喜歡的花草做修剪時，故意把好的枝葉和敗葉一塊剪除，有時為了圖省事，還將一些鶴子正在使用、半新不舊的用具和垃圾一塊兒倒掉，弄得鶴子有苦說不出來。

上海有一陣子發起抵制日貨的運動，波及康公館，有好事的族人風言風語地稱鶴子為「日貨」，還在背後調侃說康有為為何不把她「抵制」掉，雖然被康有為發覺並嚴加呵斥，但給鶴子不小的刺激。

一九一四年，鶴子來到中國不久，與自己最要好的何旃理姊姊不幸染上猩紅熱症去世了，讓她備添感傷。康有為在納張光為妾後，和自己在一起的時間也逐漸變少。鶴子默默地忍受這些，總相信時間能改變這些，更渴望自己能為康有為生個孩子來改變這一切，有時就靠回憶和思念老家來打發孤寂的時光。

一九二五年初，鶴子發現自己懷有身孕。和康有為結為連理十多年了，終於快有了自己的孩子，鶴子欣喜地把這消息告訴了康有為，也告訴了康家的老老少少，但意想不到的是竟然有人懷疑她所懷的不是康有為的後代，畢竟這年康有為已經是六十八歲的老人了。還有人繪聲繪影地猜測揣度可能是鶴子和康有為長子康同篯暗度陳倉所致，一場不可收拾的家庭紛爭爆發了。鶴子最後的希望破滅了，遂強忍著悲痛提出回國探親的要求，康有為不願意老來別愛，更不忍鶴子有孕在身時遠走，鶴子便寬慰夫君說自己在娘家會得到很好的照顧，也不會在日本住太長時間，而現在的家庭環境氣氛也不利於分娩，康有為老淚縱橫，被迫應允。但鶴子內心知道，這一別後很可能就是黃泉再見了。

在一個霧濛濛的早晨，鶴子搭乘一艘開往神戶的客輪踏上了歸國的旅途。望著漸漸遠去的大陸地平線，回憶起從「奮豫園」到「康公館」多年和康有為共同生活的時光，鶴子淚流滿面，百感交集，一種無可名狀的憂鬱澈底籠罩了她的身心。

遺恨東瀛，抑鬱而終

鶴子回到日本不久生下一個女兒，取名為凌子。

第二年，鶴子獲悉了康有為猝死於青島的噩耗，遙望中國，鶴子痛不欲生。

一九七四年二月，七十多歲的市岡鶴子在須磨距離「奮豫園」不遠處臥軌自殺。

黃金榮、杜月笙：曾為女明星明爭暗鬥

張宏、張晨怡

上海灘，在近現代的中國歷史上一直有「東方樂園」的稱號。這裡的十里洋場，風雲變幻，機會與風險並存，成為冒險家施展自己的能量、實現飛黃騰達的理想場所。「流氓大亨」是一九四九年以前，舊上海灘裡的特有產物。一些善於投機的流氓頭子，利用幫會勢力，網羅門徒，成為上海灘祕密勢力的霸主，在當時的社會生活中橫行霸道，無惡不作，被唯恐躲閃不及的老百姓稱為「流氓大亨」。而在舊上海的「流氓大亨」裡，排名第一的，當推黃金榮。

上海灘第一「大亨」

黃金榮的家族沒有一點顯赫的背景，他們世代居住在浙江余餘，父親黃炳泉年輕的時候是餘姚衙門的捕快，後來來到上海的漕河涇種地。黃金榮六歲跟隨父親來到上海，住在南市張家弄，黃金榮就在附近的廟宇孟將堂內的私塾讀書。他從小頑皮，不喜歡讀書，頭腦卻很靈活。當時張家弄住有不少當過清朝武官和捕快差役的人，黃金榮從小和這些人接觸，耳聞目睹，也學習了不少江湖訣竅，為他後來在法租界捕房起家發跡，打下了伏筆。

一八八一年，黃金榮十四歲時，父親因病去世，留下母親鄒氏和姊弟四人，只能依靠母親給人洗衣服勉強維持生活。於是鄒氏就把黃金榮送到附近的廟宇內做些零碎事情，混口飯吃，因此周圍的人就叫他「和尚」。後來由於上海流行一種傳染病，黃金榮也被感染，雖然僥倖地活了下來，臉上卻生出麻皮，因此後來就有了「麻皮金榮」的綽號。

黃金榮在廟宇內做和尚雜活之後，僅僅勉強維持自己的溫飽，後來他母親又托人把他送到城隍廟一家裱畫店當學徒。這家裱畫店開設在豫園路環龍橋下，名叫萃華堂裱畫店。黃金榮做了三年學徒，每月只拿月規錢四百文（四十個銅板）。滿師後，他又站了兩年櫃台，因為不肯吃苦，沒多長時間就不幹，從此在法租界和一群地痞流氓鬼混，成為一個上海灘的小混混。

一八九〇年，為了加強租界內的治安，當時的法國駐滬總領事白早脫和公董局總董白爾研究決定招募一百二十名華人巡捕。這時二十二歲的黃金榮正窮困潦倒，走投無路，便決定去碰碰運氣。結果巡捕房看中了他那強壯的身體，居然錄用了他，從此黃金榮成為法租界捕房的三等華捕。黃金榮從此否極泰來，天天跟在法國巡捕的後面，挨家挨戶去徵收「地皮捐」、「房屋捐」，還參與鎮壓那些不願意動遷的農戶、墳主和抗議加捐的活動，表現得格外賣力。由此，他再次獲得上級的欣賞，一下就由華捕提升為巡捕房便衣員警，俗稱「包打聽」。

升職後的黃金榮被派差到十六鋪一帶活動。由於他在萃華堂學藝期間，常到城隍廟得意茶樓喝茶，結識了城隍廟一帶的地痞流氓和青洪幫分子。當了「包打聽」後，為了管理十六鋪碼頭的治安和破獲盜竊案件，他進一步有意識地和這些人廝混，在社會黑暗面中的關係逐漸多了起來。在此期間，黃金榮用「黑吃黑」、「一物降一物」的手法網羅了一批流氓混混給他提供各類情報，破了一些案子。為了繼續迅速地升遷，黃金榮甚至製造假案，用賊喊捉賊的辦法來提高自己的聲名和身價。有一天法國巡捕房的對街，一家鹹貨行的一塊金字招牌突然被偷盜，老闆急得六神無主。有人就對他說，對面巡捕房的黃金榮破案子「靈光」。老闆半信半疑，進了巡捕房就直接點名找黃金榮破案。誰知不等黃金榮跑出巡捕房，一班小流氓就敲鑼打鼓地將那塊招牌給送了回來，黃金榮的名聲不脛而走。後來人們才發現，這全是黃金榮在幕後一手策劃、自導自演的一齣騙局。

不久黃金榮果然再次獲得提升，擔任探目，即刑事出外勤股和強盜班兩個部門的領班，後又升為督察員。在黃金榮在任期間，也曾經真的破過一些大案子。一次，法國總領事的書記官凡爾蒂偕同夫人去太湖遊覽，結果被那裡的土匪綁架。法租界聞訊後，就派黃金榮設法營救。黃金榮通過黑社會的關係，很快找到了太湖土匪的頭領「太保阿四」、「豬玀阿美」，隨後將凡爾蒂夫婦安全地營救出來。還有一次，福建省督理周蔭人的參謀長楊知候帶了六箱古玩、字畫到上海來，不料一出碼頭就被人盜走。為此，淞滬護軍使何豐林特請黃金榮協助追查。結果不到半天黃金榮就查明真相，將原物如數追回。

最使黃金榮得意的，是他後來破獲的一件法國天主教神父被綁架的大案。

當時這名法國天主教神父與法國駐滬領事、法捕房總巡等關係密切。他為了開闢傳教基地，由上海乘火車趕往天津，打算去開辦教堂，結果在山東臨城被軍閥張宗昌的部隊攔車搶劫，把他綁架到臨城鄉下看管起來，準備敲詐一筆鉅款。

法國天主教神父被綁事件發生後，轟動國內外，法國駐滬領事限令法捕房火速破案，救出人質。捕房動員所有的偵緝人四處打聽、搜索，都沒得到任何消息，只得採取高價懸賞的辦法，凡通風報信這名法國天主教神父下落者，賞銀洋三千元，如能救出人質，賞銀洋一萬元。黃金榮得知此事，認為是升官發財的大好機會。於是千方百計尋找線索，但過了許多日子，仍然一無所獲。

這時候，一個名叫韓榮浦的山東人，從臨城乘火車到上海來買東西，結果在上海車站附近的旅館登記住宿時，發現裝在衣服裡的一百元不翼而飛。韓榮浦不甘心錢被偷，忽然想起有個姓隋的同鄉在法租界裡當巡捕，於是就前去求助。隋巡捕聽了他的遭遇後，就替他報了失竊案，並介紹他和黃金榮見面。

黃金榮和韓榮浦閒聊，隨口向他打聽法國神父被綁架的事件。恰巧韓榮浦當時正是吳佩孚手下的副官，消息非常靈通，而且吳佩孚的部隊和張宗昌的部隊都駐在天津附近，雙方的所作所為，彼此都有所聞，因此韓榮浦就告訴黃金榮一些法國天主教神父被軍隊綁架的消息。聽到消息，黃金榮非常高興，立即付給韓榮浦一百五十元，請他回到臨城去詳細打聽人質藏在什麼地方，一有下落趕快到上海來報信，再給他五百元賞金。如果破案，更有重賞。

韓榮浦見錢眼開，立即回到臨城，很快就發動關係，打聽到法國神父被關押的地方。隨後韓榮浦再次來到上海，告訴黃金榮情況。黃金榮當即給了韓榮浦五百元，另給他一千元，叫韓榮浦設法買通看押法國神父的人員，並告訴韓榮浦，等到他帶人到達關押法國神父的地點時，再付兩千元，並讓這些看守人員事後逃往外地。

韓榮浦返回臨城之後，按照計畫行事，結果一切順利。黃金榮在約定日期親自帶領幾十個便衣到達臨城。當天夜晚，他們化裝成張宗昌部隊的官兵，把人質悄無聲息地營救出來，隨後安然返回上海。由於黃金榮不斷立功，法國東正全權大臣授與他一枚頭等金質獎章，法國巡捕房還破例提升他為警務處唯一的華人督察長，委派了八名安南巡捕給他當保鏢。從此以後黃金榮平步青雲，成為上海聞人。

黃金榮初到上海，僅是一個不入流的街頭混混，並沒有加入當時有名的黑幫幫派，勢力壯大以後，為了更好地發展，他就拜當時的青幫「大」字輩張仁奎為師，列「通」字輩。黃金榮一生涉足賭、娼、盜，大發不義橫財，只要能掙錢，他從不問行當，下三濫的手段無所不用其極。他憑藉勢力聲威，廣收門徒，靠販煙土、設賭場、開戲園和敲詐勒索等手段聚斂財物，此外黃金榮還和杜月笙、張嘯林組織三鑫公司，從事走私鴉片、軍火買賣等活動，聚斂財富，成為擁有巨萬家產的大富翁。黃金榮對金錢貪得無厭，他曾經不無得意地宣稱，自己的人生嗜好是「賺銀子、睡女人」。他對金錢的法力充滿迷信，認為有錢能讓鬼推磨，因此狂妄地叫囂：「天大官司，磨盤大的銀子。」在黃金榮的勢力更加強大之後，目空一切的他開始自稱為「天字輩」青幫老大，意思是比當時上海灘青幫最高輩分「大」字輩更高，並建立有忠信社、榮社等幫派組織，收徒上萬人，其中就包括後來的蔣介石。

二十世紀二〇年代初期，當時名叫蔣志清的蔣介石正在上海灘四處投機。為了賺錢，他和周駿彥等人在上海開辦證券物品交易所「恒泰號」，幻想以此實現自己的發財美夢。

初期，交易所的業務還算可以，孰料一九二一年上海爆發金融危機，一時交易所紛紛倒閉，股票值如廢紙。勉強支撐到一九二二年，「恒泰號」澈底倒閉，眾多股東拿著股票要求兌現。交易所的監察人周駿彥被逼得兩次要跳河自殺。債主們還僱用一些打手來強迫蔣介石等還錢。走投無路的情況下，經過當時上海的商界大亨虞洽卿的介紹，蔣介石來到當時正如日中天的黃金榮門下尋求「保護」。

蔣介石拜黃金榮為師後，黃金榮在酒店招待「恒泰號」的債主們。酒席中，他指著蔣介石說：「現在志清是我的徒弟，志清的債，大家可以來找我要。」債主們聞聽後面面相覷。大家眼看著錢要不回來，只好順水推舟，給黃金榮一個面子。於是把蔣介石逼得走投無路的事情，黃金榮一句話就擺平了。

一九二七年三四月間，身為北伐軍總司令的蔣介石，親自來到黃金榮公館，再次向他當年的救命恩人行師徒之禮。一九二七年，黃金榮與杜月笙、張嘯林等積極支援並參與蔣介石發動的「四一二政變」，黃公館是主要活動地點。因反共有功，南京國民黨政府成立後，蔣介石任命黃金榮為國民革命軍總司令部的少將參議及行政院參議。

一九二七年底，黃金榮從督察長的位置退休閒居，開始將位於漕河涇鎮附近的黃家祠堂擴建為自己以後養老的家園，並於一九三五年建成黃家花園（今桂林公園）。該園占地八十多畝，中有「四教廳」，壁上懸掛黎元洪、徐世昌、曹錕、宋子文等軍政要人和社會名流所送匾額，還有蔣介石手書「文行忠信」的紀念碑。

一九四七年，黃金榮過八十壽辰，蔣介石曾經大張旗鼓，親自來黃家花園為其祝壽。

提拔杜月笙

在黃金榮的一生裡，他和杜月笙的關係最為複雜。他曾經一手提拔了杜月笙，但是後者的勢力一天天地超越了他。他們彼此心存忌憚，但是為了共同的利益互相勾結和利用，在凶險的上海灘彼此依靠，一起叱吒風雲。

杜月笙（一八八八至一九五一年），原名月生，發跡後改名鏞，號月笙，一八八八年八月二十二日出生於江蘇川沙（今屬上海市浦東新區）高橋南杜家宅，這天正好是農曆七月十五日，民間俗稱的鬼節。杜月笙的父親杜文卿，曾在茶館當過跑堂，在碼頭做過丁役，後又與人合作在楊樹浦開過一家米店，慘澹經營。母親朱氏則時常幫人漿洗衣物，補貼家用。

杜月笙剛過周歲時，由於連年天災和疫病到處流行，母親朱氏在高橋鎮無以為食，只好抱著杜月笙步行幾十里，到楊樹浦投奔丈夫。後來朱氏和丈夫商議，進紗廠做工。

一八九〇年夏天，上海流行霍亂，朱氏卻在這情況危急的歲月裡又生下了一個女兒，由於極度衰弱而死亡。杜文卿悲痛萬分，無奈之下，他把杜月笙和女兒一同抱回楊樹浦，三人相依為命，最終無法支撐，把女兒送給了別人。

多年以後，杜月笙歷盡滄桑，成為名聞全國的上海大亨之後，曾高價懸賞、千方百計尋找這位早年送人的妹妹，結果杳無音信。

一八九二年冬天，上海一帶天降大雪，氣溫陡降，杜文卿突然染病，很快離開人世。這個時候杜月笙還不到四歲。此後杜月笙由繼母張氏撫養。張氏性格堅強，視杜月笙如己出，她起早貪黑為人洗衣服，賺幾分錢，聊以度日。不料，災難再次降臨，一八九五年，張氏突然神祕失蹤，從此活不見人、死不見屍。杜月笙從此徹底成了孤兒，流落街頭，整天在茶館、賭棚流走，撈到什麼便吃什麼。十四歲時，杜月笙到上海十六鋪鴻元盛水果行當學徒，日夕與當地的一些流氓痞子鬼混，又因為嗜賭成性，不久便被水果行開除，轉到潘源盛水果店當店員。後來，杜月笙為了在上海灘立足，便拜青幫「通」字輩的流氓頭子陳世昌門下，按輩分排在「悟」字輩。由於陳世昌等人的關係，杜月笙獲得機會進入黃金榮公館。

當時的黃金榮在上海法租界捕房內步步高升，已經成為租界當局中唯一的華人督察長。他利用這個勢力在上海東新橋附近開了一家「聚寶」茶樓，廣收徒弟，為租界做耳目。同時他也經營戲院、浴室等各種財源流暢的生意。

黃金榮第一次見到杜月笙就非常欣賞，覺得這個人很有點氣派，就收容了他，從此杜月笙成了黃金榮的隨從。黃金榮每天早晨要到「聚寶」茶樓，以喝早茶為名，處理各種官司，杜月笙總是拿著大衣、皮包，隨侍在旁。

杜月笙是個很有心計的人，他不動聲色地觀察著周圍的一切，暗地裡卻把上自黃金榮，下至一般聽差，每個人的生活習慣、脾氣性格，揣摩得清清楚楚，並且針對不同的人投其所好，見機行事。

當時黃金榮的夫人是林桂生，人稱桂生姊。她雖然身材矮小，相貌平平，但精明能幹，是黃金榮的得力助手，深得黃金榮的喜愛。杜月笙對這一切心知肚明，因此也處處找機會討桂生姊歡心。

有一次，桂生姊生了場大病，杜月笙在旁盡心照顧。病癒後，桂生姊對杜月笙另眼相看，常在黃金榮面前誇獎杜月笙。隨後杜月笙又抓住機會做了幾件讓桂生姊和黃金榮讚賞的事情，漸漸地他就成了桂生姊的心腹，並參與了黃金榮最機密的工作：搶奪鴉片。

當時的煙土巨賈人稱「潮州幫」，他們經常利用英租界和法租界從事鴉片走私，因這是外國人管轄區，中國法律鞭長莫及。「潮州幫」煙土商利用租界大搞鴉片走私之事，雖然隱祕，但仍然被上海灘的那些地痞流氓千方百計地打聽到資訊，他們便採用各種手段，巧取豪奪，半路搶劫走私的鴉片。

當年上海灘上搶奪鴉片最厲害的八個人物，按照出道時間的先後，被人稱為「大八股黨」。「大八股黨」成名已久，並因此積累了萬貫家產，已經不想再拿腦袋做賭注，開始選擇一種穩妥可靠、不冒風險的斂財方法。於是他們的頭目如沈杏山、季雲青、楊再田等人，先後投效上海的緝私機構，並倚仗手中的金銀錢鈔，上下買通，很快就鑽進了這些緝私機構的核心部門，占據了高級職位，逐漸地控制這些部門。

當「大八股黨」把水陸兩途，以及英租界的查緝煙土之大權抓到手之後，不但自己公然販賣和走私鴉片，而且向煙土鉅賈收取大量的保護費。而「潮州幫」煙土商也自願奉獻，因為從此以後，有緝私部門的槍桿子保護，他們的買賣就合法化了。

當時的鴉片商和煙土行多半開設在英租界，「大八股黨」和煙土商們並沒有把法租界的黃金榮放在眼裡。因為在他們看來，法租界總共只占地一千多畝，地小人少，力量微不足道，只要事先打個招呼，就不會有事了。於是「大八股黨」的頭領，這個時候已當上英租界巡捕房頭目的沈杏山，就派人向黃金榮傳話。

誰知黃金榮和杜月笙一聽完來人的話，就沉下臉來，一口回絕。沈杏山惱羞成怒，利用軍警的力量，對煙土實行武裝接運，斷了黃金榮和杜月笙的一條財路。黃金榮怒氣衝天又無可奈何。杜月笙卻老謀深算，向黃金榮和桂生姊提出搶劫鴉片的主意，並得到兩人的贊同。

杜月笙說做就做，立即招兵買馬，網羅亡命之徒，很快就建立起一支搶劫鴉片的隊伍，後來被人稱為「小八股黨」。第一次搶劫鴉片得手，就弄到一船煙土，等於搶到幾十萬銀洋，通過這次「搶土」，他們也看出「大八股黨」在護送煙土過程中的種種漏洞。從此伴隨著一次次布置周密的搶劫鴉片事件的發生，大量財富流進了黃金榮和杜月笙的腰包。一九二五年七月，黃金榮和杜月笙又聯合另外一個流氓頭子張嘯林，在租界與軍閥當局庇護下，成立了主要做鴉片生意的三鑫公司。不久英國在上海的租界開始禁止鴉片生意，而三鑫公司乘機壟斷法租界鴉片生意，因此大發橫財。杜月笙擔任三鑫公司的主要負責人，同年，擔任法租界商會總聯合會主席兼納稅華人會監察，勢力日大，地位逐漸與黃金榮、張嘯林並列。他們三個人成為上海灘上顯赫一時的「流氓大亨」。

在上海三大「流氓大亨」中，有「黃金榮貪財，張嘯林善打，杜月笙會做人」的說法。和黃金榮、張嘯林相比，杜月笙更善於協調黑白兩道各派勢力之間的關係。他通過販賣鴉片、開設賭場等活動，大肆聚斂錢財，又用這些不義之財，籠絡社會上各種人物，從政治要人、文人墨客到幫會骨幹，無所不有。由於杜月笙在上海善待當時已經下台的北洋軍閥黎元洪，黎元洪的祕書長特地撰寫一副對聯贈與他：「春申門下三千客，小杜城南五尺天。」杜月笙對這副對聯愛如拱璧，專門請名家雕刻為黑底金字，懸在他家客廳的兩楹。杜月笙因此被其黨羽吹捧為「當代春申君」。杜月笙還附庸風雅，廣結名流，大學者章太炎、名士楊度、名律師秦聯奎都是他的座上客。

一九三七年，「七七盧溝橋事變」和「上海八一三事變」相繼爆發。上海人與全中國人一樣，投入到英勇悲壯的抗日戰爭中。在全中國人抗日要求推動下，杜月笙參加了上海各界抗敵後援會，任主席團成員兼籌募委員會主任。他參與勞軍活動，籌集大量毛巾、香菸、罐頭食品，送到抗敵後援會。他還通過自己的關係，弄到一些軍中急需的通訊器材、裝甲保險車送給抗日將領。上海淪陷後，杜月笙拒絕日本人的拉攏，於一九三七年十一月遷居香港。在香港，他利用幫會的關係，繼續活動。他擔任中國紅十字會副會長、賑濟委員會常務委員和上海黨政統一工作委員會主任委員，從事情報、策劃暗殺漢奸等活動。一九四〇年他組織人民行動委員會，這是在國民黨支持下的中國各幫會的聯合機構，杜月笙為主要負責人，由此實際上成為中國幫會之總龍頭。

在黃金榮、張嘯林、杜月笙成為上海叱吒風雲的人物之後，他們之間的關係也出現了微妙的變化。特別是杜月笙，運用高超的手段廣交天下名流，織成了一張盤根錯節、無所不在的龐大勢力網，被人們稱為上海灘的「厚黑教主」，其勢力發展到巔峰時期，甚至已經超越了一手提拔他的黃金榮。而恰在此時，圍繞著當時走紅的坤伶露春蘭的爭鬥，引起了一場風波。

露春蘭本是黃金榮門生張師的養女，常來黃公館串門，平日也喜歡去聽戲。她生得聰明伶俐，沒多久就學會幾句老生戲和青衣。當時已經五十多歲的黃金榮對露春蘭一見傾心，決定讓年僅十四歲的露春蘭在舞台登場演出，捧她出道。黃金榮對此不遺餘力，一連兩個月，親自下戲館為她捧場，又甩出大疊銀洋，要各報館不惜工本地捧露春蘭。他還親自為她張羅演主角、灌唱片。一時間，上海各大小報紙上紛紛刊出露春蘭的俏影玉照。她的名聲壓倒了上海紅伶小金玲和粉菊花。

浙江督軍、軍閥盧永祥的大兒子、上海灘出名的四公子之一盧筱嘉，最愛聽戲，他看到報紙上大篇幅介紹露春蘭，就一襲青衫，輕車簡從，專程前往榮記大舞台。戲尚未開場，盧筱嘉就讓跟班給露春蘭送去一枚鑽戒，約定戲散後同度良宵，被露春蘭推說有約拒絕了。

偏巧這天露春蘭一不留神，將一段戲文唱走了板。盧筱嘉在台下正沒有好氣，就陰陽怪氣地喝了聲倒彩。黃金榮正坐在正廳包廂裡看戲，一聲倒彩傳來，氣得他暴跳如雷，馬上派人過去給了盧筱嘉兩巴掌。盧筱嘉見打手人多勢眾，自己只有兩個保鏢，就悻悻地走了。

過了幾天，黃金榮吃罷晚飯，又帶了四個貼身保鏢耀武揚威地踏進了包廂。就在這時，盧筱嘉帶領十幾個便衣悄悄溜進了正廳包廂，用手槍頂著黃金榮的光腦袋，隨後架了他就走。

後來還是杜月笙和張嘯林出面，打通盧府內部關係，花了三百萬款子，總算把黃金榮贖了回來。

黃金榮一手捧紅露春蘭之後，就想據為己有。但是他明白自己的老婆林桂生不會輕易答應，因她當年為自己發跡立下過汗馬功勞。他知道林桂生非常信任杜月笙，於是就讓他去遊說。不料林桂生回答得非常乾脆，要娶露春蘭可以，除非先和她離婚。讓杜月笙、張嘯林等人沒有想到的是黃金榮真的提出離婚。他給了林桂生一大筆生活費作為補償後，就迫使她搬出了黃公館。露春蘭名正言順地成了黃太太。

黃金榮驅趕林桂生出門之後，杜月笙對黃金榮內心裡非常不滿，也對林桂生的遭遇感到不平。不過黃金榮的新婚並沒有維持多長時間，不到三年，露春蘭就堅決地提出和黃金榮離婚，據傳是與德孚洋行的買辦薛恆產生戀情。隨後兩人在法國律師魏安素事務所協議離婚。

一個買辦敢奪在上海呼風喚雨的黃金榮之愛，很多人都推測是杜月笙在台後支撐。在經歷這場風波後，黃金榮和杜月笙在內心裡也都彼此忌憚，不過為了共同的利益，他們在表面上仍然相好如故。

大亨末日

抗日戰爭勝利以後，杜月笙於一九四五年九月初返回上海，收拾舊部，重整旗鼓。這時由於租界已被收回，國民黨勢力可以公開活動，幫會的作用不再像以前那麼重要。一九四六年十二月，上海參議會選舉議長，杜月笙經過多方活動，雖然以最高票當選議長，但由於國民黨不那麼支持他，他當選後馬上辭職。

上海解放前夕，杜月笙去了香港。據說在一九四九年四月，離開上海前的杜月笙曾經來到黃金榮家辭行，並勸黃金榮也去香港，但是被黃金榮拒絕了。

流落異鄉的杜月笙心情憂鬱，朋友甚少，幾乎整日待在家裡喝茶、聽收音機、看報紙，不久就患了嚴重神經衰弱、心臟病。一九五一年七月，杜月笙中風偏癱，他拒絕進醫院治療，對家人說：「苦難流離，備受刺激，生不如死。再說中風後遺症難癒，不要讓我過手足不能動的活死人日子了。」八月七日，杜月笙口述了遺囑，將所有財產，包括不動產、債券、現金分配給各房夫人及子女，訓勉兒女努力守成創業。八月十日以後，杜月笙進入昏睡狀態，水米不進，彌留期間，他曾對家人交代：「把我的屍骨帶回上海，葬在浦東高橋老家。」一九五一年八月十六日，杜月笙在香港撒手西去。

與杜月笙不同的是，黃金榮選擇了留在中國。一九四九年，上海解放以前，黃金榮的夫人李志清席捲了黃金榮的金銀珠寶離開上海往香港，後又到了台灣。這時有人勸黃金榮也到香港去。一九四九年四月，人民解放軍準備渡江解放上海前夕，蔣介石特別召見杜月笙，讓其帶信給黃金榮，囑咐他「抓緊時機」到香港或台灣去，「以免遭種種不測」。

但是八十二歲的黃金榮最終決定留了下來。他對人說：「我已經是快進棺材的人了，我一生在上海，屍骨不想拋在外鄉，死在外地。」實際上，此刻的黃金榮，在上海還有難以割捨的東西。黃金榮一生利用自己特殊的社會背景，腳踏黑白兩道，苦心經營上海「大世界」遊樂場十幾年，使其成為名噪一時的滬上名勝。一九四八年春夏之交，他以鉅資與沙遜洋行簽訂了「大世界」十年的租地契約。他擔心，自己離開上海，用一生心血經營的「大世界」將會成為無主財產，即使由養子繼承，也極可能被共產黨沒收。

上海解放初期，黃金榮蟄居在家，深居簡出，不問外事，也過了一段安逸日子。黃金榮每日享受三樣東西：吸大煙、搓麻將、下澡堂。解放後，共產黨雖有明令禁止抽大煙，但是黃金榮早已經在家中藏了大量上好的大煙土，據說足夠他後半生吸食。

當時黃家上上下下二十多口人，都住在龍門路均培里一號。這是黃金榮發跡後造的一幢三層洋房，有幾十個房間。黃的居室在二樓東端，附近房屋大多由他的門徒租住，可以互通聲氣，方便走動。除夏天避暑去漕河涇黃家花園住一段時間，黃金榮一直居住於此。上海市人民政府這時還允許黃金榮照常經營他的產業，如大世界、黃金大戲院、榮金大戲院等，每月都有一筆不菲的收入。

一九五一年初，鎮壓反革命運動開始後，黃金榮的日子開始難過起來，市民甚至自發湧到黃宅門口，要求他接受批鬥。一封封控訴信、檢舉信，如雪片般飛進市政府和公安機關，懇請政府為民報仇雪恨。在嚴峻的形勢面前，連黃金榮的一些門徒也起而揭發，要求靠近共產黨，與黃金榮劃清界線。

一九五一年五月二十日，迫不得已的黃金榮在上海的《新聞報》、《文匯報》刊出了《黃金榮自白書》，他在「自白書」中，自稱「自首改過」、「將功贖罪」、「請求政府和人民饒恕」，並表示要「擁護人民政府和共產黨」，「洗清個人歷史上的汙點，重新做人」。上海灘第一大亨的「懺悔」，轟動一時。隨後黃金榮響應中國的改造號召，開始掃大街，由於此刻的黃金榮已經是風燭殘年的老人，這項象徵性的「改造」措施並沒有持續下去。

一九五三年，上海市政府考慮「大世界」的複雜形勢，決定對黃金榮的殘餘勢力再行打擊，將「五虎將」、「四大金剛」等殘渣餘孽一網打盡，使「大世界」的舊貌徹底換了新顏。黃金榮病倒了。一天，他將養子黃源濤喊到家中，口傳了遺囑，最後感嘆道：「我的一生，都風掃落葉去了，唯有留下這個『大世界』。不過，斷氣瞑目後，『大世界』不可能再屬於我的了。」幾天之後，這個曾在上海灘顯赫一時、叱吒風雲的黑幫老大，一個從小癟三起家跨越黑白兩道的「流氓大亨」，便突然高燒不止，在昏迷了幾天以後，閉上了眼睛，時年八十六歲。

第五篇

真相還原

很多史書記載的事情，未必是真的，
因為動手腳更改的人，連皇帝也有一份。
只要深入分析，我們就會發現，
「史實」與「真相」似乎天差地遠……

曹雪芹祖父竟然是康熙的密探

楊東曉

在康熙年間，康熙帝非常重視他賦與曹寅及其大舅子蘇州織造李煦、後代曹顒、曹頫等人的這項特殊的政治任務，允許他們「專折密奏」江南地區的官風民情，並「親手寫奏帖來」，這種千里眼加耳報神的職責的確超出了江寧織造的許可權範圍，對於曹家，可說是一項特殊待遇。

曹雪芹的祖父曾是康熙的密奏使，他的密奏中有區域性的天氣、糧食價格以及盜匪等問題，這種密奏方式也是康熙管理農業國家遼闊疆域的手段之一。

江寧織造曹寅熟練地將一方寫過字的紙折成複雜的六角形，上面的「報告」除了皇上康熙以外任何人也不允許看。這張紙在康熙的手中打開後，是一張十公分寬，二十公分高的密奏。這種紙從江寧到北京，騎馬傳遞大約要二十天左右。這項在曹寅和康熙皇帝之間的祕密傳送，一直進行了二十年。因此美國耶魯大學歷史學家史景遷稱曹寅為「康熙的密探」。

康熙的密探們

曹寅將他折成六角形的密報，放在一個用封條封好的小信封裡，封條的上面寫「固」，下面寫「封」，信封上寫著「奏摺」。他又拿出一只大信封，套住這只小信封，在外面用一個白紙條紮住，他在紙條上寫上自己的全部銜階和名字，然後小心翼翼地用白紙包好，同樣在白紙的包裝口下方寫上自己的全部銜階和名字，最後用來封緘的幾個字是「臣寅叩首謹封」。

這封信康熙皇帝看完後，也許會加御批，也許只寫三個字「知道了」。但最後都會用一個朱紅的「封」字封過以後，重新傳到曹寅的手中。

在曹寅、李煦給康熙的密奏中，天氣問題如雨水、雪災，糧食問題如收成、米價，社情民意如疫病、民情、官吏貪廉，都是康熙所關心的。在沒有各種地方性媒體的時代，這些祕密管道傳輸的情報，也算是一種內參了，通過這些內參，康熙皇帝可以對各地實情「明察秋毫」。

在古代，天氣、天象資訊事關國家前途，所以這些情況被認為不應該由更多的人所掌握。尤其是在自然災害頻率過高的康熙年間，皇帝一定要對各種自然現象了然於心。

中國社會科學院重大課題《中國歷代自然災害及其對策研究》課題第一主持人赫治清說，康熙年間旱災尤為突出，在歷史的長河中百年不遇的旱情就出現過十二次；康熙四年、三十五年的風暴潮災，風助浪勢，沖入沿海一帶長達數百里，這樣巨大的風暴潮不僅淹沒江浙沿海地區，還把今天的上海和蘇州也淹沒了。

赫治清說，在曹寅密報給康熙的奏摺裡，就雨雪分寸的測量、雨水入土幾分、冰雪凝結幾寸都有清楚的記載，這對於位居北國的帝王了解長江流域和沿海農耕情況至關重要。

康熙重視天氣狀況

康熙在位的六十一年間，水災與旱災持續侵犯，旱災和蝗災又總是相伴而生，所以康熙非常重視各地傳來的有關天氣正常和異常的報告。

在康熙初年，他已經接觸到一些西方來的傳教士。康熙是一位善於學習的君王，他從這些傳教士那裡學到一些觀察天氣的常識，並懂得了記錄天氣形勢的重要性，於是在全國各地都安排親信幫他觀察與記錄。儘管那時還不能做出天氣預報，但是記錄天氣成為康熙非常重視的一項工作，他希望能從已記載的文獻中找出氣候的規律來。

康熙三十二年夏季，淮徐及至江南地區大旱，到了陰曆六月中才降雨，李煦奏報收成和米價後，康熙御批道：「五月間聽聞得淮徐以南時暘舛候，夏澤愆期，民心慌慌，兩浙尤甚。朕夙夜焦思，寢食不安，但有南來者，必問詳細，聞爾所奏，少解宵旰之勞。秋收之後，還寫奏帖奏來。」因為天氣總是和糧食收成及米的價格緊密相關，五月間聽說江南大旱，直到六月才下雨，所以康熙凡見到南方來人都要詢問詳情，他還命李煦到了秋季收成統計出來以後，再報上糧米情況。

康熙不僅要求各地報上天氣形勢，本人也對天氣有所研究。他從清代逐日按時辰記載的降水紀錄《晴明風雨錄》中摘抄下有規律的現象來，認為通過其中的規律可以做出天氣預報。

《晴明風雨錄》現存的只有雍正二年（一七二四年）至光緒二十九年（一九〇三年）間的天氣現象。當時康熙將能夠看到的規律大致總結為陰曆每月初八、十八、二十、二十二、二十四這些日子下雨；在初九到十五這幾天能看到月光；如果出現了雲擋月，則將有一場持續幾天的暴風雨。康熙不僅摸索旱澇規律，他還觀察過風向：康熙曾記錄過中國北方在所有季節中西南風是很罕見的；被人們稱為客風的西北風出現時，將會在三、四天內改變風向；一旦刮起東北風和東南風，就是要下雨的象徵。為了能夠準確地判斷風向，康熙在他的住所還豎起一竿小旗子。非但醉心於觀察和學習，康熙還把自己的觀察和思路記錄下來，與來自各地的天氣密報做比較。這也應該算是農業大國國君一種特殊的勤政方式。

科學種田賜「御稻」

作為農業大國的一國之君，康熙對於糧食問題稱得上是煞費苦心。來自魚米之鄉蘇州的密件裡，有很大一部分是關於科學種植稻米。這種優良稻種是康熙命人在豐澤園的多塊稻田中培育出來，再命人拿到全國各地去試種的。

其中一種新品種名叫「御苑胭脂米」，是一種緋紅的香米，有人考證出《紅樓夢》中莊頭烏進孝給賈府送的就是這種「御米」。康熙五十八年時，李煦寫給康熙的密報中就有某官紳種了多少畝、畝產幾石幾斗；某商人種幾畝、畝產幾石幾斗。其實這些人的實驗任務也不過是兩三畝，只有李煦自己家種得最多，他甘願冒這種試驗性的風險，種了一百畝。李煦向康熙報告自己家那塊水稻實驗田的收穫情況：

奴才種了您的御稻一百畝，六月十五日收割，每畝約得稻子四石二斗三升，謹礱新米一斗進呈。而所種原田，趕緊收拾，六月二十三日以前，又插完第二次秧苗。至於蘇州鄉紳所種御稻，亦都開始收割了。他們的詳細賬目，我給您另寫一個奏摺，請您御覽。

康熙在京城搞試驗田，也是四處取長補短，有次下江南看到老百姓存有豬毛、雞毛等不值錢卻又汙穢的東西，便著人詢問，聽說當地人用這些東西做農家肥後，他便也做起了試驗，結果收效顯著。

密報管理的性質問題

儘管康熙吩咐親信定期或逢到值得注意的事情向他密報解決了不少問題，但是對於這種密報的性質，他心裡一直存在著一個有關職業倫理的困惑。即使是為了天氣、農業這樣關係到國計民生的問題，康熙自己也走不出心理陰影。

李煦在康熙四十七年正月十九日的密件中，向康熙如實交代了自己在去年差人送奏摺時，所差之人曾經弄丟了密信的問題，他感到自己實在是罪該萬死並求萬歲懲處自己。康熙得知此情後，說你奏的那些都是密報，這是與地方官不同之處，將你的家人一併寬免，這種事讓外人知道了，也不好聽。

由此可見，康熙本人也認為自己派人在各地暗訪、密報是與他頭上那塊「正大光明」的匾額不太相符的事，讓別人知道了是不名譽的。正是在這種心態下，所有密件均由他本人閱讀、回覆。這種心態與他的兒子雍正公然建立自己的特務組織和強化密折制度截然相反，也可以看做是政治清明與獨裁的一項分野。

諸葛亮是如何「借」來東風的？

馮立鼇

三國時代赤壁大戰中諸葛亮借東風的故事，至今仍廣為流傳。他在南屏山七星壇上披髮仗劍、步斗踏罡、施法術借東風的場面，使人們幾乎無法分辨諸葛亮到底是人還是神仙妖怪。難怪魯迅先生在《中國小說史略》中批評作家羅貫中「至於寫人，亦頗有失，以致欲顯劉備之長厚而似偽，狀諸葛亮之多智而近妖」。

《三國演義》對諸葛亮借東風的描寫，到底是憑空杜撰、神化誇張之辭，還是事有所本、言之有據，當時是隆冬季節只有西北風，那麼如何解開這一千古之謎呢？

赤壁大戰時，孫劉聯軍指揮部決定對曹操實行火攻，但隆冬季節只有西北風，曹兵隔江在西北方，聯軍在東南方，曹兵在上風頭的位置，聯軍若放火去燒，只會傷了自家戰船，當時真是「萬事俱備，只欠東風」。這時，孔明願為聯軍憑天借到三日上夜東南大風，以應戰爭急需，並約定十一月二十日甲子之時。周瑜為之撥兵築壇，等候動靜，在約定日子的當夜三更時分，果然東南風大起，聯軍乘風出擊，火燒赤壁，大敗曹兵。還在孔明隨周瑜剛出兵時，他就告訴劉備說：「但看東南風起，亮必還矣。」（《三國演義》第四十五回），並吩咐劉備於十一月二十日甲子派趙雲駕船在約定的地點等候他。

時逢冬至，陽氣生長

十一月二十日是什麼日子呢？原來那天是冬至之日。地球在圍繞太陽公轉的軌道上有「得到日光照最多」和「得到日光照最少」的兩個日子，這會引起地球表面各種氣候的變化，古人雖不了解這樣深層的道理，但發現了這兩個轉折性日子的存在，分別命之為「夏至」和「冬至」，並用「夏至一陰生」、「冬至一陽生」來概括這兩個日子後的氣候變化規律。

按照這個規律，冬至之前，如果陰氣旺盛，在長江沿岸表現為西北風，那麼冬至之後，陽氣生長，風向則要發生變化，表現為東南風。諸葛亮正是在隨季節而生的氣候變化規律上大做文章，貪天之功，神乎其神，迷惑了周瑜。

其實，即使在起風的當天，諸葛亮對是否有風尚無絕對的把握。他對身邊的魯肅說：「子敬自往軍中相助公瑾調兵，倘亮所祈無用，不可有怪。」（《三演演義》第四十九回）有人認為，諸葛亮能知道起東南風的日子，是他事先在江岸漁民中了解當地氣候變化的特點。當然不能排除這一可能，孔明若能這樣做就更好。然而孔明若是知道了「冬至一陽生」的氣候變化規律，就可以準確地把握起東南風的時間了。赤壁東南風大起時，程昱提醒曹操加以提防，曹操笑著回答：「冬至一陽生，來復之時，安得無東南風？何足為怪！」（《三國演義》第四十九回）既然曹操也知道這種氣候變化的規律，那孔明當然就更可能掌握和運用這一規律了。

故弄玄虛，詐稱借風

時逢冬至，自有東南風起於江岸，孔明所以向周瑜詐稱自己借風，一是要故弄玄虛，貪天之功為己有，在破曹戰役中「爭」得一份大功，作為日後占有荊州的重要藉口。例如一次魯肅來索要荊州，他就提出：「若非我借東南風，周郎安能展半籌之功？」（《三國演義》第五十四回）詐稱借風的第二個原因是他要擺脫周瑜，迅速回到自己軍中，調兵遣將，與周瑜爭奪曹操失地。

事實上，孔明為他離開周瑜營寨，事先做了許多準備工作：第一，吩咐劉備在甲子日東南風起時派趙雲在指定地點接應；第二，以祭壇借風為名離開周瑜營寨，既擺脫了周瑜的直接監視，又造成了對他的麻痺；第三，起風的當天尋找藉口打發走了身邊的魯肅；第四，起風前對周瑜派來的守壇將士下令：「不許擅離方位、不許交頭接耳、不許失口亂言、不許失驚打怪，如違令者斬！」（《三國演義》第四十九回）他利用兵士對祭壇借風的神祕感剝奪了他們的一切自由，直到周瑜派兵來捉他時，守壇將士仍在執定旗子，當風而立。這為他的行動自由創造了極大的方便條件。

諸葛亮的高明之處

這裡出現了兩個問題：第一，既然「冬至一陽生」的諺語揭示了氣候變化的規律，那麼周瑜等將領為什麼要為無東南風而苦苦犯愁呢？其實許多將領在戰爭中往往忽視氣候因素的作用，尤其會忽略氣候隨季節的轉折性變化，他們沒有養成在戰爭中對未來各種因素通盤考慮的思維模式，而諸葛亮善於做這樣的考慮，這正是他作為軍事領導人的異常高明之處，也正是我們所要指出並給予充分肯定的一點。第二，既然曹操也知道「冬至一陽生，來復之時，安得無東南風」的道理。那為什麼他在接受龐統的建議，用鐵環連鎖船隻時，還給眾人解除疑慮說：「凡用火攻，必借風力。方今隆冬之際，但有西風北風，安得有東風南風耶？」（《三國演義》第四十八回）。

我們認為曹操這裡出現了一個漏洞，「隆冬之際，但有西風北風」，是對一個時間期間內氣候情況的判斷；「冬至一陽生」是指氣候在一個時間點上的轉折，而冬至這一點是包含於隆冬這一時間期間內的。曹操在做「但有西風北風」的判斷時，其判斷在當時是正確的，但由於處於隆冬之際，他就做出了「隆冬之際，但有西風北風」的結論，這就出了問題。

事實上，他只能說隆冬之際的前段時間僅有西風、北風，他的結論是把特稱判斷換成了全稱判斷，思維上出現這個漏洞，使他不恰當地延長了判斷的時間期限，忽視了冬至這一點上的氣候變化。冬至之時，風向轉折。當第一場東南風驟起時，曹操還沒來得及對他關於「隆冬之際，但有西風北風」的錯誤判斷做出反應並糾正過來，就被大火燒敗。曹操考慮的是一個時間區間，卻忽視了其中的一個特殊點。諸葛亮則抓住這個特殊點大做文章，不給曹操以糾正的機會。孔明利用大霧天氣「草船借箭」，也是與「借風」事件相類似。

千年謎案：宋太祖趙匡胤被謀殺真相

史式

西元九七六年，宋代開國之君趙匡胤一夜之間猝然離世，正史中沒有他患病的記載，野史中的記載又說法不一……

歷朝歷代的政變事件屢見不鮮。「陳橋兵變，黃袍加身」便是由後周禁軍最高統帥趙匡胤發起的一次成功的政變。趙匡胤（九二七年至九七六年）兵不血刃登上帝位，在位十六年，統一了大半個中國。宋朝的經濟和文化之所以能夠達到中國歷史上的又一個高峰，與趙匡胤的治國之道有密切的關係。然而當年他究竟是怎樣被謀殺的呢？

千秋懸案

西元九七六年十月十九日的深夜，宋王朝的開國之君趙匡胤被人謀殺於東京開封府皇宮裡的寢殿，這是北宋開國以來第一件驚天大案。這件懸了一千餘年的大案從形式上來說，至今未破，但是從事實上來說，在南宋孝宗時，此案實際上已經破了。孝宗朝的禮部侍郎、南宋著名史學家李燾經過認真考證，把此案的作案人趙光義與他的死黨程德玄、王繼恩兩人在當時（十月十九日至二十日）的活動寫得清清楚楚，整個記入《續資治通鑒長編》卷十七，全文由宋孝宗親自審閱一遍，因此可以認為已經得到宋王朝官方的認可，有意讓這件大案的真相流傳後世。當時為什麼沒有公開宣布破案，自有不得已的苦衷。如果把宋王朝的第二代皇帝宣布為非法，那麼宋代的歷史將如何寫？好在時間已經過去了一千年，皇帝制度在中國早已結束，要了解此案案情已經沒有任何障礙。

因為犯罪者趙光義本人在謀殺親兄趙匡胤之後，隨即奪得帝位，控制現場，不許立案，不許調查。

在他做皇帝的二十二年中，更是組織班底，修改史書，製造輿論，吹捧自己，對於一切不利於自己的記載，盡力加以銷毀，因此當時留下來的史料，已經很少。但是對一位被老百姓所推崇的開國之君含冤慘死，很多人不服氣，是寄予同情的。趙光義不可能一手遮盡天下人耳目，有關此案的真相仍在悄悄地流傳，趙光義本人又做了許多此地無銀三百兩的蠢事，弄巧成拙、欲蓋彌彰，更加引人議論，到了他死後，揭發他的資料、批評他的文章越來越多，積累到現在的數量已經很多了。那麼千年前皇宮中的案發現場是怎樣的呢？

案發經過

這一年開封冷得很早，到了十月十九日，已經北風驟起，大雪紛飛。官家（當時的臣民，特別是宮內的內侍和宮女都習慣稱皇帝為官家）當天一個人宿於寢殿，召晉王（當時臣民習慣稱趙光義為晉王）入宮一邊飲酒，一邊商量國家大事。因為談話的聲音很低，門外聽不清楚。一會兒，晉王出門，揮手叫幾個內侍退出，遠立於寢門之外。大家不敢違命，只好遠遠站著，一聲不響，注視那門裡的動靜。宮內掛著青布製成的門簾、窗簾，隔著簾布只看到紅燭高燃，看不清兩個人有何動作。不久談話的聲音漸高，好像有所爭執。晉王連連起身，似有謙讓遜謝的動作。這時燭影搖晃，光線或明或暗，只聽到在爭執中，官家以柱斧頻頻戳地，大聲對晉王說：「你好自為之！」聲音激越而淒厲，以後即久無聲息。

晉王離開後，約在四更時分，內侍入內巡視，發現官家目閉口張，已經辭世。內侍急報宋皇后。宋皇后命內侍王繼恩急呼趙德芳（官家少子），但王繼恩不呼趙德芳，卻把晉王呼來。宋皇后在寢殿等候，一見王繼恩進來，忙問德芳來了沒有。王繼恩回答：「是晉王來了。」宋皇后一見晉王，大吃一驚，連忙呼晉王為官家，並說：「我母子之命，皆託付與官家。」晉王回答：「共保富貴，不必擔憂。」

當時內侍、宮女所見到與所聽到的趙匡胤臨終時的情況就是如此。為什麼會如此，當然不是他們所能了解的。後來有人仔細地記下了這一幕，稱之為「燭影斧聲」，卻也十分貼切。燭影搖晃是他們親眼所見，柱斧戳地為他們親耳所聞，足見都是實事求是，並未添油加醋。根據李燾在《續資治通鑑長編》的記事，案情的框架已經全部說清，罪犯活動的時間、地點已經處處落實，大案已破，只差對外公布而已。現在有些大案都有代號，用「燭影斧聲」作為此案的代號也很適宜。

案情分析

■ 根據李燾的記事：

一、當年十月十九日這一夜，皇宮中案發現場，他們兄弟兩人的關係已經不是兄弟關係、君臣關係及前後任兩個皇帝之間的關係，也不是政治人物之間的政爭或者政變的關係，而是一個殺人犯與被害人之間的關係。在犯案時，趙光義並不是主使人、指使人，他自己就是兇手。這是因為在案發現場，別人進不去，只能由他親自動手。除他之外，這個案子沒有第二個犯罪嫌疑人。

◎如果趙匡胤死於毒酒，他就是親自下毒藥並把毒酒端給被害人的人。

◎如果趙匡胤死於傳說中的背疽，他就是手持柱斧或別的兇器擊打背疽的人。

◎如果趙匡胤死於別的任何兇器，他就是手持兇器的人。

二、趙匡胤的死因，可能性最大的就是飲了毒酒。各種有關史料中幾乎一致記載，趙匡胤是在與趙光義飲酒後才死去的。在案發現場，能與趙匡胤對飲，能在酒中下毒的只有趙光義一人。

◎趙光義用毒酒害死降王降將以及他所不滿意的人例子很多，這主要是由醫官程德玄向他提供毒藥。程德玄與趙光義的特殊關係，《宋史・程德玄傳》、《續資治通鑑長編》卷二十二、《涑水紀聞》等書都有記載。

◎正因為是程德玄下的毒，趙光義才會預知趙匡胤的死期，才會派他守候宮中來人。在趙匡胤被害的那兩天（十月十九日至二十日），程德玄一直在現場活動。

◎與毒酒相比，用其他方法殺人的可能性要小得多。趙匡胤生背疽一事，只不過民間有此傳說，難以落實，柱斧是一種文房用具，殺人的可能性不大。

◎那這個犯罪集團有哪些人？趙光義自從出任開封府尹之後，久已在開封結成一夥死黨，程德玄是他的死黨之一，並不避諱。內侍王繼恩受皇后之命去喊皇子，卻敢拒不奉命，反而去喊趙光義，這是很明顯的背叛行為。這些人若不是趙光義的死黨，絕不會參與這種罪惡活動。

三、李燾在記事中，一再於關鍵時刻記錄下趙光義、程德玄、王繼恩這三個人的行動與語言。當時王繼恩受宋皇后之命去找趙德芳，他卻背著宋皇后偷偷地來給趙光義送信。趙光義還在磨磨蹭蹭地和家人商量事情的時候，王繼恩很不客氣地催促他進宮，說是「事久，將為他人有矣」（時間拖欠了，會給別人得到了）。這裡所說的他人，就是趙德芳，這裡所說的「為他人有」，指的就是皇帝位置。除此之外，不可能有任何別的解釋。當時天降大雪，「（王繼恩）遂與王於雪中步行至宮」，匆忙的情況可以想像。

◎他們三個人走到了宮門前，王繼恩還準備先進去通報一聲，程德玄立刻催他：「便應直前，何待之有？」（趕快進去就是，還有什麼好等的？）這就充分說明，趙光義殺兄奪位這件大案當時正按預定計畫進行，他們已把宋王朝的皇宮看成了自己的家，隨便出入，毫無顧忌。

◎宋皇后聽說王繼恩回來了，還在急切地問：「德芳來了沒有？」但她在此時一旦見到了趙光義，不禁「愕然」，就立即明白自己已經完全落在趙光義的圈套之中，只好馬上改口，稱這個小叔子為「官家」，希望能夠保住母子之命。

■ 皇宮外面

這裡的黎明靜悄悄，似乎平安無事。但是宮裡面正在進行一場激烈的宮廷政變，以趙光義為首的犯罪集團正在有計畫地進行殺人奪位。皇帝已經被殺，皇后與皇子已被控制，其他一些重要的人物正在進行談判。趙光義這個集團的人員也在進行串聯、組織，占據要害部門。只要這時的工作進行順利，可以先行登位，還有許多問題，不妨等到登位以後再說。

根據《宋史》與宋代不少史書記載，趙匡胤與趙光義兩人手足情深，極為友愛。趙氏家族內部早有協議，在帝位的傳承上是傳弟不傳子，趙匡胤本人也曾經公開表示過，他的帝位以後會傳給他的弟弟晉王趙光義。既然如此，這個接班人就該耐心等待，不應該這樣沉不住氣，冒著極大的風險，如此狗急跳牆，冒死一逞。這次殺兄奪位的宮廷政變萬一失敗，所有的參與者都會被斬盡殺絕，成為齏粉。一個精神正常的人，是絕不會做這種風險極大的事的。那麼事情的真相究竟如何？

歷史真相

原來《宋史》與許多史書上有關趙氏兄弟手足情深的記載都是假的，是趙光義做皇帝時命令史官按照自己的意圖加上去的。趙氏家族帝位傳承傳弟不傳子的協議「金匱之盟」也是假的，是宰相趙普按照趙光義的意圖在二十年之後所編造的。歷史的真相是趙匡胤與趙光義近年來在一些政策上的分歧越來越大，矛盾越積越深。他們帝位傳承傳弟不傳子的說法過去雖然提過，只不過是家族內部的議論而已，並無正式手續，最後還得由趙匡胤自己決定。當時趙匡胤年紀不到五十，身強力壯，短時間死不了，大兒子德昭已經二十六歲，早已成年，趙光義繼位的可能性越來越小。特別是在西元九七六年二月，吳越王錢俶來朝，趙匡胤命令德昭前往接待，這是前所未有的事，也是一個危險的信號，日後趙匡胤如果身體不適，就有考慮傳子的可能。

這年春天，趙匡胤帶了不少隨從視察西京（今河南洛陽），首次向群臣提出了遷都的想法。趙光義急於勸阻，還拉了很多人出來勸阻，這就暴露了自己在開封府培植個人勢力不願離開開封的真實想法。當時趙匡胤笑而不答，似乎胸有成竹，這也是個危險的信號。趙匡胤做事穩重，他的不答，是自己早有主見，到時候說做就做，說不定什麼時候就會實行。一旦宣布遷都，趙光義多年來在開封府培植的勢力將會付之東流。

趙光義一想到老宰相趙普，就覺得心情緊張。只要趙普當權，自己就出不了頭。近年來趙普被貶到外地當節度使，是因為他自己抓權、受賄，被幾個諫官所告倒。不過趙匡胤還是離不了他，什麼時候心血來潮，還會把他喊回來。趙普一旦回來，肯定對自己不利，繼位的希望就一點也沒有了。思前想後，趙光義覺得不能再等待了，必須馬上進行搶班奪權。就在西元九七六年十月，這個驚天大案終於爆發。

誰藏了中國的流失國寶？

李紅霞

中國近代史是一部中華民族的屈辱史。鴉片戰爭以來，由於帝國主義列強的不斷入侵和清廷的日益腐敗，大量珍貴文物被外國侵略者野蠻掠奪……

中國是具有悠久歷史的文明古國。亙古亙今的歷史長河中，中華民族的燦爛文明持續發展從未間斷，並為後世流傳下豐富多彩的歷史文化遺存。文物是歷史文化的載體，是中華民族傳統文化的積澱和化身，也是中國歷史文化的再現和見證。

英國

■ 大英博物館

大英博物館一向被認為是中國之外藏有中國文物最多的博物館。一八六〇年，英軍從圓明園中劫走的文物，一部分獻給了當時的維多利亞女王，另一部分被拍賣。獻給女王的圓明園文物就存放在大英博物館。大英博物館收藏的中國文物包括青銅器、瓷器、玉器、書畫、雕刻品等，共計二點三萬餘件，有許多是珍品、孤品。其中清代乾隆皇帝的心愛藏品、東晉顧愷之《女史箴圖》的唐代摹本，最為引人注目；而精美的商周青銅器和二十世紀由斯坦因（被指「敦煌盜寶第一人」）帶往英國的大批敦煌文物，也是極其重要的珍品。

書畫除顧愷之《女史箴圖》唐代摹本外，還有李思訓《青綠山水圖》、巨然《茂林疊嶂圖》、李公麟《華岩變相圖》、范寬《攜琴訪友圖》、燕文貴《群峰雪霽圖》、馬遠《山水再遊圖》等。青銅器有商代雙羊尊，西周康侯簋、邢侯簋等。

■ 大英圖書館

館內藏有中國珍貴文獻和古籍六萬多種，其中有中國波羅密佛經最早版本、《永樂大典》四十五卷及甲骨片、竹簡、刻本古書、敦煌藏經（包括刻版印刷的《金剛經》）和地圖。

法國

■ 楓丹白露宮

在西方博物館中，收藏和展覽圓明園珍寶最多最好的要數法國的楓丹白露宮，宮中的中國館可以說是圓明園在西方的再現。

楓丹白露宮中的中國館是法國皇帝拿破崙三世的王后歐仁妮主持建造的。興建的原因很簡單，就是為了存放搶自圓明園的文物。一八六〇年英法聯軍劫毀圓明園後，侵華法軍司令孟托邦把從圓明園搶劫來的所謂戰利品敬獻給拿破崙三世和歐仁妮王后。目前這裡收藏的中國歷代名畫、金銀首飾、瓷器、香爐、編鐘、寶石和金銀器有三萬多件。

■ 巴黎國立圖書館

館內目前收藏的圓明園藝術珍品主要有：由清代宮廷畫師沈源和唐岱共同繪製的絹本《圓明園四十景圖》、宮廷畫師沈源和孫佑刻版的木刻本《圓明園四十景圖》、宮廷畫師伊蘭泰製作的海晏堂等西洋樓銅版畫四十幅、郎世寧繪製的宣揚乾隆皇帝武功的《格登鄂拉斫營》以及《圓明園菊花迷宮圖》等。

■ 巴黎東方博物院

清末外交官薛福成在其《出使英法義比四國日記》中記述：光緒十六年（一八九〇年），他在巴黎東方博物院中國展室中發現「有圓明園玉印二方。一曰『保合太和』，青玉方印，稍大；一曰『圓明園印』，白玉方印，稍小」。

■ 巴黎集美博物館

館裡的瓷器從中國最早的原始瓷器一直到明清的青花、五彩瓷，各個朝代各大名窯的名品應有盡有，且多為精品。館內還收藏有圓明園藝術品珍品：郎世寧繪製的《乾隆肖像》，是乾隆皇帝四十一歲時的坐像，乾隆身旁站立兩位大臣，人物極具神韻，為中國與歐洲繪畫技藝相結合的佳作；乾隆百花瓷瓶，陀螺狀，造型精美，畫法上乘，瓶上的花卉圖案種類各異，絢麗多彩，非常美觀，是乾隆時代的藝術珍品。

日本

■ 東京國立博物館

該館是日本最大的博物館。館內的九萬多件藏品中，有上萬件中國文物，上自新石器時代的良渚文化玉器、唐宋元瓷器，下迄清代的瓷器字畫，可謂無所不包。馬遠的《洞山渡水圖》、《寒江獨釣圖》，梁楷的《李白行吟圖》、《六祖截竹圖》，李迪的《紅白芙蓉圖》等，都是曠世名作。

此外，日本各地上千座博物館收藏有中國文物，珍品也是數不勝數，數量估計在數十萬件左右。據《日本侵華對文物的破壞》一書作者孟國翔介紹，戰後日本歸還了一部分戰時掠奪的文物，但那只是很少的部分。此後由於各種因素中國沒有再繼續追討。

美國

■ **紐約大都會藝術博物館**

館內收藏的康熙玉如意，為圓明園散失的藝術珍品之一。它由一塊名貴的白玉雕刻而成，長近半公尺，白中透綠，被雕刻成多孔真菌形狀。手柄頂部有「御製」兩個大字，下部刻銘文：「敬願屢豐年，天下咸如意。臣吳敬恭進。」當年它被英法聯軍搶走後，在巴黎拍賣，最後入藏大都會藝術博物館。

■ **波士頓美術博物館**

該館以收藏東方藝術品著稱於世，現藏有中國和日本繪畫五千餘幅。其中有相當數量的宋元時期名畫，如保存完好的唐張萱《搗練圖》宋代摹本、宋徽宗《五色鸚鵡圖》。

■ **克利夫蘭藝術博物館**

收藏的圓明園藝術品最珍貴的是郎世寧繪製的《乾隆帝后和十一位妃子肖像》，畫中青年時代的乾隆皇帝英姿颯爽，栩栩如生。這幅畫乾隆只看過三次，即繪製完成之時、七十歲時和他退位之際。

■ **芝加哥美術館**

該館的東方部以收藏中國青銅器而為世人矚目，最讓人震驚的是一件戰國提梁盉。

■ **舊金山亞洲藝術博物館**

這是一座以收藏於亞洲文物尤其是中國文物為主的博物館。其中陶瓷部有兩千多件，始於新石器時代，迄於清。玉器部有一千兩百多件，為世界上收藏中國玉器最豐富的博物館。青銅器部約有八百件。

該博物館收藏有一座原藏圓明園的乾隆大玉山子。這是一塊含有綠色和白色的玉石，能放射清冷的灰綠色光澤，在乾隆四十九年（一七八四年）被雕刻成一座高峰深谷的玉山。山岩下露出亭台殿閣，小路和下面的山脊上有幾組浮雕人物，房前有一個百合花環繞的池塘，極為壯觀而精緻。在峭壁之上，還刻有乾隆皇帝御筆臨摹的王羲之《蘭亭集序》。

挪威

■ 伯爾根實用藝術博物館

該館其中一處展廳擺放著幾千件中國文物，這些文物僅出自挪威人蒙茨的捐獻。一八八七年蒙茨來到中國，在中國海關任職，後又擔任袁世凱的騎兵團長、參謀長等多個職務。蒙茨在中國生活了五十多年，收集了兩千五百多件中國文物。該館藏品中最不尋常的是圓明園的石雕，在一層的整個陳列室中，幾乎全部是雕刻精美的圓明園建築石構件，有殘斷的柱礎、欄杆、望柱、石像。在大廳的牆壁上還掛著一幅印在白布上的圓明園海晏堂銅版畫，從上面還能認出部分石雕原來所在的位置。這座展廳被命名為「圓明園展廳」。

《尼布楚條約》是如何簽訂的？

趙　宣

一六八九年，中國與俄國沙皇簽訂了《尼布楚條約》，規定中國對黑龍江流域及庫頁島在內的廣大領土的主權。但是與中國相隔萬里的俄國沙皇是如何來到東方？沙俄是怎樣同清政府談判的？清政府為什麼在尼布楚談判時做出了讓步……

黑龍江、烏蘇里江流域自古以來就是中國領土。秦漢以後各朝均在此設官統轄。清朝建立之後，繼續對這一地區行使管轄權，加強統治。除設盛京將軍（駐今遼寧瀋陽）、寧古塔將軍（駐今黑龍江寧安）和黑龍江將軍（駐今黑龍江璦琿）外，還把當地居民編為八旗。與此同時，還加強了吉林、黑龍江將軍對所轄各鎮的管理，在沿江重要地區建立船廠、設置倉屯，陸上開闢台站驛道，發展水陸交通運輸，進一步加強了邊境地區與內地的政治、經濟和文化聯繫。

沙俄東擴

俄國直至十六世紀時，仍是歐洲一個不大的封建農奴制國家，和中國相隔萬里。俄羅斯統治者逐步對外侵略擴張，明崇禎五年（一六三二年），沙俄擴張至西伯利亞東部的勒拿河流域後，建立雅庫次克城，作為南下侵略中國的主要基地。從此它便不斷地派兵入侵中國黑龍江流域。

明崇禎十六年（一六四三年）夏，沙俄雅庫次克長官戈洛文派波雅科夫率兵一百三十二人沿勒拿河下行南侵，於這年冬天越過外興安嶺，侵入中國領土。十一月，這些侵略者到達精奇哩江（今結雅河）中游達斡爾族人多普蒂烏爾的轄地後，四處搶掠，滅絕人性地殺食達斡爾族人，被黑龍江地區人民稱為「食人惡魔」。次年夏初，精奇哩江解凍後，這夥匪徒闖入中國東北部最大的內河黑龍江，沿途遭到中國各族人民的抗擊。

清順治三年（一六四六年），波雅科夫率領殘部經馬亞河、阿爾丹河進入勒拿河，逃回雅庫次克。波雅科夫回去後揚言，只要派兵三百名，修上三個堡寨，就能征服黑龍江。波雅科夫帶回的有關黑龍江流域的情報，和他提出的武力侵入黑龍江流域的打算，引起了沙俄當局的重視和贊許。

順治六年（一六四九年），雅庫次克長官派哈巴羅夫率兵七十名，從雅庫次克出發，於這年末侵入黑龍江，強占中國達斡爾族人拉夫凱的轄區，其中包括達斡爾族人阿爾巴亞的駐地雅克薩城寨（今黑龍江左岸阿爾巴金諾），遭到當地人民的抵抗。哈巴羅夫將同夥交由斯捷潘諾夫率領，自己回雅庫次克求援。次年夏末，哈巴羅夫率領一百三十八名亡命之徒，攜三門火炮和一些槍支彈藥，再次侵入黑龍江，強占雅克薩城，不斷派人四出襲擊達斡爾居民，捕捉人質，擄掠婦女，殺人放火。九月底，哈巴羅夫又率領侵略軍兩百餘人，侵入黑龍江下游烏扎拉河口（今宏加里河）赫哲人聚居的烏扎拉村，強占城寨，蹂躪當地居民。英勇的赫哲人奮起抗擊，並請求清政府予以支援。

順治九年（一六五二年）二月，清政府令寧古塔章京（官名）海包率所部進擊，戰於烏扎拉村，打死沙俄侵略者十人，打傷七十八人。清順治十五年（一六五八年）六月，寧古塔都統沙爾瑚達率戰艦四十艘同侵略軍激戰於松花江下游，殲敵兩百七十人。順治十七年（一六六〇年）寧古塔將軍巴海率水軍破敵於古法壇村，斬首六十餘級，溺水死者甚眾。

雅克薩之戰

經過中國軍民的多次打擊，侵入黑龍江流域的俄國侵略軍一度被肅清。後來沙俄侵略勢力又到雅克薩築城盤踞。清政府雖多次警告，都無濟於事。在同沙俄的長期交涉中，清帝看到，若非「創以兵威，則罔知懲畏」，於是決意征剿。同時也認識到「昔發兵進討，未獲翦除」的原因：一是黑龍江一帶沒有駐兵，從寧古塔出兵反擊，每次都因糧儲不足而停止；二是沙俄侵略軍雖為數不多，但由於「築室散處，耕種自給」，加上尼布楚人與之貿易，故使其得以生存。於是造成我進彼退、我退彼進，「用兵不已，邊民不安」的局面。

針對這種情況，清朝康熙皇帝「採取恩威並用、剿撫兼施」的策略，即發兵扼其來往之路，屯兵永戍黑龍江，建立城寨，與之對壘，進而取其田禾，使之自困，同時再輔以嚴正警告。如果侵略軍仍執迷不悟，則堅決予以剿滅。

為此康熙採取了一系列措施，加強邊防建設，準備剿滅沙俄侵略軍：

偵察地形敵情，派兵割掉侵略軍在雅克薩附近種植的莊稼，又令蒙古車臣汗斷絕與俄人的貿易，以困憊和封鎖侵略者；屯戍要地，康熙二十一年（一六八二年）十二月，決定調烏喇（今吉林市北）、寧古塔兵一千五百人往黑龍江城一帶，駐紮璦琿、呼瑪爾（今呼瑪南）。後鑒於兩處距雅克薩路途遙遠，令呼瑪爾兵改駐額蘇里（今俄羅斯沃特德內西南）。次年七月，寧古塔副都統薩布素率軍進駐額蘇里。九月，確定在璦琿築城永戍，預備炮具、船艦，同時派烏喇、寧古塔兵五六百人、達呼爾（今黑龍江嫩江縣境）兵四五百人，調往璦琿一帶；修整戰具，設置驛站，運儲軍需。這些措施，適合當時東北邊防戰爭的需要和特點。

黑龍江至外興安嶺地區距東北腹地遙隔數千里，與沙俄這樣的入侵者戰鬥，單靠當地人民的部落武裝無法制止其侵略。須籌劃全面、扼要屯兵戍衛，在適當地點控制一定兵力作機動，才能對付沙俄飄忽不定的反覆侵擾。為此需要建立相當數量的驛站和糧站，開闢水陸交通線和籌集運輸工具，從而保障反擊作戰的勝利，並在反擊勝利後建立一條較完整的邊界防守線，以有利於長期的邊防防衛。

康熙二十二年（一六八三年）九月，清政府勒令盤踞在雅克薩等地的沙俄侵略軍撤離清領土。侵略軍不予理睬，反而率兵竄至璦琿劫掠，清將薩布素將其擊敗，並將黑龍江下游侵略軍建立的據點均焚毀，使雅克薩成為孤城。但侵略軍負隅頑抗。康熙二十四年（一六八五年）正月二十三日，為了徹底消除沙俄侵略，康熙命都統彭春赴瑷琿，負責收復雅克薩。

四月，清軍約三千人在彭春統率下，攜戰艦、火炮和刀矛、盾牌等兵器，從瑷琿出發，分水陸兩路向雅克薩開進。五月二十二日抵達雅克薩城下，當即向侵略軍頭目托爾布津發出通牒。托爾布津恃巢穴堅固，有兵四百五十人，炮三門，鳥槍三百支，拒不從命。清軍於五月二十三日分水陸兩路列營攻擊。陸師布於城南，集戰船於城東南，列炮於城北。二十五日黎明，清軍發炮轟擊，侵略軍傷亡甚重，勢不能支。托爾布津乞降，遣使要求在保留武裝的條件下撤離雅克薩。經彭春同意後，俄軍撤至尼布楚（今俄羅斯涅爾琴斯克）。清軍趕走侵略軍後，平毀雅克薩城，即行回師，留部分兵力駐守瑷琿，另派兵在瑷琿、墨爾根（今黑龍江嫩江）屯田，加強黑龍江一帶防務。

沙俄侵略軍被迫撤離雅克薩後，賊心不死，繼續拼湊兵力，圖謀再犯。康熙二十四年（一六八五年）秋，莫斯科派兵六百人增援尼布楚。當獲知清軍撤走時，侵略軍頭目托爾布津率大批沙俄侵略軍再次竄到雅克薩。俄軍這一背信棄義的行為引起清政府極大憤慨。次年初，康熙接到奏報，即下令反擊。

七月二十四日，清軍兩千多人進抵雅克薩城下，將城圍困起來，勒令沙俄侵略軍投降。托爾布津不理。八月，清軍開始攻城，托爾布津中彈身亡，改由杯敦代行指揮，繼續頑抗。八月二十五日，清軍考慮到沙俄侵略者死守雅克薩，必待援兵，且考慮隆冬冰合後，艦船行動、馬匹糧秣等不便，於是在雅克薩城的南、北、東三面掘壕圍困，在城西河上派戰艦巡邏，切斷守敵外援。侵略軍被圍困近年，戰死病死很多，八百二十六名侵略軍最後只剩六十六人。雅克薩城旦夕可下，沙皇彼得大帝急忙向清政府請求撤圍，遣使議定邊界。一六八六年二月以沙俄御前大臣戈洛文為首的俄國談判使團離莫斯科東來，隨行軍隊五百餘人；行前，彼得大帝加授戈洛文以勃良斯克總督銜，賦予他指揮西伯利亞俄軍的廣泛權力；途中戈洛文又增募哥薩克一千四百餘人，根據彼得大帝訓令，使團在中國不接受談判條件時可採取軍事行動。

尼布楚談判

一六八九年八月，中俄雙方代表集中到中俄交界處的尼布楚城，展開一場針鋒相對的外交談判。八月二十二日，中國欽差大臣索額圖和俄國首席代表戈洛文各帶四十名隨員和兩百六十名衛兵來到談判地點。談判地點設在距雙方駐地各五里的地方，在那裡搭起兩座緊連在一起的大帳篷。

戈洛文提出以黑龍江為界，河北岸劃歸俄羅斯帝國，南岸屬於中國。索額圖根據史實，說明黑龍江兩岸一直是中國領土，是俄國強行占領了中國的土地，要求歸還尼布楚和雅克薩等地，以勒拿河與貝加爾湖為中俄兩國國界。雙方各不相讓，談判進入僵局。

考慮到當時中國國內的噶爾丹叛亂，為避免沙俄與噶爾丹勾結，清廷在談判中做出讓步，同意將貝加爾湖以東的原屬蒙古茂明安部的領地讓與沙俄。尼布楚周圍的居民由於不堪忍受沙皇的殘暴統治，紛紛起義，並要求與清朝使團聯合進攻尼布楚。戈洛文發了慌，於是同意中俄邊界以額爾古納河和格爾必齊河為界，再沿外興安嶺向東直到海邊。河東嶺南歸中國，河西嶺北歸俄國，烏第河與外興安嶺之間劃為待議地區。俄方保證拆毀雅克薩城堡，把軍隊撤離中國領土。

一六八九年九月七日，中俄雙方舉行隆重的簽字儀式，索額圖和戈洛文先在條約上簽字、蓋章，然後宣讀誓詞，相互交換條約。這個條約就是《尼布楚條約》。為表示慶賀，雙方互贈禮品，還舉行了盛大的宴會。

《尼布楚條約》雖然把原屬於中國的一些土地讓給了俄國，但這是清政府出於戰略上的考慮同意，是雙方商議的結果。所以說《尼布楚條約》是個平等的條約。此後一百五十年間，中俄這段邊界一直比較平靜。

吳三桂緣何令兒媳痛苦一生？

李景屏

建寧公主，《鹿鼎記》裡那個刁蠻、霸道，讓人愛不起來的十四公主，在真實的歷史上原來是清太宗皇太極的小女兒。順治十年（一六五三年），從一統海內的大局出發，兄長順治挑選平西王吳三桂的兒子吳應熊為十四額駙，並為十四公主與吳應熊舉行了隆重的婚禮。十四公主逃離了戲說裡與其他女子共侍一夫的結局，但實際上她的人生結局更為不幸，這一切的根源在於她的公公——吳三桂，這究竟是為什麼呢？

公公大權在握，皇帝坐立難安

康熙十年（一六七一年）是吳三桂的六十大壽。此時十四公主與吳應熊締結連理已經十八年。在這十八年中，國家結束了戰亂，額駙的父親也已經位極人臣，稱得上是國興家和。對平西王來說，此次為六十大壽錦上添花的壽禮，莫過於朝廷恩准公主、額駙以及他們的兒子吳世霖不遠數千里來雲南祝壽。公主的雲南之行，把吳三桂推上了人生的巔峰。但身在其中的十四公主所感受到的是朝廷與吳三桂之間猜忌日深，她深知自己南下拜壽就包含了為皇帝和公公消除猜忌、立志言和的使命，而要消除猜忌，又談何容易！

早在幾年前，十四公主就已經聽聞她的侄子——康熙皇帝在宮中的柱子上書寫了要集中精力解決的「漕運、河務、三藩」三件大事，而駐防雲貴的吳三桂是三藩之首。十四公主非常了解兄長順治與侄子康熙的用心。儘管吳三桂坐鎮雲南已經十二、三年，對雲貴兩省的管轄也將近十年，但雲貴兩省畢竟是朝廷的轄地，不是平西王的封地。然而長時間的駐防，已經使吳三桂產生一種錯覺——雲貴兩省就是他的藩邸。這種錯覺還能維繫多久？一旦這種幻覺被打破又將產生怎樣的後果？

公主此次昆明之行，已經把國事與家事連在了一起，這是她最不願發生的事情。其實婚後的十四公主和額駙嚴格恪守夫妻之間不議論朝政的準則。他們清醒地意識到：他們解決不了朝政。雖然一個是皇帝的姑姑，一個是平西王的兒子，但真正的權力掌控者並不會因為一段利益聯姻的婚姻而改變自己的權力地位。而且皇帝與平西王的利益不是簡單的組合就可以解決的，這中間的是是非非他們也無法梳理得清楚，一旦把朝政摻和進來，家也就不像家了。

但手心是肉，手背也是肉。說不摻和很難。十四公主雖然不和額駙談論朝政，她卻一直都非常關心朝廷對平西王的態度以及平西王在數千里之外的動向，這是她的家庭能否穩定的關鍵。伴隨著海內一統的實現，平西王已經開始失去大顯身手的舞台，在朝廷中的地位也今非昔比。但他的地位不是一紙詔書就可以削弱的。而且皇帝年幼，根基尚不穩固，對於朝中老臣不敢輕舉妄動，更何況是重臣吳三桂。

就連順治皇帝也要適時地讓他三分。順治十七年（一六六〇年）十一月，四川道御史楊素蘊就對吳三桂所享有的用人之權提出異議，明確提出：用人乃「國家之大權，惟朝廷得主之」。儘管楊素蘊之疏一語破的，但當時的清朝統治者還要依賴吳三桂綏靖雲貴，受到降處的反而是有先見之明的御史。

皇帝羽翼漸豐，雙方劍拔弩張

到了康熙二年（一六六三年），情況就大不一樣了，一名內大臣甚至公開質問額駙吳應熊：以前邊疆多事，朝廷才賜給你父親「大將軍印」，便於集中號令；如今天下太平了，你父親為何還不把「大將軍印」歸還朝廷？內大臣是直接為皇室辦事的官員，與皇帝關係非同一般，此人如此直言，已經在一定程度上反映出朝廷的意向。頗為識相的額駙立即修書昆明，勸父親主動上交順治帝所賜予的「大將軍印」。平西王對此有何感受，十四公主不得而知，但額駙在言行上越發小心翼翼。

交出「大將軍印」僅僅是開始，平西王的用人權也越來越受到制約，凡是吳三桂所提補的官員，多被朝廷否決，疑慮重重的平西王便以「精力日減」為名，請辭總管雲貴兩省軍政大務，以此來試探朝廷對自己的態度。吳三桂的呈請在一六六七年五月送抵御前，康熙立即批准，並令吏部對兩省事務的管理進行議奏。康熙如此處置，不僅出乎吳三桂的意料，也令額駙感到有些突然。可在十四公主看來，交出總管雲貴事務的權力只是時間問題，早一點交出可以省去許多的麻煩，也免得夾在朝廷與家庭之間的額駙兩頭為難。一念及此，十四公主反而如釋重負。

但事情並不像十四公主所想像的那樣簡單，即使在吳三桂辭去總管雲貴兩省事務後，朝廷上下依然對平西王疑慮甚深，康熙七年，甘肅慶陽知府傅弘烈疏言吳三桂「必有異志，宜早防備」。儘管傅弘烈之疏見微知著，也點到了清朝統治者的心病，但在當時吳氏握有五十三個佐領的軍隊，在三藩中實力最為雄厚，觸動吳三桂的時機還不成熟，康熙遂以傅弘烈「越職言事」為名將他發配到廣西梧州。康熙對平西王在昆明的狀況依然放心不下，為此特派御前侍衛以頒賞為名前往昆明察看虛實，已經摸透皇帝脈的吳三桂在校場比武時專挑老兵上陣……

十四公主與額駙一行人等一進入昆明城，就感受到喜慶的氣氛。在距王府還有幾十公尺遠的道路兩旁已經跪滿了迎接十四公主的人，為首的兩個銀髮老人就是平西王與王妃，十四公主立即下車，大禮參拜公婆。

平西王府位於昆明城西北角的五華山，因山就水構建亭廊館閣，其規制僅次於紫禁城。蜿蜒數十里、臨泉而建的亭閣更是名甲天下，即使在皇宮內院長大的十四公主，也是前所未見。

王府西側還有一處園子，名曰「安福園」，是平西王的休憩之處，也是他金屋藏嬌之所，那些從蘇州買來的少女住在園中，彈曲，輕吟，朝夕歌舞，頗有安享福祿之意，倒也名副其實。平西王耗費三年時間修建一處如此奢華的園子，是「安福」享樂，還是韜光養晦？下車伊始的十四公主，又焉能說得清。

平西王在雲南擁有太多的不動產：豪華的王府、占有前明黔國公沐氏家族的莊田七百頃……這些都是帶不走的，他能心甘情願地離開這裡嗎？一旦……十四公主實在不敢往下想，她的心比來的時候要沉重得多。

妥協？公公以退為進的「將軍棋」

一六七三年七月，忐忑不安的十四公主終於得到吳三桂疏請撤藩的資訊。她很清楚這不過是平西王迫於壓力在政治上所做的一個姿態，言不由衷，其實他心裡所期望的是朝廷下旨挽留，平西王之心堪稱路人皆知。

年輕的皇帝雖然猜透了吳三桂的心思，但絕不會放棄這個難得的機會，他決定假戲真唱，毅然批准了吳三桂的撤藩請求，並在該年的八月十五日派遣禮部侍郎折爾肯、翰林院學士傅達禮前往雲南辦理撤藩事宜。

撤藩的戲已經開幕，而且兩位主角都有自己設計的腳本……十四公主最擔心的就是這場戲如何唱下去。她實在拿不准：平西王吳三桂能否按照康熙的安排捨棄經營多年的駐防地？能否在經歷了一個令世人羨慕的波峰之後，再回到波谷？

吳三桂以標下人口日增，請求增加安插地方官兵為題的奏摺在十月初送到京城後，十四公主緊繃著的心才稍許放鬆，只要平西王能按照朝廷的安排把家眷、部下帶回錦州就萬事大吉了。十四公主遙望南天，急切地盼望著平西王從雲南起程的那一天，十一月二十一日的到來。在將近一個月的時間裡，十四公主得不到任何消息，惴惴不安，度日如年。

十二月二十一日，雲貴總督甘文焜從貴州發出一份馳遞到京的急報，把十四公主驚得目瞪口呆，吳三桂扣留朝廷派去的折爾肯與傅達禮，執殺雲南巡撫朱國治，據雲南叛變，自稱天下都招討兵馬大元帥，蓄髮易服，國號「周」，以來年為周王昭武元年。雲南提督張國柱、貴州提督李本深俱從逆。十四公主已經心亂如麻，她極力從少得可憐的資訊中去捕捉事變的真相。吳三桂的野心到底有多大？難道他的權欲真的膨脹到要君臨天下的地步？

婆家、娘家，保不了公主的一個家

吳應熊從順治五年（一六四八年）留侍京師到吳三桂據雲南叛變，已經在京城生活了二十五年，其中只有極少的時間去雲南探望過父母。雖然他是以人質的身分留在北京，但清朝統治者對吳家的種種恩寵，尤其是得尚帝女的殊榮，使得吳應熊與順治父子結下了很深的君臣之情。而婚後的琴瑟甚篤，越發令額駙沉浸在幸福之中。儘管吳三桂頗有利用兒子了解朝廷動向的意圖，但多年來額駙除了通過各種方式規勸自己的父親安分守己、恪守臣子之道外，根本未提供任何有價值的資訊。為此，吳三桂特地把女婿胡國柱的叔叔以照顧吳應熊的名義安插在額駙府，以打探消息。在涉及父親與朝廷的關係上，吳應熊本能地站在朝廷的立場上。在他看來，征戰多年之後能撤藩回關外，也算是衣錦還鄉了，雲南再好終非久居之地，總得要落葉歸根。

吳應熊實在想不通：父親周圍的那幫人怎麼一個個都那麼不安分，非得攛掇父親與朝廷對著來？但願事態不要鬧得太大，要不然可就真的到了難以收場的地步。然而不要說吳應熊，就是康熙也不具備控制事態的能力，康熙十三年二月底，廣西將軍孫延齡叛應吳三桂，到了四月中旬，耿精忠據福州叛變，雲南、貴州、廣西、四川、江西、湖南、福建等省均已落入叛軍之手。就連京城也發生打著朱三太子旗號的聚眾謀反，吳三桂已經成為引起波及數省騷亂的罪魁禍首，一切都無法挽回了。

為了打擊吳三桂的氣焰，康熙在十三年四月十三日下令處死吳應熊及其子吳世霖。吳三桂在起兵反叛前，曾派人到京城去祕密接吳應熊及其子吳世霖去昆明，雖然吳應熊不可能勸說自己的父親放棄起兵反叛的罪惡之念，但他也絕不會為了苟全性命而犯下從逆之罪。他很清楚按照大清的律例謀反大逆是要株連親屬的，作為吳三桂的兒子將被處以極刑，他寧願留在京城接受朝廷的懲處，也不會逃到雲南。只要活一天，身為額駙的吳應熊就要做一天大清的子民。

「為叛寇所累」的額駙及其子吳世霖為三藩之亂付出了生命的代價，頃刻之間十四公主失去了親人，失去了家庭，這一年她三十三歲。都說人生苦短，可對十四公主來說卻是人生苦長。在失去丈夫和兒子後獨自支撐的三十年歲月中，雖然康熙多次下詔安慰在三藩之亂中受到巨大傷害的姑母，然而這對於十四公主又能起多大的作用呢？

三個男人：兄長順治、公公吳三桂、侄子康熙決定了十四公主一生的命運；而中央與地方在利益格局上的激烈爭奪、中央集權與地方割據較量的白熱化，則決定了她一生的主旋律……

梁武帝四十年不近女色的真相

倪方六

中國歷史上最不好色皇帝的「下半身」問題是正常人都有興趣的話題。過去坊間有一句成人俗語，叫「土老不好色，小鬼都不信」。梁武帝蕭衍真的是四十年不近女色嗎？如果是，他「禁欲」的真相到底是什麼？

中國歷史上信佛的皇帝其實沒有一個是「真心和尚」，因為他們之中沒有一個人能真正地「不殺生」、「不近女色」。有人不服氣，認為梁武帝蕭衍算一個。依據《梁史》記載，蕭衍「五十外便斷房室」，天監十二年（五一三年），蕭衍始「不與女人同屋」。如果以他八十六歲去世來算，近四十年沒有碰過女人。

蕭衍「文武雙全」

蕭衍禁欲，「不與女人同屋」，後宮那些女人都到哪兒了？史載除貴嬪丁令光留在京城外，其他嬪妃都讓蕭衍攆走了，跟各自分封在外的兒子去住了。

古代的皇帝「三宮六院七十二妃」，除未能成年而夭折者，多為荒淫男人。不少人因此認為，蕭衍是一個難能可貴的好皇帝。從史料上看，蕭衍精通武術，又是文學大家，確是中國歷史上難得的「文武雙全」帝王。

蕭衍小名「練兒」、「阿練」。生於西元四六四年，死於西元五四九年，終年八十六歲，與乾隆皇帝一樣，是中國古代僅有的幾位高壽皇帝之一。作為南北朝時期「宋、齊、梁、陳」中梁的開國皇帝，蕭衍的智慧和才能非同一般。史書稱「生而有奇異，兩胯駢骨，頂上隆起，有文在右手曰『武』」。據說，當年二十剛出頭的蕭衍在權臣王儉手下謀事，王儉懂點相面之術，看了蕭衍的面相後說：「此蕭郎三十內當做侍中，出此則貴不可言。」

果然蕭衍「三十內」的最後一年，即三十九歲那年（五〇二年），齊帝蕭寶融禪位於他，都城仍設在建康（今南京市）。實際上蕭寶融哪是什麼「禪」啊，完全是讓蕭衍逼的。在包圍台城後，蕭衍策劃斬殺東昏侯蕭寶卷，把齊明帝蕭鸞的七個兒子殺掉五個，未殺的一個變裝逃到北魏了，另一個是啞巴、廢人。被臨時扶上來的蕭寶融能不怕嗎？但禪位後很快還是被殺了。

蕭衍的荒唐

實際上蕭衍被神化了，或者說現代有學者在為他「翻案」，蕭衍本是一個十分荒唐的皇帝。中國南京大學曾組織編纂「中國思想家評傳叢書」，原計畫有蕭衍一傳，後來還是覺得他不夠格，將其「槍斃」了。南大的「槍斃」是有理由的，在當時南強北弱的背景下，蕭衍生前曾多次「北伐」也沒有打敗北魏、「收復失地」，卻還裝模作樣，發號施令，嚴重地欺騙中國歷史，與後來的南宋朝廷一樣，偏安一方。當時北方勢力曾一度四分五裂、群龍無首，如果蕭衍是聖明君主，憑南朝的實力，統一中國沒有問題，不需要等到五十年後隋文帝楊堅的出現。蕭衍不只自己沒有做好皇帝，搞出了「出家秀」等多重鬧劇，家風也讓他治理得一塌糊塗。

蕭衍當上皇帝後，淫亂後宮顯得迫不及待，雖然沒有宋度宗趙禥剛當皇帝那樣，一夜召幸三十女的紀錄，但也很厲害，可以說與東昏侯蕭寶卷一樣地「昏」，整日花天酒地。

《南史・齊本紀下第五》（卷五）記載，東昏侯的後宮美女如雲，佳麗多多，其中有一個叫潘玉兒的妃子最受寵。當年蕭寶卷為了討好潘妃，大修宮殿，並對居所閱武堂內諸殿進行了超豪華裝修。潘玉兒所經之路，皆鋪上雕鑿有蓮花文飾的純金地板，稱是「此步步生蓮花也」。蕭衍當了皇帝後，沒有秦始皇嬴政統一六國的魄力，卻學起了嬴政悉收六國後宮美女的做法，把住處也搬到了當年蕭寶卷作樂的地方，把蕭寶卷的後宮美女也收了下來。

這裡有一個很香豔的故事。聽說潘玉兒最漂亮，蕭衍早就垂涎三尺，希望霸為己有，現在當了皇帝自然不會放過潘玉兒。大將王茂覺得不對勁，力諫蕭衍，稱潘玉兒不是一個好女人，是個禍害，「亡齊者此物，留之將恐貽外議」，蕭衍這才不得不把潘玉兒勒死。後來蕭衍又看中蕭寶卷後宮的二號美女余妃，幕僚范雲趕緊勸他別亂來，稱余妃也不是好女人，「時納齊東昏侯余妃，頗妨政事」。正是壯年的蕭衍欲火中燒，根本不聽，後來王茂一起勸才罷。但蕭衍還是沒有放過蕭寶卷後宮裡的其他女人，喜歡的都攬入懷中。

蕭衍身邊的女人中，給他生了孩子的，除了原配郗徽外，少說還有七位女人：貴嬪丁令光、淑媛吳景暉、淑儀董氏、充華丁氏、修容阮令嬴、葛氏等。其中的吳景暉、阮令嬴即為蕭寶卷後宮裡的女人，這兩個女人還為他生了兩個兒子，即次子蕭綜、七子蕭繹。

風流出了兩起盜墓故事

因為蕭綜，蕭衍風流之外還弄出了兩起盜墓故事：

原來蕭綜是蕭寶卷的遺腹子，吳景暉在成了蕭衍女人七個月後生下了這個兒子。（這種事情，後來同樣在南京當皇帝的朱元璋身上發生，據傳明潭王朱梓就是被朱元璋滅掉的陳友諒的遺腹子。）蕭衍一直把蕭綜當親生兒子，並悉心栽培、委以重任。但在蕭綜十五、六歲時，吳景暉卻把祕密告訴了兒子。蕭綜不相信自己的父親是蕭寶卷，便盜開了蕭寶卷的墳墓，挖出屍骨，「滴血認親」。《梁書・列傳第四十九》（卷五十五）是這樣記載的：「然猶無以自信，聞俗說以生者血瀝死者骨，滲，即為父子。綜乃私發齊東昏墓，出骨，瀝臂血試之。」「滴血瀝骨」後，蕭綜仍不相信，又殘忍地殺害了一名不相干的男子，進行「滴血試驗」，看結果的異同。在證明自己與蕭寶卷是「父子關係」後，蕭綜就懷有二心，「自此常懷異志」，主動提出到邊遠的、別人都不想去的地方去任職服役。

普通六年（五二五年），梁北伐，蕭衍任命蕭綜為主帥，坐鎮徐州。結果心懷二志的蕭綜，竟然與北魏密約，棄軍叛逃，梁軍大敗，北伐嚴重失利。蕭綜入魏後，聲明自己是齊室之胤，蕭寶卷的兒子，並改名「蕭贊」。蕭衍聽說後氣得要死，雖然覺得很丟人，但拒不承認事實，哭著說蕭綜就是自己親生兒子，蕭綜所言是瘋話。而時人都在背後笑話這件事。有人奏請削去蕭綜的官位屬籍，禁止蕭綜姓「蕭」，改姓「悖」。但很快蕭衍又下詔恢復了蕭綜的一切。蕭綜死後葬在魏境內，蕭衍卻不死心，一直念不忘這個「兒子」。大同四年（五三八年），蕭衍讓人去盜墓，把蕭綜的屍骨移回來，以皇子之禮，祔葬在今江蘇省丹陽市境內的蕭氏家族墓地。

上梁不正下梁歪

蕭衍與齊系蕭道成、蕭鸞、蕭寶卷都是本家，齊、梁之爭其實是「家族內訌」。但最為不齒的地方並不是奪人江山後又奪妻女這點，而是蕭家的亂倫，蕭衍本人就險些命喪「亂倫之禍」。

俗話說：上梁不正才下梁歪。蕭衍那麼荒淫，「家裡人」自然看在眼裡，上行則下效。蕭衍共生了七個兒子，八個女兒。蕭衍這一支脈，在他當了皇帝後，其弟其子，甚至其女，多為非作歹，作惡多端。最為不倫的是蕭衍的大女兒永興公主蕭玉姚，竟然和自己的親叔叔，即蕭衍的同父異母弟弟蕭宏通姦，當起了「夫妻」。擔心事情敗露，蕭玉姚一不做二不休，與蕭宏密謀，企圖殺掉自己的父親，計劃事成後蕭宏當皇帝，她當皇后。蕭玉姚親自布置謀殺，安排值班宮人藏刀行刺。結果未遂，行刺者當場被擒獲。可笑的是蕭衍明知這事是蕭玉姚和蕭宏兩人做的，卻瞞了下來，認為家醜不可外揚。蕭宏不僅沒有被誅殺，病重期間，蕭衍還親自去探視慰問他。

「四體小惡」

那麼蕭衍真的是四十年不近女色嗎？如果真是，為什麼？史家通常的觀點是蕭衍五十歲以後，「一心事佛」，所以才「禁欲」。事情絕不會這麼簡單，最小的女兒長城公主就是他五十多歲時生的，據《建康實錄》（卷十七），蕭衍到五十九歲才「斷房室」，而此時蕭衍已信佛多年。

在過去，這麼大年紀的男子「斷房室」應該有生理和健康上的原因，不可能是先事佛所致。這一點其實是蕭衍自己透露出來的。

蕭衍在《淨業賦》裡有這樣的話：「復斷房室，不與嬪侍同屋而處，四十餘年矣。於時四體小惡，問上省師劉澄之姚菩提疾候所以。劉澄之云，澄之知是飲食過所致。答劉澄之云，我是布衣，甘肥恣口。劉澄之云，官昔日食，那得及今日食。姚菩提含笑搖頭云，唯菩提知官房室過多，所以致爾。」可見蕭衍在當了皇帝後，得過一場病。起初以為是吃得太好，「飲食過所致」，後來姚菩提判斷是女人玩得過多，縱欲過度的原因，即所謂「房室過多，所以致爾」。

皇帝（或者說一般男人）對待女色的態度多如漢成帝劉驁那樣，「牡丹花下死，做鬼也風流」。從蕭衍前期的放縱行為看他並未免俗。他前期信奉道教，把行房看成是一種保健項目。在當了幾年皇帝後，又改信佛教，改食素食卻不回避性生活，仍貪戀女色。吃不好，房事卻「行得多」，風流快活的同時，身體不弄成空殼才怪。時臣謝朏、孔彥穎等勸蕭衍不要吃素了，恢復正常的帝王飲食，但未被接受。

「萬壽無疆」，是所有帝王的願望，在這種情況下，取風流還是賭長壽，蕭衍選擇了後者。

中國廣東嘉應學院中文系教授趙以武有一種觀點，認為從佛教「除二障」（「二障」即「殺害障」、「欲惡障」）的戒律中，蕭衍「始知歸向」，蔬食而外，並斷房室。歸根結底，是出於健康的考慮，所謂「行人之能行者」，乃尋求長壽之新途徑。這種觀點頗有道理，蕭衍「四十不近女色」的最初原因應該就在這裡。果然，不過性生活、不殺生之後，他的健康問題解決了，腦子也不發昏了。用蕭衍自己的話說是：「既不御內，無復慾惡障，除此二障，意識稍明，內外經書，讀便解悟。」

帝王有幸遍天下美女之特權，蕭衍「四十年不近女色」，其真相不要說現代學者，就是時人恐怕也說不清。前面說過，在過去如蕭衍那麼一大把年紀的人「斷房室」，應該有生理和健康上的原因，最初不可能是事佛所致。這一點蕭衍也承認了。但到底是什麼樣的生理和健康原因？作為一個皇帝，如果蕭衍真的是四十年不過性生活，就是「下半身」問題，就是性功能有障礙，而非一心事佛。

從蕭衍在《淨業賦》所述可知，當時發現這祕密的姚菩提（蕭衍否認姚知道他的「病情」）給蕭衍開出了一種藥丸，這種藥丸不會是一般的滋補藥物，必有壯陽強身的作用。但「服之病逾增甚」，治不了「四體小惡」，可知蕭衍這「小惡」並非一般的毛病，可能是患了前列腺炎，或者就是男人最忌諱的陽痿。他知道自己不行了，乾脆「出家」，當個乾淨皇帝，還落個長壽，遂至死不再碰女人。這大概就是蕭衍「禁欲」的最初真相，也是他五十歲開外突然改變信仰，放棄道教、信奉佛教的謎底。

「毀滅人欲」的明朝為何盛行色情文學？

理　劍

中國第一奇書《金瓶梅》在明朝萬曆年間問世，實在是個奇跡。明朝把程朱理學奉為至尊，其思想核心是「存天理，滅人欲」。按說這樣社會應該風化純淨，風花雪月之事極少發生，遑論淫亂了。恰恰相反，色情文學不斷湧現，且成為流行文學。而明朝出現的春宮圖比文字更勝一籌，用五色套印，畫面精美，歎為觀止。這實在令人匪夷所思……

在中國的歷史中，明朝是一個很有意思的朝代，有很多本是相對立的東西，卻都能平安地相安共容。明朝皇帝的龍椅安穩之後，便將宋朝時「格物」出來的新儒學——理學奉為獨尊。明永樂年間饒州儒士朱季友給「周、程、張、朱之學」提了一點不同意見，算是學術上的商榷，明成祖知道後龍顏大怒，下旨：「命有司聲罪杖遣，悉焚其著書，曰：『無誤後人。』」朱棣的這一句話便開了明清兩朝以程朱理學禁黜異端的先河，從此理學成了唯一的學問，其他都成為異端邪說而受到查禁（王彬《禁書・文字獄》）。而明朝的科舉「考試大綱」規定得更是嚴格，必須從朱熹所編定的「四書」中出題，對其理解和運用也必須遵循程朱的注疏。

「考試大綱」規範著儒生們的思想觀念

「考試大綱」看起來無關緊要，但那可是一根有力的指揮棒，它指揮和規範著儒生們的腦子，進而控制社會思想和觀念。所以在明朝時指導人們行動的思想就是以講述「存天理，滅人欲」為主的理學。現在看來這種想法實在是有點兒荒唐，人欲豈是能滅的？雖然古聖賢說「無欲則剛」，但人要真的沒有了欲望，什麼想法都沒有了，那結果恐怕不是「剛」，相反則可能是軟得不能再軟，唾沫吐到臉上也一定會等它自然乾掉。

倘要深入地想一想，這個「一存一滅」的理論，倒也充滿了浪漫的理想主義色彩，人的欲望都滅掉了，只存一個「天理」在心中，那可真是一個大同世界呢！也許正因為如此，明朝的理論家們在不斷地擴充和挖掘著「存天理，滅人欲」的深刻內涵，社會管理者們，也就是牧民的官員們，則是精心地把理論家們的研究成果轉變成社會規則，牧養著萬姓子民。

理學氣息彌漫，色情文學大量出現

在這樣的朝代裡，講的是理學，用的也是理學，那時的空氣裡可能也彌漫著理學的氣息，文藝自然也不可能僅僅是「為藝術而藝術」、超然於世外的，也一定是理學思想指導下的文藝，是弘揚著理學精義的文藝。可是事情奇怪得很，偏偏就是這個「滅人欲」的明朝，卻是一個色情文學大量出現並成為流行文學的時代，而且還出現了色情繪畫，即春宮圖。

具有中國第一「色情小說」之稱的《金瓶梅》，現在已得到了藝術上的肯定，但其色情描寫流傳之廣，對後世文學的影響之大，是沒有哪一部小說能與之相比的，在當代，賈平凹的《廢都》中仍可看到它的影子。除此之外，現在還能看到的創作、刻印、流行於明朝的色情小說還有《剪燈新話》、《歡喜冤家》、《宜春香質》、《如意君傳》、《情史》和《隋煬帝豔史》等十二三種。這些作品中，不論創作的主旨如何，但都有大量的、露骨的「床上戲」。此外，那些較為隱晦但仍以描寫男女之情為主的才子佳人小說，就更是多得難以計數。除了文字上的東西，明朝春宮圖的出現和流行，也並不亞於色情文學，據漢學家高羅佩考證，明朝時的春宮圖在其鼎盛時，印刷時使用了五色套印，其水準之高，畫面之美，至今令人歎為觀止（劉達臨《中國古代性文化》）。這些色情文學，在四、五百年之後的今天還能見到，足見當時的印數之多，流行之盛。

色情自然是宣揚情欲的，而情欲則又實在是人之大欲也。明朝主流文化的台面上高唱著「存天理，滅人欲」的高調，而它的背後流行的卻是宣揚欲望的色情文學。雖然也時有焚書毀版的查禁，可是一部又一部的色情小說還是不斷出現和流行。在同一片天空下，有著與理論上如此相悖的事情，豈不是有點兒匪夷所思嗎？這大概要從儒士文人的生存狀態和環境說起了。

儒士文人的生存狀態和環境

明朝是一個嚴刑酷法的時代，自從朱元璋坐上龍椅的那天起，皇上便將天下的大權緊緊地攥在手裡，有著無上的權威。明朝開國時是設有宰相一職的，但設了幾年，朱元璋覺得「一人之下」還有一個「萬人之上」的人，心裡有些放心不下，於是便設了一個「謀反」的罪名，把宰相一個個都殺掉了，並從此立下規矩，朱氏天下永不再設宰相一職，後來這話便成為家規國訓，永遠也沒有人敢提議恢復。萬曆年間，張居正雖有宰相之實，卻無宰相之名。所以在整個明朝期間，雖不斷有「太監弄權」、「閹人擅政」，弄得雞犬不寧、民不聊生，可無人敢提議復設宰相，幫助皇帝管理一個偌大的帝國。明朝中葉出了一個過繼皇帝，因為他要稱自己的生身父母為太上皇和皇太后，廷臣們群起反對，這位皇帝一氣之下再也不上朝與他的大臣們見面，時間達十二年之久，用柏楊的話說，大明王朝那時成了一個無頭朝代。就是在那樣的情形下，帝國的朝臣們也無人敢有非分之想，可見那時儒臣們的中規中矩。

明朝的儒臣文士們之所以如此，大約有兩個原因。一是他們自小所受的教育就是「忠君保國」，哪怕是一個混賬白癡坐在龍椅上，一肚子詩文的臣子們也要向他跪拜叩頭。孟子說：「民為貴，君為輕，社稷次之。」告誡信奉他學說的人忠君固然重要，但假若弄得民不聊生，則可能無君可忠了，提醒他們多少要體恤一點民情，讓百姓們活得下去。可惜在明朝，書生們讀到的《孟子》一書卻是欽定的刪節本，那些保民恤民的話都被刪削掉了，剩下的只有忠主賣命。

另一個原因便是屠刀下的威服。明朝定國之後不久，朱元璋便大開殺戒，忌憚功臣們功高蓋主，擔心自己死後子孫們壓服不住他們，便在他當政的二十餘年間，把與他一起打天下的功臣們大多殺掉了，且用的都是滿門抄斬的法子，連門生、故交都不放過。一面殺功臣，一面則是殺儒生。寫詩做文章，凡是觸犯了朱元璋忌諱的「光、賊、則」等字眼的，一律殺掉，其他就更不用說了。他的四兒子朱棣從侄子手中奪過天下後，又接著殺了一陣，其中僅「讀書種子」方孝孺一案，就殺了八百餘人。在開國之後的幾十年間，父子們一路殺下來，砍掉的人頭不可勝計，其中多數是儒生文士。面對這樣的現實，誰還願意拿自己的腦袋和皇帝開玩笑？結果是血淋淋的人頭，威服了兩百餘年的書生膽。

宋朝的時候，書生們擠不上入朝為官的獨木橋，還可以做做學問，弄一弄什麼「道學」之類，有了自己的創見便可以發表出來，但在明朝，「理學」已成為皇家欽定的「真理」，用不著書生們再去動腦子、搞什麼理論創新了，所以在宋朝可以做的學問這時便做不下去了。雖然在明朝後期出現了李贄、黃宗羲、唐甄一類的學者，提出了「童心說」和「新民本」說，現在這些學說也已經成了顯學，成了學者們研究的物件，在當時卻是地道的「隱學」，是「地下學」，那些研究的成果都是偷偷地做出來的，就是寫的書也只好用「焚書」、「潛書」為名，不敢公開地印行。

色情文學一出現，就登上「暢銷書」排行榜

公開地做學問不行，科舉的路又窄得嚇人，書生們還要吃飯，還要養家糊口，就是做風流才子也還要一些小錢的，所以他們只好去尋別的活命的法子。

在明朝中後期的長江中下游一帶，商業氣息已是較濃的了，經濟繁榮後便出現了一些有錢又識字的閒人，於是出版業便隨之發達起來。書商們要賺錢，書生們要吃飯，有了閒錢的人們要愜意，通俗文學便出現並流行起來，流行得久了自然便流向了色情文學，因為「床笫文學」最能切中人性的欲望。所以

色情文學一旦出現，很快就登上「暢銷書」排行榜，自然也是順理成章的事。

在這些色情文學中，除了吸引讀者的「床上動作」是重頭戲之外，還多多少少寄託了書生們的夢想。在大約成書於明末清初的色情小說《舞花吟》中，便可窺見一點書生們的心思。書中寫了一位書生，一連和好幾個女人發生關係。他一面周旋在幾個女人中間，一面又去下科場，結果是考得功名，把那幾個女人全都娶回家中，美女簇擁，升官發財，快樂成仙。書生的夢做得很美很圓，可惜多半是夢。

劉達臨在《中國古代性文化》中談及明朝色情文學興盛的原因時說，其中之一是明朝的皇帝荒淫無度，官員們也大興吃春藥之風，起了帶頭作用。那意思裡還有批評執政者們提倡「理學」自己卻並不修行「理學」。這原因固然也是有的，「官德」的示範效應是很大的。但看一看明朝之前的中國歷史，又有哪一個朝代的皇帝不是三宮六院、嬪妃如雲、荒淫無度呢？又有哪一個有官、有錢者不是三妻四妾的？可在那時並未帶動出色情文學來。

學術消失，書生們心思無處可用

在明清兩朝，文字獄十分盛行。然而考證這些案件，就會發現這當中，沒有一件是因為創作了色情文學而興，即使有這一方面的原因，也並不純粹。這不能不說是一個十分奇特的歷史現象。大約在政治家們看來，色情文學流行，雖然有傷風化，危及道德，不可不管，但也不必一概禁絕，不必像對付研究歷史、揭皇家短處的歷史學家，以及議論朝政的學者那樣嚴酷，捉住後要把作者、書商殺頭，著述燒掉，印版銷毀。當然對色情文學查也是要查的，但也只是做做樣子而已。原因在於政治家們明白，把聰明人的心思引到女人身上去，一定比讓其琢磨龍椅的構造和製作方法好得多。明朝後期，李贄因為公開了他的「童心說」，便死於詔獄了。但與其同時的「色情文學家」們便沒有受到這樣的待遇。倘這一猜想成立，這可能也是明朝色情文學興盛的客觀原因。看一看明朝之後的清朝，文網依然極其嚴密，但色情文學尤進一步，便多少證明了這猜想不差。

由此觀之，明朝色情文學的興起，一面是因為正常的學術消失，書生們的心思無處可用，只好向女人的身體上去發揮；一面則是因為文化市場出現，給文學傳播提供了外在條件，書生們可以由此討一點生活而不至於餓死，書商們也就樂得藉此發一點小財。而官方則又睜隻眼閉隻眼地默許。至於「存天理，滅人欲」的真理，到這時候只好成為唱唱的高調而已，因為人的第一要務畢竟是逞飲食男女之欲。

在這個世界上，有兩樣東西最能銷蝕掉人的精神。一樣是「金錢」，俗語說「有錢能使鬼推磨」，金錢可以降服厲鬼，肚子裡裝著欲望的活人則更不在話下，什麼樣的精神硬骨頭都可能在金錢面前失去硬度；再一樣東西就是「肉欲」，借用色情文學中勸人警惕女色的詩，就可知道那女色的厲害：「二八佳人體如酥，腰間伏劍斬愚夫，分明不見人頭落，暗裡教君髓骨枯。」三十六計中，美人計至今仍屢試不爽便是證明。據報導，美國人在審問伊拉克戰俘時，面對腦子裡灌滿了「教義」的戰士，較為有效的法子就是美人計。所以倘要消磨掉人的精神信仰和追求，只要將這兩樣東西釋放出來就可以了，人們會放開手段去逐錢，弄來錢後便去女人的身上享受，如此一來，什麼樣的精神戰士都不會再有。

可是要銷蝕掉人之精神的代價也是巨大的。明朝的最後一位皇帝大概便有著深刻的體會，當李自成的人馬進入京城，那些平時圍在崇禎周圍，天天表著忠心的儒臣武將們，這時都跑得無影無蹤了，只留下他一個人守著一株古樹走完了生命的最後歷程，成了一個真正的「孤家寡人」。而這是否與大明王朝的色欲盛行、人心浮華有關呢？這也許是一個值得研究的命題吧！

諸葛亮甘願娶醜妻是否另有所圖？

韓春鳴

有句歇後語叫「諸葛亮的醜妻——家中寶」。《三國志》引《襄陽記》亦載：「黃承彥者，高爽開列，為南名士，謂諸葛孔明曰：『聞君擇婦；身有醜女，黃頭黑色，而才堪相配。』孔明許，即載送之。時人笑以為樂，鄉里為之諺曰：『莫作孔明擇婦，正得阿承醜女。』」醜是醜，但人家確實很有才，上通天文，下察地理；凡韜略遁甲諸書，無所不曉，確實是家中寶，給了諸葛亮極大的幫助。但有說法曰：諸葛亮甘願娶醜妻是別有所圖，雖是虧本的買賣卻是政治生涯的轉捩點。事實是否如此？諸葛亮到隆中沒有沉寂多久，就弄出個動靜來：娶了黃承彥以醜聞名的女兒為妻。

諸葛亮娶「醜女」的幾種可能

黃阿醜究竟醜不醜？人家大家閨秀，大門不出，二門不邁，誰知道是俊是醜？那麼是誰放出風來，說黃承彥的女兒奇醜無比？一種可能是吃不著葡萄的人，另外就是黃阿醜的父親黃承彥了。

黃承彥是多有城府的人，他為什麼要對外宣傳女兒奇醜無比呢？還不是不讓別人惦記著，而由他這個當爹的來左右女兒的婚事？當他替女兒選中了如意郎君，便主動將女兒送上了門。

這是從黃承彥這方面講。凡事一個巴掌拍不響，自古結婚追求的是郎才女貌，英雄愛美人。在外人都認為黃承彥的女兒奇醜無比的情況下，諸葛亮怎麼會答應這門親事呢？他肯定是經過深思熟慮，反覆權衡比較，才做出出乎世人意料的決定的。

我們做幾種假設，供大家選擇：

①假使黃阿醜真的奇醜無比，諸葛亮會娶她嗎？不會。

②假使黃阿醜確實很醜，但她是自己恩師的愛女，諸葛亮能娶她嗎？猶豫，很難同意。

③假使黃阿醜確實很醜，但她極有才華，而她的才華是諸葛亮所不具有的，又是恩師的愛女，怎麼樣？動心，可以考慮，如果醜得不是那麼可怕。

④假使黃阿醜確實很醜，但她是名門貴族，家庭成員極有權勢，又是恩師的女兒，其本人不僅極有才華，還可幫助自己進入上流社會，為自己馳騁天下提供非常有利的機會與條件，怎麼樣？傾心。天下哪有十全十美的事情，無鹽女鍾離春不就是很好的先例，為什麼不答應呢？

諸葛亮一口答應黃阿醜的這門婚事，頓時成了襄陽百姓飯後茶餘談論的話題。諸葛亮又一次成為襄陽地區議論的焦點。

成家才能立業

俗話說成家才能立業，諸葛亮成家以後，確實為自己建功立業打下了良好的基礎。

諸葛亮十七歲時，撫養他的叔父諸葛玄死了，他成了真正的孤兒。

諸葛玄從南昌輾轉來到襄陽，也許是身心受到嚴重摧殘的緣故，他和哥哥諸葛珪一樣，患上了咯血的毛病。大約是在豫章受到的打擊太大了，他的精神十分鬱悶。劉表雖然沒有給他安排什麼位置，但是每月的銀兩錢糧，卻讓下邊人按時送到府上。他整日閉門不出，待在家中長吁短嘆，甚至將郎中也拒之門外。這樣勉強支撐了一年多，諸葛玄撒手人寰。

都說諸葛亮娶的媳婦奇醜無比，與諸葛亮站到一起極不般配。叔父諸葛玄死後，諸葛亮完成了自己的婚姻大事。這段婚姻對他來說，究竟是得大於失，還是失大於得？其中是否有什麼難言的隱情？

《三國志》的作者陳壽，在表章中說，諸葛亮「少有逸群之才、英霸之器，身長八尺，容貌甚偉」。劉備在隆中第一次見到諸葛亮時，按照羅貫中先生的描述是，諸葛亮「身高八尺，面如冠玉，頭戴綸巾，身披鶴氅，眉聚江山之秀，胸藏天地之機，飄飄然有神仙之概」。而對黃氏的容貌僅用了四個字表達：「黃髮黑膚」，既沒有談到黃氏的五官長相，也沒有說到她的身材如何。

這不禁讓人感到疑惑不解：黃頭髮是醜的標準嗎？皮膚黑就沒有美的元素？這樣的斷語未免牽強。或許在那個時代，大家普遍都是黑頭髮、黃皮膚，而這位怎麼是黃頭髮、黑皮膚呢？

讓很多人不解的是，羅貫中為什麼這麼描述諸葛亮的太太呢？目的無非是讓讀者為諸葛亮打抱不平：這麼漂亮的小夥子，幹麼偏找了這麼一副尊容的女人為妻呢？羅貫中不愧是小說大家，應當說這個目的，他達到了。在人們的印象中，諸葛亮的太太很醜，似乎已經是定論了。

過去講，郎才女貌，那是一般人理想當中的婚姻。男人才貌雙全，女人奇醜無比，這一對怎麼會走到一起，成為一家人呢？

對黃氏而言，諸葛亮是模範丈夫嗎？有史書為證，諸葛亮與黃氏婚後很長一段時間沒有孩子。在東吳的哥哥諸葛瑾，特意將自己的兒子送給諸葛亮為養子。有了養子以後，夫妻兩人也不知道怎麼「理順關係」，但還是開始了生兒育女。不過諸葛亮在蜀國生活安定下來以後，也還是納了妾。由此不能不讓人推斷，他們的婚姻不一定美滿。

有人講，諸葛亮與黃氏結婚，純粹是上了老師黃承彥的當。黃承彥在襄陽屬於社會名流，經常出入於上層社會，與諸葛亮是亦師亦友。經過觀察，黃承彥看諸葛亮這小夥子不錯，要才有才，要模樣有模樣，說不定將來能有什麼大一點的出息；加之諸葛亮父母雙亡，家庭沒有什麼負擔，在襄陽除了姊弟之外也沒有什麼親戚，這不是打著燈籠也難找的好事嗎？何不讓他成為自己的女婿呢？於是老謀深算的黃承彥一步步採取行動，讓諸葛亮一步步就範。

諸葛亮當時在襄陽的處境，不說舉目無親，也是沒有什麼依靠。他知道要在襄陽安身立命、出人頭地，就得有個依靠、有個家。黃老先生既然有意，他還有什麼說的呢？當諸葛亮一表示同意，黃承彥生怕夜長夢多，立刻將女兒送到了臥龍崗，簡直是急不可耐，或許是擔心諸葛亮醒過夢來反悔。這樣一來，生米熟飯，小子，你就踏踏實實當黃家的姑爺吧！

諸葛亮在婚姻上吃虧了嗎？

黃承彥的這一手，不說是拉郎配，也是欺負人家諸葛亮在襄陽人地兩生。黃家醜女頭撿了個大便宜不說，還讓當年的襄陽城街談巷議，把諸葛亮當做傻小子，是上當成婚的反面教材。

諸葛亮在與黃阿醜的婚姻上吃虧了嗎？諸葛亮真的在擇妻問題上冒了一回傻氣？諸葛亮是什麼人，他能做虧本的買賣嗎？有人說，諸葛亮娶黃阿醜為妻是一點也不虧，要說般配，那也是一點不假。因為若論諸葛亮當時的自身條件，沒打光棍就相當不錯了。

為什麼呢？你想，諸葛亮當時要權沒權，要勢沒勢，要錢也沒有幾文。一個山野村夫、襄陽郊外的農民，高攀一個大家閨秀，那還不是天上掉餡餅？讓諸葛亮自個兒說：「臣本布衣，躬耕於南陽，苟全性命於亂世，不求聞達於諸侯。」就是說：我這個普通老百姓，靠種地活著，這兵荒馬亂的年月能保著命就不錯了，哪還有什麼非分之想？

再說，諸葛亮的模樣再高大英俊，也不能當飯吃。要是靠體力吃飯，諸葛亮的身體也不怎麼樣：腿腳受過傷，還有風濕性關節炎。就這金玉其外敗絮其中的條件，老黃家不說瞎了眼，也是把女兒往火坑裡推呢！他還有什麼委屈的呢？

還有人說，諸葛亮是受齊文化的影響過重，中了流毒。諸葛亮祖籍琅琊郡陽都縣，乃春秋時齊國故地。他娶醜媳婦，是學齊宣王娶醜女無鹽的典故。古今中外，愛江山更愛美人的政治家、軍事家不乏其人，有道是「英雄愛美人」。歷史上為了美人丟了江山的也大有人在。

當然，對於有志向、有理想的年輕後生，如果能克制自己的欲望，把實現理想作為自己的第一目標，一切都圍繞著實現理想而運作，包括談戀愛、娶妻，自然會讓人刮目相看，或者是街談巷議。筆者寫這些不是讓有志青年都通過婚姻來達到自己的目的，如果大家都如此，那這個世界還何談愛情？對於婚姻與愛情的選擇沒有定式，這取決於個人的選擇，取決於一個人的世界觀、人生觀與價值觀，取決於很多的現實因素，也很難說對錯。

單就諸葛亮娶黃承彥之女來說，應該說是他政治生涯的一個轉捩點。不說老丈人為女婿有一個錦繡前程竭盡全力，黃阿醜為日後蜀國軍隊科技進步做出貢獻，單是通過與劉表、蔡氏集團的這種姻親關係，諸葛亮至少可以經常接觸荊襄地區的上層人士，洞悉天下大事和荊襄軍政人物的動向，了解和掌握各個政治集團的利害關係，快捷地獲取全國形勢的資訊。

正因為有了這些便利條件，才讓他對天下形勢有了一個正確的估價，並對劉備提出了重整河山「三分天下」的戰略設想。

筆者在這裡毫不誇張地說，諸葛亮娶黃阿醜百分之六十是政治婚姻。

「將相和」的真相

韓 撲

關於「將相和」時，廉頗、藺相如兩人的年齡，歷來存在誤解。很多讀者都認為廉頗當時是白髮老將，藺相如是青年才俊，這是受了後世戲曲舞台形象的誤導。

「老將軍廉頗」並不老

廉頗最初見於記載，是趙惠文王十六年他掛帥帶兵攻打齊國取勝。當時，齊國被燕將樂毅攻打，幾乎滅國，廉頗這次出兵，有趁火打劫的嫌疑。廉頗何時去世的呢？趙悼襄王年間。廉頗受誣陷被驅逐到魏，又跳槽到楚國，其間發生了著名的「廉頗雖老，仍能每餐食斗米」的典故。其後很久，老將軍才在楚國辭世，那時離廉頗初亮相已經有四十多年了！如果廉頗八十歲過世（古人平均壽命短，那時活八十歲，相當於現代人活一百歲左右），那麼他初亮相時，至多也就是三十多歲，而他當時的身分就已經是趙國的大將軍了。

「將相和」的故事，則發生在趙惠文王二十五年。按上文的推算，廉頗那時應當四十歲上下。

再說藺相如的年齡。他比廉頗還早死十多年，卻比廉頗晚出道。他的身分，在很長時間內都是「宦者令繆賢舍人」，也就是宦官首領繆賢的幕僚，大概相當於左宗棠在駱秉章幕府中「潛龍勿用」的狀態。繆賢自己是老油條，當然不會用菜鳥做幕僚，而且他推薦藺相如時，提到當年藺相如曾出謀劃策，使自己解困於危難之中；且用廉頗的話說「相如素賤人」，在貶低相如時也沒有強調他年少，這些都說明相如屈沉下僚很多年。所以他出道時，很可能歲數比廉頗還大些，至少不是個年輕人。

「將相和」另有隱情

《廉頗藺相如列傳》因為「將相和」的典故而聞名。本文要說的是，如果關注《史記・廉頗藺相如列傳》的全篇，再參照其他篇目的有關記載，將可以發現「將相和」故事的背後，其實是趙王在操控兩種對外路線，調和矛盾，力圖保持國家發展平衡的運作。

再如，廉頗對藺相如的古怪態度，以及秦國對趙國的前後表現，都說明「將相和」的背後，隱含著趙國兩種外交策略的較量。當時玩合縱、連橫的蘇秦、張儀都已經不在了，但其外交遺產還在，各國內部仍存在聯秦與抗秦的兩種外交思路。雖然趙國是軍事強國，但也不例外，其內部也有外交分歧。

廉頗很明顯是聯秦派。注意，他只是親秦，而不是投降。廉頗在趙國帶了半輩子兵，打了無數的仗，曾經對燕國、齊國、魏國出兵，都取得了成功。可是對秦國呢？除了曾經與秦軍協同作戰，在《史記》的記載中，廉頗只帶兵跟秦軍打了長平一仗，但還因為消極避戰，中途被撤了。

惠文王十七年，趙王得到和氏璧，秦國立即提出用十五城來換，趙王召大將軍廉頗等商量對策。他們怎麼計議的呢？大家開了半天會，結論是：嗚呼！無法可想。廉頗當然主張給秦國和氏璧，這樣縱使秦國賴賬，趙國在國際上也有話說。趙王卻捨不得。最後是趙王背後的太監繆賢推薦了一個人：門客藺相如。

這個繆賢不簡單，他跟燕王過從甚密。燕王為什麼要結好趙臣呢？如果讀過蘇秦的傳記就會明白，蘇秦當年搞合縱，佩六國相印，孤立秦國，他的大本營就在燕國；燕國也因此撈取了不少國際好處，所以跟燕國結好的各國權貴，歷代不絕。這是燕國的一個外交政策。秦國也因此最恨燕國，以致後來有燕國策劃「荊軻刺秦王」的事發生。繆賢與燕王結好，當然是抗秦派，藺相如是其幕僚，而且深得繆賢賞識，所以也是抗秦派無疑。藺相如的行為也是如此。他見趙王，慷慨陳詞的內容，全是以秦為敵；到秦國，又戲耍了秦王，刻意激怒後者。

史載，完璧歸趙後一年，秦攻趙，奪取一城；次年又攻趙，殺兩萬人。這實際是「完璧歸趙」引發的軍事行動，是「完璧歸趙」的餘波。所以說藺相如「不辱使命」，實有誇大之嫌。不給秦玉璧，又能令秦理虧而無言，無所行動，這才真正是不辱使命。藺相如一番大言，貌似義正詞嚴，其實理虧。秦王並沒有說不給趙十五城，而且還齋戒沐浴，很正式地要接受玉璧，藺相如卻把玉璧偷偷帶回了。據司馬遷的記載，藺相如的依據，竟都是「度」，「度」秦王如何如何，也就是主觀猜測。明朝時有王世貞作《藺相如完璧歸趙論》，就很看不慣藺相如這一套「完璧而失信」的手段——王世貞也是從藺相如的視角看問題的，其實藺相如的本意，正是要托「大義」而激怒秦王，同時也由完璧而邀功於趙王。

趙王是重玉璧，還是重土地和人民呢？《史記》是不著閒筆的。司馬遷筆下的兩次趙國的敗績，已經說明了他的看法。同時廉頗作為大將軍，秦兩次來攻，都得勝而去，不能不說他是有責任的，他明顯是不作為，是不想給藺相如擦屁股。

接下來澠池會，藺相如對秦王作人身威脅，但正是因為廉頗已經駐紮大軍在邊境，而且廉頗和趙王議定：王上此去若有不測，太子立即登基，所以趙王一行才得以無恙而回。這就是聯秦派和投降派的區別。所謂聯秦派，就是向秦國示好，不給後者戰爭藉口，把戰火引向別國，同時自己迅速發展國力，用從他國攻取的土地，來彌補結好秦國付出的代價。

縱觀廉頗在趙國的戰爭生涯，基本都是這一路線。對秦國，他採取守勢和外交安撫，同時積極對燕、齊、魏等國下手，運用自己的地緣優勢迅速增強國力，力爭趕上秦國。所以藺相如數次激怒秦國，引起兩國戰端，白白消耗趙國的國力，這是廉頗不願看到的。

後來面對廉頗的挑釁，藺相如說的話大家都了解了：他先拿廉頗和秦王作比較。這個比較，頗不倫不類，廉頗是上陣殺敵的大將，秦王是高居廟堂的君主，他們怎麼可比呢？藺相如的用意就在這裡。他知道自己的話將被轉述給廉頗，所以在話裡充滿暗示：我作為抗秦派，在外不怕秦王，在內不怕廉頗；同時趙國要想圖存圖強，必須把各派各方的力量整合在一起，你有你的道理，我有我的主張，但我們的共同目的，是使得趙國強大起來，這正是王上的深意。

以廉頗的水準，他當然明白了藺相如的意思和風度，被藺相如的大局觀折服，更重要的是他感覺到了藺相如的背後還有趙王在做推手，遂負荊請罪。

其實這裡面，最高明的人是趙王。廉頗是聯秦派，趙王當然知道，而且意識到如果單單讓廉頗用事，國家和秦走得太近，與他國關係持續惡化，後果不堪設想，所以他破格提拔有抗秦派背景的藺相如，使其與廉頗形成一個平衡。

趙王為什麼一定要實現「平衡」呢？這與戰國的形勢有關。有一篇文章叫《六國論》，這篇文章主要觀點「六國之滅，弊在賂秦」，總體是不錯的，但又有一點不對。因為秦以外的六國不是一個整體，而是獨立的個體，互相之間因為利益而分分合合，如果秦曾經因內亂而削弱，那麼統一天下的還不一定是誰，所以當時的各國，包括秦，在外交上都是不斷搖擺的。趙國處在各國中間，也必須時時留有餘地。這是宏觀上的平衡。

還有微觀的平衡。那時候沒有實現大一統，各國之間，人才是流動的，其中各種傾向的都有，有魯仲連那樣的俠士，也有蘇秦、張儀這樣的投機政客。他們的能量是非常大的，甚至達到一力興邦、一力亡國的程度；甚至他們之間還有私下的默契，比如有A國大臣興兵攻打B國，B國初戰不力，換了一個元帥，進犯者就退兵了，於是有後進的元帥加官晉爵這樣的事情發生，其實是A國大臣和B國新帥，私下有關照和交易。

趙王要想讓自己治下的能人既形成合力，又互相制約。他清楚地意識到，實現派系間的平衡布局非常重要。這之後，廉、藺合力，攻打齊、魏，攻城掠地。

趙國實現「將相和」以後，秦國就害怕趙國、不敢來犯了嗎？不是。秦國還是要來進犯，因為趙國朝廷上平衡了，軍事上沒有平衡，對秦國的戰線還沒有得力的將領。於是趙王又推出了一個重量級人物：趙奢。

趙奢是個傳奇人物。這位名將是稅務稽查員出身，因為稅收得好，於是做了趙國稅務總局的局長。後來國勢危殆，趙局長棄賬從戎，一舉成為趙國名將。「將相和」八年之後，秦國與韓國進犯趙國的軍事要地閼與。趙王找來廉頗，問：「能不能出兵去救？」

廉頗能怎麼回答？路遠，地險，敵強，沒有勝算。趙王又找大將樂乘，回答和廉頗一樣。最後找來趙奢。趙奢：「兩軍鬥險，亮劍，勇者勝。」趙奢就領兵去了。閼與之戰是戰國中期的一次著名戰役，此戰秦軍大敗。趙奢一戰為趙國的西部邊境打出了十年的和平，可惜趙國沒有抓住這十年時間發展國力。而秦國占據巴蜀以後，國力發展得也確實太快了。

趙奢回國就被封為馬服君，與廉頗、藺相如同列。這樣趙國在軍事、外交上，實現了人才的完美布局，成為一個階段性強國。

趙國新君不懂平衡戰略，趙國衰落

四年之後，趙惠文王死了。他很厲害，能調和鼎鼐，令將相和，但他兒子就沒這麼厲害了。趙孝成王一登基，秦國立即來攻，作軍事試探。當時國君幼小，太后臨朝，趙奢又死了，對秦作戰沒有大將，藺相如提出請齊國派救兵。須知，齊與趙仇恨很深，態度怎麼鬆動呢？原來在此前五年，趙國最後一次進犯齊國，這次領兵的人便是藺相如。這一戰打得奇怪：兩軍剛剛對峙，趙國就主動與齊言和了——「將相和」的好處正在這裡，需要紅臉就推出紅臉，需要白臉就推出白臉。那次言和，正是此次求救兵的基礎。不過齊國提出一個要求，要趙國派國君的小弟弟長安君去當人質。太后不同意，於是左師觸讋去勸她同意，是為《觸讋說趙太后》。齊國救兵一到，秦國本來就沒準備決戰，於是退兵。

趙孝成王七年，因為執政的平原君處置失當，秦、趙矛盾再次激化，雙方在長平對陣。那時候藺相如已經處於病退的狀態。因為趙奢死了，所以孝成王派廉頗領兵。

廉頗初戰不力，深溝高壘，避戰。應該說廉頗是忠臣，他不出戰，是要避免決戰，要保存趙的軍事實力。那時候秦、趙的力量對比，比「完璧歸趙」、「將相和」的時候更懸殊。此時的廉頗已經開始轉變自己的傾向，他這次避戰，是出於軍事考慮：趙軍本土作戰，補給線比秦軍短、安全。須知，趙國是騎兵厲害，對峙並不符合趙軍的作戰優勢，決戰即使勝了，趙也要元氣大傷，正所謂「老將不賭」。

於是秦對趙行反間計。年輕的趙王一方面聽信讒言，另一方面廉頗的聯秦派背景也讓他不得不懷疑，於是做出了撤換老將軍的決定。用誰替換他？用的恰恰是趙奢的兒子趙括。長平之戰的結果大家都知道了，趙國的全部戰爭精英，四十五萬將士，幾代積攢的軍事家底，全部毀滅。秦國因此奠定了取天下的基礎，因為諸侯再沒有如此強大的軍隊能與他抗衡了。

秦進圍邯鄲一年多，廉頗率殘兵苦苦支撐，趙國幾乎滅亡。平原君帶門客毛遂從楚國搬來救兵，信陵君竊符奪魏營，兩國來救，加之秦國也已經筋疲力盡，才退兵而回。

秦趙兩敗俱傷，最高興的莫過燕國。此時，藺相如已死。他生前一直結好燕國，結果養虎遺患。長平之戰後五年，燕對趙發動總攻，廉頗反擊，消滅了燕國軍隊，進圍燕都。廉頗很想兼併燕國，使趙國的實力達到與秦國抗衡的程度。但秦國趁機又出兵背後，占領了趙國三十七座城池。結果趙國滅燕不成，反而喪失大片國土，廉頗的戰略已經不合時宜了。

因為秦、趙力量懸殊，廉頗戰略的成功，已經只有理論上的可能性了。而趙孝成王沒有老爹的手腕，也無慧眼，更不懂得調和矛盾、相互制衡的必要，只好繼續由廉頗推行「拆東牆補西牆」的戰略。

幾年後，廉頗又攻下魏國的城池。這時孝成王去世，新君悼襄王一登基，就立即將廉頗免職了。廉頗被放逐，逃到魏國尋求庇護，但魏國也不信任他。這時趙國作戰不力，又想召回廉頗，可惜朝廷上已經沒有他的人為他說話了。去探視廉頗的人回去報告稱，廉頗前列腺肥大、大小便失禁，已經不能帶兵打仗，失去利用價值。無奈的老將軍又跳槽到楚國，做軍事顧問。

「將相和」之後四十年，一代名將廉頗客死於楚。這四十年間，趙國有機會、有人才、有實力，但沒有能夠阻擋秦國的勃興與統一步伐。趙國只有軍事改革，秦國卻實現了全面改革，這是兩國興亡的根本差距所在。

歷史不忍細讀 全集

作　者	《百家論壇》編輯部
發行人	林敬彬
主　編	楊安瑜
編　輯	蔡穎如．李彥蓉．王艾維．林子揚
內頁編排	王艾維
封面設計	陳膺正（膺正設計工作室）
編輯協力	陳于雯．丁顯維
出　版	大旗出版社
發　行	大都會文化事業有限公司 11051 台北市信義區基隆路一段 432 號 4 樓之 9 讀者服務專線：（02）27235216 讀者服務傳真：（02）27235220 電子郵件信箱：metro@ms21.hinet.net 網　　址：www.metrobook.com.tw
郵政劃撥	14050529 大都會文化事業有限公司
出版日期	2017 年 12 月 01 日修訂初版一刷
定　價	380 元
ISBN	978-986-95651-1-0
書　號	History-94

國家圖書館出版品預行編目 (CIP) 資料

歷史不忍細讀 全集 /《百家論壇》編輯部著.
-- 修訂初版. -- 臺北市：大旗出版：大都會文化發行，
2017.12
432 面；17×23 公分

ISBN 978-986-95651-1-0（平裝）
1. 中國史 2. 通俗史話

610.9　　106020477

大都會文化　讀者服務卡

書名：**歷史不忍細讀 全集**

謝謝您選擇了這本書！期待您的支持與建議，讓我們能有更多聯繫與互動的機會。

A. 您在何時購得本書：______年______月______日

B. 您在何處購得本書：____________書店，位於____________(市、縣)

C. 您從哪裡得知本書的消息：

1.□書店　2.□報章雜誌　3.□電台活動　4.□網路資訊

5.□書籤宣傳品等　6.□親友介紹　7.□書評　8.□其他

D. 您購買本書的動機：（可複選）

1.□對主題或內容感興趣　2.□工作需要　3.□生活需要

4.□自我進修　5.□內容為流行熱門話題　6.□其他

E. 您最喜歡本書的：（可複選）

1.□內容題材　2.□字體大小　3.□翻譯文筆　4.□封面　5.□編排方式　6.□其他

F. 您認為本書的封面：1.□非常出色　2.□普通　3.□毫不起眼　4.□其他

G. 您認為本書的編排：1.□非常出色　2.□普通　3.□毫不起眼　4.□其他

H. 您通常以哪些方式購書：(可複選)

1.□逛書店　2.□書展　3.□劃撥郵購　4.□團體訂購　5.□網路購書　6.□其他

I. 您希望我們出版哪類書籍：（可複選）

1.□旅遊　2.□流行文化　3.□生活休閒　4.□美容保養　5.□散文小品

6.□科學新知　7.□藝術音樂　8.□致富理財　9.□工商企管　10.□科幻推理

11.□史地類　12.□勵志傳記　13.□電影小說　14.□語言學習（____語）

15.□幽默諧趣　16.□其他

J. 您對本書（系）的建議：

____

K. 您對本出版社的建議：

____

讀者小檔案

姓名：______________ 性別：□男 □女　生日：____年____月____日

年齡：□20歲以下 □21～30歲 □31～40歲 □41～50歲 □51歲以上

職業：1.□學生 2.□軍公教 3.□大眾傳播 4.□服務業 5.□金融業 6.□製造業

7.□資訊業 8.□自由業 9.□家管 10.□退休 11.□其他

學歷：□國小或以下 □國中 □高中／高職 □大學／大專 □研究所以上

通訊地址：______________________________

電話：（H）______________（O）______________ 傳真：______________

行動電話：______________E-Mail：______________

◎謝謝您購買本書，歡迎您上大都會文化網站（www.metrobook.com.tw）登錄會員，或至Facebook（www.facebook.com/metrobook2）為我們按個讚，您將不定期收到最新的圖書訊息與電子報。

歷史不忍細讀 全集

北區郵政管理局
登記證北台字第9125號
免貼郵票

大都會文化事業有限公司
讀者服務部 收

11051台北市基隆路一段432號4樓之9

寄回這張服務卡〔免貼郵票〕
您可以：
◎不定期收到最新出版訊息
◎參加各項回饋優惠活動

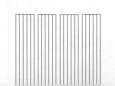

大旗出版
BANNER PUBLISHING

大旗出版
BANNER PUBLISHING